卓越教师教育精品丛书
学科教学设计与案例研究系列

信息技术教学设计与案例研究

主编　李文昊　郑　艳
参编　田玉贺　陈　云
　　　蒋锦锦　肖佳裔
主审　朱安平　彭　景

科学出版社
北　京

内 容 简 介

教学设计的好坏直接影响课程的教学效果，对教师的教学工作也至关重要。本书从教学设计的相关理论着手，分别从教学方法、教学环境和教学活动三个维度进行剖析，最后对情境教学模式、任务驱动教学法、探究学习型教学模式及同课异构教学模式在实际信息技术课堂中的应用实践进行详细的讲解。通过对本书的学习，学习者能完整地理解信息技术课程教学设计的整套流程，从而熟练运用在课程教学设计中。

本书可作为教育技术学专业的师范生及选修教学设计、教学设计案例研析课程的全体师范生的阅读用书，还可为在职教师利用信息技术进行课程整合提供参考。

图书在版编目（CIP）数据

信息技术教学设计与案例研究/李文昊，郑艳主编. —北京：科学出版社，2018.8

（卓越教师教育精品丛书. 学科教学设计与案例研究系列）

ISBN 978-7-03-057816-7

I. ①信… II. ①李… ②郑… III. ①计算机课-教学设计-中学 IV. ①G633.672

中国版本图书馆 CIP 数据核字（2018）第 129260 号

责任编辑：任俊红 宋 佩／责任校对：王 瑞

责任印制：赵 博／封面设计：华路天然工作室

科学出版社出版

北京东黄城根北街 16 号

邮政编码：100717

http://www.sciencep.com

北京厚诚则铭印刷科技有限公司印刷

科学出版社发行 各地新华书店经销

*

2018 年 8 月第 一 版 开本：787×1092 1/16

2025 年 7 月第六次印刷 印张：19 3/4

字数：462 000

定价：59.00 元

（如有印装质量问题，我社负责调换）

编写简介

李文昊　男，2006 年获得南京师范大学教育学院教育技术学博士学位，2009 年从华东师范大学教育学博士后流动站出站，2011 年至 2012 年在新加坡南洋理工大学国立教育学院进行访问交流，2013 年在美国从事合作研究。现为华中师范大学教育信息技术学院教授、硕士生导师。主要从事学习科学与技术、多媒体学习、信息化教学设计能力的教学、培训和科研工作。近几年来发表权威期刊论文多篇，主持省部级课题 2 项。

郑艳　女，华中师范大学职业与继续教育学院教师，2013 年至 2014 年在美国北卡大学教堂山分校做访问学者，从事英语教学、学科资源设计与开发多年。主持华中师范大学教学研究课题 1 项，参与省部级课题多项，发表核心论文多篇。

朱安平　男，武汉市硚口区教育局信息中心书记，中学高级教师，湖北省特级教师，中国计算机学会会员，全国电化教育先进个人，湖北省现代教育技术专家指导委员会委员，武汉市硚口区小学信息技术学科首席教师。主要从事学校和区域信息技术学科、教育信息化应用实践研究，出版过个人专著，多次承担国家、省、市课题研究，并取得了一定的成果，其中有 60 余篇论文在全国、省级刊物上发表。

彭景　女，华中师范大学第一附属中学高中部信息技术教师，湖北省教育学会会员，湖北省教研室信息技术学科专家，湖北省中小学教师信息技术应用能力提升工程主讲教师，华中师范大学“未来教育家计划”导师，全国中小学计算机制作比赛优秀辅导教师，2013 年获全国优质课比赛一等奖。

卓越教师教育精品丛书编委会

本丛书获得华中师范大学国家教师教育创新平台
教师教育理论创新与实践研究项目资助

前　　言

本书定位于信息技术课的教学设计，书中引用了大量的案例，旨在清晰地帮助大家分析在信息技术课程中如何进行合理的教学设计。

本书共分为三篇，第一篇是教学设计概论，通过对有关教学设计理论的梳理，让读者了解教学设计的内涵。第二篇是基于三种维度下的信息技术教学设计，分别从教学方法、教学环境和教学活动三个维度来对教学设计进行剖析。第三篇是信息技术教学设计案例研析，重点讲解情境教学模式、任务驱动教学法、探究学习型教学模式及同课异构教学模式在信息技术课堂中的应用，通过概念界定、意义阐述、基本流程介绍，进而为大家呈现真实课堂中的具体应用案例。

本书有以下特色：①结合学习科学的相关进展对教学设计的理论进行解读，使教学设计更加科学。②从学生的角度出发，以教师为主导，设计了适量的学习活动，保障师生之间的沟通与交流，便于学生了解信息技术课程教学设计及有效活动的开展；强调以学生为主体，提倡合作与竞争的精神。③从信息技术课堂实践出发，运用大量的案例，以贴近课堂为导向，全方位、深层次、宽视野地讲解信息技术教学设计的有关课程。

本书由华中师范大学李文昊教授和郑艳老师主编，其中李文昊设计了本书的目录框架、撰写了样章规范、制定了编写和修改流程，提供了大量相关课程资料和学生作业，并在书稿统稿结束后在班级试讲了部分章节。本书编写成员还包括田玉贺、陈云、蒋锦锦和肖佳裔，其中，第一、二章由田玉贺编写，第三、四章由陈云编写，第五章由蒋锦锦编写，第六至九章由肖佳裔和郑艳编写。

衷心感谢武汉市硚口区教育局信息中心特级教师朱安平和华中师范大学第一附属中学彭景老师，他们的审阅使得本书所涉及的内容更加严谨。

本书适合作为高等院校的教育技术学、计算机科学与技术（师范）和信息技术教育等本专科专业学生的教材。

在编写过程中，我们从各种途径收集、整理了大量信息技术教学案例，由于部分案例没有具体通信方式，无法与原作者取得联系，敬请谅解。因出版时间所限，编者在案例改编过程中难免会出现一些不足之处。如果您在阅读的过程中发现问题，请及时与我们联系，邮箱为 whenhowlee@mail.ccnu.edu.cn，我们将及时对内容进行修订。

编　者

2017 年 7 月

目　录

第一篇　教学设计概论

第二篇　基于三种维度下的信息技术教学设计

第三篇　信息技术教学设计案例研析

第一篇　教学设计概论

本部分主要梳理教学设计的理论。第一章从教学设计的定义到教学设计的发展，再到有效教学设计的原则，一步步地走进教学设计的天地。第二章详细介绍教学设计的基本过程，可以指导设计教学，除此之外还介绍一种面向教师的教学设计模型——ID4T 模型，通过了解不同概念下的教学设计，从而加深对教学设计的理解。

第一章　走进教学设计

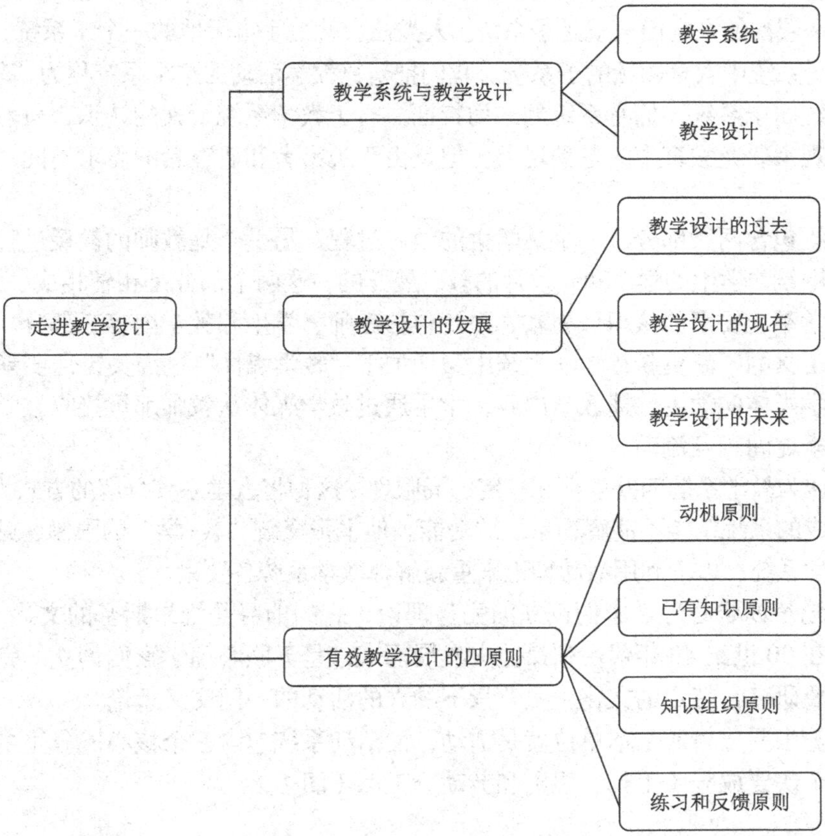

第一节　教学系统与教学设计

一、教学系统

1. 系统

系统是系统论的核心概念，系统论认为系统是相互作用和相互联系的各要素的有机结合，是由这些相互依赖的部分结合成的一个具有特定功能且结构稳定的有机整体。一台机器、一个学生、一门课程、一个班级、一所学校，小到微观粒子，大至宏观宇宙，都可以作为系统。系统论认为系统与其构成的各要素之间的关系是彼此依赖、相互协同、动态发展和可控制的。彼此依赖是指系统里的每一个要素都不能从系统中分离出来，系统具有相对的稳定结构；相互协同是指系统里的要素共同起作用，单一要素所起的作用比不上所有要素能实现的功能，即整体作用要大于各部分之和所起的作用；动态发展是指系统里的各要素会随着周边环境的变化而进行适当的调整；可控制是指构成系统的各要素之间有一套属于自己的系统规则，这些要素对内进行有效的沟通与交流，对外建立系统与应用环境之间的协议。这些特点对我们理解教学系统和教学设计过程是十分重要的。

2. 教学系统要素

从系统的定义中不难看出，构成系统的要素至少有两个。系统论认为世上的万事万物组成系统并且被包含在另一个更大的系统中。系统是有层次的，它的大小也是相对而言的，一个系统相对于高一层次的系统而言就是子系统。人类社会就是宇宙天地的一个子系统，而教学活动是人类社会子系统中教育领域的子系统。我们把研究教学活动的这个系统称为“教学系统”。

教学系统属于系统，拥有系统的一切特征。对于教学系统要素的认识，虽然近现代学者大多用系统观来研究教育中的各种现象，但是由于观察者和研究者的需求不同，对其划分也不尽相同。

教学系统包含两大部分，一个是学生的学习过程，另一个是教师的教授过程。教学的所有活动都是围绕“学生的学”和“教师的教”展开的，这两个部分是相辅相成、缺一不可的。最早期对教学系统要素的认识认为教学系统包括教师、学生和教学内容三部分。但是随着科技的发展和工具的不断更新，教学系统中又增加了“教学媒体”这一关键性要素（图 1-1）。教师通过教学媒体向学生传播教学内容，学生通过教学媒体从教师那里接收教学内容，信息在这四个要素之间相互流动。

杨开城认为教学系统四要素存在一定的局限性，这种将教学系统分解的方式太过直接，其分解后所形成的系统结构不能解释系统的功能。他主张突破“教+学”的限制，站在更高的高度来研究教学系统。以下利用活动理论来重新解释教学系统各要素。

活动理论是苏联心理学家们创立的完整理论，它的前身是维果斯基的文化-历史心理学理论，后来在 20 世纪 40 年代由列昂捷夫发展而来，是苏联心理学家们创立的完整理论。活动理论是主要研究在特定的文化历史背景下的人的活动的一门交叉理论。

活动理论中要分析的基本单位就是活动，而活动系统包含三个核心成分（主体、群体和客体）和三个次要成分（工具、规则和劳动分工）（图 1-2）。

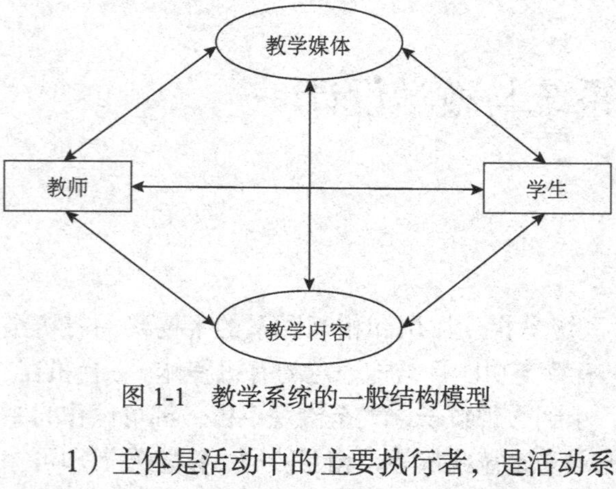

图 1-1　教学系统的一般结构模型

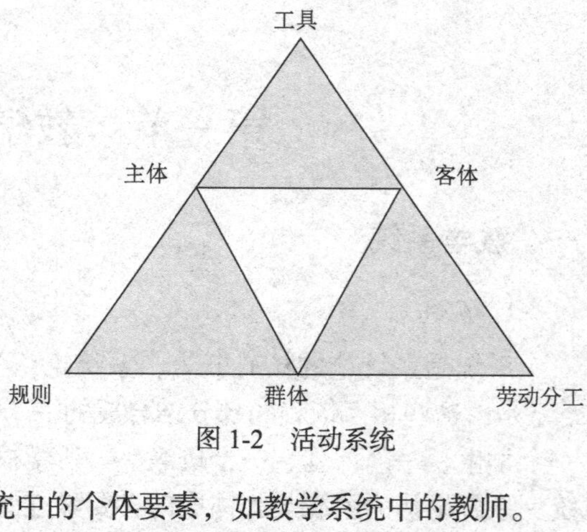

图 1-2　活动系统

1）主体是活动中的主要执行者，是活动系统中的个体要素，如教学系统中的教师。

2）客体是活动系统中主体想要改变或影响的对象，如教学系统中的学生。

3）群体是指在活动发生时，活动的主体所在的群体。也就是说，活动的主体是这个群体中的一员，如教学系统中的教师和学生所在的班级。

4）工具包括抽象的工具和具体的工具。活动理论认为，人类的活动必须要以工具为媒介。对学习者而言，某种思考的方法或者解题的规则属于抽象的工具；而纸、笔、教材、教学媒体等属于具体的工具。

5）规则是指社会水平和群体水平的法律、标准、政策、伦理道德、文化传统、规范以及个体水平的信仰和价值观等。活动主体必须遵守群体制定的规则，同时又可能改变群体的规则。

6）劳动分工是指在需要共同达到某种结果的情况下，对群体中的成员分配不同的责任。

因为教学是一种活动，所以教学系统也可以看作是有特定目的的人类活动系统，活动系统中所包含的六种成分在教学系统中也有同样的体现。活动系统中的规则和劳动分工，使我们摆脱了对教学系统单一的逻辑认识，它丰富了系统各要素之间的联系和相互作用。

从活动理论的角度出发，教学系统是一个学生活动的有机体，是一个教师和学生共同组织开展的活动序列。构成学习活动的主要成分包括学习目标、学习任务、交互过程、学习成果、学习资源、学习工具、活动规则（图 1-3）。

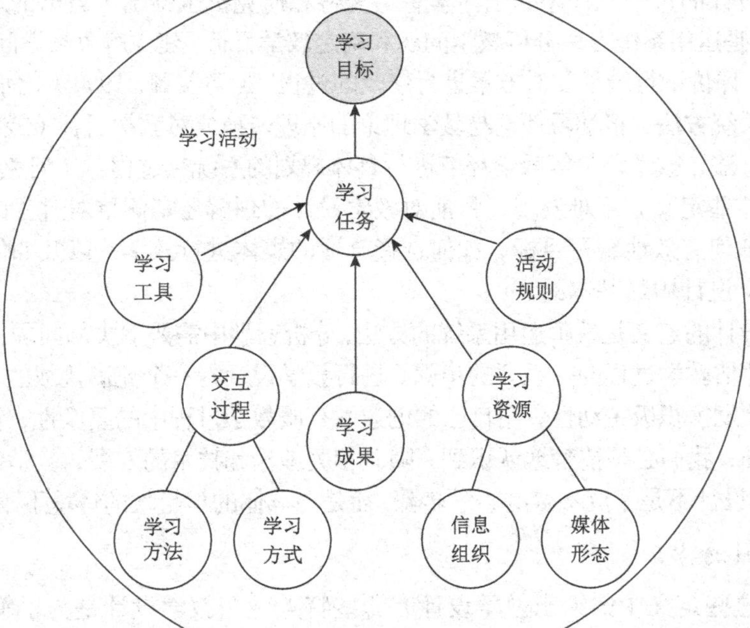

图 1-3 学习活动的概念模型

学习目标是学生要完成的学习活动，而学习活动主要是通过学习任务开展的，在这个开展的过程中，学习任务可以分解成一系列交互过程，这其中就会需要一些学习资源和学习工具的支持，并且由此产生具体的学习成果。当然，整个学习活动都必须在某种活动规则下进行，活动规则包括交互规则及最后的学习成果评价规则。

从活动理论的角度来看待教学系统，可以将整个教学活动分解成具体的操作，但并不是固化每一个操作步骤。教学的过程是复杂的，任何的教学方法、策略手段都无法适应所有的教学情境。因此，在理解教学系统的时候，要从多角度来分析系统中涉及的每一个要素。

二、教学设计

1. 教学设计的界定

教学设计（instructional design），通常也被称为教学系统设计、教学开发。由于参与研究的人员背景不同，对教学设计的理解也不尽相同。关于教学设计，简单列举几个国内外不同的学者对其内涵的理解和定义。

肯普以教学设计的系统特征为侧重点，认为教学设计是用系统的方法分析教学问题、研究解决问题途径、评价教学结果的系统规划或计划的过程（肯普，1994）。

梅瑞尔在其发表的《教学设计新宣言》中，以学习经验和学习环境的设计与开发为侧重点，认为教学设计是建立在教学科学的坚定基础上的技术，教学的目的是使学生获得某种知识技能，而教学设计就是为了创设和开发有利于学生掌握这些知识技能的学习经验和学习环境（梅瑞尔，1996）。

帕顿则从设计的角度出发，在《什么是教学设计》中提出，教学设计是一门设计科学，是设计科学家庭中的一分子。探索满足人类需求的科学原理及应用是设计科学各成员的共同特征，因此，教学设计是对解决学生学业成绩存在问题的措施进行规划的过程（帕顿，1989）。

侧重教学设计的过程或程序的国内学者乌美娜和何克抗也给出了自己的理解。乌美娜认为，“教学设计是运用系统方法分析教学问题和确定教学目标，建立解决教学问题的策略方案、试行解决方案、评价试行结果和对方案进行修改的过程”（乌美娜，1994）。何克抗认为，“教学设计是运用系统方法，将学习理论与教学理论的原理转换成对教学目标（或教学目的）、教学条件、教学方法、教学评价等教学环节进行具体规划的系统化过程”（何克抗，2002）。

通过分析这些定义，不难发现，目前对教学设计的理解还是侧重对过程的设计（如何分析前期任务、如何有效地编写目标、如何选择合适的媒体进行教学，以及如何进行恰当的评价），这是教学设计中最基本的。

本书教学设计的定义是教师运用系统的方法，分析教学中需要解决的问题，创设学习情境，规划、实施和评估教学过程的一系列的步骤。进行教学设计是一个充满挑战的过程，在这个过程中，教师必须发挥积极主动性，用自己的创造性克服教学过程中的复杂性，从而提高教学的效率。除此之外，我们必须清楚地认识到，随着相关理论和技术的发展，教学设计的内涵也在发生变化。教学设计不是一成不变的教学步骤，而是在具体的学与教的环境下不断演变的过程。

2. 教学设计的特点

我们能从这些定义中归纳出教学设计有哪些特点呢？教学设计是为了解决教学问题从而优化教学的设计活动。它是一门设计科学，同时又必须遵循教学的基本规律。因此，它的特点如下。

（1）以学习者为中心

教学设计是为了解决教学问题的一门设计活动，在这项活动中，我们把教与学的焦点放在学习者身上，是为了有效地提高学习者的行为表现。

（2）应用系统的方法进行研究

教学系统中的要素不是孤立存在的，它们彼此之间相互影响。这就要求教师在教学设计的过程中运用系统的方法来分析教与学系统中各要素之间的联系，从而设计出合适的教学方案。

（3）过程是动态的和开放的

宏观上，教学设计与其他学科领域存在着密切的关联，以此来充实自身的研究和实践领地，让自己的理论体系不断地成熟和完善。微观上，数据收集贯穿教学设计的整个过程。分析阶段通过数据收集对学习者进行分析，实施阶段收集学习者对学习内容的掌握情况。并且对收集到的数据进行分析，不断地纠正教学设计。因此，整个教学设计的过程是动态的和开放的。

3. 教学设计的相关理论

教学设计的发展离不开其他学科的理论和技术的支持，长久以来，不同的学习理论和教学理论都对教学设计的实践产生了影响，主要有行为主义学习理论、建构主义学习理论及加涅的教学理论。除此之外，认知负荷理论、认知信息加工理论、情境教学理论也提出了一些不同的学习和教学观，从而影响着教学设计。现主要讨论以下几个相关理论。

（1）行为主义学习理论

以斯金纳为代表的行为主义联结学派的程序教学法长期影响着教学设计，如斯金纳提出的刺激-反应（S-R）理论。行为主义学习理论强调的是对外部刺激的设计，在教学中主张用小步子呈现教学信息，如果学生对所学的内容反应正确，就要给予强化。行为主义把对动物学习的研究机械地应用到人类的学习上被诟病，但不可否认的是，时至今日，行为主义在学习上仍发挥着不可替代的作用，在对行为矫正方面的贡献是其他学习理论不能比拟的。

（2）建构主义学习理论

与行为主义学习理论不同的是，建构主义学习理论认为知识不是通过教师的讲授获得的，学习者不是被动地接收信息，而是主动地对周围的环境施加影响，赋予其意义，从而在这个过程中建构属于自己的知识。学习者在学习的过程中，具有积极的自我控制、目标导向和反思自我的特点，关注的是高层次和复杂的学习目标。建构主义学习理论在教学设计方面主要是以学为中心的教学设计，侧重对学习环境的设计以及自主学习策略的设计。这种学习环境应该包括：①学习者能够参与到针对所学学科的真实性活动中去；②对所学的内容有应用机会；③支持学习者规划自己的学习；④鼓励学习者对所学内容进行反思。

（3）加涅的教学理论

相比其他研究学者，加涅最关心的是教学以及关于学习的知识是如何与教学设计联系在一起的。加涅对学习结果进行了分类，对学习发生的内外部条件也做出了解释，同时也将教学事件和学习过程进行了合理的联结。有关加涅的教学理论有三部分，具体如下：①学习结果的分类，定义了人类有关学习的能力类型；②每类学习结果的获得需要相关内部和外部的学习条件；③九大教学事件，分析每一个教学事件与学习过程的关系。

加涅将人类学习的领域分为认知、情感和心理动作三方面，认为主要存在五种不同的学习。

1）言语信息：能够叙说的知识。

2）智力技能：应用知识。

3）认知策略：发现问题与解决问题的过程。

4）态度：影响个人选择的心理状态。

5）动作技能：能够将一套动作连贯地、整齐地、有合理时间分配地组织起来。

每一类学习结果所需要的学习条件不同，因此要想达到不同的学习结果就需要不一样的学习条件，就需要在教学设计中体现不一样的设计过程。其中，加涅的九大教学事件作为促进一般学习过程的学习条件，在这里做一个简单的介绍。

1）引起注意：使用刺激变化使学习者的注意力集中到要交流的内容上。

2）告知学习者目标：用易于理解的语言或者图片来告知学习者教学目标。

3）激发对先前学习的回忆：用提问的线路激发学习者头脑中已习得的知识。

4）呈现刺激材料：通过活动或信息的方式呈现即将要学习的内容。

5）提供学习指导：促进学习者对前一事件中呈现的内容进行精细加工，用例子等形式促进编码，丰富学习者知识结构。

6）引出行为：给学习者提供练习或者展示所学知识的机会。

7）提供反馈：针对学习者的展示提供建议。

8）评估作业：表示预期的学习已经发生。

9）促进保持和迁移：加强练习以及提供新任务。

加涅的教学理论聚焦在教学的细节上，如果单一地使用，很可能因此忽略了整体的教学情境。因此，要结合不同的理论来进行教学设计。

（4）认知负荷理论

迈耶在《多媒体学习》一书中提到多媒体学习认知理论的三大假设，其中包括容量有限假设，即人能够处理的材料数量是有限的，在进行多媒体学习时会产生认知负荷，因此就需要在教学设计的多媒体设计中减少教学材料中无关紧要的认知负荷。

认知负荷理论关注的是教学设计中更加复杂的认知技能。斯韦尔勒（1999）和钱德勒（1994）已经对学习期间的认知负荷的来源进行了区分。

1）内部来源：主要取决于材料本身的难易程度、材料的组成成分以及成分之间的相互作用关系等。组成材料的成分越多，相互作用越复杂，内部认知负荷就越高。

2）外部来源：主要取决于教学信息的设计方式，即材料组织方式和呈现方式。当材料以不恰当的组织方式呈现时，学习者就必须进行无关的认知加工，从而使得外部认知负荷变高。当对教学材料进行合理有效的教学设计时，外部认知负荷就会降到最低。

第二节　教学设计的发展

我们要想更好地理解和掌握教学设计，就必须了解教学设计产生的背景以及教学设计目前的发展状况，站在已有研究的基础上，更好地运用教学设计，从而使其服务教学。本节将讨论教学设计的过去、现在和未来。

一、教学设计的过去

1. 教学设计的起源

追本溯源，教学设计程序要追溯到第二次世界大战（简称“二战”）。在二战中，为了指导参与军队的人员以及更好地培训工厂工人，大量的心理学家和教育工作者被招募来从事军事方面培训材料的研究与开发工作。这些培训材料的研究与开发中应用的教学原理，大部分是与教学、学习和人类行为有关的研究与理论。

二战结束后，这些参与军事培训的心理学家继续在教学问题上进行研究和探索。20 世纪

40 年代末到 50 年代，这些学者开始把培训当作一个系统，并开发了许多创新的分析、设计与评价的程序，教学设计的思想逐渐显露出来。

2. 教学设计早期的发展

20 世纪 50 年代中期到 60 年代中期是教学设计发展的一个关键性阶段，程序教学运动就是在这个时期产生的。斯金纳作为新行为主义的代表人物，认为人类的学习材料应该提供小步子的程序设计、对频繁问题做出积极的反应、提供即时反馈以及允许学习者自定步调。斯金纳的程序教学过程包括了尝试与修正的程序，这在后来演变成了形成性评价要素。直到现在，程序教学法依然是行为主义理论解决教学问题的一个典范。

对程序教学材料的设计源于期望使用这些材料的学习者想要达到什么样的具体目标。因此，在之后的发展中，行为目标得到普及。在教学设计的过程中，目标总是会对学习者的期望、行为发生的条件和评判行为的标准这三个要素进行描述。行为目标的正确描述渐渐成为评价教学有效性的依据。

20 世纪 60 年代发展起来的标准参照测验将教学设计的发展又推进了一步。不同于之前的常模参照测验（旨在了解学生成绩分布），标准参照测验旨在测量个人在特定行为上的表现，与其他人的成绩无关。这种测验可以用来评估学生的学习起点，也可以考查学生掌握课程所要求目标的程度。这两个目的是进行教学设计程序的一个核心特征。

教学设计发展史中的一个重要事件就是加涅在 1965 年出版了《学习的条件》。在这本书中，学习结果被分成了五种领域或者类型，分别是言语信息、智力技能、动作技能、态度和认知策略，每种学习结果都需要不同的学习条件来刺激学习。并且，这本书中还描述了对后期教学理论非常重要的九大教学事件。加涅认为要想促进人类学习结果的出现，这九大教学事件是必不可少的。加涅对学习结果的分类和教学事件的描述至今都是教学设计实践的基石。

3. 早期教学系统设计模式

20 世纪 60 年代早期和中期，随着任务分析、目标具体化和“标准-参照测验”等理念的发展，系统设计教学材料的过程或模式渐渐形成。在经历 30 年的发展历程后，最终基本形成了结合多学科的 ISD 理论和 ADDIE 模型，今天学术界称之为传统教学设计过程。ADDIE 模型包括分析（analysis）、设计（design）、开发（develop）、执行（implement）和评估（evaluate）。分析主要包括对目标、行为、媒体、任务、成本等分析；设计主要包括对学习者、课程、界面、序列等设计；开发主要包括对学习活动、工作模型等开发；执行与评估主要包括教学的形成性评价和总结性评价。

二、教学设计的现在

关于教学设计的定位，持不同理论流派的学者的分析角度是不同的，现主要从三个方面对教学设计的定位展开探讨。

1. 作为设计科学的教学设计

设计具有的一般特征有：①设计的目的性，进行设计的过程就是去完成某种新东西所指向的过程。②影响设计的主要因素，设计者的洞察力、设计者对设计对象的了解以及设计过程中的交互作用。③设计过程的本质，设计过程是一个动态、不断变化的过程，设计者在这个过程中不断地发现和解决问题，同时对自己的行为进行反思。教学设计的一般特征是：

①教学设计过程需要根据不同的对象和内容进行变化；②教学设计中涉及的对象之间互动也是非常重要的；③教学设计中的问题可以有不同的解决方案和途径；④教学设计中要求设计者不断地变化思维，在行动中进行反思。教学设计中的这些特征都是设计所具有的特征。根据有关学者的观点，教学设计是一门设计科学。关于教学设计的设计观同样存在着不同的见解，具体如下：①理性的教学设计观更加强调教学设计应遵循规则和程序，清晰地定义教学目标和对象。这种设计更逻辑、更系统、更理性，而设计者更像是一位技术员或者工程师。②创造性的教学设计观更加强调教学设计的艺术性和创造性，重视设计者工作中的直觉性、悟性和思想的丰富性。设计者在设计的过程中不必太拘泥于规则的条条框框，而是像创造一件艺术品一样去对待每一个教学设计。这种设计观最大限度地肯定了人的想象力、创造力和主观能动性，对类似于工程师思维的教学设计是一次猛烈的冲击。③理性和创造性为一体的设计观强调面对教学设计的复杂性，灵活运用创造性但也不能脱离一定的规则，这种观念更加适应实际生活中的教学。教学设计所面对的教学内容、教学对象以及教学环境都是不断变化的、复杂的，这就要求设计者既要懂得一般的设计规则，又能在面对复杂状况时创造性地进行调整。

2. 基于泛技术观的教学设计

纵观历史，教育心理学与教学技术的逐渐整合产生了教学设计，教学设计的发展离不开教育技术学。教学设计的技术观认为教学设计人员与技术人员存在着联合的思想，即根据一定的学习与教学理念，开发和运用各种产品形态的媒体与技术，以提高学习与教学能力。教学设计不仅与计算机、多媒体、网络等技术设施与应用有关，还包括了最新的与学习和教学有关的技术、针对个体学习者情况的测量与评估技术，以及从学习和教学实际需求出发进行的多样化模型的开发等“软技术”。这就使得教学设计者必须基于技术环境进行开发设计，将理论、模型与技术整合起来开展工作。只有将技术置身于更大的背景下，关注技术形态的多方面，才能真正发掘技术的潜力，从而不至于为传统的理念所束缚，浪费了技术的高功能。

泛技术观主要是基于对技术的两种误读提出来的：一是认为可以不依赖技术，新的教育理念就可以进行改革；二是认为只要出现新的技术及其应用，就可以导致变革。而事实表明，现代社会对技术的依赖程度远远超过之前的想象，人们利用这些新技术去认识和领悟新的理念。在着眼于物理层面的同时，我们也必须结合社会、文化、历史、经济、哲学、科学、心理、生理等多个角度去丰富技术的内涵，挖掘技术深层次的潜力，将“硬技术”与“软技术”并行，推进新的改革。从教育角度看，应该利用技术的进步创造认知工具、创建高效的学习环境，融合多方位，开发学习方式的多样性。

但是技术是一把双刃剑，我们要理性看待。在充分将技术应用到教学设计的同时，也要避免唯技术的观念，确立以人为本、以人的学习为重的技术观。根据不同的学习者以及不同的目标，设计合理有效的方式，努力寻求教学与技术的有效结合点，并设计与开发相适应的新模型。

3. 作为系统科学的教学设计

有关学者明确提出，教学设计将理论与实践联系起来，它的首要目的就是作为一种知识的实体，优化教学行为，规定教学方法，将有关学习和教学的因素统合在一个系统之中。教学设计从诞生开始就一直坚持运用系统论的思维方式处理教学中的问题，但是每发展到一个新的阶段，人们对系统观点的理解与应用就不尽相同。最初，教学设计是以硬系统思维为主要特征的，主要关注的是怎样的系统方法可以使问题解决方案最优化。后来，人们认识到系统之间各要素的复杂性，逐渐由硬系统思维转向软系统思维，这使得教学设计的系统观更加开放、复杂以及全面了。

三、教学设计的未来

教学设计随着时代的进步越发地蓬勃发展，但是同时也面临着挑战。在分析教学设计的过程中不难看出，教学设计的研究越来越综合化，并且更加注重学习者的个性化和全面发展。

教学设计的未来发展特点主要有以下三个方面。

1. 结合多学科、多领域和多种文化背景的研究

在提倡多元文化、个性发展的背景下，教学设计需要向一切新思想、新方法敞开怀抱，它需要在一个知识共同体中完成自己的再组合。不管是心理学、社会学、政治学，还是人类学、系统科学、脑神经科学，都可以丰富和完善教学设计理论。而且，教学设计不仅服务于学校，还服务于军事、工业、政府部门等。

2. 更加关注对工具的开发和学习环境的设计

不同的教学工具可以服务于不同层次的教学，工具让教学内容更加容易被理解、被传播。建构主义理论认为良好的学习应该是学习者进行的自我建构，学习环境的设计可以为学习者提供建构的情境，学习者在学习环境中进行自我探索。工具和学习环境是未来教学设计重点关注的对象，它们让教学变得更加灵活、丰富。

3. 对绩效技术的引入

教学设计作为一种系统设计，要求教学设计者站在更宏观的角度去关注教学以外的因素对学习结果造成的影响。而绩效技术是系统性解决问题的手段和方法。这种技术可以处理有关人力、物力、财力等方面的问题，从而为将来教学设计的发展提供策略和帮助。

第三节 有效教学设计的四原则

学习来自学生的所做所想，并且仅仅来自学生的所做所想。教师只有通过影响学生对学习所做的事情，才能促进学生的学习。

赫伯特·西蒙

（认知科学领域的奠基人之一，诺贝尔奖获得者，卡内基梅隆大学教授）

从上述语句中我们可以得知，任何有效教学都是要建立在学习者如何学习这一问题上的。我们如果想探讨如何进行教学设计，就必须首先了解学习是如何发生的。而关于学习如何发生这一问题，一大批学习科学的学者们进行了不同的研究。本节的内容就是从学习科学的角度介绍四个原则，指导大家进行有效的教学设计，在学习研究和教学实践之间搭建一座桥梁。

一、动机原则

动机是推动人从事某种活动的念头。动机会受到外来事件的影响，同时动机也会影响个人的学习和相关行为。学习科学的相关研究表明，学习者的动机能够激发、指引和维持学习者的

学习活动。动机的强弱直接关系到学习者从事学习活动时的方向是否正确、维持多长时间以及最后的学习效果如何。因此，教学设计者总是很关心如何去激发学习者的学习动机。

在开展对动机的谈论之前，有两个概念是至关重要的：①目标的主观价值；②预期，即对成功达成目标的期望。如图 1-4 所示，预期和价值这两个关键因素的相互作用，共同影响着个体对达成某个目标的动机水平。对学习者而言，认为学习内容是否有用以及有无信心掌握知识影响着他对这堂课的学习以及学业表现。

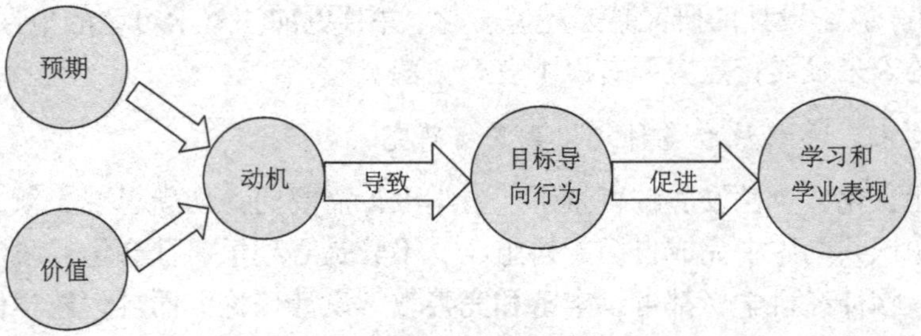

图 1-4　价值和预期对学习和学业表现的影响

1. 目标

目标是将某人做某事的动机详细地、可视化地表示出来。在做教学设计的时候，教学目标的确立对整个教学过程至关重要。只有正确地表述了教学目标，教师在设计这堂课的时候才能有方向。实际上，目标就像指南针，指引和引导着整堂课中教师与学生的行为。关于目标，我们可能会有这样的疑惑：对于同一堂课，学生自己设定的目标，可能与教师为他们设计的目标有所不同。教师希望学生出于自己的兴趣、需要而学习，学生可能会因为想获得好成绩而被驱动着去学习。当学生的目标与教师的目标相冲突时，就可能导致学生在学习的过程中应付了事，达不到相应的教学效果。这时候就需要教师适时地调整自己的教学设计，适当地与学生贴近，站在学生的角度去设计教学，从双方教学目标交叉部分入手，这样更有助于学习情境的建设。

2. 价值

价值是影响人们产生动机的一个关键因素。如果学生从内心认可这堂课的价值，他会更主动、更积极地去学习。现在我们来探讨一下，决定主观价值的三类基本因素。

第一种是成就价值（attainment value），即学生完成教学任务或者实现学习目标时所获得的自我满足感。例如，如果一个学生通过解决复杂的数学题能够获得自我满足感，那么相比其他人，他就更加愿意花费更长的时间去摸索，来证明自己在这部分内容上的实力。

第二种是内在价值（intrinsic value），即学生单单从自己的兴趣出发去完成一项学习任务，并不期望获得什么特定的结果。例如，仅仅因为感兴趣而刻苦钻研，不知疲倦地设计并搭建一个实验模型；花费大量的时间编写一个自己感兴趣的计算机程序。从本质上讲，学生的内在价值与教学目标或教学活动的设置密切相关，它是研究者通常所说的“内在动机”的来源。

第三种是工具性价值（instrumental value），即教学活动或者教学目标能帮助学生获得其他重要目标的程度。例如，一些外在的奖励，如教师的表扬、父母的认可、奖学金的获得或者其他优秀荣誉的奖励等。这些在多数时间内会督促学生更好地去完成学习目标，激励他们更加努力学习。

3. 预期

人们只有看到预期结果的价值时，才会产生动机，仅认识到其价值是不足以激发行为的。学生很努力学习本课堂的知识内容，也可能是因为他们确认自己能够掌握。反之，如果学生对自己掌握这部分知识点没有信心，那么他学习的动机就会相对较弱。这种对成功的期望称为预期，我们重点介绍两种预期的形式，以此加深对动机行为的理解。

一种是结果预期。即学生认为努力学习后希望能够带来怎样的结果。对于一堂课，如果一个学生想，“假如我完成了所有指定的阅读材料，并参与课堂讨论，就能很好地掌握这些内容，解答考试题目，从而顺利通过考试”，那么他就是持积极结果预期。相反，持消极结果预期的学生就会想：“无论我在这门课上多么努力，都不会取得一个好分数。”如果想鼓励学生全神贯注地去学习，就得让学生相信，他们的学习行为与他们预想的学习结果之间存在着紧密的联系。

单纯地靠结果预期激发学生的学习行为是不够的，还需要效能预期。效能预期代表的是学生对自己能够理解、掌握和应用学习内容的信心。因而，要想对成功持有积极的预期，学生不仅要相信自己完成作业后就能通过考试，还要相信自己有能力完成这些作业。总之，这种对自身能力的信心是预期的一个重要组成部分，并且能激发个体的动机。

综合来看，关于动机原则我们知道，价值、预期和环境相互影响，使学生学习的行为各不相同。在进行教学设计的过程中，如果我们想激发学生的学习动机，没有哪一个单一因素不发挥作用，任何一个因素发生改变，都会对学生的学习动机产生影响。为了增强学生的学习动机，在进行教学设计时有哪些规则呢？

设计规则 1：把学生的好奇心放在第一位

当面对自己感兴趣的内容或者是与自身联系密切的内容时，人往往会表现出更强的学习动机，因此，在进行教学设计时要把学习材料与学生兴趣关联起来。例如，在学习人工智能时，结合当下与之联系最紧密的新闻，如围棋人机大战，以及如何建立虚拟的现实世界等，尽管这些内容难以理解，但是学生们兴趣盎然，并且这些材料中深层次的东西对学生以后的发展至关重要。

设计规则 2：把握预设性问题的设计，激励学生酝酿生成性问题

教师基于教材内容对问题进行预设，强调教材的基础性地位和主体性地位，体现了对文本的尊重。同时，也必须体现对学生的尊重，激励学生积极思考，生成问题。预设问题过多容易导致对生成问题的忽视，但是生成的问题过多也势必会影响预设目标的实现和教学计划的落实。要时刻把握预设和生成两者的关系，不管是预设还是生成，都要为有效的教学设计、正确的价值引导和学生的健康发展服务。

设计规则 3：创设竞争与合作的机会

竞争不仅可以激发学生的学习积极性，还能激发学生更多的潜能；合作可以弥补学生本身力量的不足，发挥每个人的长处。在进行教学设计时，教师可以让学生分小组完成一个项目，在完成项目的过程中，可以很好地培养学生之间的竞争与合作意识。

关于动机原则和教学设计的结合，美国佛罗里达大学的约翰·M. 凯勒 1984 年在其发表的论文 *The Use of the ARCS Model of Motivation in Teacher Training* 中设计了 ARCS 模式。ARCS 表示的是 attention（注意）、relevance（关联）、confidence（信心）和 satisfaction（满意）四部分。该模式的完整应用包括 10 个步骤（图 1-5）。该模式将课程计划和教学过程很

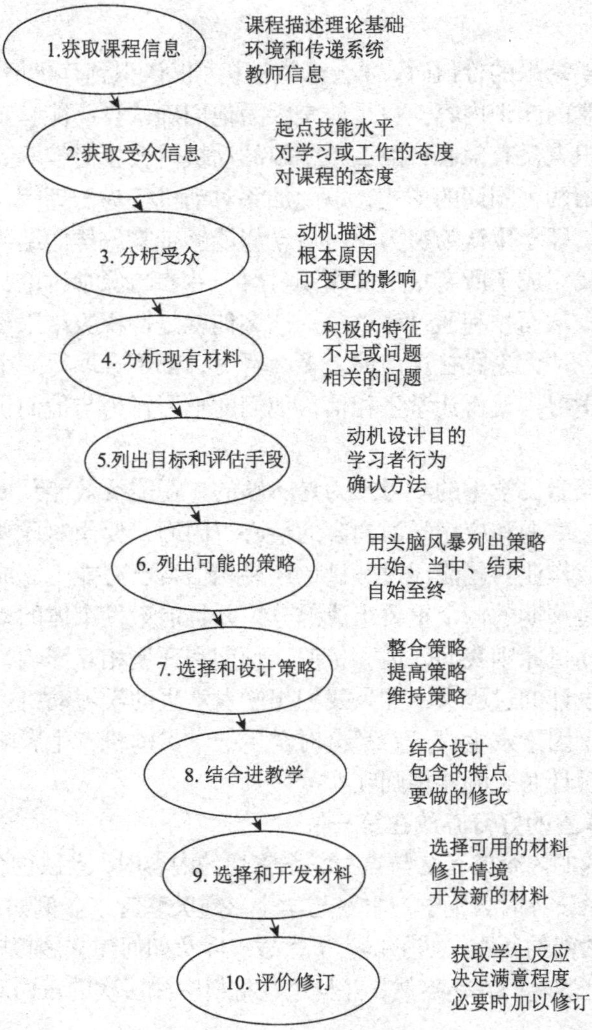

图 1-5　动机设计的步骤

好地结合，它首先开始于对课程、教师和学生信息的收集，然后才开始进入对课程材料的分析。根据这些信息，教师才开始撰写动机目标、选择或创造动机策略、开发和测试动机策略。

二、已有知识原则

教师在新授课的时候会有导入环节，会联系学生已有的知识进行新内容的讲解，这些知识包括教师在之前课程中讲解的，也包括学生在日常生活中积累的知识经验。但有时候，教师对学生已经掌握的知识判断得并不准确，可能高估了学生的已有知识，这样的话，新授课的基础就建立在学生不掌握的情况之上，从而影响了课程的讲授质量和进程。

作为教师，在进行教学设计的过程中，要注意到学生已有的知识背景，一切从学生的实际出发，根据学生已有知识的状况进行教学设计，这就是已有知识原则，即学生的已有知识会促进或阻碍其学习。

苏霍姆林斯基说过："教给学生能借助已有的知识去获取新的知识，这是最高的教学技巧之所在。"学生在进入课堂教学时，脑子里并不是一块白板，他们的大脑中包含从其他课程中学到的知识，也包含从日常生活中吸取的经验。这些知识包括事实、概念、模型、知觉、信念、价值观和态度，其中有些是正确的、完整的，符合当下的学习情境，但有些是错误的、不充分的，不能服务于要学习的新知识。如果教师在进行教学设计时没有考虑到这些不合适的已有知识，就会影响学生过滤和理解新信息。

教学所希望的理想状态是学生将新知识建立在自己已有知识的基础之上，在新旧知识之间建立联结，从而帮助他们建构更加复杂和牢固的新知识体系。为了更好地理解已有知识原则，我们需要了解以下几个因素。

（1）正确但不充分的已有知识

教师通常会认为，学生只要拥有了一些基础知识，就会为进行某项学习活动或者学习新知识做好了准备。然而，实际情况并非如此。即使学生掌握的知识是正确的，并且被激活，也不一定会为接下来的学习提供有效的帮助。

有一种常用的知识分类方法，将知识分为陈述性知识和程序性知识。陈述性知识是关于“知道什么”的知识。能够准确地说出一个名词的概念，解释欧姆定律，这都说明掌握了一定的陈述性知识。程序性知识是关于“怎么做”的知识，例如，如何使用软件画图，如何做一个表格。

通常会出现这样的情况，学生能够描述一个事物的概念，但是却不清楚如何准确地去使用这些概念，造成理论与实际生活的脱节。或者学生能够准确完整地执行程序性的任务，却不能清晰地表达为什么要这么做。因而对于教师，我们必须清楚地知道，不同的任务对知识的要求不同，不能想当然地觉得学生已经具备了某一项知识，就代表他们掌握了这项知识。对此，我们应该在教学之前对学生的已有知识进行调查了解，以便设计出恰当的教学。

（2）不当的已有知识

在有些情境下，学生已有的知识并不适合，这种不恰当的已有知识会导致学生对新的教学内容产生误解。

一种情况是，学生容易将日常生活中的理解引申到专业知识的学习上。比如，学生对“正”“负”术语的日常理解有可能误导他们对“负强化”概念的理解。

另一种情况是，学生将两种不同的情境只进行类比，而没有深层次地意识到这种类比的局限性。在大多数情况下，类比可以使教学变得更加容易，帮助学生理解复杂、陌生的概念。但是，如果只是进行简单的类比，忽视两者之间的不同，就会造成学习的局限性。

类似地，文化的差异造成了对知识理解的不同。学生在学习不同文化中的知识时，如果不能意识到之前不当的已有知识，那么学习新的文化背景下的知识就会受到阻碍。不同语言之间的语法规则存在着巨大的差异，如果母语中是“主-宾-动”结构，而新语言中是“主-动-宾”结构，那么学习新语言就会受到阻碍。

（3）不正确的已有知识

已有知识掌握得不充分或者不恰当尚且不能促进学习，那么错误的知识会对学生产生什么影响呢？已有研究表明，不正确的已有知识会导致学生对与已有知识不符的新证据的抗拒，从而曲解新知识。

如果不正确的已有知识是由相对独立的概念构成的，或者还未影响到更大的概念模型，那么这类不正确的知识纠正起来就相对容易。学生能够清楚地认识到之前的概念是错误的，从而接受新知识，如冥王星被从九大行星中除名。

然而，有些类型的错误知识被称为错误概念，这类纠正起来相对困难。错误概念是指扎根在学生大脑中的理论或者模型。如群体刻板印象就是一种危险的过度简化的认识，这种认识跟人们生活中的部分现实极度吻合，满足人们概括和归纳的需求，因此很难改变。

对教师来说，清楚地认识到不正确的已有知识对学生造成的影响至关重要。在设计教学的时候，我们要了解学生可能存在的不正确的已有知识，尽可能地纠正错误的概念。事实上，对错误概念的引导和纠正需要很长的时间。

既然我们知道已有知识对学生学习新知识至关重要，那么如何合理地激发学生的已有知识呢？可以创设富媒体的交互式学习环境，加速学习者的知识融合过程。针对这方面，笔者提出了以下几种设计规则。

设计规则 1：设计和开发符合多媒体教学原则的教学课件

合理的多媒体教学课件可以有效地降低学生认知的困难，减少学习新知识时的认知负荷。因此，在进行教学设计之前，可以向有经验的教师请教学生在哪方面存在的疑惑较多，然后有针对性地开发教学课件和练习，使之与所学知识有效关联。

设计规则 2：恰当使用增强现实或虚拟现实类资源创设情境，激活学生的已有知识

恰当的练习可以调动学生大脑中已存在的信息，比如，在导入环节，教师可以通过头脑风暴或者概念图的构建来激活学生的已有知识，如果条件允许的话，可以通过增强现实或者虚拟现实类的资源让学生感受一下。但是在这里，应该特别注意的是，在激活正确已有知识的同时，不正确的已有知识也会相伴而来，教师要做好准备，帮助学生澄清并做出区分。

设计规则 3：按需使用互联网丰富的资源，使其与学生日常生活相联系

教师给出的例子越贴近学生的生活，学生就越容易理解，从而在学生的头脑中就更容易建立牢固的知识体系。在熟悉的教学情境下，学生能更放松、更加成熟地进行思考。因此教师在进行教学设计时，要以贴近生活的实例来引导学生理解新材料。

三、知识组织原则

教师有能力对所讲授的知识进行有意义的组织，把其中相关的概念、事实以及程序性的知识等进行相互关联，还能够将这些知识很好地与生活进行关联。但是相比之下，学生并没有这种对知识高度组织的能力，对内容的掌握往往是分散的、肤浅的。教师与学生在知识组织方面的差异就决定了教师在进行教学设计时需要充分考虑到学生本身的状况，从学生的角度出发，设计教学。图 1-6 展示了教师和学生的知识组织差异。

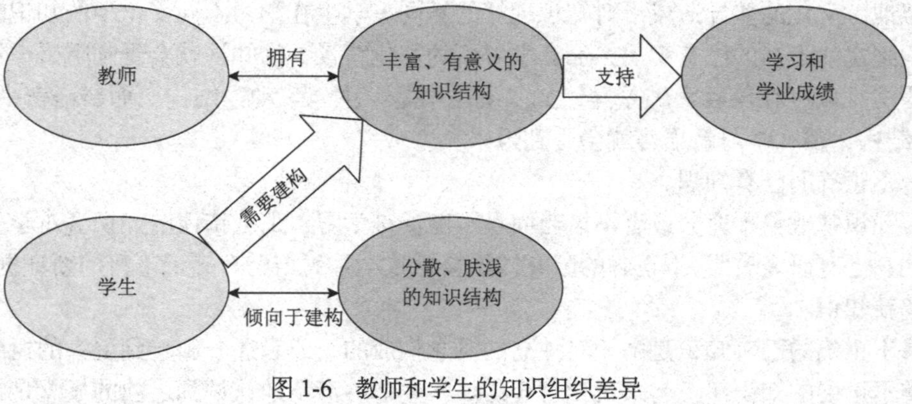

图 1-6　教师和学生的知识组织差异

学生在学习时会根据自己的生活体验对所学的知识建立联想。比如对具有共同意义的观念进行联系（如公平与平等、权利与权力等概念之间的联系），在特征相近的客体之间建立联系（如篮球和球体之间建立类属关系），在发生时间相似的事件之间建立联系（如打雷和下雨之间的因果关系），等等。这些联系随着时间的不断积累，由之前单一的知识逐渐形成了多层次、复杂的知识网络结构。进而，学生头脑中的知识组织体系就一步一步地建立起来了。

学生之间文化背景的差异、生活中扮演角色的差异以及性格的差异等造成的生活经验的不同，导致学生之间的知识组织方式存在着差异。学生在学习的过程中，会面临着形形色色的知识，因此，在评判知识组织是否合理时需要结合具体的学习情境。并且，随着学习的积累，学生的知识组织也会不断地发生变化，对任务的完成情况和对活动的体验也会变得越来越不同，因此在进行教学设计时，要充分考虑学生当下的知识组织方式，以便设计出合理有效的任务和教学活动。为了帮助教师评估自己和学生的知识组织，帮助学生获得联系紧密、意义丰富、灵活多变的知识组织方式，在进行教学设计时可以应用以下几个规则。

设计规则 1：教学难点和重点应该用不同形式进行知识组织呈现

为了帮助学生有针对性地学习新知识，教师在进行教学设计时对重难点的设计应该有所不同。比如对于难点的设计，可以向学生提供一些本质上相同但表面特征不同的案例或者表面看起来相似但本质不同的案例。通过大量的可对比性的例子，帮助学生多方位地理解知识的深层特征和基本原理，这样他们在建构自己的知识组织时不至于太过片面。对于重点的设计，可以鼓励学生自己去创建多元的知识组织；对同一知识点设置练习和反馈，收集学生在作业中所犯错误的类型，暴露学生不恰当的联系和分类。

设计规则 2：恰当使用顺口溜或口诀等多种检索中介

学生对知识的遗忘实质是对信息提取的失败，教师应尝试为学生提供多种检索路径。在新授课的教学设计中，如果涉及新概念的学习，可以将所学的内容与学生的已有知识关联起来，使用顺口溜或者口诀等，将新概念和已有概念建立联系，进行类比。这样学生可以建立已有知识与新知识的网络结构联系，在理解和掌握新知识方面，大大提高效率。除了教师直接展示知识之间的关联外，还可以设计提问环节，刺激学生主动地去建立知识关联。

设计规则 3：应用分类任务，揭示学生的知识组织

教师可以利用不同的任务来了解学生的知识组织结构。比如向学生呈现一系列不同的问题，这些问题可能在表面特征或者深层结构上有相似之处，然后让学生根据问题之间的内部形似对问题进行合理的分类。或者让学生画概念图，来展示对这一问题的理解，了解学生在这方面的知识深度。这种要求学生对不同问题、不同概念、不同情境进行分类的方式可以揭示学生的知识组织。学生如果只是了解它们之间的表面特征，而没有意识到深层特征，就不能建构出有意义、有灵活性的知识组织。

四、练习和反馈原则

对知识点的掌握，一定的练习是必不可少的。并不是所有的练习都能产生相同的效果，但是在练习之后，一般都会得到相应的反馈。那么，到底什么样的“练习+反馈”才能更有效地提高学习效率呢？

在讨论“练习+反馈”的有效方式之前，需要对“练习”和“反馈”进行简单的定义。在这里“练习”是指学习者围绕某一个知识点，运用所掌握的已有知识或技能开展的任何活动，无论是一个建设性的观点还是小组合作产生的一个方案，都是所谓的练习。在这里“反馈”指的是针对学生对知识的理解，教师引导学生关于此知识点的后继行为活动。单一的练习或者脱离练习的反馈都不能达到很好的效果，而“练习+反馈”的方式就好比是实现了“1+1>2”的功效。“练习+反馈”首先必须聚焦于学生的某一行为表现，在此基础上，不断地改善，从而达到目标。可以用一个循环图来表示“练习”“反馈”“目标”“行为”四者之间的关系（图 1-7）。

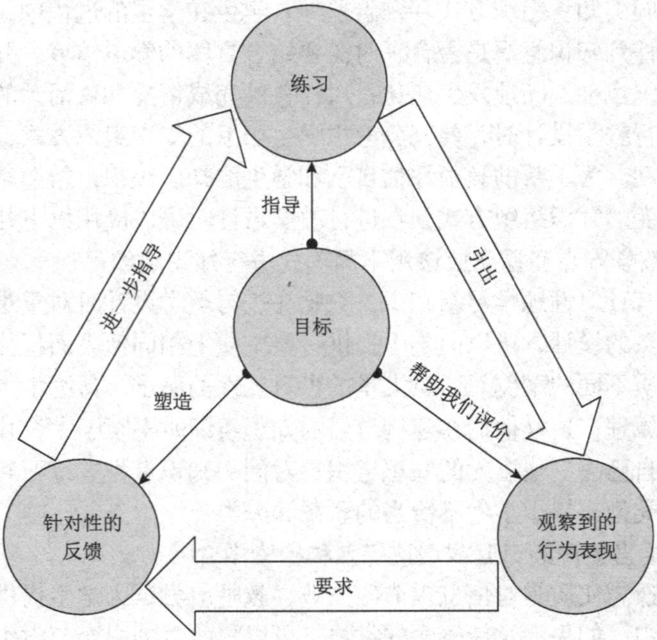

图 1-7　练习和反馈循环

关于“练习”有两点需要教师注意，一是练习必须聚焦于某个具体的目标或标准。如果练习没有体现要达到的目标，学生很难知道自己正在学习和巩固哪一方面的知识点。同时，教师所确定的具体目标，必须与希望学生能够学到的知识相一致。二是练习的难度水平要恰当。练习太难或者太容易都不利于学生的学习，教师在设计练习的时候要充分考虑学生的已有知识，为学生提供一些教学支架，使他们能在适当难度的水平上学习相关的知识。这种思想的依据是维果斯基的最近发展区理论，即学生的练习最佳难度水平是指学生不能独立完成但是可以在他人或者小组的帮助下完成。

根据信息加工的相关理论，“反馈”在学习中主要发挥两个作用。第一，反馈可以让学生清楚地知道自己对问题的回答是否正确或者行为是否得当。但是仅凭这样的信息是不足以改正学生头脑中的错误概念或者不恰当行为的。因此就需要发挥反馈的第二个作用——反馈可以提供矫正信息，帮助学生借此修正自己的行为。实质上，反馈从开始到结束完成的是一个学习的循环。在这个循环中，可以使用反馈不断地修正学生储存在记忆中的知识，同样也可以指导行为。关于反馈有两点需要注意：一是反馈要清晰地告知学生努力的方向，在哪些具体方面存在不足或者是尚未达成哪些目标等；二是恰当地安排反馈时间，练习完成多久给予反馈、多长时间给予一次反馈等。

为了更好地达到教学目标，关于“练习+反馈”的方式，本书提供以下几个设计规则。

设计规则 1：教师进行合理的预设性提问，布置针对性的练习和作业

教学设计应该体现清晰合理的教学目标，让学生知道自己要达到怎样的标准。为了了解学生对已有知识的掌握情况，布置针对性的练习，教师应该在进行讲解之前对内容进行合理的预设性提问，让学生进行回答，从而暴露出学生掌握的真实情况。有关教学论的研究表明，学生产生学习兴趣的原因不是感知，而是问题。问题可以激起和诱发学生的求知欲，如果学生感觉不到问题的存在，就很难去深入地思考。但是在练习的过程中，根据最近发展区理论，需要为学生提供支架，让其一步一步地完成所要求的任务。在布置作业的时候，提供希望学生要达到水平的作业范例，直观地告诉他们优秀的作业应该是什么样子的。

设计规则 2：教师按照学生回答问题的重要程度依次进行反馈

反馈具体包含的内容取决于课程中的多个方面：设置的教学目标（整堂课的目标或者是某个具体任务的目标）、学生的认知水平、教学资源以及可利用的时间等。因此，要想使反馈达到很好的效果，就必须考虑清楚在特定的环境下哪些信息对学生是最有用、最及时的，然后在反馈中将这些信息按照一定的顺序排列。

设计规则 3：利用同伴之间的互助进行反馈

反馈不仅仅要靠教师来给予，学生之间相处时间最长，并且对知识的理解基本在同一频道上，学生同样可以对同伴的作业提出具有建设性的反馈。因此在进行教学设计时，可以合理地设置小组活动，让学生之间进行相互帮助，通过沟通，诊断出问题所在。这样的设计，不仅可以检验学生对知识的掌握程度，同时也可以适当地减轻教师的压力，使教师把更多的心思放在处理难度较大的问题上。但是在让学生进行同伴反馈时，教师应该提供详细的评价标准，告诉学生评分标准背后的原理和如何有效地提供反馈。

思考题

1. 说说你对教学系统的理解。
2. 为什么要进行教学设计？
3. 在教学设计的过程中，有哪些原则需要遵守？

第二章　教学设计基本过程

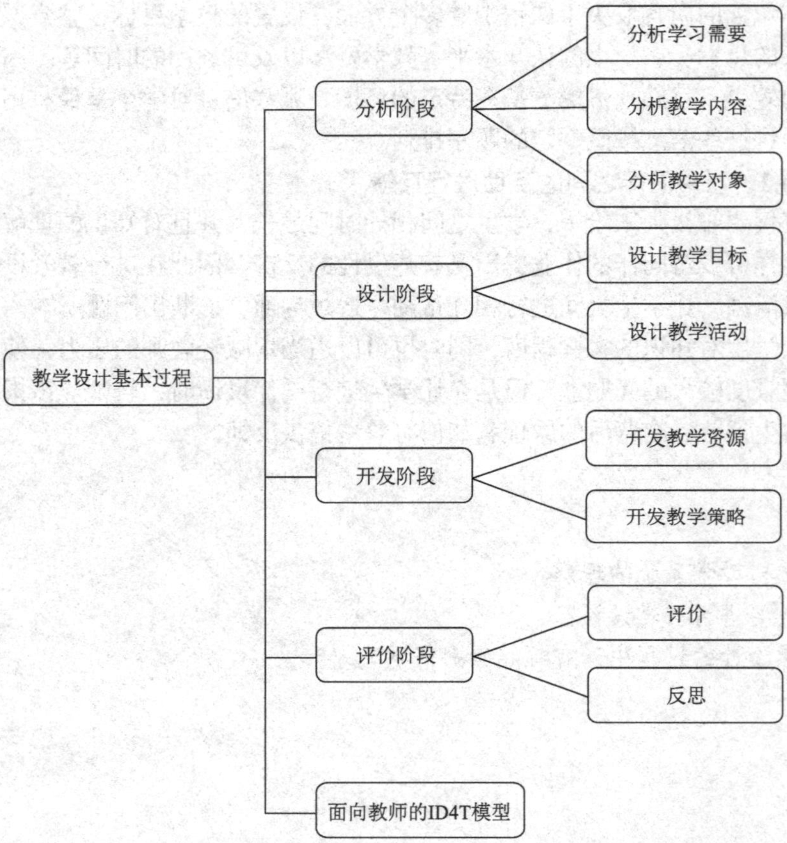

信息技术是一门新课程，开设信息技术课是为了让学生掌握一定的学科知识、发展技术能力、内化信息理论、产生信息技术的应用意识，并能够应用其为自己和社会服务。因此，信息技术教学设计除了一般课程应该具有的特点外，还应有自己本学科的特色：让学生在教学活动中不断进行信息的获取、分析、处理、传递和运用；结合学生的生活和学习实际设计任务与情景；激励学生能够在学习和生活中积极地应用信息技术课中所学的理论，并且能够及时跟上信息革命快速发展的脚步，与其他各领域进行有效的交流与合作，在学习的过程中迸发出自己的思想，培养良好的信息素养。同时，一门课程的教授还需要充分考虑学习者的各方面差异，培养学习者在信息技术课学习中的自主化、个性化；通过设计拓展性的教学内容，开发学生自身的潜力，提高学生的网络学习能力。关于教学设计的模式很多，但是所有的教学设计过程都包含这样一些核心要素（或称为阶段），它们分别是分析、设计、开发、实施和评价，目的是确保教学的目标、策略、工具和评价的协调一致性。这里讨论的是目前流行的教学设计模式，如图 2-1 所示。

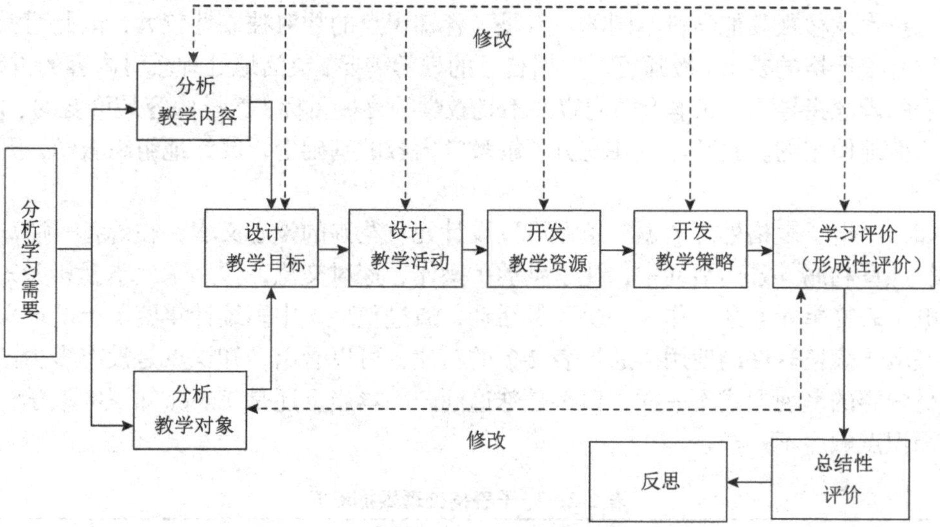

图 2-1　教学设计的基本过程

第一节　分 析 阶 段

一、分析学习需要

分析学习需要是教学设计中的第一个步骤，是实施教学前必要的工作，是教学设计实践中运用系统思想的体现。在教之前必须了解“为什么教”，这就是分析学习需要，分析所要解决的问题，具体包括：①了解现存的教学中存在着哪些问题；②分析学生现有的水平与教师所期望达到的水平之间的差距；③分析并确定总的教学目标。

教学设计要理顺问题与方法、手段与目的之间的关系，分析学习需要就是在帮助教师理顺问题，确定教学目的，形成总的教学目标。教学设计不仅要顾及学生将要学什么，更要考虑学生已有的知识基础，将两者建立联系。

二、分析教学内容

分析教学内容对于教学设计者来说，既能对教学内容进行梳理，又有助于教学设计的决策。如果没有清晰的教学内容分析，那么很有可能造成对内容的理解带有一定的模糊性，从而决策也会受到影响。教师要充分认识到教学内容分析的重要性，认真研究教材，合理组织教学内容以及安排教学内容的表达或呈现过程。

分析教学内容的方法是首先按照加涅的教学结果分类法进行目标归类，将目标归属到相应的学习领域中，然后选择适当的分析程序进行教学分析，见表 2-1。

表 2-1　与教学目标相应的分析程序

目标归属领域	分析程序	目标归属领域	分析程序
言语信息	细化分析	态度	列表分析
智力技能	层次分析	认知策略	专家分析
动作技能	过程分析		

信息技术课程跟其他学科不同的一点是，各知识点的相对独立性较大，因此对教材内容的顺序没有很严格的要求。教师可以根据自己的教学需要，灵活地处理教材内容的讲解顺序。在新课程的理念指导下，课本上的内容并不是教学的终极目标，教学内容是可变的、发展的，是可创造性地使用的。教师可以在充分了解教学内容的基础上，灵活地组织教学，开展教学活动。

例如，“电子表格处理数据”单元可以设计元宵花卉的爱心义卖，在筹备-预算-资金分配-义卖-计算利润等系列活动中，让学生动手操作、探讨交流，帮助学生掌握相关知识。也可以把电子表格单元的学习作为一次环保活动，通过整理《中国统计年鉴》上的环保数据来熟练掌握电子表格软件的使用。通过表 2-2 的对比，可以看出，知识点是没有多少区别的，只是教材内容的呈现形式不一样，但都是殊途同归，本质上还是 Excel 知识的教学，只是所学习的知识点顺序不一样。

表 2-2　电子表格处理数据教学

课次	课题名称	“义卖活动”包含的知识点	“环保活动”包含的知识点	课题名称
1	筹备义卖活动	认识 Excel，掌握如何改变行高、输入和修改数据，了解数据类型，插入行或列	认识 Excel，复制表格到 Excel，改变行高和列宽，管理工作表	环境污染情况
2	义卖预算	学会对表格应用自动套用格式，学会排序，了解隐藏列和取消隐藏列，了解格式化单元格，学会制作图表	合并单元格，插入行或列，修改表格，对表格应用自动套用格式	环境保护基本情况
3	义卖的资金分配	了解如何使用不相邻的单元格中的数据创建图表，使用“填充”命令，为一组单元格创建和修改边框，改变一组单元格的底纹，合并单元格	认识编辑栏，自动填充数据，使用菜单栏“填充”命令，了解数据类型	成立环保行动小组
4	义卖行动收入	让学生掌握如何使用电子表格进行简单运算，使用不相邻的单元格中的数据创建图表，在单元格之间剪切或复制并粘贴数据，了解为电子表格写保护，并复习文字处理技能	创建图表，制作各种统计图，编辑图表，熟悉图表中各选项的应用，将图表粘贴到 Word 中，用图表描述数据	垃圾处理
5	查阅所得	掌握输入和修改公式（求和、求平均值等），改变图表中网格线和图例的显示方式，管理工作表	求和，简单计算，计算平均值，利用函数计算	节约用水
6	计算利润	进一步掌握使用 Excel 进行函数运算，并按指定条件筛选数据、分类汇总数据，复制内容到 Word 中	排序，掌握简单的筛选方法，按指定条件筛选数据	植树造林
7	展示活动成果	网上发布数据，更改网页表格，设置交互功能，创造各有特色的作品	分类汇总数据，网上发布数据，更改网页标题，设置互动功能	城市空气质量

目前的信息技术教材基本上是根据知识模块划分编写，如 Word、Excel、PowerPoint、FrontPage 的教学都是分模块教学，注重纵向的拓展，而没有采取多种技能的横向推进。在实际应用中，这几个软件的许多操作是类似的，我们在教学时可适当地引导学生加以对比，实现知识的迁移。如表格教学中，表格在 Word、Excel、PowerPoint、FrontPage 这几个软件中的操作大致相同，教学中要根据实际需要和学生情况进行教学设计，以加强软件间的对比与联系，自然地将各项操作技能融合在一起。通过让学生不断地同时运用多项技能，他们很容易发现各项技能之间的共同点，提高综合运用各项技能的能力。例如，在计算月平均气温统计活动中，让学生在 Word 和 Excel 之间进行任务切换，了解如何选择合适的软件完成任务，进一步掌握使用 Excel 完成数学运算、创建图表、输入及修改公式、运用“填充”等命令统

计月平均气温，并制作月平均气温统计图表，将该统计图表粘贴到 Word 中修饰美化。又如操作系统的文字管理与网络知识不应分为两个模块来分别学习，下载信息和收藏网址这些操作都要用到文件管理，所以应该巧妙地把它们整合在一起进行教学。

三、分析教学对象

分析教学对象的目的是了解学习者在学习过程中所表现出来的能力以及学习特征，从而为教学内容的组织、教学策略的选择、教学媒体的使用、教学方法的运用、教学活动的设计提供依据。教学活动的设计是否符合学习者的特征，直接关系到教学能否成功地进行。

学习特征包括一般特征和个性特征。一般特征是指对学习者进行学习产生影响的心理、生理和社会特点，如学习者的年龄、性别、生活经验、家庭背景等。个性特征主要包括学习者的起点能力、学习风格和学习动机等因素。在进行教学设计时，一般特征虽然与教学内容的关系不大，但是影响着教学媒体和教学方法的选择。例如，年幼的学习者宜采用图像、动画等对感官刺激强的媒体。现主要介绍个性特征中的几个因素。

1. 学习者起点能力分析

在进行教学设计时，需要清楚地了解学习者已经具备的有关知识与技能，比如，学习者的认知结构、认知能力和对所学内容的态度。学习者的认知结构是对学习者现有知识的数量、清晰度以及组织结构的概括，是与所学内容联系起来进行有意义学习的关键。了解学习者的认知能力主要是指了解现阶段学习者的感知、记忆、思维、逻辑想象等方面的特征，基于此，进行不同认知水平的教学内容设计。学习者对所学内容的态度直接关乎教学内容进展的顺利与否，比如，学习者对这门学科有没有畏难情绪、是否存在偏见等。这些在进行教学设计前，都要做到心中有数，可以使用量表、观察、访谈等方法分析学习态度。

2. 学习风格分析

有关学习风格的理论非常丰富，大家几乎一致认为学习者存在着不同的学习风格。比如，常见的对学习风格的分类有“场独立-场依存”“冲动-反思”“抽象思维-具体思维”等。教学设计应该考虑学习者不同的学习风格，开发针对不同学习风格的学习材料。

3. 学习动机分析

在有效教学设计的四原则中提到过动机原则，动机对学习者维持学习活动至关重要。教学设计中应该针对影响动机的因素进行相应的活动设计，充分激发学习者的学习热情。

另外，学习者之间的水平差异是目前信息技术教学中一个不能忽视的问题。学习者之间信息技能的掌握水平差异大，有的学习者在上课之前已经基本掌握了某些技能，而有的学习者还停留在不会的阶段。因此，教学设计要充分考虑到不同水平学习者的需求，不能用同一标准要求所有的学习者。教师应该做到让每位学生都得到发展，但不一定要求同步。

第二节　设计阶段

一、设计教学目标

目标可以是外显的或者内隐的、清晰的或者模糊的、可测量的或者不可测量的。但是教学目标必须以明确、具体的方式加以描述。教学目标就是希望学生习得的东西，主要指学习者通过教学以后获得的一种明确、具体的学习结果。教学目标是教学设计的出发点和归宿，目标设计的合理性直接影响教学的有效性。因此，我们必须搞清楚教学目标的真正含义，并且能用简洁准确的语言表达出来。在进行教学设计时，教学目标的表述有如下几个原则。

1. 系统性原则

教学目标是一个系统，可以分为学科目标、单元目标和课时目标，是一个上下贯通、从普遍到具体的完整体系。因此，教师在设计教学目标时，要清楚此目标的范围，不可设定得过大，也不能太狭隘。

2. 层次性原则

教学目标的设计与教学内容密不可分，不同教学内容的难易程度不同，这就需要在设计教学目标时，要针对学习者的能力水平，对教学内容所要达到的目标做到层次性的匹配。

3. 具体性原则

教学目标在设计时必须能够说明目标的内容和要达到的程度。具体包括四个方面的要素：学习者是谁、学习者要做什么、学习者需要掌握到什么水平、学习者需要在什么条件下完成。

教学目标的设计必须明确、具体、可测量，时刻着眼于学生的发展，不可一成不变。信息技术课中的教学目标设计更要贴合学生的技术能力水平，防止目标过于简单，对学生的要求过于放松。比如，高中信息技术课的基本目标是培养学生良好的信息素养，在学习“搜索引擎”内容时，因为初中阶段已经掌握基本的搜索技巧，所以教师在设定教学目标时应该将信息处理和问题解决策略作为教学的主体，注重培养学生的信息思维方式。信息技术课的教学设计更多需要的是教师转变对课程的意识，不再仅仅将信息技术课当作计算机课。

根据学习结果的分类，一般将教学目标分成三大类或称学习的三个领域：知识、技能及情感领域。为帮助理解，教育部制订的《普通高中技术课程标准（实验）》（信息技术部分）中给出了不同学习目标对应的各水平要求及其使用的行为动词，如表 2-3 所示。

表 2-3　不同学习目标对应的行为动词表

<table>
<tr><th colspan="2">教学目标</th><th>各水平的要求</th><th>内容标准中使用的行为动词</th></tr>
<tr><td rowspan="3">知识性目标</td><td rowspan="3">低
↓
高</td><td>了解水平
再认或回忆事实性知识；识别、辨认事实或证据；列举属于某一概念的例子；描述对象的基本特征等</td><td>说出、知道、了解、认识、熟悉</td></tr>
<tr><td>理解水平
把握事物之间的内在逻辑联系；新旧知识之间能建立联系；进行解释、推断、区分、扩展；提供证据；收集、整理信息等</td><td>说明、理解、解释、比较、权衡、找出、选择、识别、调查</td></tr>
<tr><td>迁移应用水平
归纳、总结规律和原理；将学到的概念、原理和方法应用到新的问题情境中；建立不同情境中的合理联系等</td><td>掌握、分析、归纳、概括、确定、判断、优化、改进</td></tr>
<tr><td rowspan="3">技能性目标</td><td rowspan="3">低
↓
高</td><td>模仿水平
在原型示范和他人指导下完成操作</td><td>模仿、尝试</td></tr>
<tr><td>独立操作水平
独立完成操作；在评价的基础上调整与改进；与已有技能建立联系等</td><td>会、能、学会、进行、完成、制订、识读、绘制、画出、检测、安装、操作、运用、使用、选择</td></tr>
<tr><td>熟练操作水平
根据需要评价、选择并熟练操作技术和工具</td><td>掌握、实现、灵活运用</td></tr>
</table>

续表

教学目标		各水平的要求	内容标准中使用的行为动词
情感性目标	低 ↓ 高	经历（感受）水平 从事并经历一项活动的全过程，获得感性认识	感受、参与、经历、体验、交流、讨论、观察、调查、参观
		反应（认同）水平 在经历基础上获得并表达感受、态度和价值判断；做出相应的反应等	关注、提出、获得、确认、欣赏、发现、判断
		领悟（内化）水平 建立稳定的态度、一贯的行为习惯和个性化的价值观等	养成、形成、具有、树立、确立、发展、保持、增强

二、设计教学活动

教学设计方案既是教学设计工作的总结，也是实施教学的依据。教学设计的方案可以以文本、框图、表格或流程图等形式呈现，在三维目标的指导下，从教师教和学生学两个方面阐述教与学活动的设计，如图 2-2 所示。

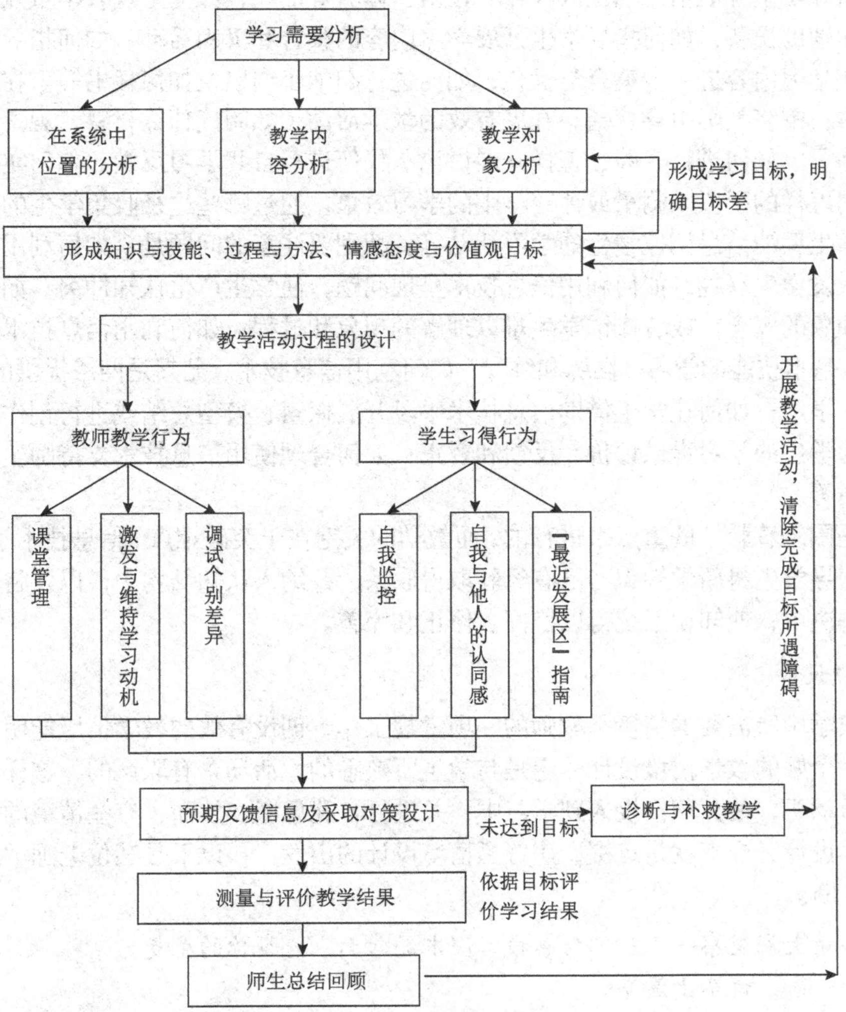

图 2-2　教与学的设计

1. 学生喜欢的课堂教学形式

如表 2-4 所示的调查结果显示：81.3%的学生表示喜欢有较多的动手操作或亲身实践、讨论交流的课堂教学方式，12.0%的学生喜欢以老师讲授为主的方式。既然学生最喜欢的课堂教学方式是有较多的动手操作或亲身实践、讨论交流，那么教师应多设计一些活动，以学生操作交流为主，突出实用性和创新性。

表 2-4　学生喜欢的课堂形式调查结果

有较多的动手操作或亲身实践	引发较多的讨论交流	老师讲授为主	自学	大量的书面练习	其他
50.8%	30.5%	12.0%	5.4%	0.8%	0.5%

2. 教学活动设计

在教学活动的设计方面，要思索：设计什么样的情境导入新课，教学活动在怎样的情境下开展，怎样激发学生的学习兴趣，怎样体现新课导入和教学结尾相呼应，如何呈现相关材料，如何指导学生开展信息加工或操作、领悟、体验等活动，如何呈现教学重点和难点，选择哪些教学辅助设备，如何指导学生开展学习内容的整合和巩固活动，如何指导学生实现知识迁移并使学习内容进一步整合与优化，如何进行归纳小结以及如何板书等。在学生生活方面，要考虑：围绕教师引导、指导开展有效的教学活动（如阅读什么材料、观察什么实验、完成什么练习、如何进行实验、怎样开展讨论、如何进行自我学习反馈、如何实现知识迁移等），采用怎样的手段来测量或评定学生的学习效果，通过哪些途径收集学生的反馈信息，如何根据学生反馈信息调控学生的学习活动等。特别要注意的问题是：如何利用信息技术创设情境，激发学生兴趣；如何利用信息技术呈现问题，使学生产生认知冲突；如何利用信息技术呈现抽象的概念，或者掩饰学生难以理解的现象和过程；如何利用信息技术促进学生对基础知识、基本技能的学习、操练和练习；如何利用信息技术，尤其是网络提供的丰富资源，拓展学生的学习；如何让学生借助信息技术手段开展探索、模型总结或进行创作；如何利用信息技术为学生的学习提供评价、反馈和矫正；如何合理使用信息技术支持师生间、生生间的交流对话等。

教学是围绕着教学的重点来进行的，而教学的关键在于突破难点。信息技术学科的教学，更要注意引导学生将新学知识与已有经验取得联系，并纳入认知结构中，以及将所学知识应用于问题解决中，使知识系统得以稳固、修正和完善。

3. 情境设计

创设教学中所需要的情境是教师的一项常规工作，创设有效的教学情境能明显地提高教学质量。一个好的教学情境设计一定是与学生所熟悉的生活场景有联系的，这样有助于激发学生的学习动机，使其积极投入到学习中，并进行自我思考。然而，有些情境的创设只是为了丰富教学设计，根本就是点缀，违背了情境设计的出发点。以下是某位老师“设计封面”课的教学片断。

教师：请大家观察一下我们信息技术课本的封面，说说你的感受。

学生：一般，说不上漂亮。

教师：如果让你设计这个封面，你会修改什么？

学生 1：不容易改。

学生2：这个图片太一般，应换成科幻一些的。

教师：这是个好思路。请大家拿出语文、数学等教科书，看看封面，说出你最喜爱的。

学生：没什么特别好的，图片都很简单。

教师：哦。那我们来欣赏别的，请大家都拿出课前老师让每人准备的一本有漂亮封面的书，小组内交流，推荐一本最好看的来参加全班交流。

小组交流推荐：由于大家的课外读物类型相仿，所以都有绚丽的色彩、漂亮的人物或图案，也都挺好看。

教师：看了这么多封面，说说封面上有哪些内容。

学生3：图案。

学生4：书名、出版社、作者等。

教师（高兴地）：补充得好！一个封面的要素有（板书）：书名、出版社、作者、图案……

教师：接下来，请大家按照封面设计的要素，运用前面课时积累的素材，设计一个封面。如果觉得素材不够，还可以到网上寻找。

这个由实物引入的情境设计，再加上后两个层次的封面欣赏，特别是对学生自己带来及评选出来的优秀封面进行小组交流，很贴近学生生活，学生的参与热情很高。但由于受学生身心发展及生活范围的限制，内容大同小异，互相可借鉴的地方并不多，并且容易被图案这样的较活跃因素所吸引，而忽视对封面设计最重要的整体布局、各要素的和谐统一、是否符合文章内容等要素。因此，在这堂课的后半段里，学生的主要精力都放在了如何找到一张漂亮图片上，从而影响了情感及技能目标的达成。如果教师能够预见这些情况，在小组交流后再安排各种风格的封面欣赏活动，并将学生引导到关注全局上来，就不会产生喧宾夺主的情况了。

有位教师在讲解《高中信息技术基础》第一章第二节“信息的编码”中的二进制时，为了说清道理并且为后面的内容做铺垫，就设置了一个烽火台传递信息的应用情境。具体如下：烽火台不点火为安全，点燃火柴堆中右面的火表示敌人从东面进攻，点燃左面的火表示敌人从西面进攻，两堆火一齐点燃表示从北面进攻……这个情景对二进制的应用叙述得非常清楚，学生一听就懂。问题是烽火台是不是真的这样点火呢？如果不是，虽然懂了二进制，却脱离了现实，那就得不偿失了。这无疑是个假问题。教师在设计类似情境时，要注重与生活实际的联系，让学生明白现实生活中蕴含着大量的信息和处理信息的技术，让学生从周围熟悉的事物中学习和理解技术，进而明确学习信息技术的价值所在，以便很好地应用。但脱离现实的假问题和假情境，不利于学生信息技术的提高。

教学时，教师要能够根据教学内容创设情境，使学生产生强烈的认知冲突和求知欲望。因而选择的情景素材要合情合理，正确指向学习任务，促使学生满腔热情地投入学习。教师可以仔细研读教材，深刻领会此案例的内涵，并可以根据学生实际、地方特色、时政要闻灵活创设。情境设计绝不仅限于课题的揭示、任务的引出，更应贯穿于整个学习过程，环环紧扣、引人入胜。在教学中，教师不仅要关注学生接受信息过程中的认知因素，更要关注学生接受信息过程中的情感体验，这样才能使知识通过情感这个媒介，更好地被学生接纳和消化，提高学生的信息素养。在以技能培养为主的信息技术学习情境中，尤其要注意以下两个方面的情感体验：一是创设能为学生提供广泛知识背景的情境。例如，浙教版九年级信息技术教材第一章第七节“汉字输入法研究”的教学中，教师可以为学生提供中国汉字输入法的研究历程，特别是提供早期由于落后，不得不从日本进口一种带长线的扩展键盘，被日本赚去大量外汇，还被日本人讥笑为“还拖着清朝的辫子”那段特殊历史。这一方面可为学生提供丰富的知识背景，另一方面可以激发学生的爱国热情，有利于教学。二是积极创设技术的实践应用情境，学以致用，使学生得到成功的积极体验，活化知识内涵，促进知识建构。例如，学习“文档处理”后，可以让学生编制班级电子刊物，并选择上传到学校网站。当学生在实际学习中得到教师的肯定后，必将大大增大其学习信息技术的动力。

4. 分层教学

考虑到教师的能力与精力、学生情况和机房分布等因素，一般可以采取分层教学。学生的差异是多种多样的，尽量引导不同层次的学生在各不相同的“最近发展区”前进，尽量满足不同层次学生的学习需要，激发他们的学习兴趣，调动全体学生非智力因素的积极作用。每节课的课堂练习都尽可能分出三个层次来，在每个层次的设计上要尽量分出梯度，以满足不同梯度学生的发挥，让各层次的学生都能体会到成功的快乐。对基础差的学生应以模仿性学习为主，让学生从模仿中慢慢找出规律；对主动性差的学生可设置目标性任务；对擅长主动学习的学生，对其提出教学任务后，应采用任务驱动的方法，让学生自己去探索。在分层练习中对优生以“放”为主、“放”中有“扶”，重在指导学生自学；对中等生和后进生以“扶”为主、“扶”中有“放”，重在带领学生学习。

第三节　开发阶段

一、开发教学资源

教学过程中难免需要教师根据内容的需要开发合适的教学资源，主要包括教学材料和教学工具等。在开发教学材料时，要充分结合教学目标以及学习者的水平。根据“最近发展区”理论，最佳的难度是学生思考可以完成的程度，这样既可以巩固所学的知识，又可以启发学生向着更高水平进步。在网络资源充斥的时代，教师要合理地选择，结合课程内容的需要开发出适合的教学工具，比如媒体的选择、认知工具的选择、网络资源的选择。教学工具选择的好与坏直接影响着学习者在学习过程中的接受程度以及教学目标的达成情况。因此，在开发教学资源时，要充分结合自己所讲授的内容，以及学习者的具体情况，组织教学资源，教师一定不能完完全全照搬网上的资源。

与其他学科相比，信息技术课中的教学资源更是丰富多样。教师应该联系教学实际，对教学资源进行收集、整理、组织，建立不同层次、不同需求的资源库。其中数字化的资源有软件的学习、信息的搜索等，非数字化的资源有图书、报刊等。教学资源的开发一定要密切联系学生的需要，尽可能为学生的自主学习提供支持。

二、开发教学策略

在教学的过程中，教师为了实现一定的教学目标，必须采取合适的手段，这就是我们所说的教学策略。为了解决教师“如何教”和学生“如何学”这两个问题，有必要对教学策略进行设计。“教学策略要根据具体的教学情境的要求和学生的需要随时进行变化。无论是在国内还是在国外的教学理论与教学实践中，绝大多数的教学策略都涉及如何提炼或转化课程

内容的问题。”（施良方，1996）

具体地，教学策略的开发与内容类型、教学环境、学生三个方面有关。

1. 内容类型

教师所要教授的内容不尽相同，有程序性的知识，有启发性的知识。当所教授的内容是程序性的知识时，宜采用先行组织者策略、加涅九段教学策略、示范-模仿教学策略等，教师充当呈现者和解释者的角色，主要的目的是帮助学生掌握教材中的主要内容；当所讲授的内容是启发性的知识时，宜采用启发式教学策略、协作学习策略、自主学习策略和发现学习策略等，学生按照自己的需要和能力去探索知识的内涵，教师在这个过程中观察学生所暴露出的问题，然后进行针对性的反馈。

2. 教学环境

教学环境的不同在一定程度上也制约了教学的开展，因此在教学策略开发时，要充分考虑教学环境这一因素。如果教学环境有益于学生开展合作活动或者实验，那么在开发教学策略时就可以采用协作学习策略、合作学习策略、发现学习策略这类对空间要求比较灵活的教学策略；相反，如果是传统的教室，就会限制对教学策略的选择。

3. 学生

不同学生的类型和能力不同，比如对知识掌握能力的水平、对学习活动的喜爱程度等。如果开发了大部分学生不适应的教学策略，就会影响教学内容的掌握。因此，教师要充分考虑学生的经验水平、角色喜好等因素。

在信息技术教学中，要合理选用并探索新的教学策略，没有哪种教学策略是完美的，教学策略的开发必须结合当下的教学情境，这也是进行教学设计的必要性所在。

第四节　评价阶段

一、评价

教学评价就是确定学习者学到了什么、学习的效果如何以及与学习相关的学习者的个性特征。对教学进行评价主要涉及三个要素，分别是学习结果（即知识）、学习过程（即建构知识的认知过程）、学习特征（即建构知识的能力）。具体描述如表 2-5 所示。

表 2-5　评价的三要素

评价	描述	举例
学习结果	实施教学后学生学到了什么	比如写下“二进制”的含义
学习过程	学生在学习过程中如何学习	对学生在学习过程中的困难程度进行等级评价
学习特征	在教学过程中学生的学习状况如何	对学生的学习兴趣进行等级评价

评价并不能直接测量，我们通常是观察学习者的学业表现，比如完成测验的情况，从学习者的学业表现中判断其对学习内容的掌握情况。根据评价发生的时间不同，评价主要分为形成性评价和总结性评价。

在教学中进行的评价我们称之为“形成性评价”，涉及一段较短时间的教学后，确定学习者掌握知识的情况。例如，课堂上的小测验可以帮助教师及时地了解教学进度是否适中、教学方法是否有效，以便及时调整教学。

在教学后进行的评价为“总结性评价”，涉及较长一段时间的教学后，确定学习者的学习情况。例如，一门课程结束之后进行一次考试，这样考试成绩可以提供学习反馈，为改进下次教学提供建议。

在教学评价的过程中，教师要合理地开发和使用各种评价工具，评价工具的客观性可以有效地降低教师的主观随意性；并且，评价除了教师对学生，也可以是学生的自评或伙伴之间的互评。学生通过客观的评价工具进行互评，增强了学生对学习结果的责任感，使他们意识到自己不仅仅是独立的学习者，更是学习共同体中的一员。

二、反思

教学反思是教师对在教学实践中产生的结果进行审视、分析的过程。从内容上，教学反思可以分为三类：①关于行为、观念和角色层面的反思，即教师对在教学过程中所表现出来的行为以及背后的指导理念进行反思与分析；②关于设计、实施以及达到的教学结果的反思，即教师对在实施教学的过程中的方案设计到方案实施以及方案效果等的反思与分析；③关于个性、风格及智慧的反思，即教师在教学过程中对问题处理所表现出来的个性、智慧等的反思与分析。

教学反思根据时间的不同，可以分为教学前、教学中和教学后三个阶段。每个阶段的反思具有不同的特点和内容，反思应该贯穿教学的每一步，教师只有意识到自己教学经验的局限性，才会更有动力去进行学习和调整。同时，反思不只是教师自己一个人的活动，在这个过程中，还要注意搜集学生对教学过程的反馈、感受，接受其他教师的建议和指导。除此之外，还有几点需要注意：①反思不只要指出教学活动中具有启发意义的问题所在，还要总结有哪些优点值得继续保持。并就这些问题提出自己的思考，一步步地进行分析，找出解决的方法。例如，还有哪些困惑的地方；对学生情况的分析还有哪些难以把握之处；教学设计中，设计的活动有哪些可能无法达到预期的效果。②反思建议要分为几个小标题。小标题原则上不超过五个；小标题的名称要到位，能确实提点本课程的关键方面和重点，不能空洞、笼统。③反思要有所重点。反思一定要建立在实践的基础之上，对其进行总结和归纳，而不是简单地罗列事实和现象。结合自己的所思、所做和所得，用简洁的语言进行阐述，切忌脱离具体的教学活动而高谈阔论。

教学设计的每一步都至关重要，全部教学活动构成有机的统一整体，教学系统的各层次、各类型的教学活动都要相互促进、承上启下，充分发挥课堂教学的整体效能。这就要求教师从整个教学的进程来思考、设计每一课，争取做到立足现实、着眼长远。

第五节　面向教师的ID4T模型

美国宾夕法尼亚大学教授卡尔-查尔曼（A. A. Carr-Chellman）提出的“面向教师的教学设计模型”（简称 ID4T 模型）。本节将以非常简单、易于理解的语言介绍，在这里，我们将学习九个基本步骤，以实践教学设计。

该模型可细分为九大步骤，分别是指确定学习目的、编写具体学习目标、编排测试题目、分析学习起点、确定合适教材、创设教学活动、选择教学媒体、实施课堂教学与评价改进教学。这一模型既扎根于传统，又能与时俱进，将“有序教学设计”与“整体教学设计”结合起来，适合教师在课堂中实际使用。

1. 确定学习目的

一个常见的错误就是学习目的中有太多的规范，例如学习时间或条件的限制。在学习目标中具有灵活性，在重点和灵活性之间取得良好的平衡是这里所要求的。另一个非常常见的错误就是使用动词不够精确，这里提供一些可使用的动词。

知识目的的动词可能包括定义、列表、描述、识别、命名、匹配、选择、回忆或陈述。

理解目的的动词可能包括解释、讨论、转换、区分、扩展、概括、推断、预测或总结。

应用目的的动词可能包括改变、计算、演示、发现、修改、操作、预测、准备、制作。

分析目的的动词可能包括分解、描绘、区分、辨别、辩论、说明、指出、关联、选择、细分。

综合目的的动词可能包括创造、生成、分类、组合、编译、撰写、设计、重写、总结、叙述。

评估目的的动词可能包括确定、评估、比较、推断、批评、证明、解释或联系。

2. 编写具体学习目标

建立良好教学的第二步是明确规定学习目标的具体内容。如果无法建立明确的学习目的，实际上不能开展之后的工作。一个具体的学习目标应该包括三个部分：条件（condition）、学习结果行为（behavior）与标准（criterion）。

在对“条件”进行表述时，应该关注的是学生达到学习结果行为需要“在什么样的情况下”；使用明确的学习结果行为动词，并且当一个学习结果存在多个动词时，需要将此学习结果行为进行拆分，使得每个行为的表述中只包含一个动词；学生掌握 100%的标准并不现实，通常我们建议将 80%作为可接受的标准。

3. 编排测试题目

测试和考试是任何良好的教学计划的重要组成部分，而创建良好测试的关键是测试题目和目标之间的清晰和完整的一致性。第一，测试问题类型（多项选择、论文等）应根据目标来确定。第二，智商测验和其他标准化的考试作为一个快速掌握学生能力的途径可能是有用的，但不应该过分强调。

4. 分析学习起点

当我们对学习者最终要做的事情（目的和目标）有一个相当明确的想法之后，需要了解学生的个人能力，这一步对有效教学的整体成功至关重要。

1）将知识分解成若干组成部分。

2）继续将知识分解，直到确定学习者已经知道其中的一部分（基本阅读的能力、简单的求和、用尺子度量）。

3）分析学习者，找出激励他们学习的方法以及他们过去的经验、文化背景等可能影响他们学习的因素。

5. 确定合适教材

面对众多版本的教材，如何选择合适的教材是教学中至关重要的。良好的教学设计需要教师拥有正确审视教材的能力。

在选择合适的教材方面需要注意以下问题。

1）教材能否服务于学习目的或者目标？在多大程度上贴合？

2）教材是否正确？

3）教材的时效性怎么样？是否紧跟时代？

4）教材的内容是否存在争议？

5）教材的呈现方式能否有效地吸引学生？

6）教材中是否具有教学中所需要的功能？

6. 创设教学活动

教师可以根据自己的教学需要，灵活地设计教学活动，来提高教学的有效性。教学活动一般应具有以下五个组成部分：前期的教学活动（如激发动机、提升注意力、与学习者共享目标）、信息呈现（包括刺激材料，其中大多数内容可以共享）、学生参与（包括学习者参与材料、表演和反馈的指导）评估学习的测试以及后续的反思。

7. 选择教学媒体

媒体选择是教学过程中重要的一环，教学媒体用来传达教学信息。在教学设计的先后安排上，教师首先确定使用哪种教学活动，然后再选择合适的教学媒体。选择媒体要考虑的因素很多，会涉及媒体本身的特点、学习者的特点、教学任务的特点、学习环境、经济因素、文化因素等。这些因素大致分为两类，一是课堂教学内部因素，二是课堂外部的学校社会因素。将这些因素放在一起可以形成一个教师媒体选择轮，如图 2-3 所示。

图 2-3　教师媒体选择轮

8. 实施课堂教学

在这个环节，教师将和一群学习者一起交流尝试。在正式上课之前，教师可以先在一个小组或者是一位与所教年级学生年龄相仿的学生中进行试教，从中找出之前的教学设计中可能存在的问题，从而进行针对性的改进。

9. 评价改进教学

评价改进教学是教学设计模型中的最后一个环节。评价就是教师对自己整个教学过程以及教学结果的一个总结与反思，其目的是改进与提高教师的后续教学。整个教学设计并不是一个简单循环往复的系统，而是一个根据学习者的变化、学习具体目标的变化、社会需求的变化等因素而做出的动态调整的过程，也是本模型中最具活力的地方。

评价通常根据评价目的的不同简单地分为两种形式——形成性评价和总结性评价。前者是为了提高教师教学，而后者主要是为了评估教学的有效性，从而帮助教师作出相应的判断。教师可以通过多种方式如测验、调查、与学生的私下交流和谈话等获取、采集与课堂教学效果相关的数据与信息。

整个教师教学设计模型有九大步骤，看似纷繁复杂的设计过程，教师只要在运用的时候把握重要的设计理念与底线，就可以逐渐培养运用此模型的习惯，以便熟练运用。

思考题

1. 说说教学设计的基本过程。
2. 自选教学内容，设计一个教学设计。
3. 阐述 ID4T 模型的具体过程。

第二篇　基于三种维度下的信息技术教学设计

信息技术基础是一门技能性极强的课程。对于它的理论性的抽象内容，学生理解起来有一定难度，但可以通过实践慢慢领会。那么培养学生自主学习的实践技能就显得尤为重要。信息技术课程由于内容的特殊性，其教学从内容到方法都不能完全按照传统模式进行。教学形式要多样化，教学组织方式也不能再完全依靠教师的"一言堂"。教师要改变传统的教学观念，由"传授知识"转变为"传授方法"，使学生树立知识信息观，掌握信息技能，提高自身的信息素养。

教学设计可以说是为课堂教学活动的顺利开展而拟定蓝图的过程。在这个过程中，教师需要考虑教学内容、学习者、教学环境等多方面的因素，选取合适的教学方法、教学策略，并设计与之相适应的评价方案，从而为教学活动的顺利开展做好准备。在课堂教学中，教学方法、教学环境、教学活动的选择与设计是教师开展教学时不可避免的难题，基于此，本篇内容从这三个维度出发分析信息技术课堂环境下的教学设计。

本篇第三章将介绍第一种维度"基于方法的教学设计"。主要梳理几种中小学信息技术教学中常用的教学方法，包括讲授法、任务驱动教学法、基于问题的学习、WebQuest教学法，并对各个方法的特点、教学流程、教学要领、应用案例等方面进行详细介绍，其目的在于帮助教师在准确理解必要的理论基础的前提下，总结他人的教学经验，并结合相关案例进行迁移学习，实现理论与实践的有效结合，掌握基于特定教学方法的教学设计。第四章将介绍第二种维度"基于环境的教学设计"。主要介绍中小学信息技术教学中常见的几种教学环境及其相应的教学案例，包括多媒体教室、交互式电子白板环境、多媒体网络教室、创客空间环境。该章内容旨在帮助教师了解各类教学环境的特点，优化使用，充分发挥其教育效能。第五章将介绍第三种维度"基于活动的教学设计"。主要阐述中小学信息技术教学中常见的几种教学活动，包括探究型活动、交往型活动、艺术型活动、阅读型活动、情境型活动，并对各种活动的特征及其相应的教学案例进行分类介绍，最后总结基于活动的教学设计的原则和注意事项。该章旨在帮助教师了解各类教学活动的特征，使其设计教学时能够恰当地选择教学活动，以达到更高的教学效果。

第三章　基于方法的教学设计概述

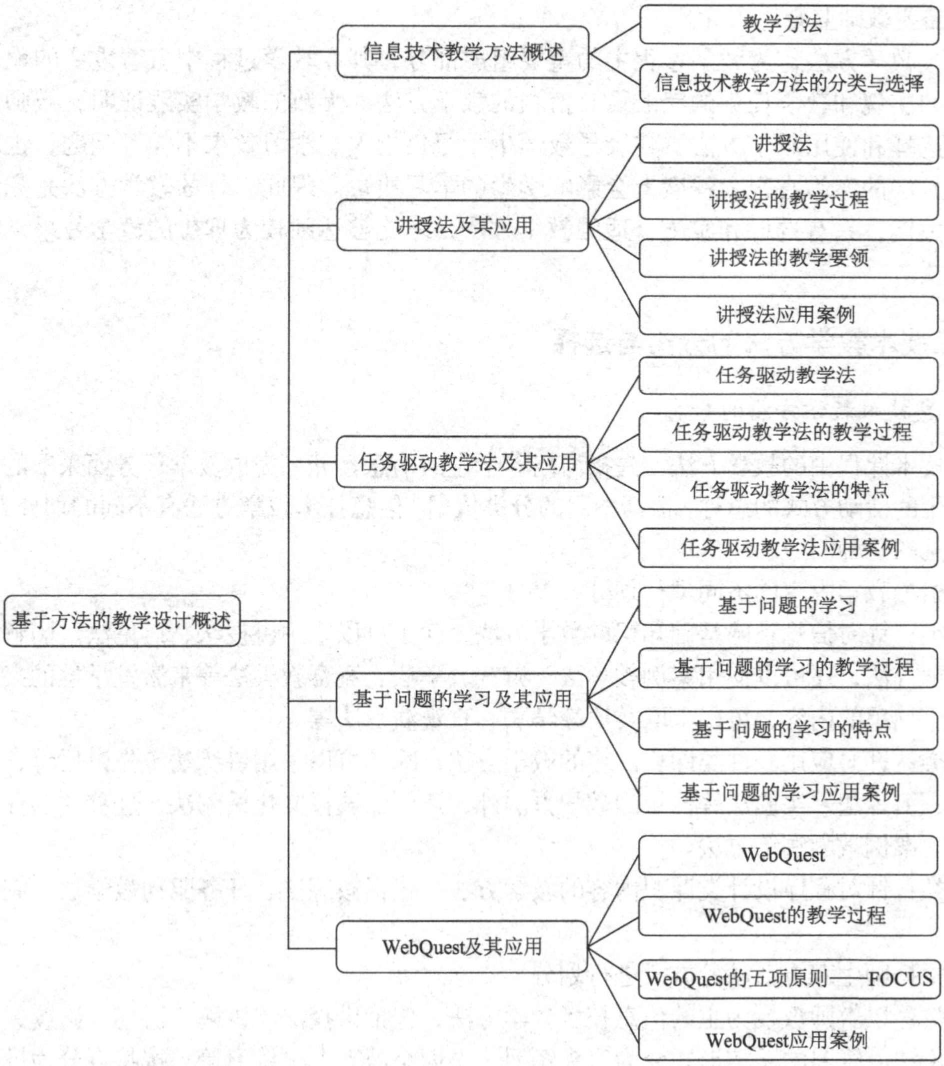

第一节　信息技术教学方法概述

一、教学方法

教学方法，是指在教学过程中，教师和学生为实现教学目的、完成教学任务而采取的教与学的相互作用的活动的总称。

教学方法既包含教师教的方法，又包含学生学的方法。一般认为，教法是教师为了完成教学任务而采取的方式、手段、程序的总称；学法是指学生在一定条件下习得知识、形成技能、发展能力和个性的过程中所使用的方法。教师教法的实施在很大程度上影响学生的学习方法，而学生学习的方法又间接地制约着教师教法的选择与实施。例如，教师在对教学内容进行讲授的时候，要求学生认真倾听并进行思考；教师进行操作演示的时候，要求学生仔细观察、分析，而后根据教师先前的操作，模仿、重复操作步骤；学生进行自主作业或者小组讨论时，需要教师监督、引导。

此外，教学方法作为教学过程中的重要组成部分，其在教学过程中有着重要的地位。教学目的的实现和教学任务的完成需要恰当的教学方法。无数的教学实践证明，教师如果不能科学选择和使用教学方法，将会导致学生学习负担大、学习效果不佳等问题，也就是说，教师教法的实施在很大程度上会影响学生的学习质量。因此，好的教学方法是完成教学任务的关键，只有选取和实施合适的教学方法，才能够达到较为理想的教学效果，实现教学目标。

二、信息技术教学方法的分类与选择

1. 信息技术教学方法的分类

信息技术课程中的教学方法，是指为培养学生的信息素养、完成教学任务而采取的教与学相互作用的活动方式的总称。根据不同的分类依据，信息技术教学方法有不同的划分方法，以下是常见的几种。

（1）根据教学内容的不同进行划分

第一类：针对信息技术基础知识的教学方法，除了可以采用讲授法、讨论法、图解法等传统的教学方法，还可以使用案例教学法、游戏教学法、竞赛教学法等来激发学生的兴趣；另外，对于抽象的内容，可以采取类比教学法、直观演示法等。

第二类：针对应用软件类课程内容的教学方法，除了可以采用讲练法（先讲后练、边讲边练等）、演练法、实验法等传统的教学方法外，还可以选择文化熏陶法、迁移法、任务驱动教学法、案例教学法等方法。

第三类：针对程序设计类课程内容的教学方法，包括教练法、任务驱动教学法、案例教学法等。

（2）根据师生双方活动的方式进行划分

第一类：以教师教授为主的信息技术教学方法，包括讲授法（讲解、讲述、讲读、讲评等）、讨论法、练习法（按形式分为口头练习、书面练习、上机练习等；按特点分为模仿性练习、应用性练习、创造性练习）、实验法、演示法等。

第二类：以学生的学习活动为主的信息技术教学方法，包括自学辅导法、观察法、研究型教学法、发现型教学法、协作型教学法、WebQuest等。

第三类：以师生间的交互为主的信息技术教学方法，包括任务驱动教学法、启发式教学法、讨论法、多媒体教学法、基于案例的学习、基于问题的学习、基于项目的学习、资源型教学法、情境教学法、游戏教学法、范例教学法、情感陶冶法等。

（3）根据教学活动的不同成分进行划分

第一类：组织和进行学习认识活动的方法。

1）按传递和接受教学信息的来源划分，有口述法（叙述、谈话、讲演）、直观法（图示、演示）、实际操作法（练习、实习、实验）。

2）按传递和接收教学信息的逻辑划分，有归纳法、演绎法、分析法、综合法。

3）按学生掌握知识时思维的独立性程度划分，有再现法、探索法。

4）按控制学习活动的程度划分，有教师指导下的学习法和学生独立学习法。

第二类：激发学习兴趣和形成学习动机的方法。

1）用于激发学习兴趣的方法，有教学讨论、创设不同情境等。

2）用于激发学习义务和责任感的方法，有说明学习意义和要求、奖励和责备等。

第三类：检查和自我检查学习认识活动效果的方法。

1）口头检查的方法，包括个别提问和口试等。

2）书面检查的方法，包括书面作业和书面考查等。

3）实际操作检查法，包括各种实验和实践考查作业等。

2. 信息技术教学方法的选择

在多年的实践中，信息技术教学既继承了一些传统且经典的教学方法，又开创了一些卓有成效的教学方法。信息技术教学中经常用到的几种教学方法有讲授法、教练法、讨论法、任务驱动教学法、范例教学法、基于问题的学习、WebQuest、游戏教学法等。随着研究和实践的不断深入，将会涌现出更多有价值和有推广意义的信息技术教学方法。那么，面对这些各具特色的教学方法，我们如何做出选择呢?

杜威曾深刻指出：“方法与教材是统一的——方法总是特定教材的方法，教材总是方法化的。”也就是说，教学方法的选择需要考虑方法所要应用的教材环境，即学科内容。但是，这并不是否认“通用教学方法”的存在，只是说，不同学科的教师在进行不同学科教学时，不是简单地将具体课程内容与教学方法进行一一对应的匹配,而是应该结合不同的学科内容、学科特点、思维方法等，将“通用教学方法”具体化。教学方法还受到教学组织的影响，不同的教学组织形式，需要选择不同的教学方法。例如，在采取班级教学的授课组织形式时，一般会采取讲授的教学方法，自主型的教学方法往往就不太适用。当然，反过来，教学方法也会影响教学组织形式的选择，二者是内在统一的关系。

所以教师在进行教学方法的选择时，需要综合考虑各种因素，必要时，需要将多种教学方法进行组合使用，从而达到最佳的教学效果。本书总结了以下几条信息技术教学方法的选择依据。

（1）依据信息技术的教学原则

在信息技术教学中，依据信息技术的教学原则，探索合适的教学方法，可以为良好的教学成效提供保障，其主要表现在主体性、素质性、整合性、技术性、发展性等几个方面。因此，在信息技术教学过程中，我们要以学生为主体，重视学生的个性化发展，注重培养学生的信息素养和创新精神，注重整合课程教学与信息技术实践，重视信息技术与工具的运用，让学生在实践过程中掌握应用信息技术解决问题的方法。在信息技术教学过程中，还应时刻关注当代的信息技术发展变化，以便及时对教学内容进行重组，与时俱进，重视学生的可持续发展。依据教学原则选择教学方法时，要注意教学原则的整体性，避免将教学原则割裂，相互独立，应该综合考虑各项教学原则，保证教学效果的最优化。

（2）依据信息技术的教学目标

教学目标是一种综合性的要求，对信息技术教学方法的选择起着决定性作用。信息技术课程的目标在于对学生进行信息技术基础知识技能、基本方法和基本态度的培养。特定的教学方法往往只能实现部分教学目标，要顺利完成教学任务，全面实现教学目标，常常需要对教学方法进行组合使用，实现教学方法的优势互补，因此，在每一节课的教学过程中，我们应该遵循整体的教学目标，选择与之相适应的一种或几种教学方法。例如，在教授抽象的原理、规律等知识时，为了化繁为简，将晦涩难懂的理论讲得通俗易懂，我们常常需要用现实中易理解和接受的事物将这些深奥的理论形象化，又或者是结合一些直观道具进行演示，并加以解释，这便需要充分结合讲授、演示这两种教学方法进行教学。

（3）依据学生的实际情况

不同的学生由于在年龄、生活经验等方面都有所差异，对所要学习的学科知识在基础知识、能力、学习态度等方面的准备水平也会有所不同，由此，不同学生的学习可能性及对信息技术的接受程度不同。因此，教师需要根据学生的实际情况，选择合适的教学方法，合理地安排教学。例如，当讲授的新知识对于学生来说过于陌生，缺少先验知识的时候，教师可以通过列举生活中的例子，帮助学生对新知识建立初步的理解，从而减少学生对新知识的陌生感和畏惧感，增强学生的学习自信。

（4）依据信息技术的教学内容

教学方法的选择与教学内容密切相关。信息技术课程具有发展性、实践性和综合性等特点，因此，信息技术课程的教学需要与时俱进，不断适应新出现的信息技术。例如，近两年出现了云计算、物联网、增强现实、虚拟现实、程序编码和机器人等全新的内容，相对于理论知识的学习，这类教学内容更加强调对学生的综合应用和实践能力的培养。因此，在教学过程中，我们应充分给予学生动手实践的机会，让学生在动手实践中学习。当然，这个时候教师的指导作用也是必不可少的，必要时，需要教师进行演示、操作、讲解、启发等。教师要根据实际情况，针对不同的学生、不同的学习情况，给予个性化的指导。

（5）依据教师自身的方法应用能力

教学方法是否能够充分发挥其价值，与教师的自身素质和能力有分不开的关系，包括教师自身的教学水平、教学经验、教学风格等。俗话说得好，“教学有法，但无定法”，教学方法没有好坏之分，教师只有在充分理解、掌握教学方法的前提下，依据自身的素质条件，结合实际教学环境，选用合适的教学方法，才能发挥自身的优势，扬长避短，使教学方法在教学过程中发挥最佳的作用。因此，教师教学特点的差异，在某些方面的特长或缺点及对不同方法的不同驾驭能力，都将成为取舍教学方法的重要依据。

第二节　讲授法及其应用

一提到讲授法，人们的普遍印象是，偌大教室内，教师在讲台上面口若悬河地讲解着，学生们在下面静静地听着，有时候，甚至出现教师“满堂讲”的现象，这便是讲授法常常招致批评的原因。杜威曾批评道：“一切都是为‘静听’准备的，因为仅仅学习书本上的课文不过是另一种‘静听’，静听的态度是被动的，吸收的。”另外，也有一些人常常将讲授法与“注入式”“填鸭式”等形容词联系起来，使讲授法蒙上了一层厚重的贬义色彩。但是，我们可以发现，在面对诸多评判的情况下，讲授法仍旧幸存了这么多年，这足以说明讲授法的存在必定有其价值，有其独特之处。

那么，我们应如何看待讲授法，如何根据实际的教学需要，恰当地使用讲授法，在教学中避免单纯的口头讲授，促进学生对知识的主动接受和理解呢？

一、讲授法

讲授法是教师通过口头语言向学生描绘情境、叙述事实、解释概念、论证原理、阐明规律，并以此传授知识、培养能力的教学方法。它是使用得最早、最广泛的教学方法，可用于传授新知识，也可用于对已学知识的巩固，在大部分的课堂教学过程中，其他教学方法几乎都需要与讲授法结合使用，实现优势互补。讲授法和发现法这两种方法的结合，便是一个很好的例子。在讲授法中贯穿发现法的思想，能够使学生的接受式学习成为积极自主地思索和习得知识技能的活动，同时，在发现法中结合讲授法，又能够使学生的发现式学习成为快速有效地探究、发现问题的过程。另外，我们发现，虽然几乎大部分教师都会在课堂上使用讲授法，但是由于教学内容不同、讲授占据的时间不同等，讲授的教学方法有时表现为课堂教学的主导方式，有时又表现为一种辅助手段。例如，在教授软件操作这类程序性的学习内容时，我们往往采取一种边讲边练的教学方式，在演示操作步骤的同时，对其步骤进行讲解，并提示操作关键点，以帮助学生更好地完成学习任务。

讲授法可以表现为讲述、讲解、讲读、讲演等不同的形式。这些形式各有自己的特点，在实际教学过程中，常常需要综合使用这几种形式，不需要将它们截然分开，区分使用。

讲授法一般具有以下特点：①讲授具有明确的目的性，主要依据一定的教学目的进行讲授；②讲授教学中教师起主导作用，引导学生学习、思考新知；③讲授中，学生通过倾听与反馈进行知识建构；④课堂讲授过程中，教师通过口头、表情或者肢体动作来达到传递知识的目的；⑤教师要对讲授的内容做合理的组织。

二、讲授法的教学过程

讲授法的教学过程大致可以分成以下五个阶段（图 3-1）。

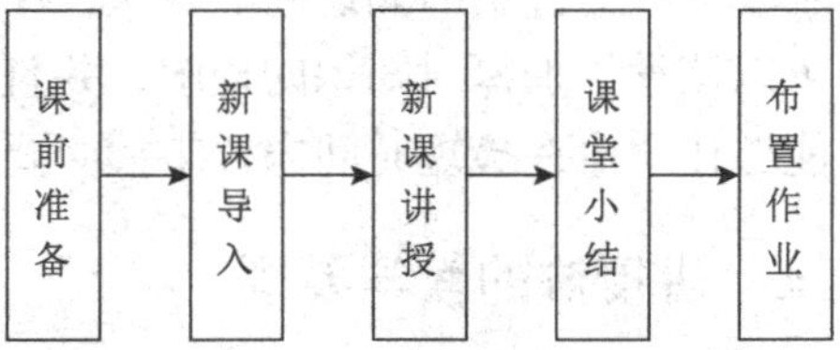

图 3-1　讲授法教学流程

1. 课前准备

开始正式讲课前，教师和学生需要进行各种准备环节，包括师生进入机房、教师检查班级人数并维持课堂氛围、做好课前准备等活动。这些活动都是课堂教学顺利展开的必要基础。

2. 新课导入

在导入新课前，一般要对上节课的教学内容进行回顾，特别是与新课有关的内容，这样能够更好地激发学生认知结构中的已有知识，建立认知结构中的新旧知识间的联系，在帮助学生更好地理解新课内容的同时，也能够巩固已学知识，进一步推陈出新。另外，以原有知识作为铺垫导入新课内容，也能够让学生对新知识不畏惧，增加学习积极性；教师还可以通过创设情境或者设置悬念的方式，提出一些有趣且有启发作用的问题，来吸引学生的注意力。一般而言，在导入新课阶段，教师所用的时间以3～8分钟为宜。

3. 新课讲授

新课讲授是教学的主要环节，这一阶段要求教师在讲授过程中，能够抓住重点、突破难点、理清思路。讲授法进行教学的优势在于，基于教师对课程教学内容的系统整理，能够使学生对知识的理解和知识间的联系更为明确，因此，在讲授过程中，教师要注意知识的组织顺序，让学生易于发现知识点间的联系。讲授课主要以教师讲授为主，教师要注意运用提问、谈话等方式，结合综合、比较、分析等方法来深入浅出地讲授知识，激发和保持学生的学习兴趣，让学生主动整合知识，构成新的知识系统。在讲授课中，适当的师生互动也是很有必要的，教师可以适时安排学生个人理解或者相互讨论的时间，并在必要时，抓住要点或者学生不理解的部分进行讲解，从而对学生的学习起到画龙点睛的作用。

4. 课堂小结

完成知识讲授后，教师一般可以采用课堂总结、提问、练习等形式进行本节课内容的小结。及时的课堂小结，有助于学生加深印象，强化所学知识，做到当堂的内容当堂消化、巩固。而那些操作性的知识，教师可以在课堂上留出一定的时间让学生在计算机上操作练习，巩固技能。

5. 布置作业

在课堂教学的最后，教师给学生布置练习题或者思考题。作业需要难易适中，不宜过于简单，学生通过网上检索便可以找到答案的作业是没有意义的，不能很好地培养和提高学生独立思考、解决问题的能力。当然，问题也不能太难，超出学生的能力范围。例如，在布置程序设计的作业时，教师要考虑到让学生通过作业达到对所学知识灵活应用的可能，又要考虑到学生的实际能力水平，不能布置过难的作业，抹杀学生的积极性。在信息技术课程中，大部分的课后作业是以计算机操作为主的实践活动，这类练习作业，学生往往比较感兴趣。

从以上的过程来看，讲授法在课堂中的不同阶段发挥着不同的作用。例如，在开始阶段，教师通过对上节课内容的概述，能够帮助学生尽快回忆上节课内容，并联系到本节课，有助于学生建立起新旧知识间的联系；在新课讲授的过程中，师生间双向交流，教师的答疑解惑可以使学生加深对知识的理解，并且在教学过程中教师对知识和技能的系统组织、讲授，也能够让学生在最短时间内，掌握必要的知识技能，实现高效率、高质量的学习。

三、讲授法的教学要领

讲授法的成功实施大都依赖于师生间的相互配合，因此，在教师实施讲授法的时候，要特别注意采取一些技巧来吸引学生的注意力，保持师生间的有效交互，以达到良好的课堂效果。以下是实施讲授法的三条教学要领。

1. 合理把握讲授时机

教师要合理把握课堂讲授的时间和时机，一般认为，课堂讲授时间不宜过长，最好不要超过30分钟。讲授的一个重要优势，就是能充分发挥教师的引导与带动作用，有时候在教学中，为了让学生有一种身临其境的感觉，就需要教师进行声情并茂的讲述，当学生理解上遇到困难的时候，便需要教师进行深入浅出的讲解。因此，把握好讲授的时机是很重要的，在合适的时候采取合适的讲授方法，能够对学生的课堂投入度、学习主动性等起到关键的影响作用。

2. 精心组织教学内容

教师要精心组织讲授内容，避免照本宣科，必要时，应兼用合适的教学媒体辅助教学。学生的注意力集中时间是有限的，教师的长篇大论势必会增加学生的认知负荷，使学生的学习处于被动的状态，不利于学生主体性的发挥，这便要求教师提前准备好讲授的内容，保证集中精炼、中心明确、重点突出。此外，教师还可以为学生提供一个简单的纲要或其他书面资料等，便于学生跟上教师的节奏，把握重点。但有时我们会发现，内容的讲授仅仅通过单一的讲解是不够的，教师可以选择一个或多个有效的教学媒体辅助讲解，帮助学生理解，减轻学生的认知负荷。

3. 充分展现教学艺术

课堂讲授时，为了能够尽可能持久地吸引学生的注意力，使讲授具有感染力、吸引力，教师不仅要注意措辞，还需要注意语速、语调等。首先，教师用语应精炼简明、条理有序，发音吐字应标准清晰；其次，教师要有意识地根据讲授课程内容的重要程度进行语调、语速、动作、表情上的变化和调整。当然，教师时刻与学生保持眼神上的交流接触，也是保持学生注意力的一个重要手段。

四、讲授法应用案例

案例：Scratch 动画制作——循环结构

1. 案例背景

设计者	教案名称	学生	教材	课时
魏明	Scratch 动画制作——循环结构	小学五年级	北京出版社《信息技术》	1

2. 教材分析

本课选自北京出版社小学《信息技术》教材第三册第三单元第 16 课《制作简单动画》中的内容。第三单元共 8 课，前两课的学习内容让学生了解 Scratch 系统的基础知识，认识角色、背景、各个模块的功能作用。第 3 课即本课，学习内容是：添加背景和角色造型及重复执行模块；在编写程序过程中一方面要理解概念，另一方面要理解循环结构的思想和方法。

3. 学习者分析

Scratch 程序设计内容适合已掌握一定的信息技术基础知识和技能的小学高年级学生。

（1）特点分析

五年级的小学生学习兴趣广，求知欲和好奇心增强，开始独立思考，学习能力已经加强，自己有能力进行课前预习和课后复习。课上对于简单的内容，教师可以鼓励学生自主探究，发挥学生的引领作用，激发学生的创作欲。

（2）已有知识

了解 Scratch 系统的窗口组成及基本功能；认识控制模块库；掌握“移动”模块、“下一个造型”模块的使用；对背景进行简单的设置。

（3）存在问题

受到每周 1 课时及日常巩固操作不够的影响，学生对知识掌握的遗忘性大，操作易生疏，学生间的学习水平参差不齐。课上教师应注重通过复习帮助学生梳理已有知识，通过不同任务的分层教学缩小学生间的差异。

4. 教学目标

1）了解循环结构程序的基本功能和作用；

2）了解“

、

”模块的基本格式及使用方法；

3）学会“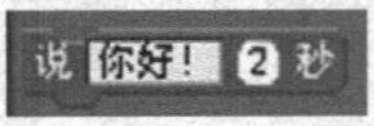

”模块的使用方法；

4）培养严谨、科学的学习态度和解决问题的思路。

5. 教学重难点

重点：了解循环结构程序的基本功能和作用；了解“

、

”模块的基本格式及使用方法。

难点：培养严谨、科学的分析问题的思路和方法。

6. 教学准备

教师：课件、教具、教材。

学生：学生学件、教材。

技术：①硬件准备——多媒体机房、电子白板；②软件准备——Scratch 程序、演示文稿。

7. 教学过程

教学环节	教师活动	学生活动	设计意图
复习导入	【观看范例 1】 思考：这是我们上节课编写的程序，如图 1 所示。  图 1 请说一说你编写的“小猫移动”程序脚本。 【板书：流程图】 启动 Scratch 编写这一程序。 这样按照自上而下的顺序执行各个命令的程序是什么结构？ 除了顺序结构，我们今天再来学习一种新的程序结构，首先，我们来制作一个简单的小动画。 【板书：Scratch 动画制作】	学生回答（预设）：添加“当绿旗被单击”模块—添加“移动 10 步”模块—添加“下一个造型”模块。 学生操作 学生回答（预设）：顺序结构。	复习旧知，引发思考。

续表

教学环节	教师活动	学生活动	设计意图
新授	1. 研究问题1——重复执行 （1）发现问题 【观看范例2】 思考：你编写的程序与范例2有什么不同？ 如何修改程序实现小猫的连续行走？几个同学探讨并试一试。	学生回答（预设）：范例2中的小猫可以连续行走。我们编写的程序，每单击绿旗一次，小猫走一次。	引出新知
	你成功了吗？为什么？ （增加行走模块的数值变量，但小猫依旧不能连续行走。因为数值所表示的是小猫一次行走的距离，而不是行走的次数。）	学生回答（预设）：将10步改为50步……	通过启发思考，明确移动模块中变量数值的含义。
	思考：目前小猫行走的次数是多少？如何增加次数？ 这样的程序体看起来有什么问题？为什么？ 能不能用一个模块来代替这些重复执行的模块？	学生回答（预设）：1次；添加多个“移动”模块；不简便，因为同样的命令重复添加了很多次。	
	（2）动手尝试 提示你去控制模块库中找一找，自己动手试一试…… 【课件演示：自学要求】	学生操作	通过自主尝试，培养学生的独立探究能力。
	（3）汇报交流 你成功了吗？按照自学提示汇报演示。 【学生回答并演示】 1）你使用的是哪个模块？还可以使用哪个模块？ 2）添加在什么位置，为什么？ 3）( )次表示什么意思？你输入的是多少？为什么？	学生回答（预设）： 1）可以用“重复执行”模块或“重复执行（ ）次”模块。 2）拖动此模块到脚本区，将“移动（ ）步”和“下一个造型”模块包围住。因为移动10步和切换造型都需要重复执行。 3）重复的次数。可以输入20、30……	使学生在了解重复执行模块的外型特点后，学会其使用方法，完成教学重点。
	【板书：流程图】 刚才同学们列举出两个新模块的使用方法，你们觉得哪个更好，为什么呢？	学生回答（预设）： “重复执行（ ）次”模块更好，小猫不会走出舞台。	在尝试中明确重复执行的次数对角色的影响。
	请同学们完成操作，并测试动画效果。	学生操作	
	2. 研究问题2——循环结构 （1）发现问题 思考：我们如何让小猫停下来呢？ （2）教师讲授 假设重复执行次数为30，小猫每次移动后都要判断是否达到30次。小于30次它会继续重复移动，等于30次就会结束移动。	学生回答（预设）：规定了小猫重复行走的次数。小猫行走没有达到30次就会继续重复移动，达到30次就会停止。	用流程图进行讲解，使学生了解循环结构的判断条件和循环体，突破教学难点。
	这样的程序结构叫做循环结构。 “移动小于30次”——循环条件 “30”——循环变量 “移动10步和下一个造型”——循环体 【板书：循环结构 循环条件 循环变量 循环体】 【板书：流程图】	学生回答	
	（3）汇报交流 你能参照流程图说一说循环结构程序的执行过程吗？		

续表

<table>
<tr><th>教学环节</th><th>教师活动</th><th>学生活动</th><th>设计意图</th></tr>
<tr><td>练习</td><td>【观看范例 3】
刚才同学们已经完成了让小猫连续移动。下面我们为小猫添加一个新的本领，让它能显示要说的话，如图 2 所示。

图 2
给大家介绍一个新的模块“说‘你好’（ ）秒”。
这个语言模块应该怎样用呢？请你试一试。
【学生演示】
有没有同学和他做的不同？
【学生演示】
他们两个人编写的程序区别在哪？你知道为什么不一样吗？
因此，我们在编写循环结构的程序时，一定先要考虑哪些是需要循环的部分，再将其添加到循环体内。</td><td>学生尝试操作
两个学生分别汇报，其他同学观察，思考区别。
学生回答（预设）：一个同学将“说‘你好’（ ）秒”的模块添加在脚本区循环体的外部，而另一个同学将其放入了循环体的内部。</td><td>引发问题，尝试解决学习语言模块的添加方法，结合循环结构思考其添加位置。</td></tr>
<tr><td>延伸</td><td>【观看范例 4】
这个程序中的小蝴蝶始终在舞台中来回飞舞，既不会飞出舞台也不会停止，这是怎么做的呢（图 3）？我们下节课一起研究。

图 3</td><td>学生观看范例，引发思考。</td><td>提出问题，引发思考。</td></tr>
<tr><td>总结</td><td>本节课我们学习了哪些新知识？
循环结构有什么作用？
除了顺序结构和循环结构，还有一种程序结构也十分重要，在今后的课程中我们继续探索其中的奥秘。

附：教学评价表
<table><tr><th rowspan="2">学习内容</th><th colspan="3">完成效果</th></tr><tr><th>没完成</th><th>已完成</th><th>非常好</th></tr><tr><td>完成“重复执行”模块添加</td><td>☆</td><td>☆</td><td>☆</td></tr><tr><td>完成“说‘你好’（ ）秒”模块添加</td><td>☆</td><td>☆</td><td>☆</td></tr><tr><td>完成“小猫移动”脚本编写</td><td>☆</td><td>☆</td><td>☆</td></tr></table></td><td>学生回答（预设）：重复执行、重复执行（ ）、循环结构。</td><td>总结回顾，强化记忆。</td></tr>
</table>

续表

教学环节	教师活动	学生活动	设计意图
教学评价			
这堂课具有以下几个特点：①充分利用学生已经学习过的“顺序结构”，并通过强调顺序结构的程序特点，为对比学习新授内容“循环结构”做铺垫；②通过课件（流程图演示）分析循环结构的执行过程，降低学生学习难度，使学生直观明确地了解循环结构的循环过程及判断条件，知道什么是循环体；③新授部分，根据学生的已有知识，通过知识迁移的方法，鼓励学生以自主探究为主，以同学演示、教师指导为辅，学习“重复执行”命令模块，完成程序的编写；④对于程序编写成功的同学，安排他们完成略有难度的练习，在练习中增加了“显示语言”模块的用法，教师重点提示此模块的添加位置，进一步明确循环结构、循环体的内容及作用。 但仍有些许不足，在新授环节中以学生探究为主，由于学生刚刚接触此软件，对软件的操作不够熟悉，对脚本区、对象等编辑操作还不够熟练，因此教学目标的完成情况出现了一些差异。在今后的教学中，还应将教学环节细分，任务细化，注重分层学习，使每个学生学有所得。			

第三节 任务驱动教学法及其应用

相对于学校教育中的其他课程，信息技术是一门实践性和操作性都很强的课程，需要学生有较大的学习主动性，而传统的“填鸭式”教学模式是不足以调动学生学习积极性的，教师必须改变传统的教学模式，引入新的教学模式。任务驱动教学法就是其中一种。任务驱动的教学方法不仅能持续激发学生的学习兴趣，使学生被动的学习态度积极转变为主动，还能够增强学生信息检索和获取的能力，提高学生使用信息技术解决实际问题的能力，帮助学生初步建立团队协作的意识，实现促进全体学生信息素养发展的目标。因此，任务驱动教学法在信息技术教学中广受追捧。

任务驱动教学法在教学中的应用能够带来这么多的好处，那么，要想在教学中充分发挥其优势，在实施过程中我们具体要怎么操作呢？

一、任务驱动教学法

任务驱动教学法起源于20世纪70年代盛行的一种强调“做中学”的教学方法。一般认为，印度的语言学家勃雷泊是任务型学习活动的最早创始人，他首次将任务型教学体现在教学大纲及教学实践中，同时，他又将任务型教学划分为多种不同的任务，然后设计了多种交际任务，并将待教授的知识融入其中，让学生在完成任务的过程中进行学习。从20世纪90年代开始，随着建构主义学习理论的大量研究及其在教学中的广泛应用，任务驱动教学法也相应地得到了世界各国的广泛研究。

任务驱动教学法是一种在教师的引导下，通过创设能够激发学生学习动机的、富有趣味性的情境，并以与教学内容紧密相关的任务为载体，使学习者在完成特定学习任务的过程中获得知识技能的方法。在实际教学中，首先，教师要根据具体的教学目标设计任务，将所要教授的教学内容隐藏在任务中，然后，教师要带领学生，对提出的任务进行分析、讨论，进一步明确完成任务的思路、方法和步骤，即分析任务中所包含的问题，哪些问题可以使用现有的资源来解决，哪些问题需要找寻新的资源、新的知识才能解决，制订完成任务的具体安排及解决问题的具体方法，如何操作，等等。由此，在这个自主探究与协作学习相融合的过程中，学生通过对学习资源的主动检索、应用，找到完成任务的方法，最终实现对知识的意义建构。

二、任务驱动教学法的教学过程

任务驱动教学法的教学过程主要包括四个环节，如图 3-2 所示。

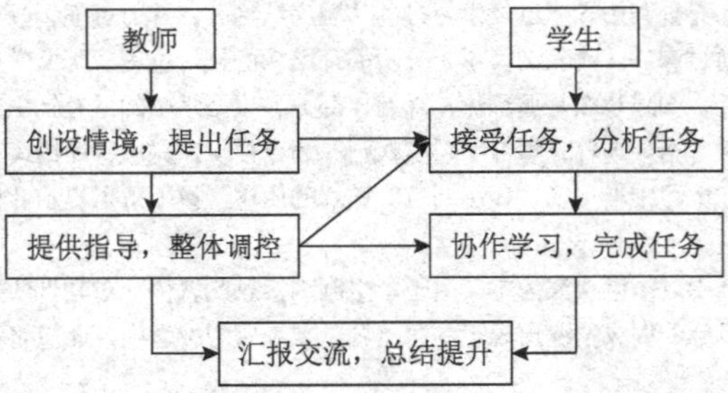

图 3-2　任务驱动教学法教学流程

1. 创设情境，提出任务

任务驱动教学法的教学情境是一种任务化的情境。创设形象、生动的任务情境，有利于平衡各种学习因素，使教与学的活动有效开展。教师可以通过多媒体或其他手段呈现任务情境，调动学生的兴趣，激发学习的动机，并在情境的烘托下引出任务，使学生明确学习任务及其所包含的教学目标。

2. 共同讨论，分析任务

任务提出后，教师要与学生一起对任务进行分析和讨论，明确为完成任务所需要做的事情，细化任务完成过程中需要解决的问题。这些问题可以由学生自己提出，也可以由教师主动提出，因为在本环节中，学生不可能一次性发现所有问题，任务中存在的某些问题，必须通过学生动手研究才会发现，这样一个发现问题的过程，也是对学生解决问题能力的一种培养。其中需要解决的大部分问题可能是学生以前没有接触过的，这里便体现了对学生知识迁移应用能力的检测。接下来，教师需要进一步引导学生回想先前学过的内容，从自身已有的知识经验中提取与现在所面临的任务的相似点，通过比较找出任务的特点和难点，思考解决策略。任务分析的过程是一个重要的过程，学生只有精准分析出任务完成的关键，做出正确的规划，才能在接下来的自主探究中明确方向，有的放矢。

3. 解决问题，完成任务

在确定了需要完成的任务和问题之后，学生就可以开始动手实践，完成任务了。在这个过程中，教师要充分发挥指导作用，时刻关注学生的学习状态，避免学生陷入盲目试错和机械模仿中去，同时，要鼓励学生充分发挥自己的创造性，鼓励学生与他人讨论交流，进行松散的协作学习。教师还要注意把握整体方向，在任务完成的关键点上及时组织学生进行反馈交流，调控整个班级的学习进度，以便大部分学生都能够跟上进度，顺利完成任务。

4. 汇报交流，总结提升

学生小组向全班同学汇报完成任务的思路、方法、过程中遇到的困难及其解决策略、最终作品等，教师要对学生的汇报做出及时的反馈和总结，并与学生共同讨论，引导学生发现作品中存在的优缺点，提出进一步的改进意见，以便于学生在下一阶段的学习中有所进步。同时，在讨论评价过程中，还可能产生一些新的任务，使学习成为一个连续发展的过程。

由上述可知，任务驱动教学法的实施过程充分体现出了“任务”驱动“学习”的特点，将学习内容巧妙地隐藏在一系列的任务中，让学生通过独立自主或者相互协作的方式来完成任务，学习新知识和新技能。

三、任务驱动教学法的特点

信息技术教学中任务驱动教学法的特点可以概括为以任务为主线、以教师为主导、以学生为主体、以培养信息素养为目的，其中确定任务是核心，如何驱动是关键。

1. 以任务为主线

信息技术课程中的“任务”，其实质是指教学内容的任务化，即需要通过应用信息技术才能完成的任务。任务驱动的教学过程不是由知识点组成，而是由一个或者多个体现教学内容的具体任务构成，任务是整个课堂教学的核心，所有的教学活动都应该围绕着“完成任务”而展开。因此，任务的设计是至关重要的，需要把握以下几个方面。

1）层次性：任务的设计需要根据学生知识经验的差异使其具有一定的层次性，同时，也要保证学生完成任务的过程是一个逐步深入、循序渐进的过程。

2）可操作性：做任何事都强调理论联系实际。因此，学生所要完成的任务不能只停留在理论上，要与实践相结合，这样才能够有效地培养和加强学生的动手能力。

3）综合性：新知识的学习不能脱离原有的知识经验。因此，任务的设计应考虑到建立新旧知识间的联系，让学生在温故知新、巩固新知的同时，达到对新旧知识的综合运用。

4）创新性：设计任务时，要有意识地培养学生的创新精神，通过在任务中隐含多条线索，引导学生从不同角度看待问题，鼓励学生采取不同方法完成任务，促进学生创造力的最大限度的发挥。

5）发展性：教师布置的任务不能局限于得到学生完成的结果，而应该留出任务之外可以深思的部分，让学生通过任务的完成发现更多的问题。

2. 以教师为主导

任务驱动教学中，教师角色也相应发生了改变，教师不再是教学的主宰者，而成为教学的组织者及学生学习的组织者、指导者、合作者，处于主导地位。同时，在教学过程中，教师不仅要注重引导学生掌握必要的学习内容，更重要的是要对学生进行个性化的引导，帮助学生根据自身的学习特点掌握合适的学习方法。

教师的主导作用体现在以下几个方面。

1）任务的设计者：教师要综合分析教材和学生，制订符合学生实际的教学目标，设计相应的任务。

2）任务情境的创设者：教师要根据学生的学习、生活经验，创设一个学生熟知或者感兴趣的学习情境，激发学生的学习动机，启发学生相关的先验知识，使其初步建立新旧知识间的联系。

3）任务分析、问题解决的指导者：任务提出后，教师对学生的引导是必不可少的，教师的及时引导能够让学生明确任务要求，避免学生因为不能正确解读任务而浪费时间；教师要密切注意学生的学习状态，在学生遇到困难的时候，及时提供帮助或建议。

4）学习进程的调控者：学生的学习过程是动态的，教师要及时跟进班级学生的任务进程，调控班级整体的教学进度，对进度慢的学生进行个别指导，并对进度快的学生提出更高的要求。

5）任务成果的评价者：首先，教师要制订出具有良好操作性的评价标准，不仅要关注学生的知识掌握情况，还要注重学生小组协作和创新意识等方面的评价；其次，教师对学生的评价应该尽量积极，并提出有建设性的改进建议，通过多鼓励、多表扬学生，让学生体会到学习的成就感，从而形成持续的学习动力。

3. 以学生为主体

在实施任务驱动教学法的过程中，教师应充分调动学生的主观能动性和协作能力，使学生积极参与到任务解决过程中去，真正成为学习的主体，其主体性主要体现在以下几个方面。

1）任务的主动参与分析者：任务驱动教学法通过将学生置于真实的问题情境中，以任务为驱动力，激发学生的学习动机，让学生在任务情境中不断发现问题、分析问题，最终解决问题。

2）问题的主动发现解决者：任务驱动教学法鼓励学生在完成任务的过程中，主动地提出问题，进行自主思考、动手实践，并根据自己的理解选择解决问题的方法和途径，从而不再被动，成为问题的主动发现解决者。

3）协作的需求参与者：学生在解决问题、完成任务的过程中总会遇到独自无法解决的难题，这时不得不主动寻求帮助，成为彼此的协作帮助者。而在这个过程中，协作者间的相互交流沟通，不仅可以帮助学生相互拓宽思路，成功解决问题，还可以进一步培养学生的团队协作意识和能力。

4）成果的创作评价者：任务成果的完成，不仅融入了学生多角度、多方位的思考，体现学生的创新意识和创造能力，而且后期的作品展示和学生小组间的分享交流，可以进一步引发学生更深层次的思考，让学生从其他小组的创新点得到启发，从而进入更高层次的创新活动中去。

4. 以培养信息素养为目的

在信息技术课堂中使用任务驱动教学法，能够有效实现培养学生的信息素养的目的。通过设置一个或者一系列与学生的实际生活相关的、有意义的任务，并引导学生尝试在完成任务过程中使用信息技术，能够有效发展学生在学习过程中对信息进行检索、识别、加工、汇总与表达的能力，进一步熟练掌握信息知识与技能，使学生在充分感受到信息文化的同时，发展成为适应信息时代要求的具有良好信息素养的新一代。

四、任务驱动教学法应用案例

案例：变脸——用 Scratch 制作简单动画

1. 案例背景

设计者	教案名称	学生	教材	课时
唐姝	变脸——用 Scratch 制作简单动画	小学五年级	北京出版社《信息技术》	1

2. 教材分析

本课是北京出版社第三册《信息技术》教材第三单元《程序设计小能手》中第 16 课《制作简单动画》的教学内容进行设计。本课是第三单元的第三课，在学生对 Scratch 程序软件有一定的认识基础上来讲的。之前的课时让学生了解了什么是程序设计，学会启动 Scratch 程序、认识 Scratch 工作界面、了解 Scratch 的工作流程。

本课从设计造型、制作简单动画方面入手，旨在让学生在了解 Scratch 工作界面及其作用的基础上，运用 Scratch 进行简单程序的设计。

3. 学习者分析

通过前两课时的学习，学生对 Scratch 软件的学习非常感兴趣，知道 Scratch 软件的工作流程是按模块的顺序来执行，会用搭积木的方式编写脚本。

4. 教学目标

（1）知识与技能

1）掌握增添舞台背景和角色造型的方法。

2）认识“重复执行”命令模块。

3）了解循环结构程序设计的思想和方法。

（2）过程与方法

通过学习设置变脸的过程中，培养学生分析问题的能力。

（3）情感态度与价值观

在不断完成任务的过程中，获得成功的经验，进一步激发学生学习 Scratch 程序的兴趣。

5. 教学重难点

重点：掌握增添角色造型的方法。

难点：运用“重复执行”命令模块进行编程，了解循环结构程序设计的思想和方法。

6. 教学准备

PPT 课件、视频、Scratch 程序、多媒体教室

7. 教学过程

教学环节	教师活动	学生活动	设计意图
创设情境，激趣导入	1）介绍川剧变脸，播放视频。 问题引导：如图 1 所示，视频中的主角是谁？他的什么在改变？  图 1 2）出示用 Scratch 软件制作的变脸游戏。	学生体验	通过视频和游戏，让学生体验快乐，激发学生的求知欲，导入新课。

续表

教学环节	教师活动	学生活动	设计意图
	任务一：变换舞台与角色 1）师生共同分析舞台背景和角色的变化。 问题引导：如图 2、图 3 所示，舞台背景和角色前后发生了哪些变化？视频中角色变换的是什么？面具在游戏中是背景还是角色？  图 2  图 3 互动交流：背景和角色发生了变化。 2）学生尝试变换舞台背景和角色（看教材第 97～98 页自学，教师巡视，收集自学中的问题）。 3）学生展示交流，解决问题。 估计：混淆背景和角色，将背景添加到角色中。 对策：请尝试成功的学生进行演示与讲解，教师补充。 4）学生再次操作，完成任务。 5）教师小结操作要领。	学生回答 同伴交流，小组互助 学生操作	通过对比分析 Scratch 软件默认的舞台和角色与要制作游戏的舞台和角色的不同，知道舞台和角色是可以变换的。通过尝试体验、交流讨论、教师引导，掌握变换舞台和角色的方法。
任务驱动，掌握方法	任务二：给角色添加造型 1）师生共同分析面具的变化途径。 问题引导：游戏中什么变，什么不变？ 引导发现：面具有不同的外观，是通过角色的造型变换来实现的。 2）学生尝试给面具添加造型（看教材第 100 页自学，教师巡视，收集操作中的问题）。 3）学生展示交流，解决问题。 估计：学生混淆角色和造型，把不同的面具添加成新角色。 对策：请尝试成功的学生进行演示与讲解，教师针对问题进行引导和补充。 4）学生再次操作，完成任务。 5）教师小结：面具的变换是通过“面具”这个角色的多个造型完成的。	学生回答 同伴交流，小组互助 学生操作	通过师生共同分析，知道一个角色（面具）是通过多个造型（面具的多个造型）来实现变换的。通过自学、同伴互助、展示交流，掌握添加角色造型的方法。
	任务三：设计变脸动画 1）师生共同进行程序分析。 引导尝试：试一试在面具的不同造型之间快速切换，你发现了什么？ 问题引导：怎么自动切换造型完成动画？是什么时候开始变脸的？变脸过程是怎样的？ 互动交流：通过脚本编写可以实现动画，发现实现变脸的关键模块。 2）范例研习。 分析范例，如图 4、图 5 所示。  图 4 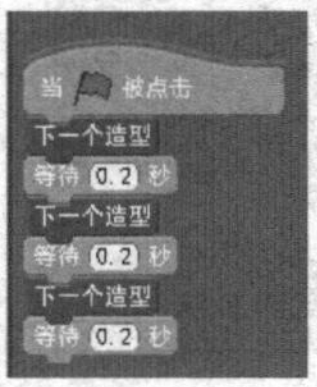 图 5	学生回答	通过分析动画过程和范例研习，用模块完成脚本编写并简化脚本，实现动画，让学生体验成功。培养学生发现问题、解决问题的能力，在小组合作、交流展示中不断完善动画效果。

续表

教学环节	教师活动	学生活动	设计意图
任务驱动，掌握方法	模仿范例编写程序，运行程序观看效果，比较程序差异；利用重复执行模块简化程序，选择合适的模块实现变脸动画。 3）小组根据范例设计完善变脸动画，教师巡视指导并收集问题。 4）小组展示交流，解决问题。 估计：①出现换3次脸后就停止；②出现变脸太快，看不清；③会使用“重复执行（　）次”。 对策：请尝试成功的学生进行演示与讲解，教师针对问题进行引导和补充。 5）再次操作，完善程序。 6）教师总结并板书 “重复执行”命令无限次重复执行相关命令，因此不能继续连接其他命令模块（图6）。  图6 “重复执行（　）次”命令当执行到相应次数后程序会继续向下执行（图7）。  图7	学生操作 同伴交流，小组互助	
拓展延伸，交流欣赏	1）增加模块，改善动画效果。 2）小组展示作品。 3）教师点评或总结性评价。		
课堂总结	今天这堂课，我们认识了Scratch中一个新的功能——造型切换，知道了给角色赋予不同的造型，可以让角色的活动更加生动，学习了重复命令的作用。希望同学们能够掌握这些命令，利用它们编写出更丰富的动画程序。 变脸——制作简单动画 （1个）角色 —通过→（多个）造型 —实现→ 动作 重复执行⟶循环无数次不停止 重复执行（　）次⟶循环（　）次后就停止		

教学评价
这堂课以富有趣味的导入，让学生主动地进入了新知识学习的状态，激发了学生的学习兴趣和求知欲望，让学生在课堂上乐学。教师在与学生的共同探讨中，一步一步导出范例。同时，在学生易混淆的地方，通过学生演示与讲解，加上教师针对性的补充，进行了一一强调。例如，快速点击两个造型的按钮，让学生看清造型切换的效果，并加以强调，突破了重难点。此外，本次课堂留给学生的时间也很充足，学生在尝试出不同的效果的同时，不仅完成了基本功能的操作，还完成了很多不同角色的造型变换，达到学习目标，学生很有成就感。

第四节　基于问题的学习及其应用

基于问题的学习（Problem-Based Learning，PBL），最早起源于美国20世纪50年代中期的医学教育，而后在1969年，加拿大的麦克马斯特大学医学院首先创设了基于问题的学习课程模式，开始了课程形式的基于问题的学习的实践和实证研究，后来经过不断精炼，基于问题的学习先后在60多所医科院校中推广、修正，随着研究和实践的不断深入，基于问题的学习也愈加成熟，并得到了商业教育、工程教育、经济教育、法律教育、管理教育等领域的广泛认可和采用，其相关研究也开始成为教育研究领域的一大热点，日益受到中小学教育的重视。

一、基于问题的学习

基于问题的学习是指教师利用一个合适的生活问题作为学习材料，将学生置于一个弱构的、有意义的，并且与实际生活紧密相关的问题情境中去，让学生以小组的形式共同去分析问题，学习解决该问题所需要的知识，最终达到解决问题的目的。在这个过程中，教师需要指导学生进行自主学习、自主探究，激发学生去思考问题，寻找解决问题的答案。对于基于问题的学习的定义，学术界还没有达成统一的认识，但是在多数时候，研究者都认为，基于问题的学习是以问题为学习的起点，以自主学习和小组合作为主要学习形式，在教师的引导下，围绕问题的解决而展开的，旨在使学生灵活掌握学科基础知识，发展思维能力以及自主学习、合作和解决实际问题的能力的一种学习方法。在基于问题的学习中，问题的设计至关重要，因此，需要进一步明确问题的基本特征。

1. 真实性

根据定义可知，问题的真实性是指教师所设计的问题应该与学生的实际生活情境相贴近。强调问题的真实性，其原因有三点：第一，问题越真实，学生对于问题也就越熟悉，从而快速进入教师设计的问题情境，更好地理解问题情境；第二，根据ARCS动机理论可知，当学生预感到所学知识或者遇到的问题与自身具有相关性时，学生的学习动机和兴趣将被最大限度地激发出来；第三，当问题情境或者学习情境与实际的应用情境具有一定的相似性时，其有利于学生后期在实际应用环境中进行知识的提取和问题解决能力的迁移。

2. 复杂性

问题的复杂性是指站在学生角度来看，问题能够对学生构成一定的挑战，也就是说，如果只是依靠学生现有的知识，并不能够有效支持学生解决问题，学生的已有经验可能只能为其问题解决提供一定的图式指导。但是需要注意的是，强调问题的复杂性，不是指问题越难越好，问题的难度设计需要适中，要充分结合学生的能力水平及相关的生活经验，让学生“跳一跳，便能够摘到桃子”。

3. 弱构问题

依据知识的复杂性对知识进行划分，可以将知识分为：良构领域的知识和非良构领域的知识。良构领域的知识通常是按照一定的层级关系有序组织的，而非良构领域的知识是将良构领域的知识应用于具体问题情境时而产生的，由于具体情境的复杂性，问题解决过程中所涉及的知识概念在数量、形式、关系等方面产生诸多不规则交互。

基于问题的学习中包含了大量非良构领域知识的具体情境，因此，在问题解决过程中，问题对于学生来说具有一定的难度，且问题往往没有公认的正确答案，学生可以产生诸多问题解决的方案。

二、基于问题的学习的教学过程

在开展基于问题的学习之前，尤其当学生第一次接触这种学习方式时，教师要花一定的时间对学习的展开进行介绍，包括学习的目的、程序，学生要做什么、怎么做，最后的成果如何评定，小组内的个人贡献又是怎么评定的，等等。

基于问题的学习在教学中主要按照以下几个步骤展开。

1. 创设情境，描述问题

教师根据教学目的和教学内容创设相应的问题情境，为学生呈现一个复杂的问题，这个问题真实地存在于现实生活中，如果情境比较复杂，可以与学生们一起分析问题的情境。通过创设贴近于现实生活的情境，激发学生的学习兴趣和学习动机。例如，在初中《信息技术》“计算机病毒的防治”这一节课的教学中，教师就可以创设一个“计算机突然不能使用了”的情境，进一步描述计算机不能使用的具体表现，如运行速度明显变慢了、出现蓝屏等具体情况，然后让学生分析问题的根源所在。因为大部分学生可能都经历过这些问题，但是不知道产生的原因以及要如何解决这些计算机问题，所以，问题就能够很好地吸引学生的注意力，激发他们的好奇心和学习兴趣。因此，让生活走进课堂或者让课堂贴近生活，都是激活课堂活力的一剂良药。

2. 分析问题，组织分工

教师引导学生进一步界定自己要研究的问题——计算机为什么突然不能使用了？这个时候可能会出现很多种答案，例如，学生认为计算机不能使用可能是硬件的原因，还可能是病毒入侵，又或者是计算机操作不当，等等。教师可以逐步引导学生对可能原因进行排查，进一步界定、明确问题，分析情境背后的问题本质。之后，教师便可以对整个班级进行分组，让小组开始自由活动，进一步确定需要解决的问题，其间可以鼓励各个小组采取列表格的形式记录小组成员对问题的意见及小组讨论的结果。小组成员需要在讨论过程中及时汇总问题及其解决策略，然后制订研究计划，进行小组成员分工。

3. 探究学习，解决问题

探究问题解决的过程，就是一个分析从当前状态转变为目标状态所需要的一系列努力的过程，这个过程需要小组进行协作探究，共同寻求问题解决的最佳策略或方法。当学生原有的知识不足以完成解决问题的任务时，教师可以鼓励学生通过网络检索等途径来搜集相关的信息，然后再对最终查找到的所有信息资源进行汇总整理，评价分析信息的真实性和有效性，以确保信息能够可靠有效地帮助学生解决问题。如果可以，学生小组可以进一步制订问题解决的方案，并实施解决方案，查看最终的成效，若失败了，教师可以鼓励学生小组继续寻找合适的问题解决的方案或方法。

4. 展示结果，成果汇报

学习成果展示的形式有很多种，教师可以鼓励学生采用做汇报、编排演出、写建议信等形式，增强学生对某一教学任务的责任感和理解程度，培养学生多维度的表达能力。对于展示的内容，可以鼓励学生阐述小组问题解决的过程，包括小组对于问题的分析，提出的一些假设，问题解决过程中遇到的困难，以及最终的问题解决方案，等等。对于最终未能解决问题的小组，教师可以鼓励他们汇报小组活动过程中遇到的未能克服的困难，让所有同学一起出谋划策，思考可能有效的问题解决方案。必要的时候，教师可以让各个小组在展示之前，互换小组资料，提前阅读了解其他小组的学习成果，便于后期进行提问和讨论。

5. 多维评价，反思总结

最终对学生表现的评价，可以采用多种方式，如自我评价、同伴互评、教师评价等。评价的形式也可以有多种，包括评价表、书面考试、口头表述等。反思主要是指学生对本次活动中的学习内容和过程的反思，比如“通过这次课我学到了什么”“这个概念我能理解吗”“我是否积极参与小组活动，为小组做贡献”等一系列问题。

以上步骤并非一成不变，教师可以根据教学中的实际情况进行调整，以符合学习者特征、教学内容、教学目标等多方面的要求。

三、基于问题的学习的特点

与其他的教学方法相比，基于问题的学习主要有以下几个突出的特点。

1. 强调问题的真实性

学习过程中的问题是真实情境中的问题，这是基于问题的学习的首要特征。也就是说，问题需要具备真实性，这类问题可以是学生在生活中会遇到的，或者与学生的兴趣相关的，并且这类问题大多是不良结构的，即弱构问题，这类问题还是开放性的，常常表现为已知信息不明确或者解决方法多样和解决方案不唯一等。ARCS 动机理论表明，当学生的学习内容与自己相关时，他们会更主动地去学习，并且以真实情境为依托，将课本上的知识与现实生活结合起来。将学生置于真实的生活情境中，不仅能激发学生的学习兴趣，还能够促进学生所学知识在现实生活中的迁移应用。

2. 强调学生的主动性

基于问题的学习强调以学生为中心，在学习过程中体现学生学习的主体性。主体性作为人的一种特性，它集中表现为人的自主性、主动性和创造性。基于问题的学习通过创建一个真实的问题情境，让学生深入到问题情境中去，从而使学生拥有独立思考的契机，有自主的决定权，能够有机会发挥自身的能动性和创造性。学生主体性的充分发挥，还强调只有在了解学生需求的基础上，结合学生的特点来选择和设计问题，才更有可能进一步促进学生的主动学习。因此，这种学习方式，对学生而言，不仅更具吸引力，而且更有针对性，有利于学生的个性发展。

3. 强调学习的合作性

基于问题的学习中的问题是弱构问题，其中包含了大量的非良构领域知识的具体情境。学生很难独立解决问题，完成任务，因此，教师要先把学生分成几个小组，让学生以小组的形式进行活动，并且不同学生在生活经验、知识背景、看待问题的角度、擅长的搜索信息方式等各方面存在的差异，更有利于学生小组集思广益，顺利解决问题。此外，基于问题的学习过程中，师生间的合作也很重要。在基于问题的学习中，教师不仅充当着指导者的角色，还是学生解决问题过程中的共同协作者。教师要和学生一起分析问题，解决问题，及时发现学生在问题解决过程中存在的困难，通过启迪、点拨学生，与学生共同解决问题。

4. 强调过程的探究性

基于问题的学习给学生提供了探究、发现的机会，学生通过将自己获得的信息与已有的知识经验联系起来，进一步构建自己的知识结构。基于问题的学习的问题是结构不良且复杂的问题，没有明确的信息提示和现成的解决方案，需要学生通过探究来寻求最佳的解决方案。因此，基于问题的学习不再是简单的知识传授的过程，而是要求学生基于现有的知识经验，针对问题，借助多种手段检索信息资料进行探究，最后找出问题解决途径的过程。显然，整个学习过程是一个不断探究、不断发现、培养学生的探究精神的过程。

5. 强调学科的综合性

世界是一个统一的整体，在现实生活中，任何一个现实问题都不可能只涉及一门学科的知识，而是跨学科的整合。基于问题的学习中的弱构问题向学生展示了各门学科之间的联系，帮助学生强化将各科知识整合的意识，促使学生建立起学科间的联系。所以学生面对这些现实的问题，必须运用多门的学科知识进行综合分析，才能达到对问题的全面认识。因此，基于问题的学习也为学生深入理解多门学科知识、综合运用知识提供了一个良好的平台。

四、基于问题的学习应用案例

案例：程序的基本结构——循环嵌套

1. 案例背景

设计者	教案名称	学生	教材	课时
邓克菲	程序的基本结构——循环嵌套	九年级	广东高等教育出版社《信息技术》	1

2. 教材分析

本课教学内容选自深圳市《信息技术》九年级下册第二单元活动 5 第四节。在此之前，学生已初步体验过计算机程序的作用，以及通过编写简单的 VB 程序熟悉了编程环境和控件，并且通过实践操作，分析、认识了编程时所用的三种基本结构；现需要学习实际编程时常常会用到的程序结构——循环嵌套。本课以循环嵌套中的双重循环为例。

教材在讲解执行过程中仅给出了步骤，学生较难理解双重循环是如何进行的。因此，在课件制作时，将抽象、复杂的循环嵌套执行过程分解、分步展示，将循环执行的每一步实实在在地展现在学生面前，让他们真正理解双重循环的执行过程，帮助学生获得感性认识，引导学生积极探索。

3. 学习者分析

由于学习者都是九年级的学生，从以往的教学来看，许多学生对程序设计有畏难情绪，所以本课并不强调学生代码设计的全过程，而是侧重于分析和理论的实现。

4. 教学目标

(1) 知识与技能

了解循环嵌套语句的语法结构和执行过程，能够体验通过循环嵌套解决实际问题，同时培养和提高学生分析问题、解决问题的能力，激发学生学习程序设计的兴趣。

（2）过程与方法

1）能从生活中循环嵌套的实例出发，理解循环嵌套的思想、双重循环的执行过程，为学生的体验编程做好铺垫。

2）体验运用双重循环结构解决实际问题。

3）通过完成分层设计的任务，使学习程度不同的学生都有不同的收获。

（3）情感态度与价值观

通过让学生尝试修改现有程序，形成自己独特的程序，来激发学生的成就感和兴趣，培养严谨的态度和细致的习惯。

5. 教学重难点

重点：学会利用穷举法解决实际问题；理解循环嵌套思想、双重循环的执行过程，体验循环嵌套程序的编写方法。

难点：如何运用双重循环结构解决实际问题。

6. 教学准备

网络教室、卓软教学平台、教师编制的教学课件、学案、微视频及 VB 6.0 中文版软件等。

7. 教学过程

教学环节	教师活动	学生活动	设计意图
激趣导入	1）播放一段《俄罗斯套娃》视频和《时钟的运动规律》动画（图 1、图 2）。 2）通过俄罗斯套娃、时钟的运动规律等现实生活问题，引导学生思考，发现单层循环结构的不足，从而引出循环嵌套结构，激起学生的兴奋点和学习积极性，激发学生的探究欲。  图 1  图 2	学生认真观看，思考问题： 1）通过观察《俄罗斯套娃》视频，了解双重循环结构只能嵌套，不能交叉。 2）通过观察《时钟的运动规律》动画，了解双重循环结构的执行过程。	通过情境引入，激发学生的学习兴趣，进入本节教学主题。
探究互动教学	1. 知识回顾 实现循环结构的三种语句。 2. 问题分析探究 结合丰富的 PPT 动画演示，以双重循环为例，分步展示并分析循环嵌套的语法格式、执行过程及设计思想，突破教学重点。	1）完成学案练习一，尝试用简洁的流程图呈现 FOR 语句执行过程。 2）探究循环嵌套的语法格式、执行过程及设计思想。	1）做事要三思而后行，编写程序当然也不例外。 2）引导学生的思路逻辑化。
体验活动 1	1）启动 VB，打开任务一程序（系列*问题），分析如何运用双重循环结构解决实际问题，重点分析内、外循环的区别。 2）在任务一的基础上，进行系列变形，逐步加深，引导学生进一步思考“如果输出的‘*’形状发生了变化，如何找规律”和“程序代码该如何修改”。通过“先具体后一般”的方法得出双重循环结构解决类似图形问题的一般规律（图 3、图 4）。	1）分层设计系列*问题，不同程度的学生可以选择性地自主探究学习。	1）学生在分层任务的引领下，利用学习资源，积极探究学习。

续表

教学环节	教师活动	学生活动	设计意图
体验活动 1	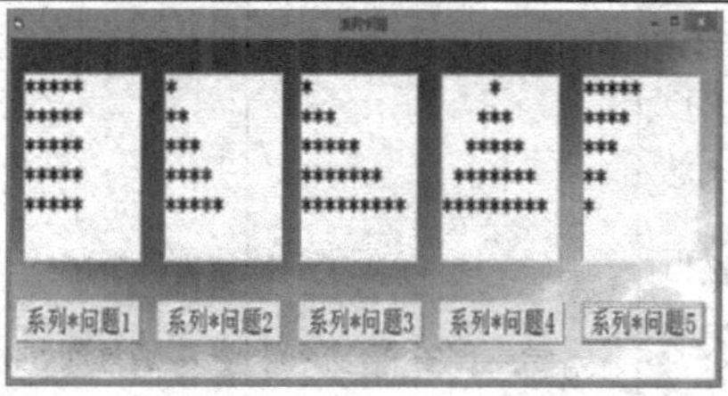 图 3  图 4	2）小组讨论：学生利用教师提供的自主学习资源，分析拓展 1 中“数字金字塔”程序。	2）安排多个启发点，引导学生主动、深入地思考，进一步培养和提高学生独立思考、分析问题、解决问题的能力。
体验活动 2	1. 任务 2 程序（质数搜寻器） 演示“质数搜寻器”功能，提供如微视频、教师课件和学习材料等“脚手架”，辅助学生自主学习，引导学生学习用循环嵌套来处理对象的穷举问题（图 5）。 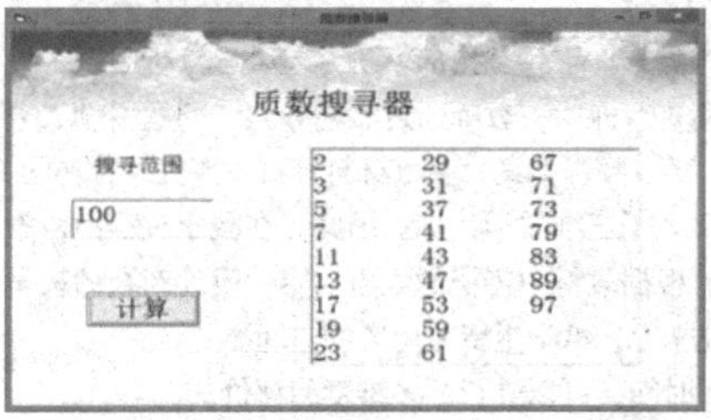 图 5 2. 问题拓展 分析循环嵌套的特点，提出相关拓展问题，启发学生将循环嵌套语句应用到具体的实际问题中，做到举一反三、学以致用。 3. 教师进行适当的提示 注意代码格式。当程序层次较多时，采用锯齿形输入方式，可以清楚地看到整个代码的层次和结构关系。	1）小组合作：根据之前所学的数学知识，尝试画判断某一个数是否是质数的流程图。 2）利用学习材料，进一步了解质数搜寻器流程图；通过分析，体会算法的思想，打破对算法的恐惧感。 3）体验分析：体验教材内容“质数搜寻器”程序编写。 4）学生利用教师分层设计的自主学习资源，分析拓展 2 中“百钱买百鸡问题”程序。 5）完成“百钱买百鸡问题”学案。	引领学生分析、体会算法的思想（图 6）。 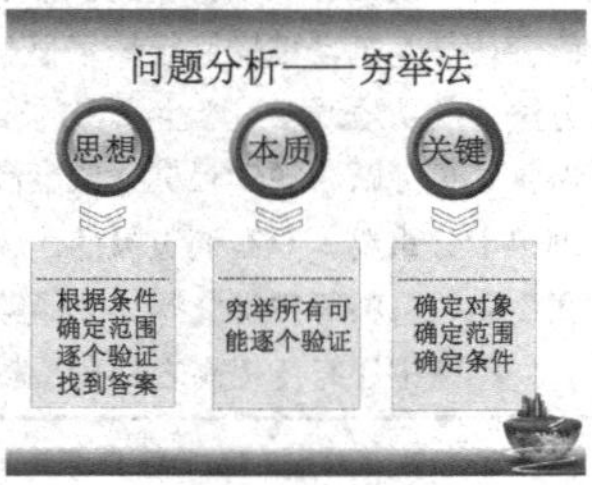 图 6 帮助学生分析问题，建立数学模型，体验算法的过程及编写程序求解问题。
学习评价	1）利用教学平台提交练习，适时展示部分有代表性的学生练习。 2）学生交流与评价，充分发挥学生的主动性和参与性，让学生担任“教师”的角色，在评价别人中学习，巩固所学知识。 3）各小组在探究学习中遇到什么困难，是如何解决的呢？	学生充分发挥主动性和参与性；学习评价并不强调学生代码设计的全过程，侧重于分析和理论实现，为高中选修算法与程序设计做铺垫。	教学评价关注于每位学生的参与程度、协作意识。

续表

教学环节	教师活动	学生活动	设计意图
课堂小结	以提问的方式总结本节教学内容，总结运用循环嵌套结构解决实际问题的一般规律（图7）。 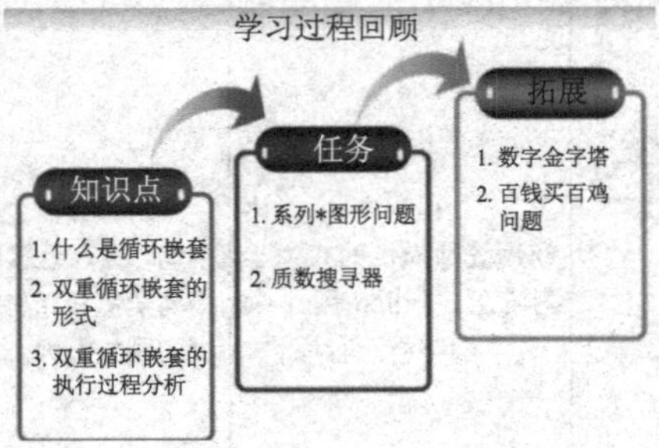 图 7	学生回答相应的问题后总结。	通过问题的引领，帮助学生梳理编写程序解决问题的思路。
拓展延伸	问题拓展 1）机智破解有条件限制的邮箱密码问题：已知一个四位整数密码，个位是 2，十位是 1，该密码若减去 7 能被 7 整除，减去 8 能被 8 整除，减去 9 能被 9 整除，求这个四位整数密码是多少。 2）提供程序，让学生体验这种解决问题的方法。	小组合作，调用程序，体会循环嵌套结构的作用。	激发学生兴趣，引发更深层次的思考。

教学评价

程序设计这部分教学内容常常是信息技术教学中的一个难点，如果只是按部就班逐步教学分析问题、设计编写程序，很可能会让学生觉得枯燥又乏味，很难调动学生的学习积极性。而这节课中，教师通过激趣导入、问题引领、分层任务驱动的教学方法，成功地调动了学生学习的积极性；学生利用教学课件、微视频、学案、学习材料等自主探究、合作学习；课堂参与度高，课堂气氛活跃，教学目标达成度高。由此，教师比较成功地实现了三维教学目标。因此，在教学过程中，教师对教学内容的处理也十分重要，只有通过灵活、创新地处理，深入挖掘教材，根据教材中传统的学习内容，设计新颖的教学课件、微视频、学案、学习材料等教学资源，才能够更高效地引导学生自主探究学习，给学生留有思考的空间。

本课中还有待提高之处在于教学评价比较单一，如有更多时间，可以进行更多维度的评价。

第五节 WebQuest 及其应用

WebQuest 是由美国圣迭戈州立大学伯尼·道奇和汤姆·马于 1995 年开发的一种课程计划。其中 Web 是“网络”的意思，Quest 是“寻求”“探究”的意思，组成 WebQuest 以后，可以理解为“基于网络的探究性活动”，类似于我们所熟知的“研究性学习”活动。它是一种以探究为主的学习活动，通过为学生提供相应的网络资源，可以有效激发学生到网络上去检索相关信息，并基于此开展自主探究活动的主动性和积极性。很显然，WebQuest 这种基于网络探究的学习方法，与信息技术课程中培养学生的信息素养的目标相一致，因此，WebQuest 在中小学信息技术学科教学中得到了广泛的应用。

一、WebQuest

WebQuest 创始人伯尼·道奇等将 WebQuest 定义为：一种以学生探究为主的，基于网络信息资源的课程单元教学活动，在基于 WebQuest 的教学活动中，学生使用的大部分信息资源都来自互联网。开展课程时，教师首先要为学生创设一个假想情境或者呈现一项特定的任务，这类任务通常是一个需要解决的问题；而在接下来的课程中，教师需要为学生提供相应的网络资源，要求学生通过对信息的综合分析，得到创造性的解决方案。为了便于教师顺利开展教学活动，伯尼·道奇还为教师提供了 WebQuest 的固定操作模板和有关规则及指导，使基于 WebQuest 的课程活动易于操作和实施，而教师也不需要从头学习设计。

通过对 WebQuest 的了解，我们发现 WebQuest 具有以下三个方面的特征。

第一，WebQuest 的主题往往是“一个特定的任务或者现实问题”，也就是说，WebQuest 课程主题来自现实生活中的真实任务。这方面与我们所熟知的“研究性学习”的教学模式十分一致，“研究性学习”通常从现实生活中选择某个真实问题作为主题去进行研究。

第二，在 WebQuest 课程活动中，学生使用的大部分信息资源都来自互联网，所以 WebQuest 能有效激发学生上网查找资料的积极性，培养学生的信息检索和辨识能力，这也是 WebQuest 的主要特征之一。而“研究性学习”过程中所需要的各种信息来源则显得更为广泛，这些信息可以来自互联网，还可以来自访谈、问卷调查、实地测量等多种研究方法与手段。

第三，WebQuest 还为教师提供了一套固定的教学模板和一系列的指导，这便相当于为教师提供了一种易于掌握的、运用了新的教学设计理念的脚手架，从而使广大教师可以快速掌握 WebQuest 教学的要领，实施教学。

如果将 WebQuest 按照课程活动时间长短进行区别，可以分为短期 WebQuest 和长期 WebQuest。短期 WebQuest 可持续 2～3 个课时，而长期 WebQuest 一般持续 3～6 个课时，从整体上看，短期 WebQuest 在教学中的应用更多一些。

二、WebQuest 的教学过程

一般说来，一个完整的 WebQuest 教学设计框架包括引言、任务、过程、资源、评价、总结六部分（图 3-3）。

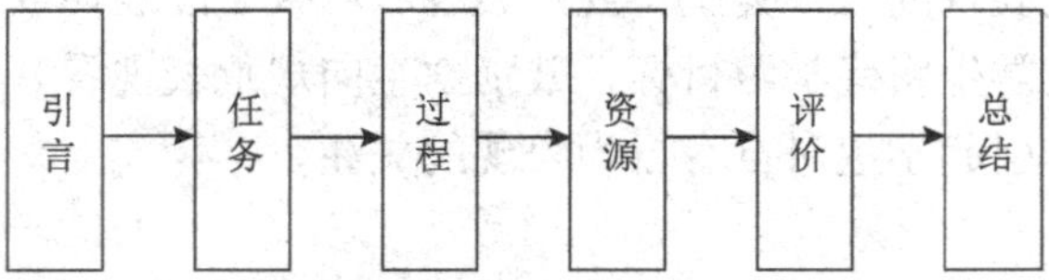

图 3-3 WebQuest 教学流程

1. 引言

引言又可称为情境，相当于序言部分，主要用于为学生提供学习主题或任务的背景信息，在这里可以预先为学生提供一个简短的背景说明或概要，为学生创设学习的情境，增强学习的带入感。为了更好地激发学生的学习动机，教师还可以在特定的专题背景下，为学生分配各具特色的角色，如“假设你是一位植物学家”“如果你是一位建筑设计师”“假如你需要制订一个雨林探险计划”等。

2. 任务

任务部分主要让学生理解他们要做的是什么。因此，这部分必须描述清楚学生在完成对主题的学习后能取得的最终结果或成果是什么。任务可以是一个需要解决的问题，也可以阐明一个观点，并证明这个观点的正确性，还可以是对已经搜集到的信息进行处理和加工，最终完成一个作品等。在阐述任务时，教师可以将任务进一步划分成一些小的任务或几个关键问题，还可以对任务完成后的学习产品制订一些规定或者告知学习评估标准，如要求学生最终设计一个电子作品，这个作品需要美观，具有交互性等。

3. 过程

这部分主要是让学生明确完成任务的步骤，一般用第二人称来描述。这里通常包括完成任务的步骤、所需要的资源，还有可以用于处理、整理信息的工具技术，就像是为学生提供了一个脚手架，在脚手架的帮助下，学生可以有计划地开展活动。在这个过程中，教师通过精准的过程设计来支持学生高水平的思维过程，帮助学生到达“最近发展区”，培养学生的高阶思维能力。

4. 资源

资源部分包含的是学生完成任务所必需的一些资源，主要包括教师已经准备好的网络链接、视频、音频、图片等相关资源。有的资源可能需要全体学生在学习时共同使用，有的资源可能仅供扮演某个角色的学生使用。总的来说，这些资源一般都是教师精心挑选出来的，并且将在学生接下来的自主探究中发挥着“定位点”的作用，给予学生一定的方向指导，防止学生在网上查找资料时，不明所以，方向迷茫。

5. 评价

这部分要向学生描述评价的标准，在教学中，对学生的评价是必不可少的，当然，在WebQuest单元学习中也不例外。为了准确地对学生的学习过程和结果进行评价，教师需要制订一套特定的评价标准。制订的评价标准需要与特定任务的要求相适应，标准的描述要清晰准确，体现评价的公平性。另外，为更好地帮助学生了解评价标准，达到学习目标，教师可以在引言中列举出学生表现的三种类型：规范表现、可接受的表现以及不可接受的表现。这种列举的方法既可以使学生明确学习目标，鼓励学生向规范表现看齐，又为学生的行为表现确立了一个最低下限，引起学生对自身行为表现的关注。

6. 总结

总结部分是学生进行学习反思、教师进行课程学习总结的阶段。教师可以在这一部分进行设问或者提出一些引起学生反思的问题，激发学生对活动过程和结果进行总结，让学生知道自己在学习过程中学到了哪些内容，这些知识内容在生活中有哪些应用，可以解决哪些实际问题。

三、WebQuest的五项原则——FOCUS

为了帮助教师顺利实施WebQuest教学方法，设计出一个出彩的WebQuest，伯尼·道奇很巧妙地用了FOCUS这个英文单词，总结了WebQuest的五个设计原则。

1. F（find great sites）——找到精彩的网站

在开始设计 WebQuest 之前，教师需要预先想到学生在任务完成过程中可能用到的资源，并预先查找好对学生有帮助的网站资源，整理出来进行保存，方便后期自己查找使用、重复利用。

2. O（orchestrate your learners and resources）——协调你的学生和学习资源

一个好的 WebQuest 一定要有一个出彩的教学主题，其可以让学生明确学习目的，能够激发学生的学习动机，并且引导学生通过小组协作、自主探究等多种方式进行学习。教师还可以制作专门的学习网站作为最直接的学习资源，除此之外，把互联网上的相关学习资源放在 WebQuest 上，可以方便学生使用查阅，利用这些资源学习新知，克服困难，解决问题。

3. C（challenge your learners to think）——要求学生思考

WebQuest 给学生的任务应该是具有挑战性的任务，学生要想完成这个任务，必须通过综合、分析、评价等高阶思维的过程，按照一定的思路进行探究，因此，在教学过程中，教师需要不断鼓励、引导学生思考，帮助学生在问题解决的过程中发展高阶思维能力。

4. U（use the medium）——选用媒体

WebQuest 学习法是一种基于网络探究的学习方法，学习媒介多种多样，有效的多媒体网站、图片、视频、音频、动画等不仅让学习变得丰富多彩，同时也激发了学生的学习兴趣和动机。教师可以鼓励学生使用 QQ、电子邮件、博客等多种形式进行看法交流，通过交流讨论不断提高自己对问题的认识和理解。

5. S（scaffold high expectations）——为高水平的学习期望搭建脚手架

通过探究性学习让学生感知新事物，同时促进学生进行知识迁移，有助于他们超越现有的水平，创作出新作品。

四、WebQuest 应用案例

案例：七巧板达人赛——初识 Photoshop

1. 案例背景

设计者	教案名称	学生	教材	课时
郭伟秀	七巧板达人赛——初识 Photoshop	七年级	武汉出版社《综合实践活动——信息技术》	1

2. 教材分析

本课内容参考武汉出版社出版的《综合实践活动——信息技术》七年级下册第 12 课《有趣的七巧板》及第 13 课《七巧板拼图活动》。教学内容有：了解七巧板的发展史及构成，能手工制作七巧板，学会用计算机完成七巧板拼图即用 Photoshop 制作七巧板和七巧板拼图。本课主要学习内容为 Photoshop 软件入门知识，涉及 Photoshop 的主要知识点有：初识 Photoshop 软件工作界面，如何在 Photoshop 中新建、保存文件，如何把已有图片调入 Photoshop

中及套索、移动工具和自由变换命令的使用，图层的概念及基本操作。学生对 Photoshop 都很感兴趣，但 Photoshop 的学习是一个循序渐进的过程，本课内容是初步认识和体验 Photoshop 软件，因此学好本课将为后续深入学习 Photoshop 软件打下良好的基础，它在本章中占有重要的地位，发挥着重要的作用。

3. 学习者分析

本课的教学对象为七年级学生。学生个体差异较大，在认知能力、自主学习能力上各不相同，特别是在信息技术知识水平上存在较大差异。尽管部分学生完全没有接触过 Photoshop，但多数学生在小学都玩过七巧板拼图，因此学生对学习用 Photoshop 来完成七巧板拼图有很高的热情。

前期知识水平：92%的学生在小学已学过 Word、PowerPoint、Flash、画图等软件，并且半数以上学生玩过七巧板拼图。因此，本课着力于给学生足够的资源，点燃学生学习动画的热情，再结合学生的兴趣点，加深学生对 Photoshop 软件的理解和初步认识与体验。

4. 教学目标

（1）知识与技能

1）了解七巧板的发展史、构成；学会制作七巧板。

2）学会启动 Photoshop，初步认识 Photoshop 的工作界面。

3）学会调用已有图片；学会使用套索、移动工具，掌握自由变换命令及图层通道的使用方法。

4）掌握如何在 Photoshop 中新建、保存文件，知道 Photoshop 文件的后缀名。

5）能对七巧板原图片进行分块复制，学会用 Photoshop 制作七巧板拼图。

（2）过程与方法

1）通过在网上查阅资料，了解七巧板的发展史和构成。

2）观看七巧板的制作动画，了解七巧板的制作方法。

3）通过玩 Flash 游戏“互动七巧板”，初步练习七巧板拼图。

4）通过上网查阅有关 Photoshop 入门教程，观看教师录制的与课程相关的 Photoshop 操作录像，看课本插图三种方法，学会 Photoshop 相关操作，完成利用 Photoshop 进行的七巧板拼图比拼活动。

5）通过自评、展示与交流，对自己和他人的作品进行较为简单的评价。

（3）情感态度与价值观

1）感受七巧板拼图的乐趣，乐于接受新知识，保持对 Photoshop 软件的求知欲。

2）形成积极自学、乐于思考、协作学习的行为素养。

5. 教学重难点

重点：Photoshop 中多边形套索工具和自由变换命令的使用方法。

难点：图层操作及创新能力的培养。

6. 教学准备

网络机房（一人一机，均可接入互联网，均已安装 Photoshop 软件）、多媒体投影仪、基于 WebQuest 模式的 PPT 课件。

7. 教学过程

<table>
<tr><th>教学环节</th><th>教师活动</th><th>学生活动</th><th>设计意图</th></tr>
<tr><td>视频激趣，导入新课</td><td>教师：我知道同学们都喜欢看影视作品，下面给大家播放一个公益广告片（图 1、图 2）。

图 1

图 2
教师：上面视频中“鸟”和“鱼”的形象是用什么拼成的？
教师：今天我们要试着用计算机来制作七巧板拼图。</td><td>观看视频

部分学生：七巧板。</td><td>教师使用视频展示与课题有关的内容，有助于提供学习的范例和激发学生兴趣，为后面的学习做铺垫。</td></tr>
<tr><td>利用WebQuest模式完成教学过程</td><td>将 WebQuest 模式教学课件推送至学生计算机桌面（图 3）。

图 3 WebQuest 模式教学课件封面
1. 引言
亲爱的同学们，你们玩过七巧板吗？你们知道七巧板的起源和构成吗？你们知道如何制作七巧板吗？你们知道如何用 Photoshop 软件制作七巧板拼图吗？今天我们通过学习来一起解决上面的问题，看谁能成为七巧板拼图达人。
为了完成这个 WebQuest 项目，你们要分组合作，查找和收集有关七巧板的发展历史、七巧板的制作方法、七巧板拼图案例、Photoshop 软件的入门操作知识等材料，并在组内积极交流，最后组内协作分工完成七巧板达人赛的题目。
马上来学习一下，看谁能成为七巧板拼图达人！
2. 任务
为了成功地实现利用计算机和 Photoshop 进行七巧板达人赛，大家需要完成以下任务。
1）课前准备工作：完成分组（4～6 人为一组），小组间经过讨论，选出组长并明确组长和各个组员的任务。
2）收集资料（可以参考教师给出的网址）：组内分工查找以下资料——七巧板的发展史、七巧板的制作方法及七巧板的拼图案例。
3）Photoshop 入门技术学习：学生可以通过互联网查找有关教程、看课本插图或看课件中教师提供的 Photoshop 操作录像，学习与课程内容有关的 Photoshop 入门操作技术，掌握用 Photoshop 制作七巧板拼图的必要技术。</td><td>学生依据教师提供的任务单开展学习活动。</td><td></td></tr>
</table>

续表

教学环节	教师活动	学生活动	设计意图
利用WebQuest模式完成教学过程	4）七巧板达人赛：在规定的 20 分钟内，小组分工协作完成七巧板达人赛的题目。 5）汇报研究成果：各组推选出一名代表到讲台上汇报本组的七巧板达人赛情况。 6）自评互评：各小组间积极完成组内互评、自评，教师点评。 3. 资源 1）http://www.wjhlcz.com/qqb/index.html 这个网站详细地介绍了七巧板的发展史、七巧板的制作，并且有大量七巧板拼图案例。 2）http://www.etc.edu.cn/kuayue/keli/xiaoxueshuxue/0202qiqiaoban/qi/index.htm 这个网站简略地介绍了七巧板的起源、制作方法及有关七巧板的儿歌。 3）http://study.163.com/course/introduction/1003663035.htm 这个网站为学生提供“PS 初学入门教程”，其中第一章第 2 课时介绍了软件工作界面，第二章第 11 课时讲解了套索工具的使用，第四章介绍了图层概念及其应用，这三课时涵盖了本节课最主要的技术点。 4）http://www.68ps.com/index.htm，该网站名为“PS 联盟”，包含了各阶段 Photoshop 软件学习的知识，有兴趣的同学应该多看。 5）与课本有关的 Photoshop 软件操作过程，请查看本 PPT 中，“过程”栏目中“Photoshop 拼图”录像（图 4）。 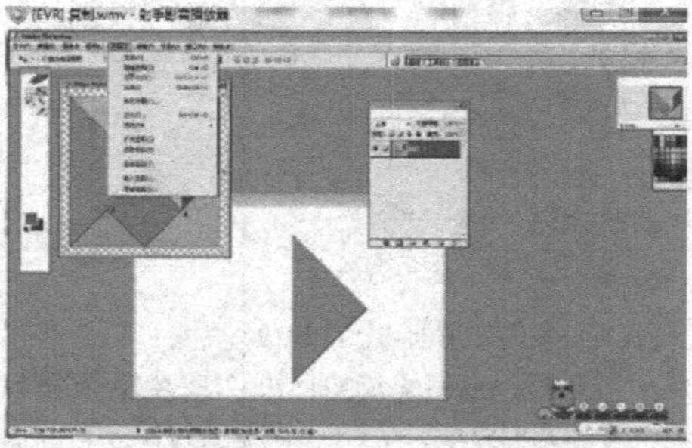 图 4　教师录制的 Photoshop 入门操作要点截图 4. 过程 呈现学生完成任务的几个主要步骤，让学生明确完成任务的过程（图 5）。 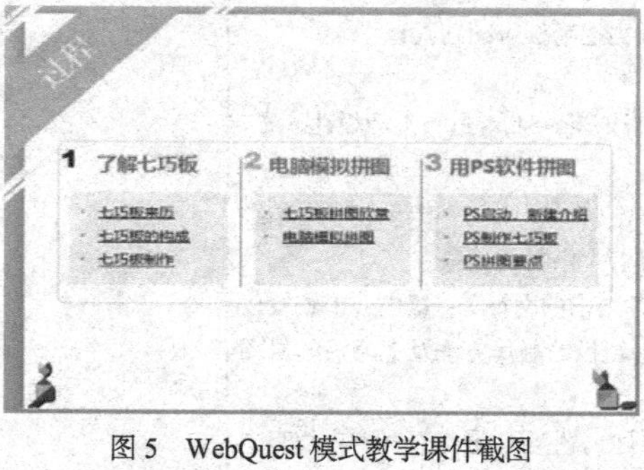 图 5　WebQuest 模式教学课件截图 5. 讨论区 大家可以通过以下方式参与讨论（建立组间、组内讨论区）：		本环节提供了教师收集的课程主要学习内容的链接，资源非常丰富，不但有常见的文字和大量图片，而且有 Flash 动画模拟的七巧板构成和教师利用屏幕录制工具制作的与课程知识点相关的 Photoshop 软件操作录像，为学生提供了自学的脚手架，有利于学生顺利完成学习。

续表

教学环节	教师活动	学生活动	设计意图
利用WebQuest模式完成教学过程	1）加入QQ群（5679588）发表你的观点； 2）发送电子邮件至12687088@qq.com表达你的意见； 3）登录腾讯微博发表你的观点； 4）在课堂上与同学交流。 6. 评价 根据下面的评价表，对自己本次的学习情况作自评、组内互评和教师点评（图6）。 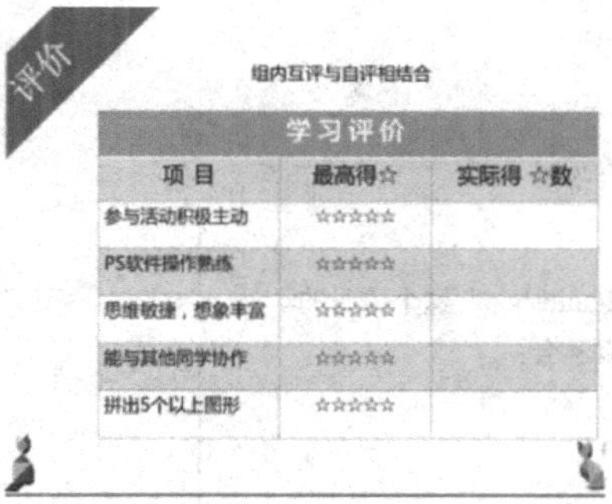 图6 7. 七巧板达人赛 以小组为单位，在规定时间（20分钟）完成下列题目（图7～图9）。 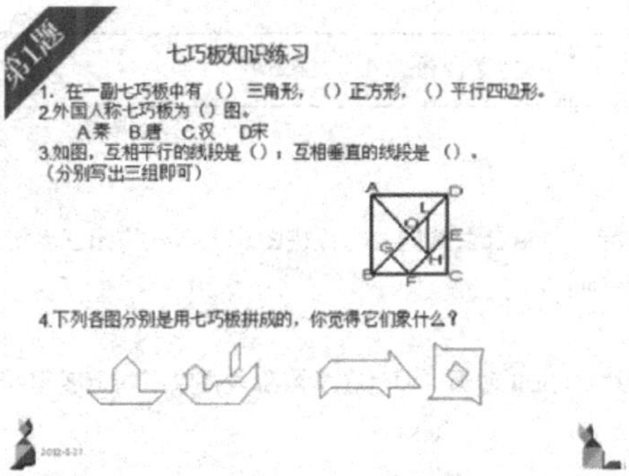 图7　七巧板达人赛第1题 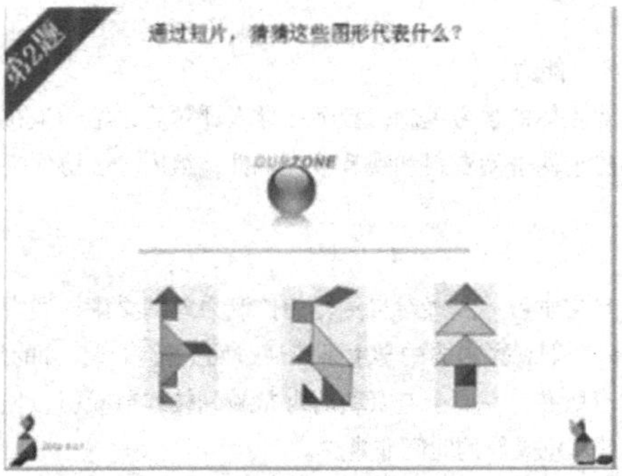 图8　七巧板达人赛第2题	学生自由展开讨论 学生进行自评、互评的评价活动。	

续表

教学环节	教师活动	学生活动	设计意图
利用WebQuest模式完成教学过程	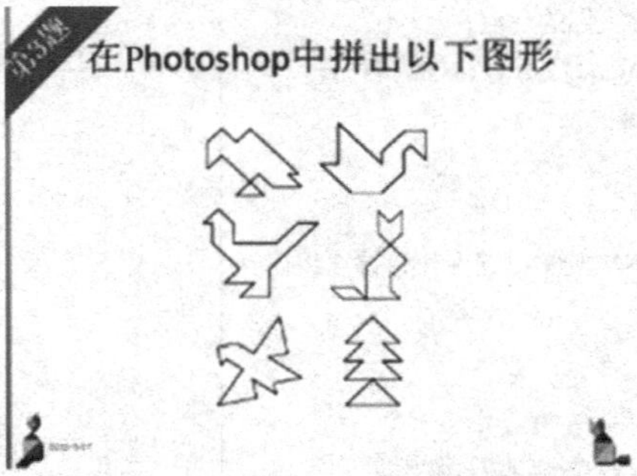 图9　七巧板达人赛第3题 8. 总结 通过“七巧板达人赛——初识Photoshop”这个课时的学习，完成了七巧板达人赛后，你们都可以学会： 1）主动全面地探索知识； 2）怎样与他人合作； 3）如何利用互联网查找学习材料； 4）可以用什么工具与同伴展开网上交流； 5）对Photoshop软件有了初步认识，会一些简单操作。 教师：我计划课时完成后，把你们的作品挂在网上，让更多的人了解、学习、提建议，并将授予表现突出的组长及组员“学习精英”的称号。		

教学评价

1. 优点

（1）知识性与趣味性相结合

充分调动学生的兴趣非常重要。通过视频激趣导入，结合大量的七巧板拼图和七巧板拼图互动游戏及教师操作录像，引导学生观察、交流，最后完成利用Photoshop拼图的活动。

（2）资源丰富，拓宽学生的视野

不仅提供了许多激发学生学习兴趣的视频、图片、Flash动画，而且在学习阶段提供了网上教程和教师操作录像两种资源供学生参考学习，拓宽了学生的视野。

（3）交流渠道多元，培养小组协作能力

本课充分利用Web 2.0时代的特点，提供多种交流渠道，如通过QQ群、电子邮件、博客、微博发表观点、展示作品等，锻炼了学生小组的协作能力。

（4）教师为主导，学生为主体，培养学生自主学习能力

本课内容的学习充分体现了教师为主导、学生为主体的学习理念，教师在导入课题后，给学生布置课程学习任务，提供帮助学生学习的各种资源，主要的学习过程是学生通过上网查阅资料和观看教师课件，组内分工协作完成的，这一安排有利于学生自主学习能力的培养。

2. 不足

本课也存在一些不足。由于采用的是小组协作自主学习，一些对自身行为控制力差的学生，经常开小差玩网络游戏，没有很好地跟上课程学习；本课对学生的自学能力要求高，个别观察力弱的学生不能通过网上教程和教师的操作录像来学会Photoshop关键技术操作；还有极个别学生不能分清学习的重点所在，在网上查资料时常常被细枝末节吸引，如一个学生大部分时间都在查看与七巧板发展史有关的传说和故事而留给练习计算机操作的时间非常少。

通过这节课的学习，多数学生能完成基本任务，少部分学生能够完成拓展提高的内容。以后在教学中要加强学生自控力、观察力和根据学习目的处理信息的能力的培养。

思考题

1. 合适的教学方法是成功教学的必备条件，一个优秀的信息技术教师能根据具体情况选择或创造出适合本班级的教学方法。请仔细回顾教学方法选择的依据，并尝试论述。

2. 讲授法由于各种原因一直承受着来自各个方面的抨击，然而它的存在又是必然和合理的，回顾本章中对讲授法的学习，你认为讲授法有哪些优势和不足?

3. 信息技术教学中的任务驱动教学法可以概括为："以任务为主线、以教师为主导、以学生为主体，以培养信息素养为目的。"试着用自己的话论述一下，你是怎样理解信息技术教学中使用任务驱动教学法，是以"培养信息素养"为目的的?

4. 教学场景："文本信息加工"课上，教师设计了五个任务要求学生在一节课上完成电子小报的制作。

任务1：讨论、归纳版面设计的特色（2～3分钟）。

任务2：报头制作（5分钟）。

任务3：正文制作（15分钟）。

任务4：版面修饰（10分钟）。

拓展任务：试一试还有什么软件可以制作电子小报?

任务5：作品展示（5～8分钟）。

请对上述场景中任务驱动教学法的使用进行评价，并说明自己的理由。

5. 查找相关资料，阐述一下基于问题的学习与任务驱动教学法间的异同点。

6. 请用自己的话概述一个完整的WebQuest教学实施过程应该包含哪些内容，并查找相关资料，总结一下信息技术教学中WebQuest教学法的应用优势。

第四章　基于环境的教学设计概述

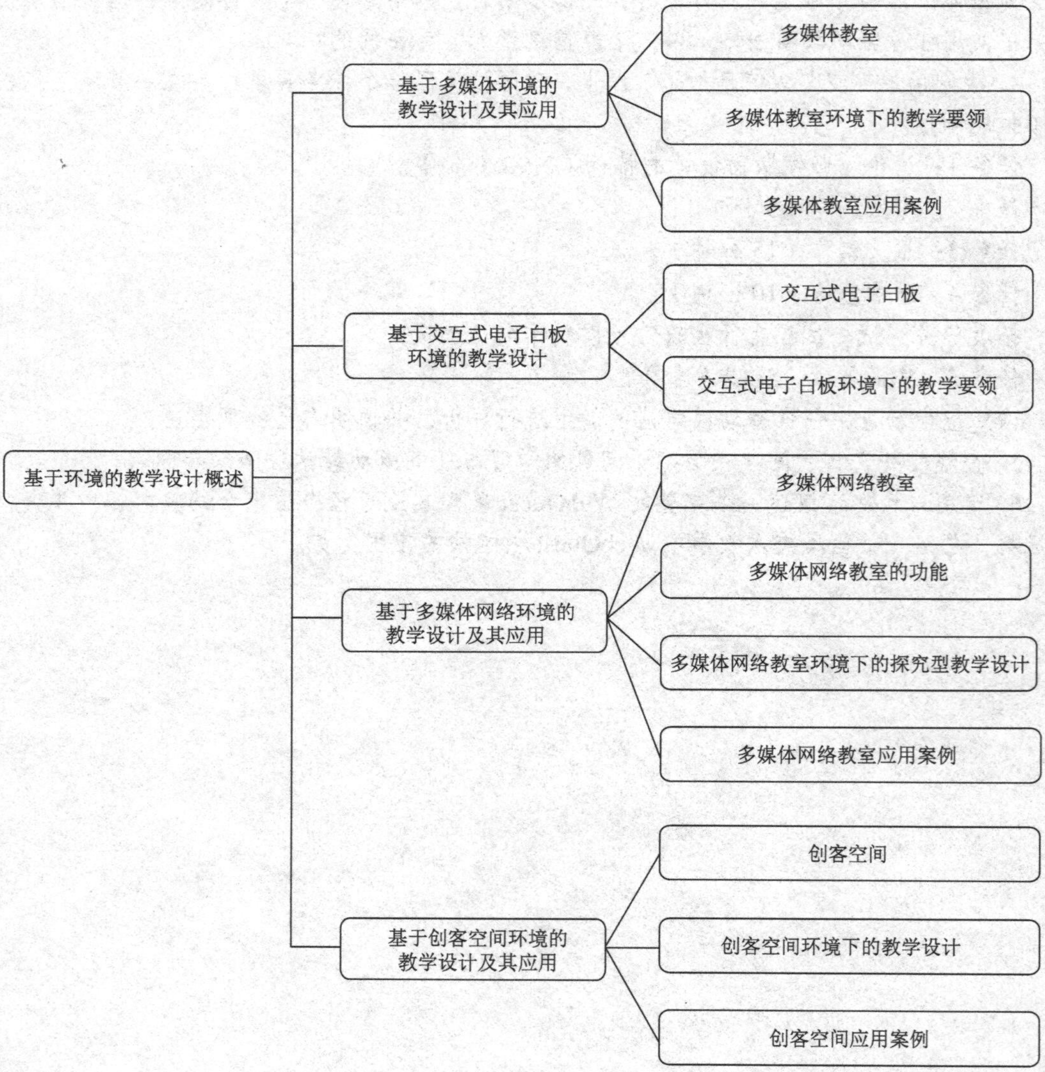

第一节　基于多媒体环境的教学设计及其应用

随着信息技术在学校教学中的广泛应用，信息化的教学环境已经成为实现教学改革、学习方式变革的必要基础和前提。相对于传统的以粉笔和黑板为主的教学环境，多媒体教室则是在传统教室的基础上，增加了多媒体计算机和配套的显示设备之后形成的教学环境，并且多媒体教室已经成为学校信息化教学应用中最为典型且普遍的支撑环境。

一、多媒体教室

我们常见的多媒体教室，一般包含以下几个重要的组成部分：多媒体计算机、中央控制系统、投影显示系统、实物投影仪等多种现代教学设备。

1. 多媒体计算机

多媒体计算机是多媒体教室的核心设备，主要用于储存、加工和发布各种教学信息，例如，通过播放 PPT、视频、音频等不同形式的多媒体资源向学生传递教学内容。另外，多媒体计算机还可以作为中央控制系统的操作平台，各种不同形式的多媒体资源都需要先进入中央控制系统，再经由计算机操作界面或其他控制设备进行操作控制，完成各种信号间的切换后，实现对视频、音频的全面控制。

2. 中央控制系统

中央控制系统是将多媒体教室中各个多媒体设备组合起来的关键设备，它通过系统集成的方法将多媒体教室中的必要设备操作集成在一个控制平台上。通过操作控制面板，可以便捷地实现对多媒体计算机、投影仪、音箱等设备的控制，使复杂的操作过程简单化（图 4-1）。

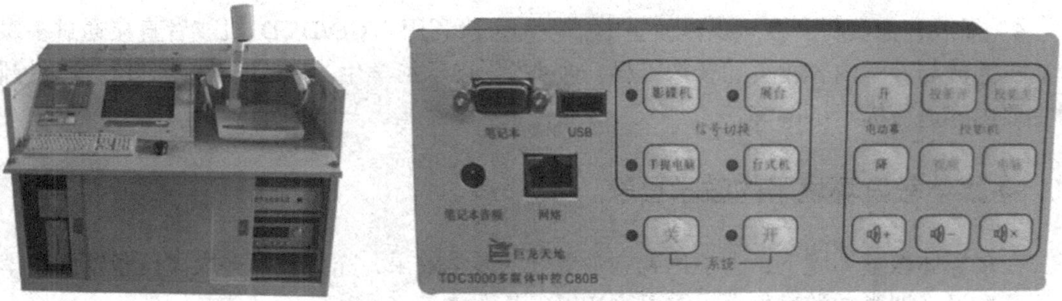

图 4-1　中央控制系统

3. 投影显示系统

视觉是学习者接收教学内容的重要通道，因此投影显示系统便显得尤为重要。对于标准的多媒体教室来说，投影显示系统主要由投影机和幕布组成。常用的投影机包括液晶投影机 LCD 和数字光处理投影机 DLP 两种。其工作过程主要是先通过多媒体计算机接入相应的承载着教学信息的图像和视频信号，再经过投影机将各种信号投影到幕布上。投影显示系统使学习者与教学内容的距离进一步缩短，使无法触及的抽象信息更为具体化。

4. 实物投影仪

实物投影仪是一种新型的视觉媒体设备，它本质上是一种图像信息采集的设备，通过设备中的摄像头将放置在展示台上的景物转换成视频信号，再通过投影仪或者计算机显示出来。在教学应用中，实物投影仪的使用能够使事物的真实面貌进一步放大，并展示给学生，当然，除了可以用于实物展示，它还可以对图片、照片等资料进行投影，或直接代替黑板，展示教师

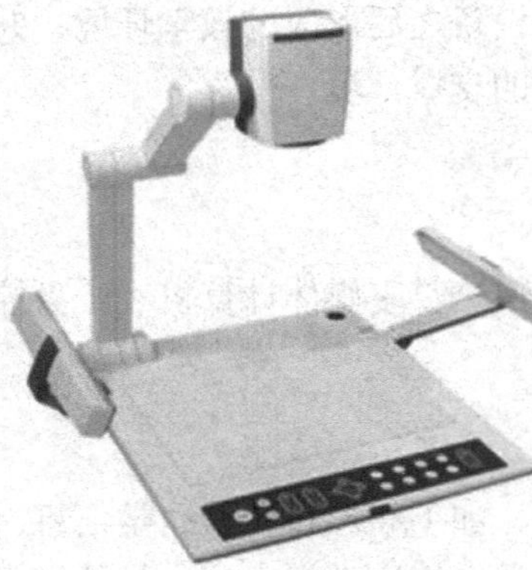

图 4-2　实物投影仪

在纸面上的板书。目前在一些有条件的学校中，实物投影仪已经成为多媒体教室中的必备媒体（图 4-2）。

利用多媒体教室进行课堂教学，打破了传统教学的局限性，为教师提供了一个可灵活操控的多媒体教学环境。多媒体教室的使用为教师带来很多的便捷，在利用多媒体教室进行教学过程中，常用的主要功能包括以下几个方面。

1）演示操作：通过将多媒体计算机信号投影在大屏幕上，可以辅助教师进行计算机软件演示、操作系统教学等。

2）计算机辅助教学：借助教室中的各种多媒体设备，展示各类多媒体教学资源辅助教学，是多媒体教室的主要功能，在多媒体教室中，教师可以利用多媒体设备同时呈现文字、图片、视频、音频等多种媒体信息的特点，将教学内容以图文并茂的方式呈现给学生，在调动学生学习积极性的同时，协调学生通过多种感官来建构、理解知识，辅助学生进一步理解、掌握教学内容。

3）图文实物演示：实物视频展示台将教学模型、实物、幻灯片、照片、底片投放到大屏幕上，可以将细节性的信息进行放大呈现，帮助学生更好地了解某种实物或过程性信息，有利于学生的学习。

4）播放音像资料：在多媒体教室中，教师可以利用 VCD/DVD 机或者直接通过多媒体计算机播放与教学内容相关的音像资料，通过投影展示给学生，并对教学内容进行播放控制，对重要内容进行提示讲解等。

二、多媒体教室环境下的教学要领

在多媒体教室环境下，为了达到一个更好的教学效果，充分发挥多媒体设备辅助教学的作用，在设计课堂教学过程中，需要注意以下几个方面。

1. 依据学习者特征及其认知需要选择使用多媒体

在设计多媒体教学时，学习者特征及每个年龄段特有的认知结构是我们不能忽视的一个方面，教学的设计只有与学习者的特征相适应，才能达到“物尽其用”的效果。

在小学低年级，学生的思维方式以直觉思维为主，此时的教学，我们可以灵活采用一些图片、动画、视频、音频等媒体资源，来丰富教学内容的表现形式，并且通过多媒体的呈现形式，在对学生的视觉、听觉通道进行刺激强化、吸引注意力的同时，使教学内容更为直观、形象化，帮助学生理解、掌握知识点，也进一步保证了学习质量。而对于小学高年级的学生来说，此时的多媒体教学重点应该是帮助学生完成直观思维到抽象思维的过渡，因此，这一阶段的形象化教学可以适当减少。

在中学阶段，帮助学生学习抽象概念，培养学生的逻辑思维能力是这一阶段的重要任务，尽管这时的形象化教学仍不可或缺，但是更多的时候，多媒体是作为一种辅助理解抽象概念的手段出现在教学中的。例如，“算法与程序设计”一直都是中学信息技术教学中的一个难点，难学且难教，而近两年则出现了一系列的趣味编程软件，我们最为熟悉的应该就是Scratch了，通过可视化的编程方式，Scratch不仅降低了编程难度，还使程序设计思想更为简明易懂，使枯燥无味的内容更具趣味性，很好地激发了学生学习程序算法的积极性和主动性。

2. 根据实际的课堂活动需要选择适当的多媒体和资源形式

教学活动是课堂教学的基本组成单位，教学活动是否能够有效开展，直接影响着课堂的教学效果。在多媒体教室中开展教学活动时，需要依据实际的课堂活动需要选择适当的辅助多媒体和资源。例如，在进行教师演示软件、学生观察模仿的教学活动时，教师可以将自己在多媒体计算机上面的操作过程进行实时投影，帮助学生以一种“间接”但直观的方式观察教师操作的全过程，方便学生进行模仿操作，掌握软件操作技能。又或者是，在进行传统的讲授式教学时，教师便可以通过多媒体计算机来播放展示各种辅助学生理解的教学资源，帮助学生进一步加工信息、建构知识。

3. 注意选择运用多媒体的最佳时机

实际上，教学媒体和资源的使用对于教学效果有着重要的影响，多媒体的使用不仅要恰当，还要适时。多媒体最佳的使用时机是指在课堂教学活动中能够较好地发挥多媒体的技术优势，帮助学习者保持或者转化形成良好的学习精神状态，以保证达到最终的教学目标。在运用多媒体教学的过程中，有以下几点建议。

1）无意注意的适时调动。注意力对于学生的学习起着主要的影响作用，但是大多时候学生的注意力集中时间是有限的，并且当教师强制性地要求学生时刻保持注意时，不仅不利于学生的学习，还容易引起学生的厌烦心理。而在一定的条件下，无意注意的调用，可以在不增加学生认知负担的前提下激发学生的学习积极性。教师可以抓住这一点，进行灵活运用。

2）活跃状态的激发。处于抑制状态的学生的学习往往是被动的，这个时候教师应该充分利用多媒体的技能优势，采取合适的方式将这种抑制状态转化为兴奋状态，让学生、课堂活跃起来。

3）理性认识的升华。学生的心理兴奋不是教学的最终目的，只是为达到一个良好的教学效果所创造的必要心理条件，其实类似于吸引学生的注意力。教师通过各种多媒体设备调动学生的学习积极性后，应该因势利导，采取有效的方法，利用媒体资源使学生的认识升华到新的境界，将兴奋状态引向理性的升华，保证教学目标更好地实现。

三、多媒体教室应用案例

案例：物联网就在身边——初识物联网

1. 案例背景

设计者	教案名称	学生	教材	课时
俞丽薇	物联网就在身边——初识物联网	小学六年级	江苏凤凰科学技术出版社《信息技术》	1

2. 教材分析

本课是江苏省小学六年级《信息技术》的第一课。本册书主要讲了物联网各个方面的应用，而第一课是对全书的提纲挈领，也是今后课程知识展开的一个起点。所以本课重点就是揭示物联网的概念，介绍一些简单的应用，引发学生对物联网的兴趣，帮助以后课程的开展。

3. 学习者分析

物联网在生活中的应用十分广泛，但物联网对于学生来说还是一个新鲜概念，比较抽象。讲解物联网概念时，应充分借助生活实例，使抽象概念具体化。

4. 教学目标

（1）知识与技能

1）知道物联网的概念，了解物联网在各个领域的应用。

2）小组讨论问题，培养发散思维，提高创新能力。

3）通过对模型的探究，培养动手能力，提高发现问题与解决问题的能力。

（2）过程与方法

1）通过教师提出的问题、视频等材料，发挥想象力，了解物联网及其应用。

2）探索作品的实验现象并展开想象力，设计模型的实际应用。

（3）情感态度与价值观

1）以小组为单位的学习过程，提高团队意识，培养人际交往和沟通能力。

2）作用的描述展示、设计理念和功能说明，培养语言表达能力，提高自信心。

5. 教学重难点

重点：物联网的概念；认识物联网的应用。

难点：了解物联网的概念。

6. 教学准备

PPT 课件、视频资料、造型模块、实验器材（手机、电子门铃等）。

7. 教学过程

教学环节	教师活动	学生活动	设计意图
视频导入，引发问题	教师：同学们，今天的课将会为大家打开一个崭新的世界，大家期待吗？首先请大家看一段视频，边看边思考，你从中获取了什么信息（图 1）。  图 1	学生回答在视频中看到的一系列的现象。	通过视频让学生直观地看到物联网世界。有些现实案例可以引导学生与实际生活相联系；有些想象中的应用则激发学生的兴趣，吸引学生注意力。
	教师：随着科技的发展，我们的生活变得越来越智能。这一切都要归功于物联网技术。 那么到底什么是物联网呢？它又给我们的生活带来哪些变化呢？带着这些问题，我们一起走近物（强调）联网。	学生了解本节课的主题：物联网。	从视频引出课题，并通过两个问题说明本节课的主线。

续表

<table>
<tr><th>教学环节</th><th>教师活动</th><th>学生活动</th><th>设计意图</th></tr>
<tr>
<td>实例探究，解决问题</td>
<td>教师：先请同学们阅读材料，回答什么是物联网，并用自己的话解释一下。

教师通过手机来帮助学生认识物联网的概念：现在的智能手机功能非常强大，教师有个饭后散步的习惯，于是就在手机中安装了一个计步器软件，点击PPT，如图2所示。它可以帮助我记录走的步数和时间，并计算消耗的热量。

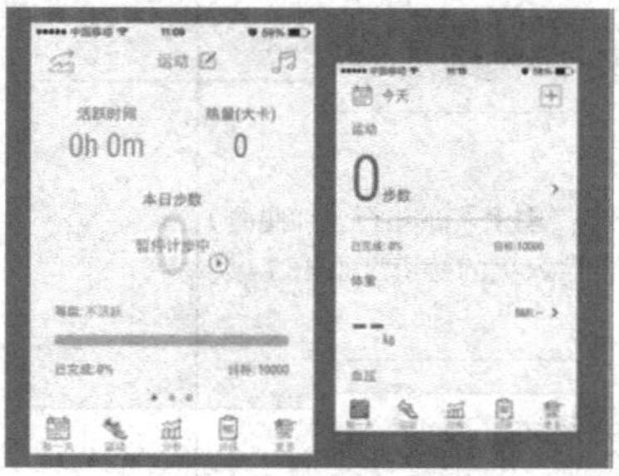

图2

示意学生看手机并回答走路的步数、消耗的时间和热量。
教师请学生现场体验计步器的应用。
教师：请你（女生）绕着我们教室走两圈，其他同学帮她一起数步子，看看计步器准不准。现在开始。（等待学生走完）
你说下手机显示走了__步。
同学们数了多少步？
略有偏差，看来还是比较准确的。
再请一位男生来测试。
手机显示走了多少步，同学们数了多少步？也有一定的偏差。
教师：那计步器到底是怎么工作的，又为什么会有误差呢？请同学们阅读材料，解开计步器的奥秘。（等待阅读完成）
教师：点击PPT，如图3所示。

1. 手机计步器通过什么电子元件来实现计步的功能？
答：震动传感器和电子计数器。
2. 手机计步器的作用是什么？
答：使用手机计步器可以很好地对运动进行监控，以帮助运动者管理自己的身体。
3. 为什么计步器会有误差？
答：走路时手机放置的位置、人的走路姿势、计步过程中手机经常用于接听电话等其他因素，这三种行为都可能影响震动传感器对人体震动的识别，从而导致计步器产生误差。
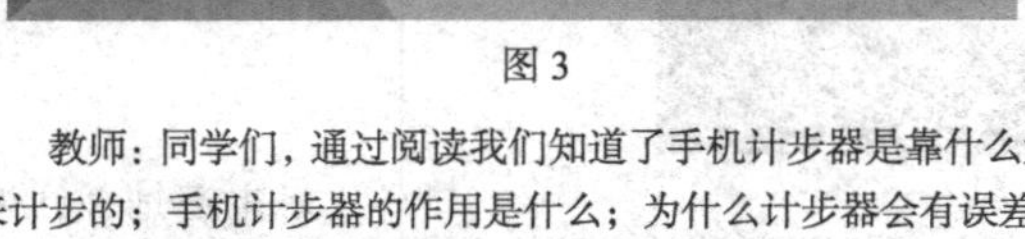
图3

教师：同学们，通过阅读我们知道了手机计步器是靠什么元件来计步的；手机计步器的作用是什么；为什么计步器会有误差。
教师：计步器就是通过感应设备记录步数、时间并计算所消耗的热量，为运动者提供合理的散步建议。
教师：其实物联网就是一个物体和物体通过某些设备按照协议相连接并且交换信息，来实现对物体的智能化识别和管理的一种网络。</td>
<td>同学阅读材料并回答。

学生观察数据，了解计步器的作用。

两位学生现场体验计步器的作用，引出问题：计步器是怎么工作的，为什么会有误差？

学生通过阅读材料来解答3个问题：手机计步器是靠什么元件来计步的？
手机计步器的作用是什么？
为什么计步器会有误差？

学生在计步器概念的基础上理解物联网的概念。</td>
<td>学生通过阅读初步了解物联网的概念，教师抛出问题让学生展开思考。

学生对于晦涩的概念难以理解，教师通过手机计步器的实验来帮助学生走近物联网。

学生现场体验计步器可以调动课堂气氛，让学生在体验中发现问题，并通过阅读来解答问题，提升了学生发现和解决问题的能力。
学生通过问题的答案对计步器进行简单的、类似物联网概念般的定义，为下一步深刻理解物联网概念做铺垫。

把物联网的概念通过关键词来理解，分为：物体和物体；通过设备（对应计步器中的感应设备）；实现……（对应计步器中的“提供合理的散步建议”）；一种网络（强调）。</td>
</tr>
</table>

续表

<table>
<tr><th>教学环节</th><th>教师活动</th><th>学生活动</th><th>设计意图</th></tr>
<tr><td>探究实际，集思广益</td><td>教师：我们再来看几张图。这是什么（图4）？

图4
谁来说说公交卡是怎么工作的？
（公交卡通过电子芯片和收费系统相连，让我们的出行更加便捷）
大家看这个。谁来给我们介绍下自己家里的楼道灯（图5）？

图5
通过感应什么？
（夜间，智能楼道灯通过感应装置识别到有人经过，就会自动点亮）
GPS导航，谁来说说有什么用（图6）？
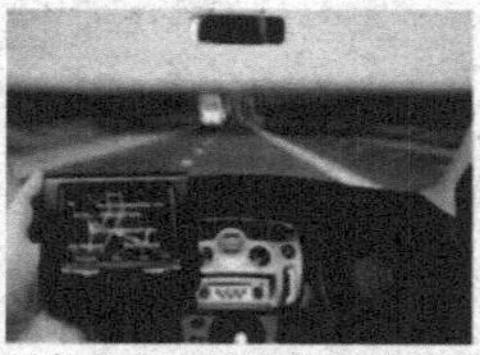

图6
（通过与卫星定位系统展开信息交互，为我们指明前行的方向。物联网给我们的生活提供了非常大的帮助）
同学们，如果我告诉你们这是一辆正在行驶的汽车，你们会觉得惊讶吗（图7）？

图7
老师：图片中的驾驶员在开车时，可以不用时刻保持注意力，同样得益于物联网技术的应用。这样的智能汽车主要依靠车载传感器来感知车辆周围环境，并根据感知所获得的道路、车辆位置和障碍物信息，控制车辆的转向和速度，从而使车辆能够安全、可靠地在道路上行驶，实现无人驾驶。随着智能驾驶技术的不断成熟，相信在不久的将来，我们的马路上会出现越来越多的智能汽车，交通事故也会越来越少。</td><td>学生通过图片和自己的现实体验来说一说。

学生通过自己想象，利用现学的知识来解决现实问题。</td><td>通过几个比较贴近生活的例子来让学生加深理解。

在学生对物联网有初步认识后，让他们将理论应用到实践中去，并培养他们关心时事的习惯，激发他们的好奇心。</td></tr>
</table>

续表

教学环节	教师活动	学生活动	设计意图
联系实际， 开阔视野	通过上述例子，同学们看到物联网的许多实例，广泛应用于交通物流、工农业、家居等多个领域（图8）。  图8 教师：老师这里有一个小设备，谁来试试？（请学生通过电子门铃，发出声音） 教师：同学们，这个电子门铃我们在哪里看到过呢？ 学生：商店、银行。 教师：对，同学们都有一双善于发现的眼睛。 教师：除了这个电子门铃，你们还在哪里见到过物联网的应用？大家小组交流下。 学生：感应水龙头、感应门、感应灯、报警器、GPS定位。 教师：同学们说得非常好，这么多的物体通过相关设备或协议相连接，组成庞大的物联网，它无处不在，就在我们身边，让我们的生活更加智能。（补充板书）	同学们亲身体验电子门铃，并回答它的现实应用，继而展开小组讨论，说一说身边的物联网应用。	学生在了解完诸多实例后联想到身边的物联网应用，引出物联网就在身边的课题，揭开物联网的神秘面纱。教师再次对概念进行组织，使学生加深印象，整合知识。
合作探究， 创意无限	教师：同学们，理论源于实践，老师为同学们准备了一些设备，大家看这像什么（图9）？  图9 这是模型的内部电路图，中间有供电装置和中控模块，车尾是一个感应装置（图10）。谁来测试下？  图10	同学们通过观察图片和亲身体验，描述小车的实验现象，并猜想小车的设计意图。	通过讲解和研究小车的3D模型，让学生体验实践研究的过程，为学生独立完成实践研究做铺垫。

续表

教学环节	教师活动	学生活动	设计意图
合作探究，创意无限	（车尾面向黑板，让学生穿过车和黑板间的空地，看到LED灯亮起） 教师：亮了么? 学生：亮了！ 教师：好的，当我们经过感应装置的时候，车前的灯才会亮，那么你来猜想下：老师这个设计的意义是什么? 学生：倒车不会撞到人。 教师：很好，这位同学和老师想到一起去了（图11）。 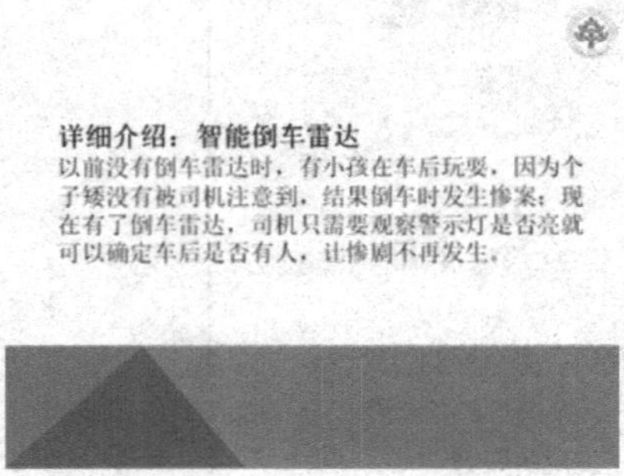 图11 因为司机倒车的时候难以分辨车后方是否有人，就会造成交通事故，有了这个倒车报警器，就避免了发生事故。 同学们，看完老师的设计，你们是不是也跃跃欲试了呢？老师为每个小组准备了设备，请同学们拿到设备后仔细阅读操作说明，并且将实验现象记录在作业纸上（图12）。 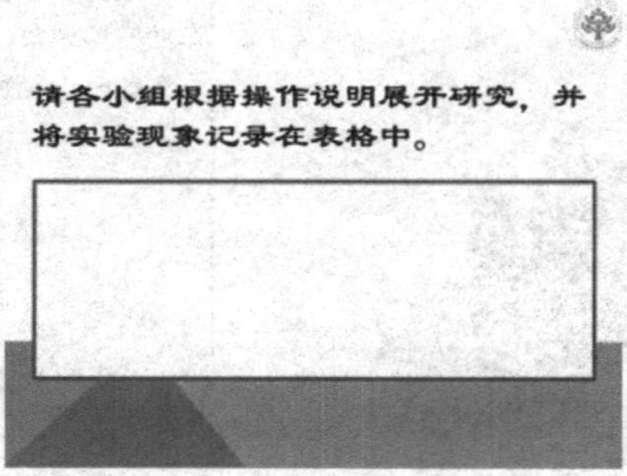 图12 好，请每一组组长来拿设备。 （大约2分钟操作，1分钟写） 教师：现在请各个小组来汇报自己组的成果。 学生：…… （2分钟汇报） 教师：好，现在请大家再思考下：怎样能够把你研究的设备运用到实际生活当中帮助解决困难? 请大家展开讨论并完成作业的第二部分（图13）。	学生按小组研究所给模型的实验现象，并且发挥想象为模型设定现实用途。	通过小组探究，促进学生的团队意识，增强分工合作的能力，培养了严谨的实验探究精神。 “小小发明家”则给予学生自由畅想的空间，使在想象的基础上采取严谨的科学态度，真正当一回小发明家。

续表

教学环节	教师活动	学生活动	设计意图
合作探究， 创意无限	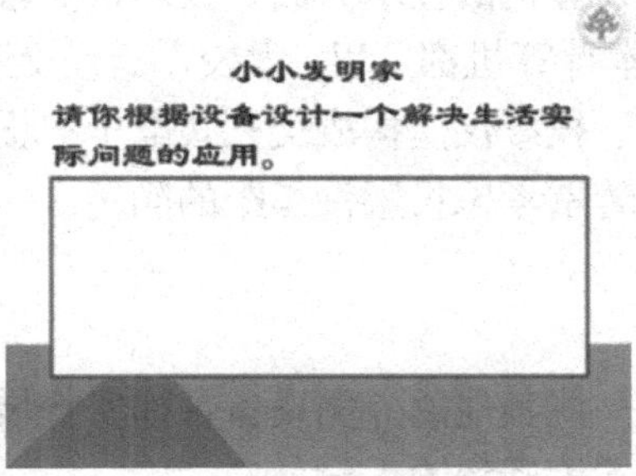 图 13 （3 分钟汇报） 教师：同学们的想法都不错，给我们的物联网世界添了新色彩，老师相信以后更多的物联网应用将从你们手中产生，让我们的生活更加智能，更加美好。 好，这节课就到这里，下课。		
教学评价			
这节课的教学主题是“物联网”，对于学生来说，可能是既熟悉又陌生的内容，因此，在课堂导入环节中，教师通过一段视频，让学生感受生活中的物联网。而在新授环节中，教师通过手机计步器、公交刷卡、GPS 导航等物联网在生活中的应用，来一步步深化学生对物联网定义的理解，使晦涩的概念更为简明易懂。在而后的探究活动中，教师设置了小组合作探究的环节，通过教师引导下的小组合作，对模型进行动手探究，不仅很好地激发了学生的学习兴趣，也达到了培养学生探究精神的目的，总的来说，这是一节不错的导入课。			

第二节　基于交互式电子白板环境的教学设计

电子白板型多媒体教室也是多媒体教室的一种类型。交互式电子白板作为一种新兴的教学媒体的教学工具，不仅传承了现代多媒体教学的优势与特点，同时也保留了传统的黑板教学手段的优点。目前，交互式电子白板已经成为信息化教育最有力的辅助工具，凭借其“技术集成高、资源整合强、交互功能好”的优势，在教育领域得到了广泛的推广和应用。

一、交互式电子白板

交互式电子白板是一个结合数字投影仪和计算机的具有触摸感应功能的白板。投影仪能够将计算机屏幕的图像投影在白板上，使用者通过手指或电子笔直接触控白板，对计算机进行操控。交互式电子白板主要由具有感应功能的电子白板和电子笔等硬件及相配套的白板软件等组成。它融合了计算机技术、电子通信技术，集传统黑板、普通白板、幕布等多种功能于一身，是一种具有人机交互功能的教学设备。

由上述对交互式电子白板的描述我们可以知道，交互式电子白板的系统主要由硬件和软件两个部分构成。

1. 硬件构成

（1）必要硬件

交互白板板面是我们在使用交互式电子白板时的操作和感应界面，通过感应笔或者人手直接接触白板板面，白板内的电磁感应和红外扫描等定位装置能够接受识别这些操作信息，并转化成数字信号，传输到计算机中，继而通过投影仪将信号投射到交互白板上，所以交互白板板面不仅是我们的操作界面，也是计算机的显示界面、投影仪的幕布。与白板相连接的计算机没有特殊的要求，台式或者笔记本计算机都可以。学校在建设交互式电子白板教室时，可以参考普通的多媒体教室购置计算机。投影仪是构成交互式电子白板环境的另一个重要设备，在选择合适的投影仪的时候，需要着重考虑投影仪焦距的问题，一般认为中短焦距的投影仪是最为合适的。

（2）其他外围设备

交互式电子白板系统中还可以接入一些其他的外围设备，如实物展示台、扫描仪，以及无线键盘、无线鼠标、感应板或者投票器等远程输入设备。

其中感应板是指一种小型的无线面板，感应板板面上的内容可以与交互式电子白板上的内容进行交互显示。也就是说，通过终端的控制，感应板上的内容可以在交互白板上显示，而交互白板上的内容也可以在感应板上进行显示。感应板的应用使教学变得更加便捷，将教师从讲台上解放出来的同时，也拉近了教师与学生间的距离，教师可以在教室的任一位置通过感应板来控制交互白板的板面内容，而学生也能够更加便捷地对教师上传的教学内容进行编辑，将个人想法及时地与教师或班级其他同学进行共享。感应板的应用，实现了教师、学生、媒体间的多方位互动，为教师与学生提供了一个共享的知识构建的交互空间（图 4-3）。

图 4-3　感应板

无线键盘和无线鼠标的作用类似于感应板，也能够达到方便教师与学生远距离控制白板显示内容的目的，但每次进行远距离操作的人数和距离是有限的。

投票器是目前课堂上比较受欢迎的一种设备。通常，教师将问题投影在电子白板上，让学生通过投票器来选择自己认为正确的答案，而学生的选择结果也会在班上大多数学生选择完毕后呈现在白板上，此时，教师便可以根据学生的选择结果来对学生的学习情况进行判断，为教师的下一步教学提供参考依据。但实际操作中，常常会由于学生的投票器没有对准白板板面而产生误差。

2. 软件构成

交互式电子白板除了包含上述的硬件构成外，软件构成也是其系统的重要组成部分，主要包括配套的驱动程序和应用软件等，缺少了这些必要的软件支持，电子白板就无法发挥其具有的教育功能。

在实际的教学中，交互式电子白板除了具有操作便捷的交互功能外，更主要的是它可以实现对教学资源的灵活应用。其教学资源的来源除了电子白板自身所具有的丰富资源库外，还可以来源于三个方面：一是从相关制造商那里购买专门的学科软件资源；二是教师可以从网上查找符合教学需求的相关资源；三是教师对现有资源进行修改或者自主创造教学资源。借助这些丰富的资源，多媒体投影系统下教学材料高度结构化和固定化的问题可以得到解决，这些资源可以让教师的教学更为灵活，更能够适应学生的学习需要。

上述是常规的电子白板的配置，另外，华中师范大学国家数字化学习工程技术研究中心研制开发了一种新型的电子白板“PGP 电子双板”（表 4-1）。与常规的电子白板不同的是，它在汲取西方电子白板的优点的同时，首创单机双定位技术，在传统电子白板的基础上研发形成电子双板，实现了资源利用和教学设计的融合。它采用电子双板的交互联动及遥指技术，配合互动短焦投影机的动作捕捉和投射，加上丰富有趣的课件，创造出一种全新的多媒体教学解决方案。教师可以根据自己在讲课时的需要灵活地演示教学内容。两块板可以分别显示不同的内容，也可以显示相同的内容，两块板之间还可以互动，即当在一块白板上做某种操作时，另一块白板上的内容便会随之发生变化，这种双板展示的形式，可以将同一教学内容以视觉（图像）形式和语言（文字）形式组合呈现，图文并茂，意义关联，有效地解决了 PPT 教学中只能顺序播放、无法前后对照进行意义关联和做笔记困难等问题，从而帮助学生更好地理解知识，为学生提供更为生动且丰富的学习体验。

表 4-1　PGP 平台的组成

序号	名称	规格/型号	说明
1	电子双板系统	PGP-DE-78S	根据华中师范大学国家数字化学习工程技术研究中心的专利技术专门研制开发的产品（必备）
2	短焦投影机	LX-649W	两台短焦投影机配合使用（必备）
3	PGP 课堂教学展示系统	PGP-S-Viewer-1.0	配合电子双板，教师课堂教学时展示工具（必备）
4	PGP 教学课件制作系统	PGP-S-Maker-1.0	教师制作教学课件、组织教学内容时使用（必备）
5	PGP 课堂交互服务器模块	PGP-S-Server-1.0	与学生端交互设备（计算机/交互终端）配合，可进行课堂交互（可选）
6	PGP 课堂交互终端	PGP-Handin-1.0	PGP 课堂交互学生终端（可选）

另外，在一些交互式电子白板应用比较早的国家，很早便开始关注电子白板的网络资源建设。例如，英国普罗米修斯公司推出了 Activboard，并建设了普罗米修斯交互白板社区（http://www.prometheanplanet.com/）；英国政府出资建设了英国国家白板网（图 4-4）（http://www.nwnet.org.uk），提供了与电子白板相关的信息、学习资源、应用案例等；而我国也在积极建设自己的白板资源网，像巨龙公司的电子白板网站，教师可以在其中找到诸多适用的教学资源。

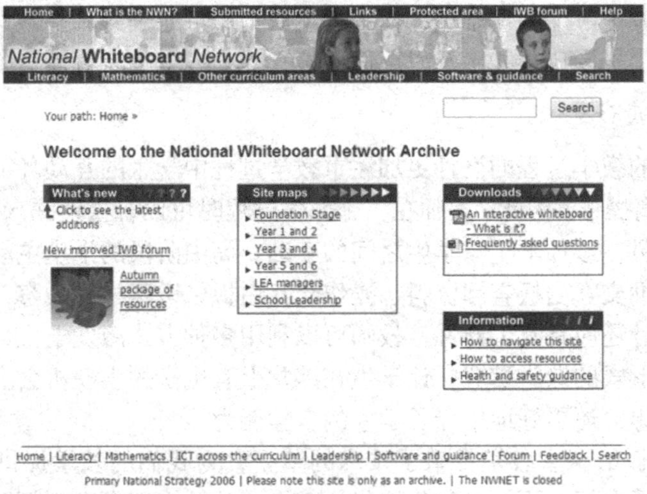

图 4-4　英国国家白板网

二、交互式电子白板环境下的教学要领

媒体技术专家克拉克认为，教学设计是预设学生学习过程的猜想。利用交互白板进行信息技术课堂的教学设计时，我们需要依据课程标准的指引，深入挖掘教材知识，创建知识间的逻辑框架，合理地统筹安排各个教学要素。教师作为整个课堂教学的总设计师，在设计基于白板的教学时，需要把握以下几个方面。

1. 教学资源的设计

交互式电子白板最大的特点就是它自带丰富的资源库，这些资源是各个学科教学时常用到的，上课时，教师可以直接使用，如各种绘图工具、各式各样的图形以及一些实验学科需要用到的实验仪器等，当然，教师也可以在课前将自己制作的一些资源导入，以便课堂上使用。教师课前向交互白板中导入各种类型的资源，课中就可以快速调取已有的资源使用。甚至还可以在资源中的图片、音视频材料上进行标注、编辑、组合并讲解，这些操作都使教师的课堂教学变得更加灵活，大大推动了教学活动的开展。

2. 教学情境的设计

建构主义理论认为学习需要情境，并且生动、直观的学习情境往往更能够有效唤醒学生长时记忆中的有关先验知识，从而使学生能够利用原有的知识去同化和理解当前学习的新知识，对新知识进行意义建构。很显然，交互式电子白板是创设情境的有力工具，白板中丰富的资源和各种媒体的无缝连接，为教师创设真实的教学情境提供了有利条件。例如，在情境导入环节中，教师可以利用交互白板的一些特有功能，把视频播放功能与编辑功能结合，在播放视频创设教学情境的时候，暂停视频播放，利用彩色笔在视频画面上书写或编辑，来强调视频中的某些知识。这样的情境创设更生动、更引人入胜，因而也更容易把学生带进知识的世界。

3. 教学方法的设计

课堂教学的方法多种多样，既可以只用一种，也可以综合使用多种教学方法。交互白板强大的交互功能及其自带的多种教学工具能够为各种教学方法提供最有力的支持。基于交互白板的教学方法的设计主要体现在：教师通过白板直接控制音视频媒体资源的播放，或利用荧光笔、拉幕及放大镜等工具有效地吸引学生的注意力，加强学生对学习内容的关注；使用批注功能适时地强调本节课的重难点，促进学生对重难点的理解；指导学生在回答问题或展示习题答案时，使用投影仪功能，及时反馈评价，提高教学的时效性。

4. 教学过程的设计

基于交互白板的教学过程的设计更加注重教学过程中学生的互动环节。交互白板既操作简便，又支持远距离操作。因此，教师在实施教学过程时可以轻松地深入到教室的各个角落，化为学习者中的一员，参加学生与学生之间的互动。高中阶段的学生主动意识较强，教师也可以让学生自己借助交互白板查阅资料、操作交互白板、讲解学习内容，让学生动起来。此外，教学过程的设计还应具有创新性，教师可以利用多种方式激发学生，把死板的教学环节设计成多方位、多形式的课堂游戏，让学生在课堂上有更多的表现机会。这不仅体现了以学生为主体的教育思想，还更好地培养了学生的自学能力。

交互式电子白板给课堂教学带来了技术的革新，为我们的教学提供了丰富的资源和工具，但是交互式电子白板并不能自动化地优化教学，其关键还在于教师要在充分熟悉电子白

板、了解学科教学以及学生特点的基础上，进行合理设计，寻求技术、学科和学生间的结合点，让技术交互进一步在课堂中得到深化，实现教学深度交互，实现技术与课堂的深度融合，达到生动优质的课堂教学效果。

第三节　基于多媒体网络环境的教学设计及其应用

多媒体网络教室是建立在局域网基础上的一种多媒体网络学习环境。多媒体网络教室与多媒体教室的最大区别在于学生和教师都拥有自己的计算机。在多媒体网络环境中，可以实现多媒体教室的所有功能，例如，为学生提供各种类型的多媒体资源。此外，借助于网络的资源查找与共享功能，多媒体网络教室能够为学生提供更好的合作与交流途径，从而为实现学生自主学习、协作学习、探究学习等提供了良好的支持环境。

一、多媒体网络教室

多媒体网络教室是在多媒体教室的基础上加入计算机技术和网络技术的一种新型教室。在多媒体网络教室中，能够实现多台计算机和计算机网络、多媒体设备的连接，能够较好地实现图形、图像、声音、文字等多种媒体的综合应用，实现网上多媒体信息的传输和共享；同时，多媒体网络教室还可以与校园网、互联网连接，实现更大范围内的资源共享。

1. 硬件构成

（1）教师机和学生机

标准的多媒体网络教室中的计算机包括教师机和学生机两个部分。教师机是指教师使用的计算机，相对于学生机，教师机在 CPU、内存等方面的性能更高一些，不仅与其他的媒体设备相连，而且还能够通过网络设备与学生机相连，并能通过局域网连通互联网。一般要在教师机上安装多媒体网络教学软件的教师端，以便教师控制学生端、开展教学活动等。学生机主要用于接收来自教师机的各种信息，也可接入网络，方便学生进行资源共享或开展协作学习等。

（2）服务器

服务器本质上是指性能比较高的计算机，充当着为整个网络用户提供各种服务的重要角色，同时，它也是网络资源管理和共享的核心。服务器的性能对于整个网络的资源共享性能有着重要的影响，其性能的高低直接影响着资源共享的效率，因此，服务器的维护和管理常常需要专业的技术人员来负责。在学生机数量比较多的情况下，可以选择在机房内单独设置各种服务器，如 Web 服务器、FTP 服务器等。在学生机数量较少的情况下，可以通过在教师机中安装各种服务器软件使其具备服务器的功能，从而不再单独设置服务器（图 4-5）。

图 4-5　服务器

（3）网络通信设备

网络通信设备包括传输介质和网络连接设备两大类，主要有同轴电缆、双绞线、光纤、网络接口卡及中继器、路由器等网络连接设备。以往的多媒体网络教室多采用交换式以太网进行配置，主要的网络通信设备是以太网交换机、五类双绞线和以太网卡。近年来，随着无线网络技术的不断成熟和发展，无线网络教室逐渐成为发展趋势。

（4）多媒体设备

在多媒体网络教室中，为了实现网络互联功能和多媒体功能，一般还要根据需要配置相应的多媒体设备，如投影显示系统、音响系统等，为多样化、高质量的教学提供物质基础。教师机还可以加配实物投影仪、扫描仪及采集卡等部件，学生机配置声卡、光驱、耳机等部件。

2. 软件构成

（1）网络教学系统

网络教学系统是指在计算机网络系统的基础上开展网络多媒体教学所提供的控制系统，分为基于硬件方式的多媒体控制和基于软件方式的多媒体控制两种。其中利用专门的多媒体教学软件进行教学控制和信息传输是最为常见的。这种控制方式的实现主要是通过在教师机和学生机上分别安装相应的教师端、学生端程序，由此可以实现各种教学和控制功能，如将教师机的屏幕、教学材料、语音等教学信息传递给学生机，或者是对学生机实施诸如遥控辅导、锁定等。

（2）多媒体资源系统

丰富的多媒体教学资源是实现高质量的网络教学的前提，包括辅助备课系统、学习资源、素材库等。除了系统购买，学校也可以通过教师上网收集整理或者自己制作教学资源等方式构建校本资源库。

二、多媒体网络教室的功能

作为良好的信息化学习环境，多媒体的网络教室不仅可以完成多媒体教室环境下的讲授式教学，还为自主、合作、探究性的信息化学习提供了强大的支持。

1. 创设教学情境

教学情境的创设是激发学生参与学习活动积极性的一个有效途径。根据情境性质的不同，可以将其分为问题情境、现实情境、具有丰富学习资源的情境、合作教学情境等。利用网络多媒体教室所具有的能够同时呈现图片、视频、音频等多媒体资源的优势，可以更好地创设问题情境，展现学生需要解决的问题的全貌，在帮助学生理解问题的同时，调动学生解决问题的积极性。此外，利用虚拟现实、增强现实等技术能够模拟出接近于真实生活的现实情境，包括那些学生不易接触的或者不宜接触的情境，甚至可以使教学情境拓展到现实的人际交往中去，模拟现实生活中的人际交往，将合作学习拓展到更为广泛的地域和人群中去。

2. 传递教学内容

传递教学内容是多媒体网络教室的一个重要功能，而传递教学内容的方法也有很多。例如，当讲授一些操作性的内容时，教师只需要在教师机上一边操作讲授，一边将自己在教师机上的画面同步传递到学生机上，就可以保证所有学生能够同时观察教师的操作步骤，不用再担心后排学生因为座位的原因，不能及时跟上教师操作进度的问题了，必要时，教师还可以通过麦克风将自己的指导话语一同传递给学生。当然，相应地，也能够将学生机上的信息传递到教师机及其他的学生机上，让学生进行操作示范或者作品分享等。而当需要学生进行课堂自学时，教师可以很方便地利用多媒体网络教室的文件传输功能，将资源从教师机传输到所有学生的学生机上，避免了资源拷贝的麻烦。

3. 拓展学习资源

为学生提供丰富的学习资源有助于学生全面了解所学习的知识。在多媒体网络教室中，为学生提供丰富的学习资源显得更为简单，为学生提供拓展性的知识是主要目的。我们知道资源的表现形式有很多，如文本、图像、动画、视频、音频等；这些知识的表征形式也是多元的，可以是多种观点、多种方案、多角度、多层次的内容；这些资源的来源也可以有很多，可以是教师自己制作的课件、学习网站，也可以是各种教学资源库，像各种数据库、电子图书馆等，还可以是通过网络检索引擎找到的各种资源。

4. 提供认知工具

认知工具是支持、指引和扩充学习者思想过程的心智模式和设备，能帮助和促进认知过程，在培养学习者批判性思维、创造性思维和综合思维中起着重要作用。认知工具包括内部认知工具（认知策略和元认知策略等）和外部认知工具两类。外部认知工具有以下几种：问题/任务表征工具、静态/动态知识建模工具、信息搜集工具、协同工作工具、管理与评价工具等。近年来，计算机正在逐渐成为一种辅助学生意义学习、知识构建的认知工具，尤其是在自主、探究性的学习中，外部认知工具对于达到良好的学习效果显得愈发重要。计算机作为认知工具在教学中的作用主要体现在以下几个方面：作为课程学习的资源工具；作为情境探究和发现的学习工具；作为小组协商和交流讨论的通信工具；作为知识构建和创作的实践工具；作为概念图的工具；作为自我评价和学习反馈的工具等。

5. 提供交流环境

在多媒体网络教室中，教师与学生之间、学生与学生之间信息的传递交流是十分便捷的，教师除了可以通过网络教学系统提供的“广播教学”功能，进行一对一或者一对多的信息传递外，还可以通过系统自带的“分组讨论”功能，将班级内的学生进行分组，而多媒体网络教室还提供论坛、留言板、BBS 等交流工具及软件自带的其他信息交流工具，可以方便地构建小组协作学习所需要的交流环境，有力地支持了网上的交流、评价、合作等新型的学习方式。

三、多媒体网络教室环境下的探究型教学设计

进行多媒体网络环境下的探究型教学设计主要包括设计学习任务、设计网络学习环境、组织安排学习活动及设计学习评价方案等四个方面内容。

1. 设计学习任务

基于网络的探究型教学主要是以任务驱动，让学生以自主探究、协作学习的学习方式，在解决问题的过程中完成学习任务，达到学习目标。

学习任务的来源主要有两个方面：一是对已有的课程资源进行重新开发，二是来源于真实的生活。在对已有的资源进行重新开发、组织设计的时候，教师需要依据教学目标，分析与本单元学习相关的一个甚至多个学科知识点之间的联系，并基于某一学习主线提炼相关知识点，进而整合成为一个学习单元，然后根据本单元的内容，进一步设计真实的学习任务。因为基于学生所熟知的生活情境的任务，往往能够激发学生的探究动机，并且这样的任务也更具一定的层次性、开放性，使学生能够根据自己的喜好和能力水平进行选择。在这个过程中，教师还应该仔细分析学生在完成本单元学习任务后，其知识与技能、情感态度与价值观的变化，确定学生在完成学习任务后，能够获取相应的知识与技能，并形成正确的情感态度与价值观。

2. 设计网络学习环境

在探究型教学中，学习活动的顺利展开还需要合适的网络学习环境作为支撑。网络学习

环境的设计主要包括三个方面：辅助性学习资源、学习工具、协作交流平台。

基于网络的探究型教学不是将学生放任于浩瀚的网络信息海洋中，教师除了需要为学生提供示范性和引导性的学习资源以激发学生学习动机外，更为重要的是根据学习任务的范围和难度，为学生提供多样化的资料线索，以防止学生在学习任务中“迷航”。在组织和提供这些学习资源时，需要注意的是，教师需要收集有助于学生完成学习任务的相关资源。这些学习资源还应该丰富多彩，能够扩大学生的知识面，支持学生的扩展性学习。最为重要的一点是，教师应该按一定的知识结构来组织学习资源，以方便学生的学习和阅读。

此外，教师还可以考虑为学生提供一些便捷的信息检索工具，以提高学生的信息检索效率，使学习活动更加顺利地展开。

3. 组织安排学习活动

网络环境下的探究型教学虽然具有较大的灵活性和不确定性，但是预先进行合理的规划，是保证学习任务顺利完成的一个重要保障。因此，为了保证教学的有效开展，教师需要依据实际情况，对整个教学内容和进度做出规划，其跨度可以只是课堂上的几十分钟，也可以是几周。

教师除了要做到对教学的整体把握，还需要为学生学习活动的展开提供必要的指导策略等，避免学生在自主探究的学习活动中迷失方向，不仅浪费大量的时间，还达不到预定的学习目标。另外，对于需要合作开展的探究性活动，教师需要特别关注合作学习小组的构建，例如，要处理好小组内的角色、制订小组合作规范、确定小组规模等。

4. 设计学习评价方案

网络的学习环境与多媒体教室有所不同的是，在网络化的学习过程中产生了大量的“过程性”信息和“结果性”内容，都是重要的评价内容。其中“过程性”信息主要用于考查学生在学习过程中的探究能力、协作能力、学习能力等。而“结果性”内容，则是从学习成果角度对学生在课堂学习中学习成品的质量的考核。结合“过程性”信息和“结果性”内容这种多元化的评价方式能够实现对学生在网络环境下学习的全面评价。

四、多媒体网络教室应用案例

案例：算法和算法的描述

1. 案例背景

设计者	教案名称	学生	教材	课时
周思博	算法和算法的描述	高中一年级	广东教育出版社《信息技术 · 选修 1 算法与程序设计》	1

2. 教材分析

“算法和算法的描述”是广东教育出版社出版的《信息技术 · 选修 1 算法与程序设计》一书的第一章第二节。本节内容是第一章的重点和难点，介绍算法的概念及算法的描述方法。它既是整个选修部分的开篇，也是后续程序设计的基础。算法是计算机科学的核心内容之一。学生学习程序设计，不仅要会用程序设计实现算法，还应了解如何设计算法求解问题。充分理解和掌握本节课的内容，有助于培养学生的信息素养。

3. 学习者分析

经过多年信息课的学习积累，高中一年级的学生能够熟练地使用计算机处理一些实际问题。但是，学生缺少运用程序设计解决问题的经验。因此，学生需要学习本节算法课的内容，为后续学习程序设计做准备。

从综合能力的方面来分析，高中一年级的学生已具备使用计算机的丰富经验，具有接受更高层面知识的能力；同时，他们还具有旺盛的求知欲、一定的抽象思维和逻辑推理能力，能够理解和掌握本节课的学习内容。

4. 教学目标

（1）知识与技能

1）理解算法的概念。

2）知道算法的特征。

3）运用自然语言和流程图描述算法。

（2）过程与方法

1）理解用自然语言、流程图清晰描述解决问题的过程，确立算法的概念。

2）理解计算机处理问题的思想方法。

（3）情感态度与价值观

1）通过具体问题的解决过程，了解算法对于问题解决的作用和意义。

2）提高分析和解决问题的能力，培养严谨的思维习惯。

5. 教学重难点

重点：算法以及具体问题的算法描述。

难点：运用流程图描述算法；理解计算机处理问题的思想方法。

6. 教学准备

苹果平板电脑（iPad）及相关应用程序（APP）（一台设备/一名学生）、自制课件。

7. 教学过程

教学环节	教师活动	学生活动	设计意图
新课导入	过河问题的探索 要求：以小组为单位讨论过河问题的方法与步骤。 问题：船夫要带一只狼、一头羊和一捆青草过河。船夫只有一条小船，一次只能带一样过河；船夫走开时，狼会吃羊，羊会吃青草。请帮船夫设计一个具体的步骤，安全地将狼、羊、草带到河对岸。 解决方法一： 1）船夫带羊过河，羊留下，船夫返回； 2）船夫带狼过河，狼留下，带羊返回； 3）船夫带草过河，草留下，船夫返回； 4）船夫带羊过河。 解决方法二： 1）船夫带羊过河，羊留下，船夫返回； 2）船夫带草过河，草留下，带羊返回； 3）船夫带狼过河，狼留下，船夫返回； 4）船夫带羊过河。	学生独立使用过河APP进行试验；两人一组讨论，得出成功的方案，分享给全班同学。 APP如图1所示。 图1	以游戏激发学生的学习兴趣；让学生在游戏中编写解决问题的具体步骤，轻松引入算法的概念。

续表

<table>
<tr><th>教学环节</th><th>教师活动</th><th>学生活动</th><th>设计意图</th></tr>
<tr>
<td>讲授新知</td>
<td>1. 算法的概念与特征
算法是解决问题的具体步骤。
算法是在有限步骤内求解某一问题所使用的一组定义明确的规则。
1）有序性
2）有穷性
3）可行性
4）……
结合过河问题讲解和分析算法的特征。
练习 1：根据概念，判断实例是否为算法——制作南瓜粥的食谱。
练习 2：下列关于算法的叙述，错误的是（　）
A. 做米饭的算法是刷锅、淘米、添水、加热
B. 审题、列式解答、写出答案、检验是解答数学题的算法
C. 算法可以描述 S=1+2+3+…这一问题
D. 算法要按步执行，每步操作必须准确
2. 算法的描述
算法可以通过多种方式进行描述。
（1）自然语言（以过河问题为例）
1）船夫带羊过河，羊留下，船夫返回；
2）船夫带狼过河，狼留下，带羊返回；
3）船夫带草过河，草留下，船夫返回；
4）船夫带羊过河。
（2）流程图
1）用流程图描述算法（以过河问题为例，图 2）。
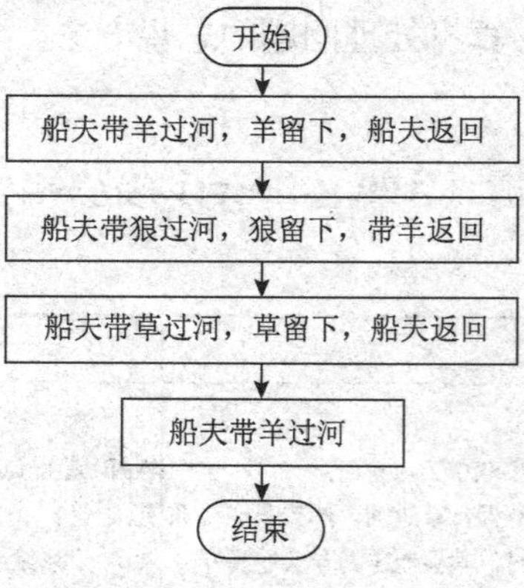

图 2
2）流程图的常用符号（图 3）。
<table>
<tr><th>图形符号</th><th>名称</th><th>说明</th></tr>
<tr><td></td><td>起/止框</td><td>表示一个算法的开始或者结束</td></tr>
<tr><td></td><td>输入/输出框</td><td>标明输入、输出的内容</td></tr>
<tr><td></td><td>处理框</td><td>标明所进行的处理</td></tr>
<tr><td></td><td>判别框</td><td>标明判别条件，并要在框内标明条件成立或者不成立时的两种不同的流向</td></tr>
<tr><td></td><td>流程线</td><td>表示从某一框到另一框的流向</td></tr>
</table>
图 3</td>
<td>学生认真听讲、积极思考、回答问题。

学生认真听讲、积极思考、回答问题。</td>
<td>介绍算法的概念及特征，结合过河问题进行分析，通过练习巩固，让学生充分理解新知。

以过河问题为例，介绍描述算法的两种方法。

讲解流程图的绘制与规则。通过举例和练习，让学生了解如何绘制流程图。</td>
</tr>
</table>

续表

教学环节	教师活动	学生活动	设计意图
讲授新知	3）绘制流程图注意事项 练习：用流程图描述制作南瓜粥的算法。 参考流程图（图4）： 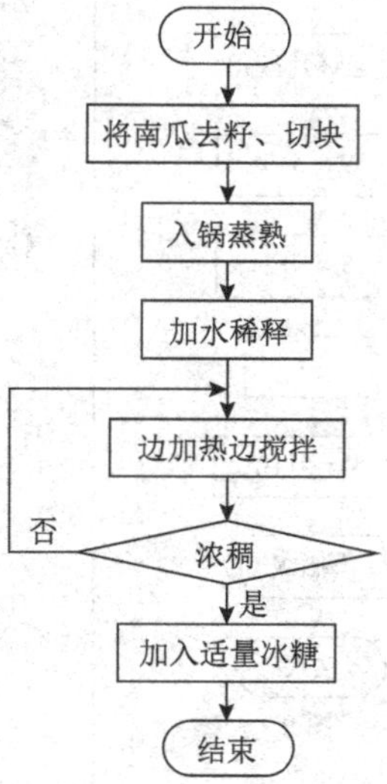 图4	学生参考 iTunes U 中本课的学案，了解流程图的绘制过程。 APP 如图5所示。  图5	
综合练习	设计算法并描述 练习：有两个杯子A、B，分别盛放酒和醋，要求将两个杯中的液体互换，即A杯中放醋，B杯中放酒。请分组讨论解决这一问题的具体步骤，并描述算法。 提示：可以引入新的杯子。 参考算法： 1）找一个空杯子C； 2）将A杯中液体倒入C杯中； 3）将B杯中液体倒入A杯中； 4）将C杯中液体倒入B杯中； 5）完成交换。 参考流程图（图7）： 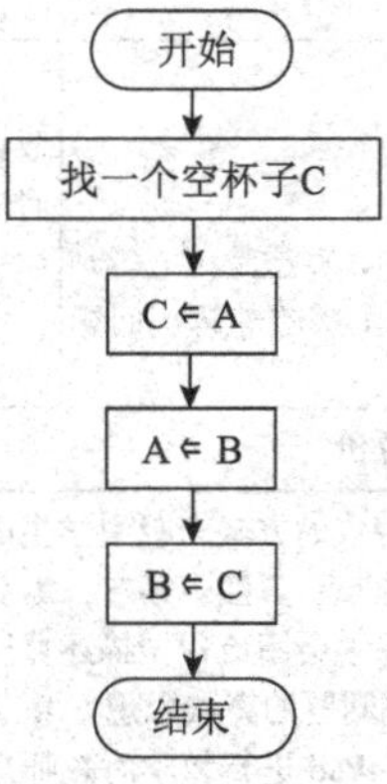 图7	学生每两人一组讨论算法，独立使用 Grafio APP，绘制流程图并分享。 APP 如图6所示。  图6	通过综合任务，让学生体验从设计算法到描述算法的完整过程，并运用专业的流程图软件对算法进行描述，对新知识进行综合练习。

续表

<table>
<tr><th>教学环节</th><th>教师活动</th><th>学生活动</th><th>设计意图</th></tr>
<tr><td>拓展练习</td><td>探究：以小组为单位讨论、设计计算 S=1+2+3+…+10 的算法并绘制流程图（图 8～图 10）。
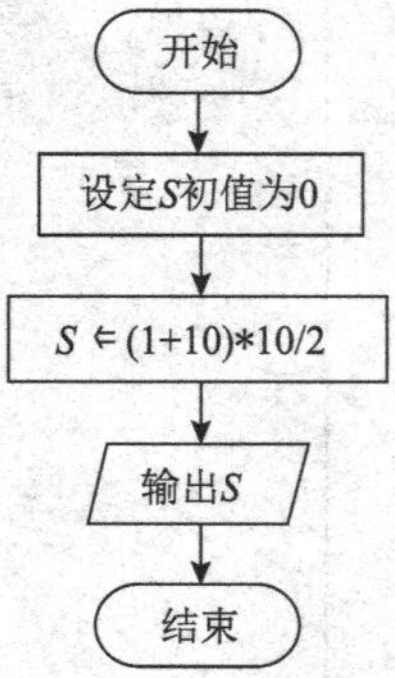
图 8
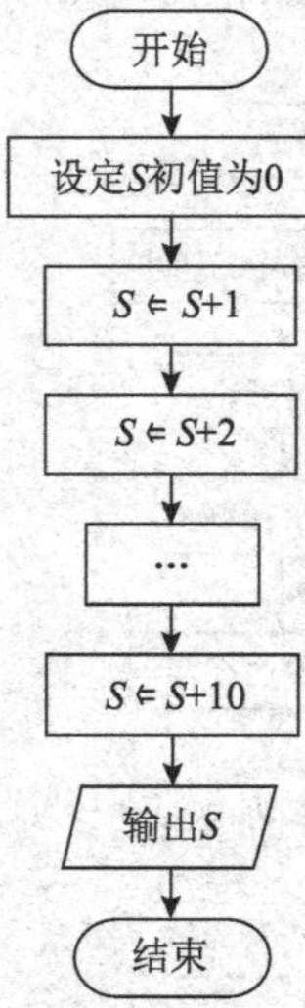
图 9
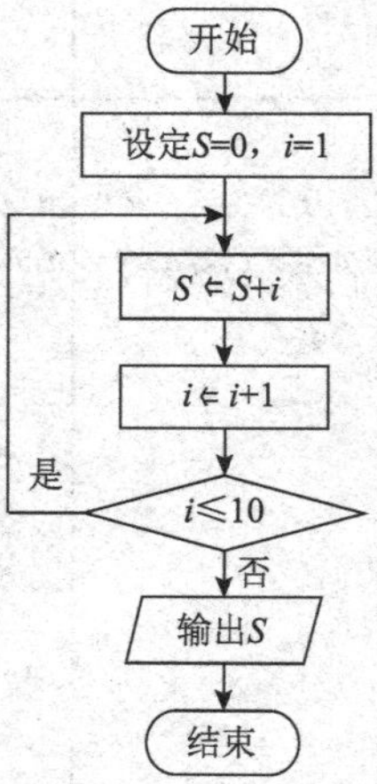
图 10</td><td>分组讨论解决问题的算法，使用 Grafio APP 描述流程图，并分享。
APP 如图 11 所示。

图 11</td><td>通过探究活动，让学生深入思考解决问题的多种算法，了解计算机处理问题的思想。</td></tr>
<tr><td>课堂小结</td><td>1）算法是解决问题的具体步骤。
2）算法具有有序性、有穷性、可行性。
3）用流程图的方式可以直观地描述算法。
提升：在运用计算机程序解决问题的过程中，算法是核心。一个算法的好坏，直接影响程序的通用性和有效性，影响着解决问题的效率。</td><td>学生认真回顾本节课的知识内容，回答问题。</td><td>将本节内容总结、提升。</td></tr>
</table>

教学评价

本节课的创新之处有以下几个方面。第一，在上课伊始采用游戏的方式来吸引学生的注意力，激发学生的学习兴趣。通过归纳游戏的过程，讨论解决问题的具体步骤，巧妙地引入本节课的重点：算法。第二，本节课分析和讨论了生活中的四个实例，由简单到复杂，难度循序渐进，让学生逐步理解算法的概念和特征并学会用流程图描述算法。学生在体验从设计算法到描述算法的完整过程时，不仅综合运用本节课的新知识，也了解了计算机解决问题的算法思想。第三，教学媒体的使用：学生人手一部 iPad，使用三款简单易学 APP 完成本节课的所有活动。而在课堂中使用 iPad 进行教学对教师是充满挑战的：①不是所有学生都能够正确、熟练地操作 iPad；②学生很难长时间地将注意力放在教师讲授的内容上；③如何充分运用 iPad 的功能；④如何清楚地展示学生的操作成果。在这节课中，教师很好地解决了这些问题。

总的来说，这节课较好地实现了教学目标，学生反馈良好，是一次比较成功的教学实践。

第四节　基于创客空间环境的教学设计及其应用

"创客"一词来源于英文单词Maker，是指那些基于自己内心的渴求，努力将自己的各种创新想法转变为现实的人。而随之出现的"创客空间"则是为这些创客们实现创新、交流想法、结交朋友提供的一个平台。最早的"创客空间"可追溯到麻省理工学院尼尔·歌申菲尔德教授2005年创建的Fabrication Laboratory（Fab Lab）。从2015年起，"创客文化"在全国范围内掀起了一股"创客运动"的热潮，这股热潮也悄然进入中小学，智能机器人、3D打印技术、虚拟现实技术、无人机、可穿戴设备等开始出现在"创客空间"中，在这样一个自主学习和开放分享的实践空间中，学生们的创造力和想象力能够得到充分的释放。

一、创客空间

创客空间其实是一个集合了加工车间、工作室的实验室，它是一个开放的空间，接纳志同道合的创客们在其中共同创作、共享资源。在中小学，创客空间的建设主要是为了培养学生动手实践的能力，并为学生提供应用知识的机会和场所，将学生从传统的"知识消费者"转化成"知识创造者"。因此，从这点看，中小学的创客空间其实需要具备开放实验室、讨论室、社团活动室等功能。

因此，创客空间的建设并不是一件轻而易举的事，相对于普通的计算机机房、多媒体教室等，创客空间的建设还需要满足以下这些必要条件。

1. 要有足够大的空间

场所的大小需要根据实际情况而定。一般来说，至少需要将创客空间分为创造区和展示区两个区，因此，创客空间至少要有一间普通大小的教室，里面可以放下4～6张工作台及一些体积比较大的加工仪器，如3D打印机、3D扫描机、激光切割机、红外回焊炉等，而展示区则主要用于存放学生的创客作品及一些半成品。另外，除了要考虑空间大小的问题外，创客空间场所的选择也是一个关键。首先，考虑到创客空间本身就是一个开放性极高的场所，在这里经常要组织一些作品分享活动或者创客比赛等，因此，场所的选择要尽量宽敞且要避开大部分的上课教室。其次，创客作品的分享一般是面向全校师生，所以往往会有较多的观众，如果空间和条件允许，还可以在创客空间中安排出容纳教师、学生及其他观众的临时场地（图4-6）。

2. 提供足够全的工具

创客空间鼓励学生积极动手实践，将自己创造性的想法实现出来，因此，创客空间需要配备各类金属、木制、塑料及电子工具，供学生进行创作。所以用于制造各种结构部件的3D打印机（图4-7），以及常用的电工工具、制作工具及小型车床、焊台、万用表等应该是必备的，如果有条件，最好可以配备用于切割亚克力板或其他材料的激光切割（雕刻）机。教师还可以在创客空间内为不同水平的学生购置初级、中级、高级学生所用的实验箱。另外，还可以在创客空间中配置1～2套传感器模块套件，供水平较高的学生研究，也可以在一些展示活动中使用。

图 4-6　创客空间

图 4-7　3D 打印机

3. 实现足够长的开放时间

理想的创客空间应该是一个全面开放的空间，做到全天开放。但实际情况下，为了不影响学生的日常学习，中小学的创客空间一般在课余时间开放，学生可以在课余时间自由支配自己的时间。如果允许，还可以在周末的时候向学校周边的其他学生开放，让尽量多的学生了解创客，参与到创客文化中去。

二、创客空间环境下的教学设计

创客空间环境下的教学设计大致可以分成以下七个阶段（图 4-8）。

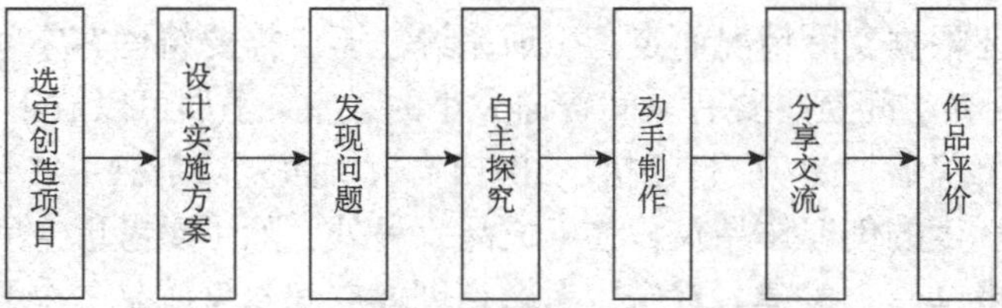

图 4-8　创客环境下的教学设计

1. 选定创造项目

在完成基础知识与模仿型项目的学习后，学生便初步具备了独立创造的可能性，这个时候，教师可以让学生根据自己在初级阶段所学习的内容，结合自己的兴趣爱好，来进一步确定自己后期要进行创造的作品。当学生确定创造项目的时候，教师就是学生的“参谋长”，帮助学生判断项目完成的可能性，对于一些实现难度大的项目，教师不能一口回绝，打击学生创造的积极性，应该委婉地表达，并给出修改意见，帮助学生改进项目设想，激发学生创造的信心。

2. 设计实施方案

任何活动的开展都需要提前准备好相应的实施方案，以保证活动有序、顺利地完成。因此，在学生正式开始制作作品之前，需要预先制订好作品的实施方案，制订方案能够帮助学生明确作品制作的大致流程，并按照计划做好必要准备。实施方案的设计主要包括了两个方面：一是确定作品制作的主要步骤，确保学生作品制作的有序进行；二是分配制作的时间进度，保证学生在规定时间内完成作品。实施过程中如果遇到问题或其他影响因素，学生可以自行修改或者在教师引导下对方案进行适当的修改。

3. 发现问题

实施方案是学生对所要创作的作品制订的初步计划，过程中难免有考虑不全面的地方，学生需要结合实际情况，分析出自己在产品制作过程中可能存在的问题。这些问题可能是资源上的问题，也可能是技术上的问题或知识上的问题等，学生需要进行全面思考，将需要解决的问题逐项列出来，寻求问题解决方法。在这个过程中，教师仍然发挥着重要的引导作用，除了引导学生全面思考问题，教师还需要照顾学生的情绪，避免学生因为问题过多而失去创造的信心，教师应该对此进行合理引导，给予学生解决问题的信心。

4. 自主探究

上个环节中发现的问题是学生在创作过程中的主要阻碍，因此，在这一阶段，学生要依据自己所学的知识或者借助于互联网资源，自主探究问题的解决策略。过程中，如果遇到自己实在无法解决的问题，学生还可以向同伴或者教师求助。在这个过程中，教师充当着辅助者的角色，辅助学生自主探索，必要时予以指导，当然，这种指导是启发式的指导，不能直接告诉学生要怎么做来解决这个问题，而是引导学生自己说出可能的问题解决方法，做到“不愤不启，不悱不发”。在这个过程中，学生可能需要用到多种资源，教师要为学生准备必要的资源，为学生的自主探究提供物质保障。

5. 动手制作

经过前期的准备，便到了学生动手操作将自己的创新想法转变为现实的时候了。在这个过程中，学生将体会到自己动手的乐趣，充分发挥自身的主动性和创造性。当然，在这个过程中，学生还是会遇到一些棘手的、难以解决的问题，从而再次进入到“发现问题—自主探究—动手制作”的良性循环中。

6. 分享交流

作品完成后，便到了作品展示、经验交流的环节了。在这个环节中，学生分别展示自己的最终成果，并分享自己的制作理念、过程中遇到的问题，以及后期又是如何解决问题的，互相传授经验，共同成长。学校还可以组织学生定期与校外创客空间进行交流，让学生感受到创客的文化与魅力。

7. 作品评价

对学生的评价，也是创客教育理念下的教学与传统教学的一个重要区别。创客教学不仅关注对最终学习结果的评价，也注重对学习过程的评价，并且对学生的评价是由教师、同伴、学生自己等多方面共同负责的，是一种多维评价。评价的内容也十分丰富，从对最终作品的评价来看，评价者需要对学生作品的创意性、实用性等多个方面进行评价；从学生表现来看，需要对学生在制作过程中的问题解决、时间安排等方面来评价，实现形成性评价和总结性评价的有效融合。

三、创客空间应用案例

案例：自动控制温度的机器人——温度传感器的运用

1. 案例背景

设计者	教案名称	学生	教材	课时
李晶	自动控制温度的机器人——温度传感器的运用	小学五年级	广东教育出版社《信息技术》	1

2. 教材分析

本课所介绍的内容是广东教育出版社《信息技术》小学教材第三册（上）第8课《自动控制温度的机器人》。教材内容以诺宝机器人为例，通过积木式的程序设计语言（诺宝 RC 平台），理解机器人模拟人类解决问题的算法问题。教材的前面七课已经基本介绍了智能机器人的程序设计思路，从顺序结构的简单程序到带有判断功能的基本分支结构的程序设计。但是所涉及的“红外避障传感器”“光敏传感器”和“声音传感器”模块都是只判断“有”和“无”两种情况，在传感器变量所获取的数值上只有“1”和“0”代表的两种情况。相应地，在这节课之前所涉及的条件表达式的结构也相对单一，只需要用到“= =”和“！=”这两种情况（图4-9）。

课程章节	传感器	主要知识点
第1课 走进机器人世界	无	了解机器人的概念和组成
第2课 机器人的搭建	若干	熟练机器人的零部件拼搭
第3课 忠实的巡逻兵	无	顺序结构程序设计
第4课 聪明的巡逻兵	无	顺序结构中“多次循环”模块的使用
第5课 自动避障机器人	红外避障传感器	红外避障传感器的使用、分支结构程序、“条件判断”、“永久循环”、机器人搭建、程序下载调试
第6课 寻光机器人	光敏传感器	光敏传感器的使用、“条件判断”、机器人搭建、程序下载调试
第7课 会听声音的机器人	声音传感器	声音传感器的使用、“条件判断”、机器人搭建、程序下载调试
第8课 自动控制温度的机器人	**温度传感器**	**温度传感器的使用、“条件判断”、机器人搭建、程序下载调试**
第9课 沿轨迹行走的机器人	轨迹识别传感器	轨迹识别传感器的使用、“条件判断”、机器人搭建、程序下载调试

图4-9 课程章节

本课以“温度传感器”作为主要介绍对象，该模块所能够获取的数值变量不仅仅是“0”和“1”，而是“0～100”这样一个数值范围，第一次让学生接触到条件表达式中的“>=、<=、<、>”逻辑符号，对于学生深入理解程序结构中的“条件判断”模块有着重要的意义。

3. 学习者分析

对于小学五年级的学生而言，该学段的学生具有极强的动手能力，图形化编程的简单拖曳能够帮助他们理解算法问题的流程化。通过本教材前面四课的学习，学生理解了机器人的基本结构和应用领域，对于诺宝机器人的基本部件也有一定的认识；他们已经具备了一定的程序编辑能力，对于顺序结构的简单程序能够独立完成编写。仅仅是基于虚拟环境下的程序仿真已不能满足该学段学生的求知欲望，通过搭建实体机器人，并将所编写的程序与之发生关联，能够进一步让学生在制作和学习的过程中体会流程控制的特点，深入感受编程思想，加深信息文化的体验感。

从编写程序的角度来说，教材在第 4 课中植入“循环”的思想，从第 5 课到第 7 课结合了三种传感器来介绍具有判断功能的程序结构，强化了“永久循环”对于判断型分支程序结构的重要意义，通过这三课的学习，学生掌握了带有“红外避障传感器”“光敏传感器”和“声音传感器”的智能机器人图形化程序设计的方法，能够理解“条件判断”模块在程序中的作用以及设置条件表达式的基本方法。在具有基本判断功能的分支结构的程序中，他们也能够理解变量获取的数值“0”和“1”所指代的含义。该阶段的学生已经多次在条件表达式中使用“= =”和“！=”符号，能够理解这两个符号所表达的逻辑意义，但是对于“>=、<=、<、>”逻辑符号如何在条件表达式中表达一个区间的数值是第一次遇到。

从机器人搭建的角度来说，教材自第 2 课开始就结合机器人拼搭，从第 3 课开始积累程序的调试和下载的经验，学生对于积木搭建具有基本的力学结构经验，因此，他们能够根据需求，较快地组装和搭建简单的机器人——这对于实现本课的教学内容，让学生在实践中体验信息技术至关重要。

4. 教学目标

（1）知识与技能

1）认识“温度传感器”“LED 显示器”。

2）了解“温度传感器”的组成部件及基本原理。

3）会用条件表达式中的“>=、<=、<、>”逻辑符号设置判断条件。

4）能够在诺宝 RC 软件中编写“自动控制温度的机器人”的程序并在仿真环境中设置模拟场景测试该仿真程序。

5）会根据需求设计拼搭出机器人。

6）发现机器人实现“自动控制温度”功能的过程，实现程序的下载和调试。

（2）过程与方法

1）创设情境，抛出问题，以任务为驱动，开展小组合作。

2）通过组内合作探究的方式，寻求解决问题的策略，在实现策略的过程中，强化带有判断功能的程序设计的思路，进一步掌握程序编写的方法。

3）通过分析，设计并搭建结合实际需求的机器人，强化和巩固机器人硬件搭建的技巧。

4）反复调试、下载机器人程序，熟练掌握智能机器人设计制作的方法。

（3）情感态度与价值观

1）通过小组合作，共同解决问题，形成合作探究的学习氛围。

2）在与他人合作探究中亲历“发现问题—分析问题—解决问题”的过程。

3）在实现问题解决的过程中，获取成功和失败的体验以及创新的乐趣。

4）通过调整机器人程序、总结失败经验，逐步形成自我反思、归纳总结的习惯。

5. 教学重难点

重点：对“温度传感器”的工作原理的理解；对仿真环境中引入虚拟“火源”的理解。

难点：掌握“设置条件表达式”，实现“温度控制”功能。

6. 教学准备

1）软件：Windows XP 以上操作系统、诺宝 RC 软件、多媒体教学控制系统。

2）硬件：多媒体教室、电子白板及实物投影、诺宝机器人套件（微型计算机、数据线、温度传感器、风扇、蜂鸣器、LED 显示器、支撑部件等）。

7. 教学过程

教学环节	教师活动	学生活动	设计意图
情景导入，抛出问题	1. 视频展示 生活于阿根廷动物园的名为“阿杜罗”的北极熊，因为不能适应热带气候，整日胃口不佳，郁郁寡欢，疑似患上了忧郁症（这只北极熊已于 2016 年去世）。 2. 提出问题（课件展示画面，图 1）  图 1 如何能让这只北极熊不再忧郁？ 3. 引导学生分析原因，思考问题	观看视频之后，展开小组内讨论。回答问题：可以让北极熊凉快一些，或者回到北极去，它的心情就不会这么郁闷了。	引用的视频是一段新闻报道的截图，更有真实性。从北极熊这一让人喜爱的动物形象入手，更能够吸引这个年龄段的学生，从而激发他们的学习兴趣。结合“爱护动物、保护环境”的主题，能够让学生在课堂中感受到信息技术对现实生活的实际意义，有助于学生世界观的养成。
头脑风暴，寻求策略	1. 提出问题 如何实现自动控制阿根廷动物园北极熊生活环境的温度？ 2. 引导学生小组讨论，思考问题，生成策略（图 2） 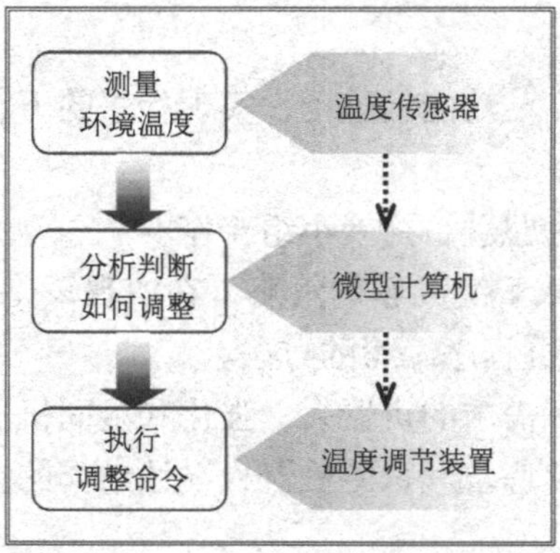 图 2 3. 板书课题 自动控制温度的机器人。	小组讨论，找到解决问题的策略：可以用大冰块降温；可以用飞机将北极熊运回家乡；可以安装功率较高的空调……	让学生天马行空地展开想象，启动头脑风暴，让学生的大脑迅速转动起来。这里安排 1 分钟组内讨论，让小组内一开始就形成团队合作的氛围，对后面顺利开展课堂教学有着积极意义。且通过学生们思维的碰撞，逐渐达成共识，能够更好地分析问题、寻求策略，有助于团队意识的培养。

续表

教学环节	教师活动	学生活动	设计意图
学习新知，突破重点	1. 试一试 猜猜温度传感器是如何工作的。 要求学生观察温度传感器，连接到微型计算机上，观察指示灯的变化，猜测温度传感器的工作原理。 2. 课件展示 认识温度传感器的组成（图 3）。 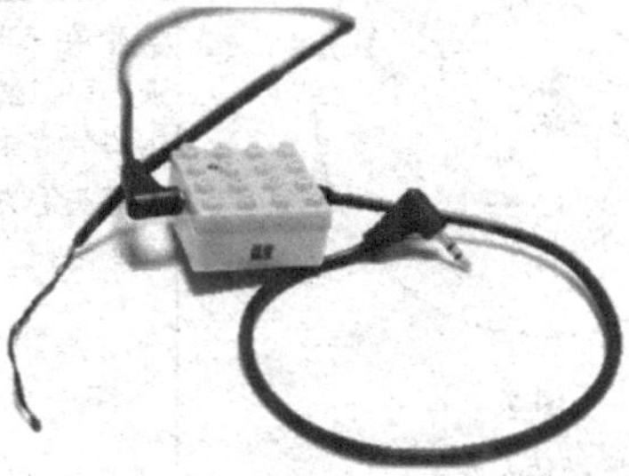 图 3 3. 讲解温度传感器的工作原理（图 4） 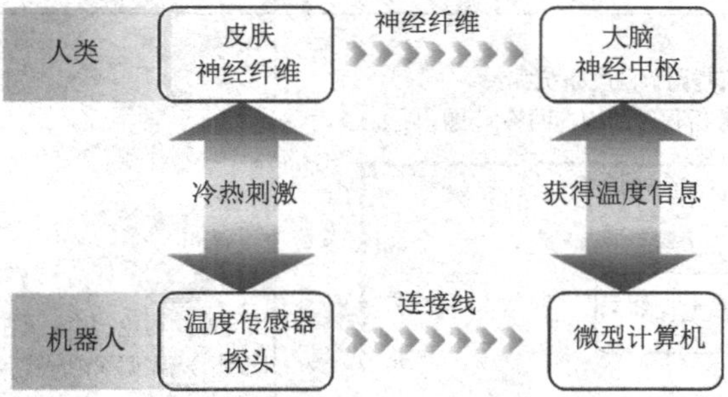 图 4 温度传感器的探头相当于感受温度变化的神经纤维，它能够测量环境、液体及物体表面的温度，测量范围是 0～100℃，传感器连接线将测量的数值传输给微型计算机。 4. 提出问题 如何显示温度传感器探测到的温度呢? 温度传感器探测到的温度，可以利用 LED 显示器来显示，方便我们测量和读取数值（图 5）。 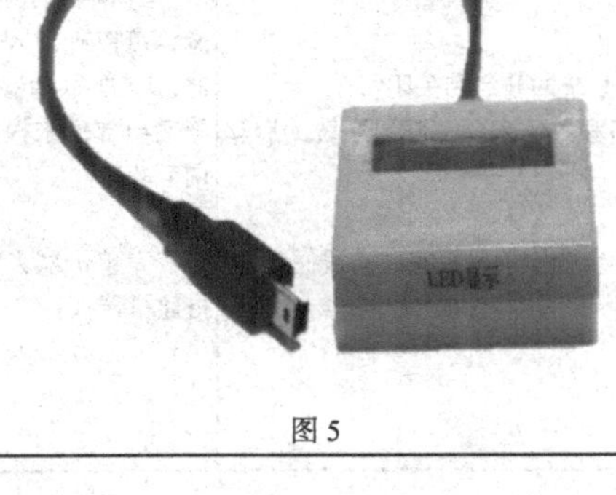 图 5	尝试将温度传感器连接在微型计算机上，学生会观察到温度传感器的指示灯会随着探头触碰到手指发光，从而认识到温度传感器上的探头是获取温度变化的重要元件。 通过对比人类感知温度的方式，理解温度传感器的工作原理，思考如何显示温度。回答：通过 LED 显示器来显示温度。	温度传感器的工作原理、如何在程序中使用该模块，是本课需要突破的第一个重点。所以在设计这个环节的时候，重在让学生观察和体验，尝试和猜测的环节能够激发学生的好奇心，鼓励学生积极动手，增强分析思维能力的训练。 这里用温度传感器和 LED 显示器来测试温度的程序中，“永久循环”模块的应用并不陌生，只需通过提问来提示学生，避免学生忘记该模块的使用即可。而“移动传感源”的技巧，在之前的仿真环境设置中也已经学习过，在这里只需要巡视学生操作的时候予以提醒即可，不需要再提出来影响教学进度。

续表

教学环节	教师活动	学生活动	设计意图
学习新知，突破重点	1）演示操作编写能够测量环境温度的机器人程序的方法（图6）。仿真环境中借助“火源”传感源来模拟实际的火苗，实现温度的变化（图7）。 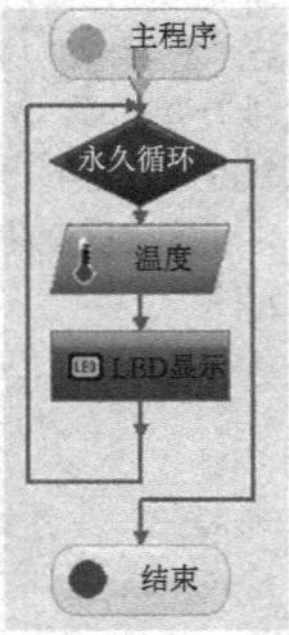 图6 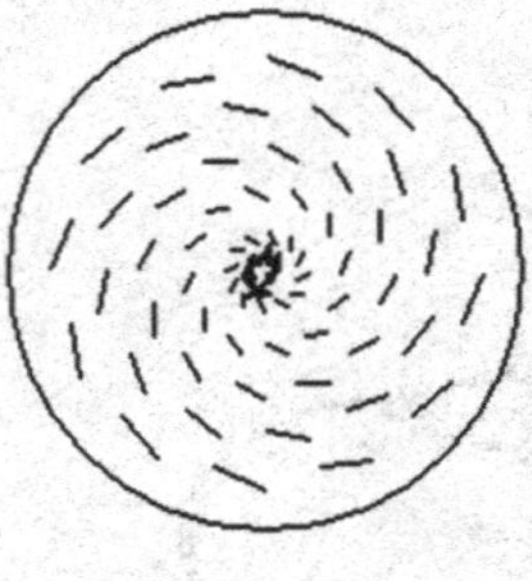 图7 提出问题：能否不要“永久循环”模块？ 2）小组合作，编写程序并仿真。 3）搭建机器人并下载程序，利用机器人测量环境温度。 提出问题：机器人测出的环境温度如何让它发生变化？	观察、思考，开展小组合作，完成温度传感器测试环境温度的仿真，合作搭建测量环境温度的机器人。 利用温度传感器测出的温度是环境温度，学生在实践中能够发现，可以通过对温度探头哈气或用手掌捏住温度探头等方式让数值发生变化。	
理清思路，设计程序	1. 提出问题 怎样让微型计算机来控制调节温度系统呢？ 2. 小组内开展讨论，分析程序结构，回答问题（图8） 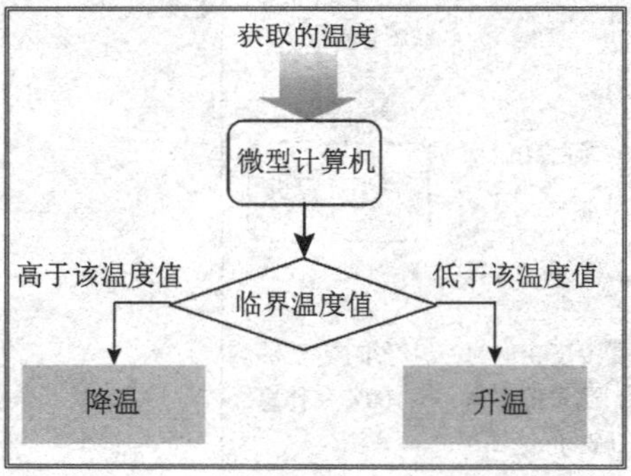 图8 3. 条件表达式的设置 温度变量>0，表示温度高于0℃。	小组讨论，思考回答问题：当温度高的时候启动降温系统，当温度低的时候启动升温系统。	这一环节的内容是学生进行编程展开实践操作之前的另一个障碍，需要引导学生展开充分的讨论，充分帮助学生理清算法的思路。 利用动态的课件展示程序结构的逻辑关系，让学生更进一步了解该程序同以往的“非此即彼”的逻辑判断有所不同，需要有一个临界数值作为判断，进而引出条件表达式在设置上与以往的不同之处。
动手实践，解决问题	1. 小组讨论 使用什么输出部件来模拟降温系统的开启和关闭？ 提示学生可以通过风扇的开启和关闭来模拟降温系统的启动和关闭。 2. 汇报小组如何实践 3. 课件展示实践步骤，开展小组合作学习，完成实践任务	组内成员通过交流，可以确定利用蜂鸣器、LED 显示器、风扇等输出部件来模拟温度调节装置。 完善机器人程序和搭建机器人。	如果直接按照教材中提及的风扇来实现降温，就体现不出这节课的亮点了。风扇这一输出部件在这个环节中只是抛砖引玉，充分调动学生的积极性，鼓励他们启动头脑风暴，利用多种输出设备实现降温系统的模拟，使最终的课堂作品更加精彩纷呈。

续表

<table>
<tr><th>教学环节</th><th>教师活动</th><th>学生活动</th><th>设计意图</th></tr>
<tr><td>分享评价，归纳总结</td><td>1. 展示部分小组的机器人成果
要求小组合作介绍机器人如何实现温度控制，并通过操作演示，展示其小组的合作成果。
2. 教师评价，其他小组学生评价，给出改进的意见
3. 归纳总结课堂教学活动</td><td>小组汇报展示制作的机器人，并汇报设计过程中遇到的困难及解决方案。
聆听、思考、参与课堂总结。</td><td>设计过程中肯定会遇到类似“风扇一直开启”这类的问题，需要学生动脑筋找到原因，体会调试的过程。</td></tr>
<tr><td>延伸思维，启发创新</td><td>通过这节课大家齐心协力找到的策略，相信阿根廷动物园里的阿杜罗北极熊的忧郁症一定会尽快好起来的。
1. 课件展示图片
阿杜罗的生存状态，受到了大家的关注，利用自动温度控制系统，它生活的环境一定会越来越舒适。
2. 提出问题
你能找出身边都有哪些地方使用到温度传感装置了吗?
附：评价表
<table>
<tr><th rowspan="3">评价项目</th><th colspan="6">掌握情况评定</th></tr>
<tr><th colspan="3">小组内成员评定</th><th colspan="3">教师评定</th></tr>
<tr><th>好</th><th>一般</th><th>差</th><th>好</th><th>一般</th><th>差</th></tr>
<tr><td>小组活动参与程度</td><td></td><td></td><td></td><td></td><td></td><td></td></tr>
<tr><td>机器人拼搭设计</td><td></td><td></td><td></td><td></td><td></td><td></td></tr>
<tr><td>程序设计编写能力</td><td></td><td></td><td></td><td></td><td></td><td></td></tr>
<tr><td>参与演示的积极度</td><td></td><td></td><td></td><td></td><td></td><td></td></tr>
<tr><td>设计创新能力</td><td></td><td></td><td></td><td></td><td></td><td></td></tr>
</table>
</td><td>观看图片，思考并内化课堂知识点。
思考身边的温度传感装置——空调、电热水壶、冰箱……</td><td>课堂的结束部分与开头的情境引入产生呼应，刚开头提出来的问题，在课堂结束之前已经找到了方法并能够得以解决，使课堂的“任务驱动”教学策略得以完整的呈现，有助于学生将知识点内化。
通过提出问题，引发学生更深层次的思考，将教学的触角延伸到课堂之外，让学生觉得意犹未尽。</td></tr>
<tr><td colspan="4">教学评价</td></tr>
<tr><td colspan="4">这堂课的内容很充实，从学生分析问题、生成策略，到在程序中理解结构仿真，通过下载调试实现策略的模拟，40 分钟的时间相对来说比较紧凑。这就需要教师在课前做好学情分析和教材分析，将最需要在课堂上呈现和解决的问题放在这短短的 40 分钟内完成。
这节课的内容呈现虽然比较完整，但也暴露了不少为了赶进度而出现的问题。例如，让学生分析策略的环节中，应该给学生足够的讨论和思考的时间；在点名让学生表达想法的时候，应该更深层次地挖掘学生的想法，让学生的思路完整地呈现出来。在实践的过程中，不少学生出现了问题，应该给足时间让学生表述清楚自己遇到的问题，而不是越俎代庖来帮助学生陈述现象。学生展示环节中第一组不成功的机器人也没有给足够的时间让其他小组学生表达清楚如何来解决这个现象和问题。
对于常规课堂的温度传感器的学习来说，建议将课时设置为 2 课时。第 1 课时讲程序的结构以及设计，让学生完整地吃透、弄懂，不急于在课堂开展实体机器人的制作，可以在第 2 课时中再要求学生下载和测量，并逐渐梳理学生在调试过程中遇到的问题，合理引导学生寻求解决问题的方案和策略，真正把课堂交还给学生。</td></tr>
</table>

思考题

1. 随着多媒体教室的不断普及，多媒体教室已经成为我们常见的一种教学环境。请回顾本章中的学习内容，并用自己的话阐述一下，相对于传统教室，多媒体教室在课堂教学中的主要优势体现在哪些方面。

2. 试着回忆一下交互式电子白板环境下的几个教学要领，并从中小学信息技术教材中任选一课内容，尝试利用交互式电子白板设计教学。设计完成后，可以与周围的同学或教师交流，征求修改意见。

3. 请仔细回顾本章中的相关学习内容，并结合教学案例来阐述一下你对多媒体网络教室的几个重要功能的理解。

4. 结合杜威“做中学”的思想，谈谈你对“创客空间改变着我们的教学方式”这句话的理解。

第五章　基于活动的教学设计概述

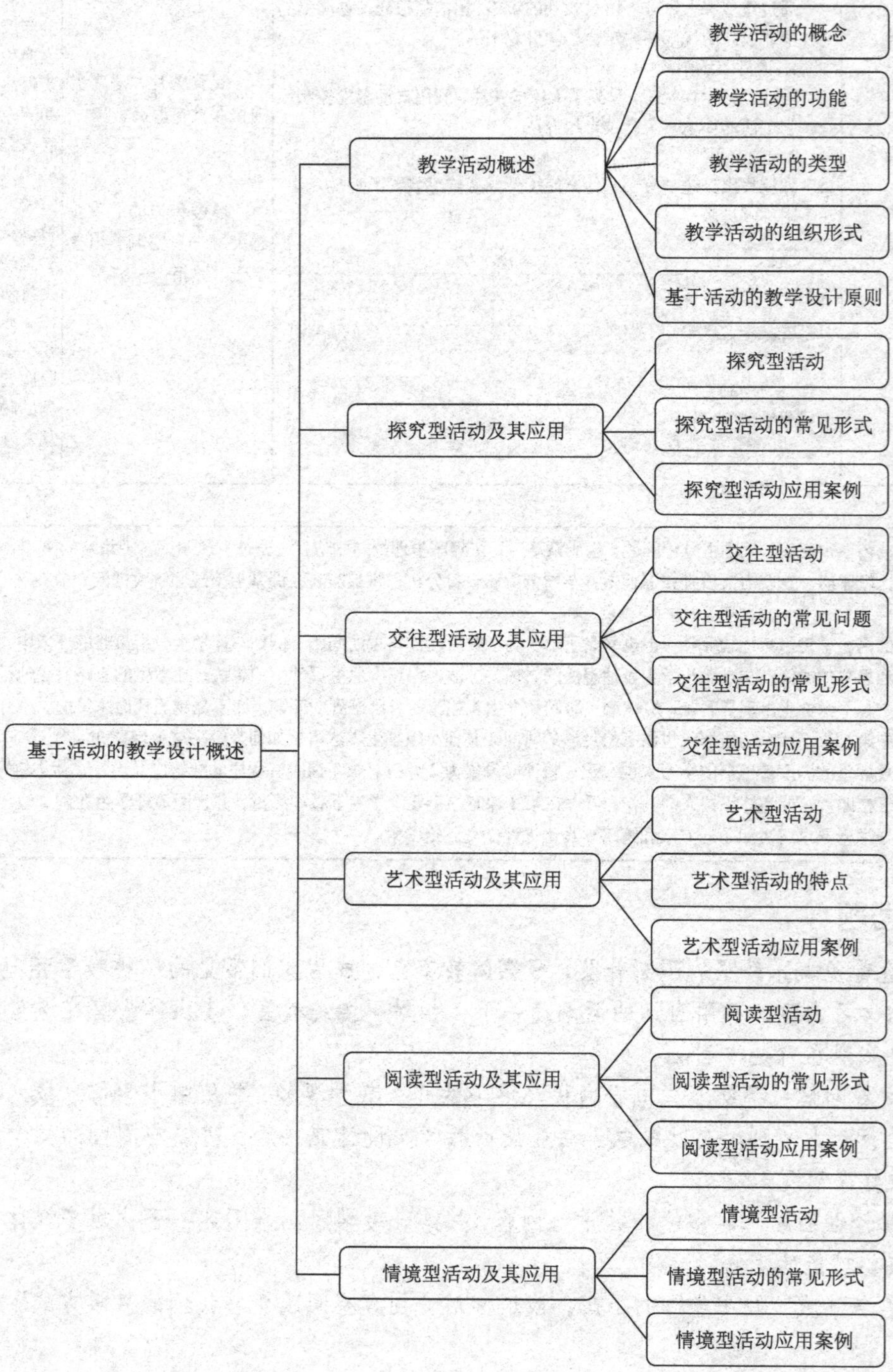

第一节　教学活动概述

一、教学活动的概念

活动是社会存在与发展的本源，它是一个高度概括、高度抽象的概念，具有十分丰富的内涵。现代哲学把活动分为了三大类：实践活动、认识活动和交际活动。我们常说的教学有狭义和广义两种含义。广义的教学指的是教的人在指导学的人时所进行的整个教学活动。狭义的教学指的是在学校内所进行的课堂教学组织活动。在教学过程中，教师通过有计划、有目的地开展教学活动来组织学习者学习。因此，教学活动是教学过程的重要组成部分，教学过程中活动的开展对学习者的心理发展和个性品质的形成具有十分重要的意义。

教育教学中开展的活动通常是以班级为单位的，通过班级活动的开展实现教师与学生、学生与学生之间的交往与互动，以获得共同发展。教学不同于活动教学，它们是两个完全不同的概念。活动教学是活动教学法的简称，活动教学通常被认为是一种新型的教学方法，通常又将活动教学称为活动型教学法。它一般是指教师按照教学大纲的要求，依据学生获取知识的途径，创建适合学生学习的教学情境。此外，教师还可以按照学生身心发展的特点与程度设置活动教学，让学生依靠自身的能力参与到课堂阅读、讨论、游戏、学具操作等活动中去学习课程知识与技能。因此，教学活动和活动教学并不是同一概念，二者具有本质区别。

本章主要以教学过程中的三种活动类型（主体-客体活动、主体-主体活动、主体自我活动）为主线，运用不同的《信息技术》课时案例说明：什么是基于活动的教学设计？为什么要设计基于活动的教学？基于活动的教学设计有哪些类型？如何设计基于活动的教学设计？开展基于活动的教学设计的原则和注意事项是什么？

二、教学活动的功能

心理学认为能力的形成是活动的结果。瑞士心理学家皮亚杰认为，认识既不产生于主体也不产生于客体，而是在主体、客体相互作用的活动之中产生。无论是思维的发散，还是智慧的发展，抑或是伦理、态度及价值观的形成，这些都需要主体、客体通过二者之间的相互作用来完成。在课堂教学中，主体与客体之间相互作用的实现主要依靠教学过程中设计的各种活动。总而言之，教学活动的实施为学生的人际沟通与交往提供了更多展现自我的时间和更广开拓思维的空间，为学生提供了更多交流与协作的机会，也为师生之间的有效互动提供了更加便利的条件。教学中活动的实施有益于培养学生乐观开朗的性格，有利于学生养成积极主动的习惯，而且也在一定程度上促使学生更加热爱生活，使学生在活动中勇于担当教学任务中的角色，有助于学生形成其独特的个人风格。

我国大多数学者认为，活动是人存在与发展的基本方式，是影响人发展的关键因素，也是展现人的潜能的主要方法。对教师而言，面临新课改的要求，教师需要准确把握教学内容和形式、变更教学方法、适应教师角色的多样化需求，同时还要加强教师课堂管理能力、发展教师自身智慧。为实现这一系列的转变，教师在设计基于活动的教学时，要贴近学生生活，激发学生兴趣，符合学生学情，提高教学效果。

因此，教学活动的功能不仅有助于学生知识的获得与转化，而且对学生操作技能的提高、思维能力的发展、语言表达能力的提高、交往技能的提升、创造能力的培养等都具有至关重要的作用。

三、教学活动的类型

常见的活动类型有很多，如认识活动、价值活动、交往活动、管理活动、实践活动等等。因此，我们一般认为人类活动是多方面的，它们之间既相互独立又相互包容。依据不同的标准，可将教学活动分为不同的类型，如外部操作活动与内部思维活动，交往、探究、艺术、实物与读书活动。

教学中活动的类型也是多样的，从教学理想状态的角度，可以将教学活动分为三类：灌输式活动、交往式活动和交往-灌输式活动。从内外结合的角度可以将教学活动划分为主体-主体活动、主体-客体活动、主体自我活动三大类型。常见的主体-主体活动有操作验证、实验探究、艺术实践等；常见的主体-客体活动有师生交往、阅读交往、生生交往等；常见的主体自我活动有自我反思、自我评价、作业练习等。分类如图 5-1 所示。

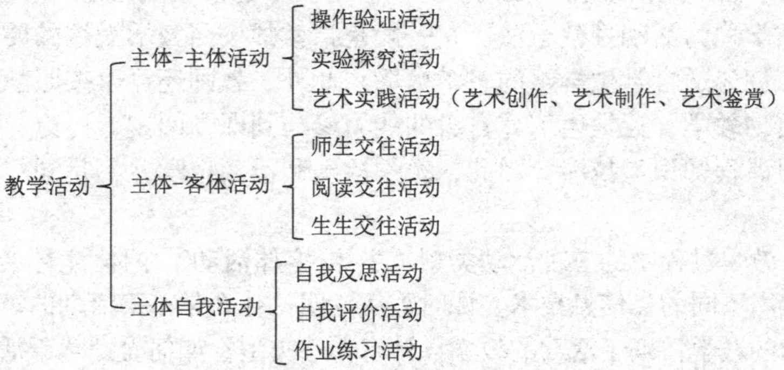

图 5-1　从内外结合的角度对教学活动分类

本章基于信息技术课堂教学活动的表现形式，将教学活动分为探究型活动、交往型活动、艺术型活动、阅读型活动及主体自我活动五类。任何一种教学活动都应包含以下五个要素：知识观（knowledge）、学生观（awareness）、教学目标（ends）、师生关系（relationship）和教学方法（method）。因此，不管是什么年级、什么学科，或者采用什么教学方法进行授课，我们都可以用这五个方面来描述教学活动。

在教学目标上，探究型活动和交往型活动强调学生个体的发展，艺术型活动将知识作为促进学生发展的工具，阅读型活动将获取知识作为教学目标，主体自我活动是知识内化不可缺少的环节。在师生关系上，探究型活动强调学生的主体地位，交往型活动促进学生的沟通与交流，艺术型活动体现学生的个性化发展，阅读型活动重视学生的自主学习能力，主体自我活动深化学生的主体地位。在教学方法上，探究型活动以培养学生问题解决的能力为重心，交往型活动关注学生的个体性和多样性，艺术型活动主张借助知识培养创新意识，阅读型活动强调学生对知识的理解与吸收能力，主体自我活动重在学生对知识的理解与运用。

四、教学活动的组织形式

教学活动的组织形式是由教师组织教学内容，并引导学生主动参与教学内容的过程及其方法。学生与教师是它的主体，教学内容与教学活动组织的内部关系是它的客体。教师、学生和教学内容三者之间的交互就是其结构的主要表现主体。只有教师的教，不能称为教学活动组织，同样只有学生的学也不能称为教学活动组织。在教学过程中，教与学之间相互联系，同时又具有自己独特的作用和地位。缺少任何一方都不能称为教学活动组织，教和学必须统一起来。所以说任何教学活动的组织都是由教师、学生、教学环境、教学方法、教学目的、教学内容与教学信息反馈等七个要素构成的。各要素之间并不是完全独立的，它们之间有着密切的关联。首先，学生既是教学活动组织的起始点，同时又是教学活动组织的落脚点，它对教学目的的设定具有决定性的作用。而教学目的又制约着教学内容的选择与编排。教学对象、教学内容与教学目的三者确定之后，又在一定程度上进一步影响教学方法的选择与应用。深入探究教学活动组织的各个环节，并对这些环节提出质的要求，对教师提高教学质量具有关键作用。

新课程标准要求在课堂上要体现出“教师主导，学生主体”的思想。以学生为中心是建构主义学习理论的核心，课堂上学生主体地位的体现不仅要求教师从知识传授的角度向促进学生主动地建构意义的角度转变，还要求学生从知识的灌输对象及被动接受者的角度向建构知识意义和信息加工的角度转变。信息技术是实践性与操作性较强的一门学科，一线教师可以根据学生的年龄特征和心理状态，积极探索一些行之有效的教学活动。后面几个章节将介绍几种教学活动类型，希望为教师设计基于活动的教学提供一定的借鉴意义。

五、基于活动的教学设计原则

新课程改革以来，我们的课堂一改以往的“满堂灌”现象，主张以教师为主导、学生为主体的课堂，希望把更多的时间和空间留给学生。但从课堂的实际教学效果来看，大多数课堂设计的教学活动只注重形式，追求课堂表面的热闹与活跃，教师很少围绕教学目标来设计教学活动，或活动的设计缺乏目的性与创新性，不利于教学目标的达成。

“促进每一个学生的发展”是新课程所遵循的核心指导思想。在这种核心指导思想下，课堂教学活动已经将课堂的重心从教师的教转向了学生的学。而如何扎实有效地设计中小学信息技术课堂上的活动，是目前要解决的首要问题。因此，我们课堂的教学活动要为教学目标服务，为全体学生服务，做到有趣、有效、合理。

一个好的教学活动，应该紧密围绕教学目标去设计。一位好老师，应该充分利用课堂上的每一分钟，以求达到最高的学习效率。那么，如何在中小学信息技术课堂中提高教学的有效性？众所周知，信息技术教学的主要途径是课堂教学，而课堂教学又是在教学活动中得以体现的，课堂活动的设计是其中至关重要的一环。教师只有设计出有趣、合理的教学活动，才能吸引教室中的所有学生都投入到课堂学习中。因此，提高中小学信息技术课堂的有效性，教学活动应该紧密围绕教学目标去设计。一个优秀的课堂活动是完成课堂教学目标的有效手段。

1. 教学活动的设计要围绕教学目标展开

信息技术课程目标的实现需要通过制定教学目标来完成，可以说教学目标是课程目标具体化的表现。教学目标的确定为教师整合教材内容、确定教学方法、设计教学环节、安排教学活动提供了选择依据。一节课是否成功，是否是一节好课，关键在于教师是否准确、全面地把握了教学目标。教学活动应该以有效实现教学目标为依据。在教学中，教师设计的各种教学活动都必须有明确的教学目标，每一个教学活动的设计都应该以完成教学目标为目的。

在课堂教学中，设计活动的一个重要目的就是要利用活动中的情境激发学生的学习动机。但如果只是单纯地激发学生的学习动机，而不考虑教学目标，那么教学活动的设计就是毫无意义的。因此，活动的设计要紧扣教学目标。我们在设计教学活动时要考虑两个方面。

（1）检验活动的必要性

在写一节课的教案时，是否需要设计活动是教师首先应该考虑的。课堂教学活动的设计不是为了设计而设计，而是将活动作为一个中介和载体，它的目的是达成教学或学习目标。

（2）检验活动的有效性

设计了某个教学活动之后还需要考虑一个问题，即还有没有更好的活动。如果换个活动，教师操作起来简便，学生能够积极主动地参与，也能够很好地达到教学目标，何乐而不为。一个活动如果能够充分达到教学目标，那就不失为一个好的活动。

因此，教学活动是实现教学目标的手段，同时又服务于教学目标。教师需要紧紧围绕教学目标来合理设计与安排教学活动。背离教学目标而开展教学活动，就像是无源之水，无本之木。

2. 教学活动的设计要密切联系学生的生活

教师在设计或组织活动时，除了要依据教学目标，还要考虑该活动是否与学生的生活和经验相联系，要基于学生生活中的兴趣、爱好和发现去设计各种活动。因为学生一般对自己生活中出现的事情或产生的想法比较感兴趣，所以教师要将课程标准、教材与学生的实际生活结合起来设计教学活动，而不是生硬地去创设一些所谓的虚假环境，或者仅仅只是为了活动而进行活动。

对学生而言，课堂本身就是一个小社会。教师从只是重视书本知识的传授，开始向利用课堂教学活动教会学生利用知识去解决问题的角度转变。信息技术作为一门与实际生活联系较为紧密的学科，应使课堂教学活动更加生活化，也就是说将学生的生活更加知识化。学习是一种自我感知、自我体验的过程，这种过程具有不可替代性，只能在学生的亲身感受中产生。在此过程中，教师要预设学习活动，并在课堂教学过程中根据学生的共性需求和个体需求适度调整教学活动内容。信息技术来自生活，又应用于生活、服务于生活，尤其是在网络快速发展的今天。在信息技术学科的活动设计中，教师要善于从学生的生活经验和已有的生活背景出发设计课堂教学活动，以使学生能够从周围熟悉的事物入手学习信息技术，并深入理解信息技术，感受信息技术与生活的紧密联系。

一个成功的教学活动，必然是能够充分发挥学生主体地位的活动。要使学生积极主动地参与教学活动，关键是活动内容的设计要与学生的兴趣指向相符合。有些教学活动考虑很完美，也很有意义，但是与这个年龄阶段学生的兴趣相背离，“成人化”和“说教化”的倾向明显，因而对学生而言没有什么吸引力，学生完全是被动地应付来完成这种活动，效果较差。同样的教学内容，如果能结合学生的兴趣来设计活动的主题，取得的效果是截然不同的。

3. 教学活动的设计要适合学生年龄特点及认知规律

除了上面介绍的两点之外，教学活动的设计还要根据教材主题内容和学生情况去选择适合学生年龄特点和认知规律的活动方式。教学目标都是依据特定对象的心理特征和认知水平来制定的，因而作为实现教学目标而展开的教学活动的设计必须同教学对象的心理特征和认知水平相适应。

教学活动是整个教学过程中的一个组成部分，是实现教学目标的重要环节，因而我们在设计教学活动中，不仅要考虑它的内容，而且还要注重选择怎样的形式和手段去实现它，即可操作性问题。一次卓有成效的教学活动，既要提供实践活动的条件，同时又能使每一个学生都能顺利地参加。相反，有些教学活动很有意义，但由于受到教学条件和社会因素的限制，只能在小范围中开展或只有少数学生参加，从总体上说缺乏可操作性，没有达到预期的效果。

教学活动首先表现为教育者施予受教育者的一种行为。其中不仅有知识、技能的传授，还有情感、信念、思想、品质等的培养。特别是关于德育课的教学，它在对学生进行思想教育方面发挥着主渠道的功能。这种功能表现为始终把培养学生形成正确的人生观和价值观作为教学的根本目标，而且在每个学期的教学过程中，教师会根据党中央和国家有关思想教育的阶段性任务，根据学生现实的思想状况开展针对性的教育活动，切实解决学生思想中存在的问题，提高他们的思想觉悟。

综上所述，当我们运用清晰、准确的教学目标来指导课堂教学时，才能在一定程度上避免课堂教学活动开展的盲目与随意，增强课堂教学效果。

第二节　探究型活动及其应用

一、探究型活动

“探究”一词最早来源于美国，英语为 inquiry。《牛津英语词典》给探究下的定义为：为了寻求知识的真实性而提出质疑或假设，并为此开展一系列的调查、研究、检验的活动。探究活动的开展需要几个步骤，包括：观察现象，提出问题；搜集寻找资料，获得已知信息，并制定相关的调查计划；对已有信息进行评价；收集实验数据，并进行数据分析；展开猜想、分析，得到结论；交流结果。简而言之，开展探究型活动首先就是要提出假设，然后进行验证或否定，猜测其他可能性的结果。

教学中的探究型活动是指在教师引导下由学生自主探究和发现规律的教学过程，开展探究型活动是为了培养学生的创造能力和探究精神。设计探究型教学活动的要求是：创设一种类似科学探究的情境，提供探究和发现的资料，让学生在教师指导下运用探究的方法对大量信息进行质疑、分析、判断、实验、交流与分享探究结果，从而培养学生的自主探究能力。

信息技术教育的首要目的是培养学生的信息技术爱好和用信息的眼光处理问题的能力，以及让学生能够用信息的眼光去观察世界。在教学过程中，教师要有意识地鼓励学生敢于尝试、不断追求，培养学生自己的探索和研究精神。在开展基于活动的教学时，教师要具备激发学生求知欲的基本能力，积极引导学生主动思考问题，使学生乐于尝试、敢于探索，充分调动学生的主观能动性，让学生勇于质疑、悟理，在探索中意识到自己的智慧力量，体验到创造的快乐，从而为今后适应现代信息社会打下良好的基础。

二、探究型活动的常见形式

信息技术是一门操作性与实践性较强的学科，因此，给学生提供尝试、操作的机会是非常重要的。对于学生通过上机自主探索或小组合作就能得出答案的一些教学内容，教师不妨只做必要的引导，让学生以个人或小组为单位进行探究，最后教师再根据实际探究情况进行强调与总结，这样既可以让学生体验到学习成功的喜悦，又能够提高学生的学习兴趣。

下面介绍几种常见的探究型活动：游戏体验活动、研究性学习活动、实验操作活动。

1. *游戏体验活动*

信息技术的快速发展，增加了学生与游戏的接触机会。但是，由于学生玩游戏容易上瘾且浪费大量的时间而荒废学业，这些负面的影响让教师和家长对游戏大都持否定态度。其实把游戏仅仅单纯地看作一种娱乐活动的观点是片面的，游戏同样也可以作为一种教学活动应用于课堂教学之中。而且，有效的游戏活动对于引发学生学习动因、培养学生的创造性思维具有一定的好处。本章将对“如何将游戏作为一种教学活动，服务于教学”进行阐述。

在教学中设计游戏体验活动，并不是将游戏看作一种简单的娱乐消遣行为，而是教师通过游戏这种方式将课程知识与操作技能教给学生，让学生主动地投入到学习活动之中。教师设计基于游戏的教学活动，能够很轻易地让学生融入学习活动中来，提高学生参与课堂的积极性。那么如何设计基于活动的游戏教学呢？在设计游戏教学活动时，教师需要挖掘游戏所承载的教育价值，利用游戏无意注意的特征，帮助学生获得知识。教师需要具备将娱乐性和认知性相结合的能力，比如为学生提供角色扮演、模拟情境等游戏体验活动的机会，在游戏中让学生发现问题、提出质疑并解决问题，利用游戏促进学生主动参与、竞争与合作，从而达到教学目标。

游戏作为一种教学活动的出现，使课堂教学更加丰富，不仅拓宽了教学活动的领域，也拓宽了教师“教”和学生“学”的方式。信息技术课程中的游戏体验教学活动具有多种多样的形式，常见的游戏体验活动主要有以下几种形式。

1）闯关式：作为游戏闯关者，学生在完成不同难度的几个游戏探究过程中，逐渐熟悉相关工具，并通过观察与运用其功能，掌握相关工具的使用技巧，最后能够将其应用到解决其他问题上。

2）设计开发式：学生能够利用所学的知识自主开发计算机游戏。在开发计算机游戏的同时，能够从游戏的要求出发，寻求符合游戏要求的技术和工具，可以借助老师和同学的帮助，完成作品的设计与开发。

3）竞赛式：这种形式下的游戏活动强调小组间的竞争结果。在竞赛的过程中，学生能够不断地发现更加高效的技术，并通过比较每种技术所包含的优劣特性，让学生学会选取和使用恰当的技术解决问题。

在基于游戏的教学中，教学活动的主线是游戏，教学内容的组织形式是游戏所涵盖的内容，学习者自主学习课程知识是游戏活动所要达到的目标。教师在设计游戏体验活动时，要从学生“学”的角度去设计游戏体验活动。信息技术课程中常用的教学方法是“任务驱动法”，因此设计任务驱动的教学方法，就是让学生在一个个典型的信息处理“任务”的驱动下展开游戏体验活动，引导学生层层深入，一步一步地完成一系列的“任务”，以获得较为清楚的思路、方法与知识之间的内在联系，在完成“任务”的过程中，培养学生对问题的分析、处理和解决能力，以及独立探索、勇于开拓进取的自学能力。

2. 研究性学习活动

所谓研究性学习，指的是在教师的指点和帮助下，学生从社会、自然与生活之中选择和确定学习专题，并对此进行深入研究，在研究过程中通过积极获取知识的方式，达到运用知识的能力，以解决存在的问题的一种学习活动。研究性学习允许学生依据自身的兴趣与条件，选择不同的研究主题，在独立自主实施研究的过程中培养学生的创造性思维。研究性学习体现了“以学生为主体”的理念，学生基于现实情境提出问题，并应用丰富的知识、技能和经验解决问题，让学生真实地体会研究性学习的乐趣。研究性学习活动的设置在于使学生保持继续探究课题的兴趣，获得研究性学习的体验，学会协作、尊重和分享。这种学习活动的显著特征表现为整个研究学习过程中学生的选题、探究以及创造都是不受约束的，较之以往的学习活动，研究性学习活动更有利于培养学生的创新能力。

（1）研究性学习的关注点

1）研究性学习主题的可选取范围要面向学生整体的生活世界开放，发现学生自身、自然世界与社会生活中所蕴含的学习探究主题。

2）无论学生确立的课题是关于社会的问题，还是关于自然的问题，抑或是关于自我的问题，在研究性学习活动的实施过程中均需要对社会、自然和自我三者给予全面的关注，努力实现三者的内在整合。

3）注意转变研究角度，给予学生直面“生活”“生命”“生存”等一系列问题的机遇，培养学生处理此问题的能力。

（2）研究性学习活动的组织形式

研究性学习活动以课题小组合作研究为基本组织和实施形式。每组一般由同一班内的6～10人组成（条件成熟后可跨班进行建组），原则上每班不超过10个课题小组，一名教师指导课题小组数不超过3个。课题组内要进行课题的分工和角色的分工。课题小组明确分工，既能够各展所长，又能够密切配合，以确保课题研究的顺利开展。

建构主义理论认为，知识不是从外界输入的，而是由学习者在与外界环境交互的过程中建构而成的。因此，学生亲自整合信息、选用信息，能够获得更为深刻的理解。研究性学习关注的是学习过程，而不是结果，这对于培养学生的思维能力会更有利，这就是研究性学习的精彩之处。

3. 实验操作活动

中小学信息技术课是一门以操作类学习活动为主的学科，具有创新性、技术性。在中小学学段开设信息技术学科顺应了时代的发展趋势。注重学生实践能力的培养与训练是新课程标准所强调的。信息技术学科教学更应强化这一教学理念，切实提高学生信息技术应用的能力。在教学实践中，教师不仅应加强信息技术相关知识和技能的传授，更应加强学生多种实践能力的培养，其中动手操作能力的培养更是需要教师关注和支持的。比如，在日常的学习中，学生面对一个新的知识点，仅仅只是通过教师的讲解与演示，学生常常并不能立即将该知识全部消化吸收，只是形成了一个初步的知识轮廓。那么，怎样才能把这一模糊的概念真正内化为学生的知识和能力，形成比较明晰的思维认识呢？动手实践操作可以有效实现这一教学目标，因为学生只有深刻理解领会了知识的精髓，才能将其熟练地、灵活地运用到操作实践中。在信息技术教学中，教师应鼓励学生亲自动手操作，不断实践，不断探索，让学生在实际操作中理解和把握真知，在实践中进行创新创造，这也是新课程所倡导的教学理念。

在中小学信息技术课上，教师每次讲授完新知识后，需要给学生安排有针对性的上机实践活动，要创造足够的时间和空间，让每个学生都有操作的机会，都有所感悟。当然，在此过程中，教师并非是放任不管的，而是在课堂上及时巡查，发现并解决学生上机操作过程中遇到的难题，对学生出现的错误进行及时指导与纠正，发挥教师的监察与引导作用。同时，还要求加强师生的沟通与配合，确保操作实践课的顺利完成。除此之外，在信息技术教学中为学生创设一种鼓励创造性思维发展的学习环境也是至关重要的。在培养学生创造性思维的同时又能够培养学生探索客观规律和动手操作的实践能力。

三、探究型活动应用案例

（一）游戏体验活动应用案例

案例：神奇的旋转

1. 案例背景

设计者	教案名称	学生	教材	课时
秦晓静	神奇的旋转	小学三年级	北京出版社《信息技术》	1

2. 教材分析

本课节选自义务教育教科书北京出版社《信息技术》第一册第三单元第 20 课《使用变形工具》中的“翻转旋转”这部分内容。本课是画图单元中的第 6 课时，在本课之前，学生已经掌握了画图工具的使用，会运用复制、粘贴及组合的方式来绘制简单图形，本课在此基础上运用旋转、翻转命令来处理图片。

3. 学习者分析

本课的教学对象是小学三年级学生，他们对画图程序的学习兴趣浓厚，乐于参与课堂活动，具有较强的好奇心，也具有一定的尝试探究能力；另外，学生在画图工具的使用及操作熟练程度上存在差异，部分学生对画图工具的使用意识淡薄，对工具的灵活应用能力较弱。

4. 教学目标

（1）知识与技能

1）认识“画图”软件中的旋转、翻转工具，能够区别图形翻转、旋转后的变化。

2）学会运用旋转、翻转工具处理图片，能够依据需要进行图形的组合创造。

（2）过程与方法

在观察、尝试、梳理、拓展的过程中，区别图形翻转、旋转的前后变化，灵活运用工具进行图形的组合创造。

（3）情感态度与价值观

感受图形旋转过程中发生的神奇变化，激发学习旋转、翻转的操作兴趣，逐步培养学生的审美情趣和审美能力。

5. 教学重难点

重点：会运用旋转、翻转工具处理图片、组合创作。

难点：区分旋转与翻转的不同变化。

6. 教学准备

课件。

7. 教学过程

教学环节	教师活动	学生活动	设计意图
观察激趣，导入新知	1. 出示图片（图1～图4）  图1  图2  图3  图4 2. 师生交流 提问：你看到了什么？旋转后你有什么不一样的发现吗？ 3. 揭示课题 小结：同一张图片，角度旋转后，图片内容就发生了神奇的变化，这节课我们就来探索这旋转的奇妙。 4. 板书课题“神奇的旋转”	观察对比： 旋转后发现图片呈现的内容发生了变化。	充分调动学生的好奇心，并启发学生变换角度观察事物，进而激发学生进一步学习的欲望。
尝试探究，获取新知	1. 问题引导（图5） 1）打开画图文件《奇妙的图片1》。 2）思考问题：怎样让图片进行旋转呢？ 3）观察画图功能区，班级交流。 注：强调在对图像操作时要先“选中”。 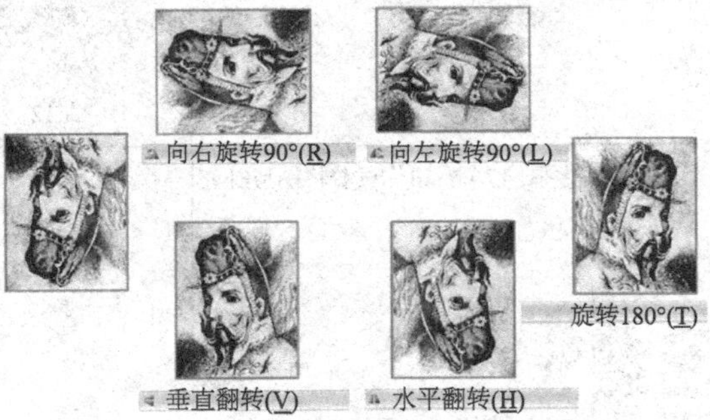 图5 2. 汇报交流，梳理小结 （1）交流发现 说一说这五种旋转后的图像有什么不同。教师用图标进行表示（图8）。	1）动手尝试：发现在画图功能区的“图像组”里有“旋转”选项（图6、图7） 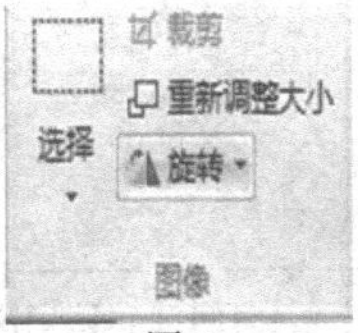 图6 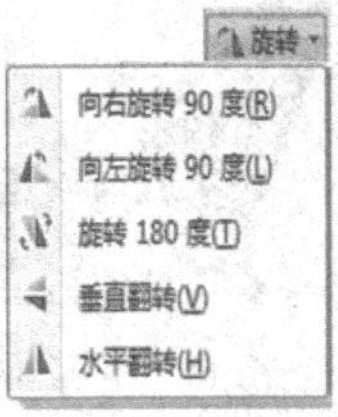 图7	通过对问题的思考，探寻解决问题的工具，并大胆尝试旋转、翻转工具的使用。

续表

教学环节	教师活动	学生活动	设计意图
尝试探究，获取新知	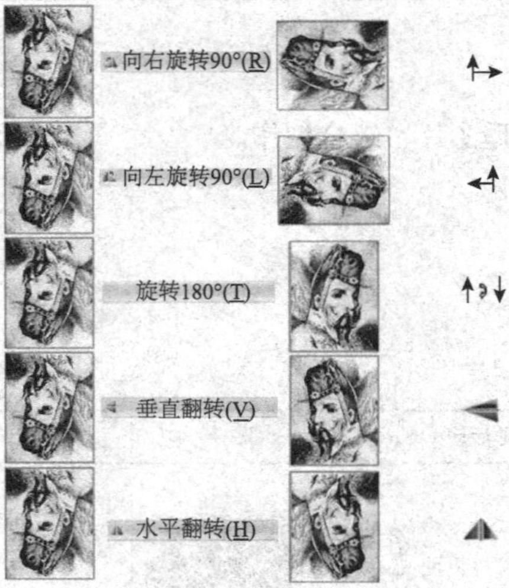 图 8 （2）问题思考 “旋转 180 度”和“垂直翻转”的图像有什么不同? “旋转”与“翻转”有什么区别? （3）小结要点 图像在旋转时，是以“一个点”为轴，要注意旋转的角度和方向。 图像在翻转时，是以“一条边”为轴，要注意翻转的方向。 3. 动手操作，巩固知识 1）打开画图文件《奇妙的图片 2》（图 9、图 10）。 2）动手操作，并观察“美丽的女王”和“大鸟”图片在旋转过程中会发生怎样奇妙的变化。 教师巡视了解学生操作情况。 3）交流图片的变化（图 11、图 12）。  图 9  图 10	2）依据提示操作，并观察图像变化及不同。 3）说出这五种旋转后的图像的不同。 4）动手操作，发现变化。  图 11  图 12	通过对比图像旋转前后的变化，思考问题，梳理知识，掌握重点，突破难点。 通过动手操作，巩固旋转工具的使用，并进一步感受变换角度看事物的奇妙。
知识运用，拓展延伸	任务一：认识这些图形吗（图 13～图 17）？请你试着将图形补充完整。  图 13  图 14  图 15  图 16  图 17 任务二：开动脑筋，请你试着将图形进行组合（图 18、图 19）。  图 18  图 19		结合生活实践及学生喜欢的游戏设置多个任务，学生自主选择，巩固知识的运用，满足不同学生的发展需要。

续表

教学环节	教师活动	学生活动	设计意图
知识运用，拓展延伸	任务三：发挥想象力，选择自己喜欢的任务来操作。 1）玩过“七巧板”吗？来拼拼看（图 20）。 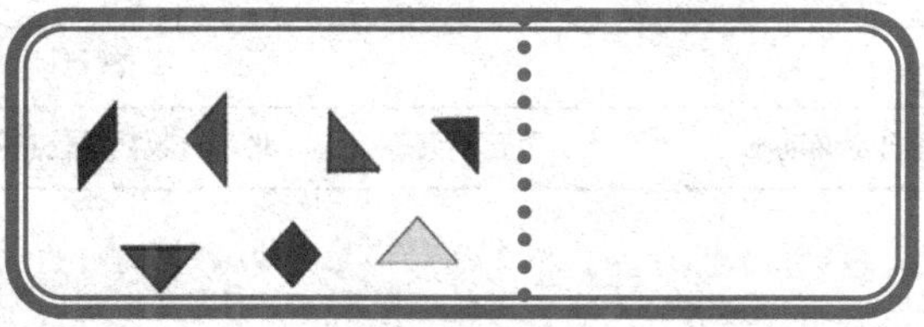 图 20 2）你一定玩过拼图游戏，来试试吧（图 21）。  图 21 3）玩过俄罗斯方块吗？试一试，可填上自己喜欢的颜色（图 22）。  图 22 教师巡视了解学生的操作情况。	学生操作，遇到问题时同伴互助。	
作品展示，评价交流	1）提问：你从同学完成任务的过程中得到什么启示？对于同学的作品有什么自己的建议？ 2）点评：尊重学生想法，肯定操作，捕捉闪光点及时鼓励。	介绍自己操作时的想法、遇到的问题及解决过程，并对其他同学的作品进行评价。	通过评价肯定学生的操作及学习态度，赞扬学生的思维闪光点，促进学生的发展。
课堂总结，畅谈收获	通过今天这节课的学习，你有什么收获和感想呢？	学生自由发言	通过回顾知识，总结要点，交流感受，获得启发。

教学评价

在本课教学中，以下几方面做得较好。

1）充分调动学生的好奇心，教师提问：“图形旋转后会发生怎样神奇的变化呢？”在好奇心的驱使下，学生大胆尝试、认真观察、主动交流，学习参与的积极性、主动性得到了充分的发挥。

2）结合生活实际及学生爱玩的游戏提供多个操作任务，学生自主选择，尊重学生意愿，满足不同学生的发展需求。

3）关注教学评价，学生自评时注重表达操作时的真实想法，互评时注重发现他人优点及自己获得的启发，教师点评重在肯定、鼓励，及时捕捉学生思维的闪光点激励学生发展。

（二）研究性学习活动应用案例

案例：中国梦 我的梦——设置自定义动画

1. 案例背景

设计者	教案名称	学生	教材	课时
武红静	中国梦 我的梦——设置自定义动画	小学五年级	北京出版社《信息技术》	1

2. 教材分析

《中国梦 我的梦——设置自定义动画》一课选自北京出版社《信息技术》第二册第四单元第 23 课。本单元的教学内容是“制作演示文稿”，通过学习演示文稿的相关操作，最终制作出生动形象的演示文稿作品。为了与学生的实际生活联系更紧密，更好地突出信息技术“来源于生活，服务于生活”的作用，本单元教学伊始，就以“中国梦 我的梦”为主题搜集相关素材，制作《中国梦 我的梦》演示文稿，现已基本完成，本节课学习设置自定义动画，是为增强演示效果。本课的学习，对于开阔学生思维、培养审美意识和创新意识等方面具有重要的作用。

3. 学习者分析

本课的学习对象是小学五年级的学生，他们已初步形成了一定的学习态度，有意注意逐步发展并占主导地位，但他们的思维活动仍然具有很大成分的具体形象色彩，在想象方面，学生想象的有意性迅速增长并逐渐符合客观现实，同时创造性成分日益增多。

学习本课前，学生已经掌握了幻灯片的相关操作，会插入图片、调整图片大小位置，添加文字、设置文字格式等。

4. 教学目标

（1）知识与技能

1）初步了解 PowerPoint 中自定义动画的目的，并说出动画效果的分类。

2）知道设置动画效果的几个关键要素，并初步学会设置动画效果。

3）能根据作品的需要在 PowerPoint 中比较恰当地设置自定义动画。

4）初步培养学生信息加工能力、表达能力及评价能力。

（2）过程与方法

1）在参与活动完成任务的过程中，初步了解设置自定义动画的目的，知道动画效果的分类及设置动画效果的关键要素，掌握设置自定义动画的方法。

2）在参与活动完成任务的过程中，初步培养学生的信息加工能力、表达能力及评价能力，体验多媒体演示文稿的交互性。

（3）情感态度与价值观

1）在尝试、探究设置自定义动画方法的过程中，发展自主探究学习的意识。

2）通过完善演示文稿，激发爱国情感，体验利用自定义动画解决实际问题的乐趣。

5. 教学重难点

重点：设置自定义动画。

难点：比较恰当地设置自定义动画。

6. 教学准备

教学网、学习资料、学习评价表、课件。

7. 教学过程

教学环节	教师活动	学生活动	设计意图
激趣导入，揭示课题	【谈话导入】 1）同学们，请你们欣赏老师制作的《中国梦 我的梦》演示文稿，并思考两个问题：①老师的作品和你们的作品有什么不同？②你们觉得这样做好不好？ 2）通过对比，同学们找到了老师的作品和你们作品的不同。我想，在其他学科老师上课时也播放过这样会动的演示文稿，其实，这是给演示文稿中的对象设置了动画。 【揭示课题】 你们想不想也给自己的作品设置动画？今天我们就来学习设置自定义动画。 板书：中国梦 我的梦——设置自定义动画	自由发言。 1）图片或文字不是都显示在幻灯片上，而是一部分、一部分地出现； 2）还有的文字变大了，并且改变了颜色； 3）这样做看起来很吸引人； 4）文字突出了，让人记得更清楚； ……	通过欣赏教师的作品并结合问题，初步体会到设置动画具有使演示文稿更生动、更吸引人的作用，并激发学习兴趣，引出本课的新知。
分析作品，规划设计	任务一：动画初规划 【播放课件】如图1、图2所示。 你们知道为什么要设置动画吗？自定义动画效果有哪几种？ 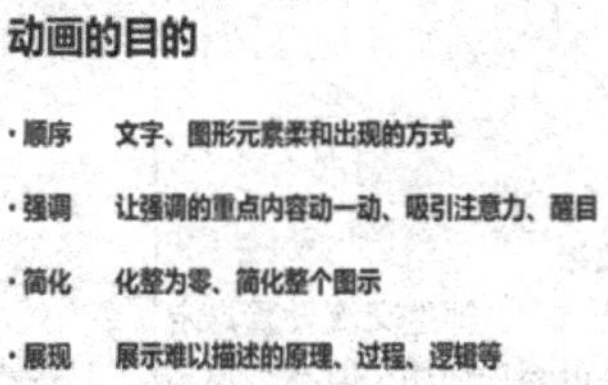 图1 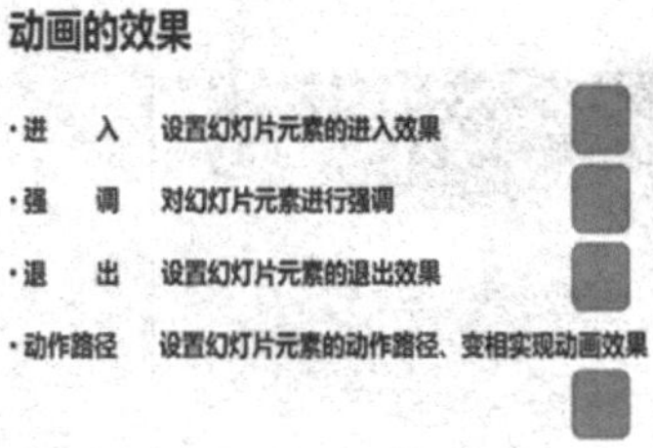 图2 【出示任务】如图3所示。 任务一：动画初规划 浏览演示文稿，分析演示文稿的对象元素，规划动画。 图3 【展示交流】 展示学生的规划方案	自由发言 观看课件 学生分析、完成“动画初规划”任务 介绍规划方案	帮助学生初步体会设置动画的目的，初步了解动画效果的分类。 体会设置动画的目的，培养规划能力，并在实践中体会设置动画的一般方法。 进一步明确设置自定义动画的一般方法，为后续自主实践操作奠定基础。

续表

教学环节	教师活动	学生活动	设计意图
	【师生小结】 在演示文稿中，通常为文字和图片设置自定义动画，一般方法如下。 文字：“进入”“强调”或“退出”效果 图片：“进入”“退出”“动作路径”效果或不设置	师生共同小结设置方法	
	任务二：动画初体验 我们已经对演示文稿中要设置自定义动画的对象元素进行了初步规划，你们一定跃跃欲试了吧？现在，就参照“学习小助手”开始设置吧！ 【出示任务】如图4所示。 任务二：动画初体验 为演示文稿中的对象元素设置比较恰当的动画效果。 提示 可以参照“学习小助手”提供的操作方法及提示完成任务。 图4	自主完成任务	视频培养学生自主探究、自主实践的意识和能力。
分析作品，规划设计	【巡视指导】 巡视中发现学生遇到的问题并给予适当的指导。 【演示交流】 1）为幻灯片设置动画效果。 2）请学生演示设置自定义动画的方法。 标题：“强调”效果 内容：“进入”效果 图片中的飞机、轮船：“动作路径”效果 3）结合教师作品（第3张幻灯片）（图5），师生交流设置自定义动画时需要注意的一些问题：①动画效果可叠加使用，但不是越多越好；②根据演示文稿的内容适当设计动画效果，尽量选择温和不夸张的。	边演示边介绍操作方法	
	 图5	自由发言	培养学生的语言表达能力。
	注：标题是“进入”和“强调”效果组合；图片是“擦除”“飞入”效果，较温和。 【完善作品】 引导学生进一步完善作品。	自主操作	

续表

<table>
<tr><th>教学环节</th><th>教师活动</th><th>学生活动</th><th>设计意图</th></tr>
<tr>
<td>自主探究，完成任务</td>
<td>
任务三：动画巧设置
【出示课件】
提问：你们觉得这样的动画效果合适吗？
预设：①如果学生认为合适，就由教师提示，帮助学生发现问题；②如果学生能自己发现问题，如“动画速度太快”“顺序不对”等，教师就顺势引导学生进一步探究。
【教师小结】
设置动画除了选择比较合适的动画效果外，对于动画要素的设置也很重要，这会让你的动画效果更加和谐，能更恰当地表达思想。
【出示任务】如图 6 所示。
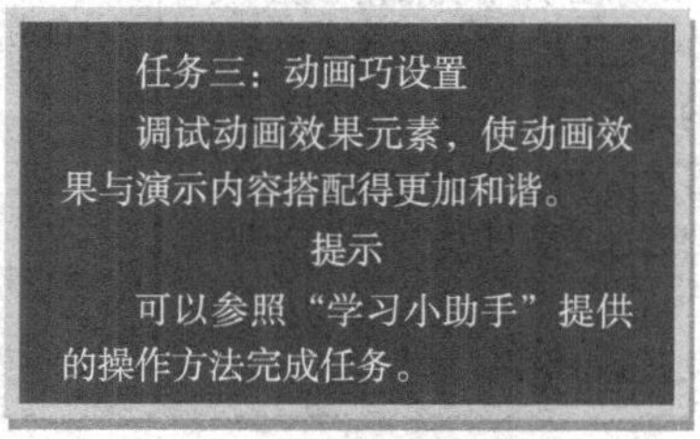

图 6
【巡视指导】
巡视中发现学生遇到的问题并给予适当的指导。
【演示交流】
1）请学生演示调试动画关键要素的方法。
2）以第 7 张幻灯片（图 7）为例，分析“动画的关键要素”。
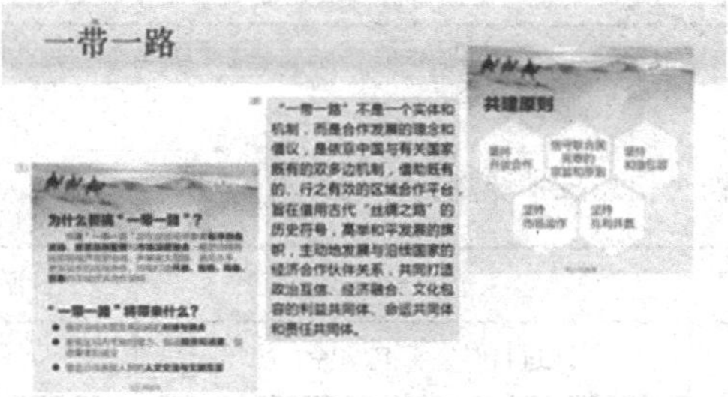

图 7
注：标题设置为：
▶开始：单击时
◷持续时间：01.00
图片设置为：
▶开始：单击时（第 1 张）
在上一项之后（第 2、3 部分）
◷持续时间选 01.00
效果选项选上浮
3）小结“动画的关键要素”（表 1）。
表 1
<table>
<tr><th>关键要素</th><th>内容</th></tr>
<tr><td>开始</td><td>鼠标点击时、之前、之后</td></tr>
<tr><td>速度</td><td>根据需要进行调试</td></tr>
<tr><td>效果选项</td><td>根据需要设置参数</td></tr>
</table>
【完善作品】
引导学生进一步完善作品。
</td>
<td>
观看课件，思考并回答问题。

自主操作

演示并介绍调试方法。

自由发言

和教师共同总结

完善自己的作品
</td>
<td>
引导学生发现问题并进一步体会还需要对动画进行调试才能更好地表达演示文稿的内容和思想。

引导学生在自主探究和自主实践中掌握操作方法，进一步培养学生自主探究的意识和能力。

学生的演示检验了他们自主探究的成果，从而使学生体验到成功的自豪感。
</td>
</tr>
</table>

续表

教学环节	教师活动	学生活动	设计意图
展示评价，交流小结	【展示评价】 1）请学生展示自己的作品。 2）请学生对同学的作品进行评价：①动画效果是否合适；②动画效果出现的顺序是否合理；③动画出现的“速度”及“效果选项”是否合适。 3）教师针对作品进行更高层次的评价。 【交流小结】 1）今天你有什么收获？ 2）设置自定义动画要结合演示文稿的内容，并根据对象的需要进行调试，希望同学们在以后的操作中能让自己制作的演示文稿作品更好地表达自己的思想，吸引观众的注意。 中国梦是我们共同的梦想，这里面也包括我们个人的梦想，老师实现了自己的梦想，希望你们通过不断努力，也能实现自己的梦想。 最后请大家填写自评互评表（见案例后附件）。	展示作品 评价作品 自由发言 填写自评表	通过展示作品，使同学们对作品的自定义动画效果有整体的认识，并能对作品进行评价，帮助学生进一步理解设置自定义动画的合理性，同时培养学生的语言表达能力。 鼓励学生不断努力，实现中国梦，实现自己的梦想。

教学评价

本节课作为幻灯片中为对象设置自定义动画效果的第一节课，课前的准备工作是非常重要的。导入时教师播放的《中国梦 我的梦》演示文稿很好地吸引了学生的注意力，激发了学生自己动手制作的兴趣。本课结合学生互评和教师点评开展评价活动，通过作品展示，了解学生对于对象进入时动画设置技能的掌握情况。本课要起到激发学生学习兴趣，同时让学生树立学以致用思想的作用。

附件：《信息技术课堂自评互评表》

<table>
<tr><td colspan="3">项目</td><td>自评（符合请打“√”）</td></tr>
<tr><td rowspan="3">活动过程</td><td rowspan="2">学习实践</td><td>通过自学、探究掌握方法</td><td></td></tr>
<tr><td>善于与他人协作</td><td></td></tr>
<tr><td>情感态度</td><td>积极主动地参与学习过程</td><td></td></tr>
<tr><td rowspan="2">收获</td><td colspan="3">学会的知识（符合在□中打“√”）</td></tr>
<tr><td colspan="3">□ 能说出动画效果的分类
□ 会设置动画效果
□ 知道设置动画效果的几个关键要素</td></tr>
<tr><td colspan="2">项目</td><td colspan="2">互评（符合请打“√”）</td></tr>
<tr><td rowspan="2">活动成果</td><td>为演示文稿设置了比较恰当的动画效果</td><td colspan="2">□恰当　□比较恰当　□不恰当</td></tr>
<tr><td>动画的关键要素比较合理</td><td colspan="2">□合理　□比较合理　□不合理</td></tr>
</table>

（三）实验操作活动应用案例

案例：制作沿“引导线”运动的动画

1. 案例背景

设计者	教案名称	学生	教材	课时
刘芳	制作沿“引导线”运动的动画	小学五年级	清华大学出版社《信息技术》	1

2. 教材分析

本课是清华大学出版社出版的小学五年级上册《信息技术》的第 7 课，主要内容是让学生掌握 Flash 引导层的功能，学会制作曲线运动的动画。在 Flash 动画制作中我们经常会碰到一个或多个对象沿曲线运动的问题，它是对运动对象沿直线运动动画的引申，通过学习引导层的使用，物体沿任意指定路径运动的问题迎刃而解。本课是 Flash 动画中必须掌握的内容。

3. 学习者分析

本教材的授课对象是小学五年级的学生，此年龄段的学生有一定的计算机操作能力，并且前面已经学习了逐帧动画、补间动画的制作，以及图层的应用等知识，学生有了一定的制作基础，所以学习本课内容，学生是可以接受的。

4. 教学目标

（1）知识与技能

1）理解创建引导层动画的基本原理。

2）掌握创建引导层动画的方法。

3）培养学生的观察力和想象力，能够举一反三地运用所学知识制作相应的动画效果。

（2）过程与方法

以层层递进的任务为驱动，引导学生观察、分析、对比、实践，师生互动完成教学任务，培养学生的探究思维、创新意识和分析问题、解决问题的能力。

（3）情感态度与价值观

感受信息技术与现实生活的密切联系，培养学生的信息素养。

5. 教学重难点

重点：引导层及引导线的作用和创建方法。

难点：运用引导层制作曲线运动动画；运用运动对象与引导线的吸附操作。

6. 教学准备

课件。

7. 教学过程

教学环节	教师活动	学生活动	设计意图
创设情境，引出课题	1）欣赏两个“风中的纸飞机”不同运动轨迹的动画（直线和曲线），引出课题 2）设疑：直线运动和曲线运动有什么不同	观察、思考	1）通过播放短片，对学生进行情感渗透：同学们下课时放飞纸飞机，不能随意乱扔，要珍惜劳动成果，要保护环境卫生。 2）引入正题：风中的纸飞机。
授课内容——温故	【活动一】 对比图 1、图 2 动画效果的不同之处。 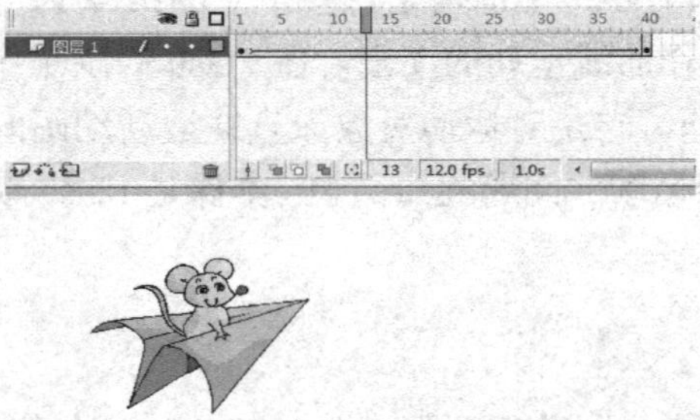 图 1  图 2 不同： 1）①直线运动；②曲线运动。 2）①一个图层；②两个图层。	观察、对比、思考、抢答。	1）调动学生参与的积极性。 2）在对比的过程中，引领着学生回忆以前学过的补间动画及插入图层的方法。 3）培养学生良好的信息素养，如对图层进行有意义的命名，再如动静分图层存放。
授课内容——知新	【布置任务一】风中的纸飞机（教师示范） 1）在舞台上导入飞机图片（图 3）。  图 3	1）观察、思考，学习建立引导层。 2）学生示范建立引导层的操作。 3）自己动手尝试。	1）教师示范，学生了解建立引导层的具体操作过程。 2）让学生对新知能够清楚把握。

续表

教学环节	教师活动	学生活动	设计意图
授课内容 ——知新	2）建立引导层（图4）。  图4 3）在引导层用铅笔工具画一条引导线（图5）。 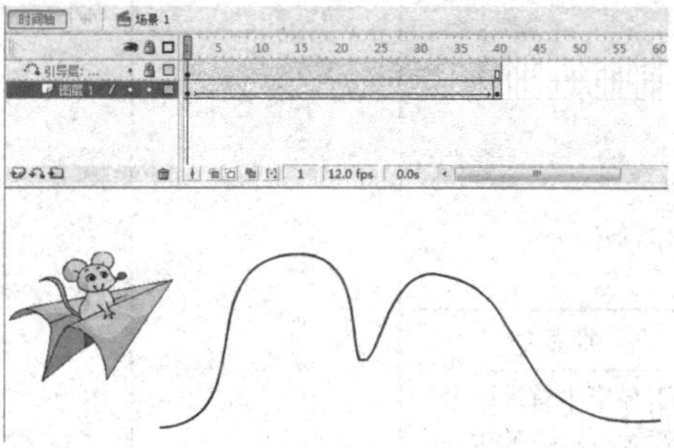 图5 【活动二】 对比图6、图7动画效果的不同之处。 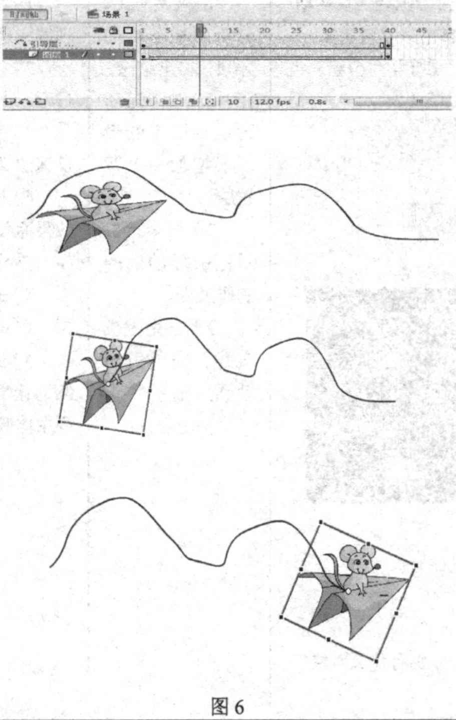 图6	1）观察对比，分析两种动画的异同，得出结论：引导动画必须要做运动对象与引导线的吸附操作。 2）学生示范制作过程。 3）学生自己尝试制作、实践、互助。	1）突破难点：运动对象与引导线的吸附操作。 2）培养学生分析问题、解决问题的能力。 3）当学生画了引导线，但是飞机没有按照引导线的轨迹运动时，该如何解决？发现问题，并解决问题。

续表

<table>
<tr><th>教学环节</th><th>教师活动</th><th>学生活动</th><th>设计意图</th></tr>
<tr><td>授课内容
——知新</td><td>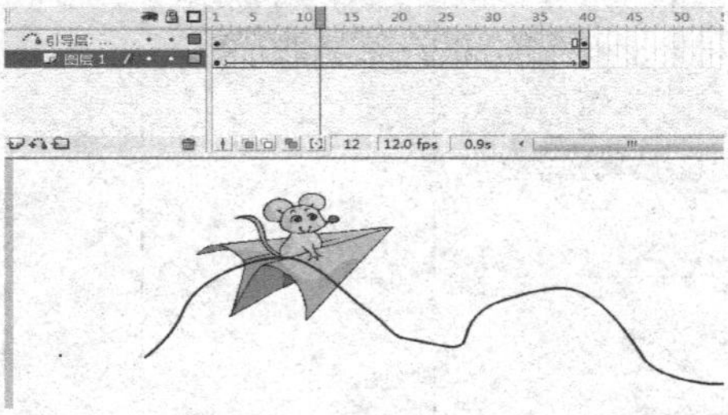
图 7
不同：①没有运动对象与引导线的吸附操作，纸飞机沿直线运动；②做了运动对象与引导线的吸附操作，纸飞机沿引导线运动。
4）展示学生作品，进行评价。
【提出问题】
1）动画有几个图层？
2）图层的位置关系是什么？
3）上、下图层中的对象各是什么？
4）②中成功做出引导动画的原因是什么？
【知识整理与小结】
<table><tr><th>作用</th><th>图层</th><th>对象</th><th>难点</th></tr><tr><td>引导层</td><td>上</td><td>引导线</td><td rowspan="2">被引导层中首尾两个关键帧的对象的中心必须吸附在引导线的起点和终点</td></tr><tr><td>被引导层</td><td>下</td><td>纸飞机</td></tr></table></td><td></td><td></td></tr>
<tr><td>授课内容
——递进</td><td>【布置任务二】试着制作一个“月球围绕地球运动”的椭圆轨迹动画。（教师要求学生自主完成该任务）
1）对比任务二与任务一实例，引导学生分析：此动画比任务一的动画增加了什么（图 8）？
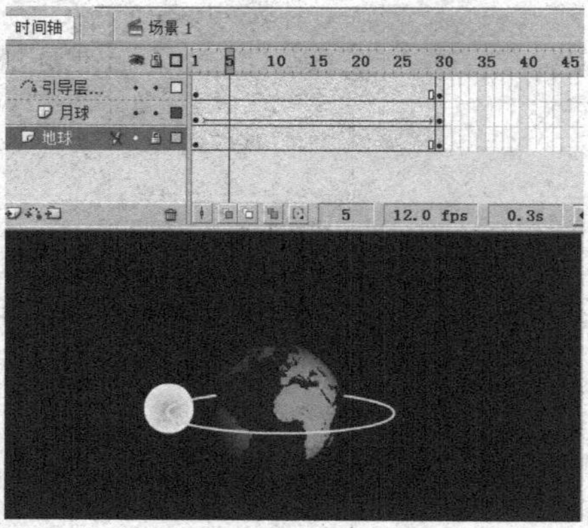

图 8
2）教师巡回指导，及时进行点评。
3）展示学生作品。
【提出问题】
1）动画中引导层和被引导层中分别有什么对象？
2）看到的效果是什么？
3）引导线椭圆能否是封闭的图形？</td><td>1）观察对比，分析两种动画的异同，得出结论：在月球围绕地球运动实例中的最下层增加一个背景层。
2）学生上机示范引导动画的制作过程。
3）学生上机实践，完成引导动画。</td><td>1）巩固对引导层含义的理解和建立方法的掌握。
2）强化引导动画的制作过程。
3）点评学生作品，及时反馈课堂效果。
4）通过形象逼真的动画效果激发学生进一步完善作品的热情。
5）通过组织学生讨论分析，培养学生的合作意识。
6）通过层层递进的任务驱动让学生在完善作品的过程中体验成功的喜悦。</td></tr>
</table>

续表

<table>
<tr><th>教学环节</th><th>教师活动</th><th>学生活动</th><th>设计意图</th></tr>
<tr><td>授课内容
——递进</td><td>【知识梳理】
<table>
<tr><th>作用</th><th>图层</th><th>对象</th><th>动画效果</th><th>难点</th></tr>
<tr><td>引导线</td><td>引导层</td><td>椭圆轨迹</td><td rowspan="3">沿引导线运动</td><td rowspan="3">引导线椭圆不能是封闭的图形。引导线必须有起点和终点，做吸附操作</td></tr>
<tr><td>补间动画</td><td>被引导层</td><td>月球</td></tr>
<tr><td>普通</td><td>背景</td><td>地球</td></tr>
</table>
【课堂练习】
通过完成填空题的方式对本堂课的要点进行小结。
1）引导层动画必须由两个以上图层组成，两个图层之间存在上下缩进关系。
2）在引导层中绘制引导线，而运动对象在被引导层，并在该层中设置动作补间动画。
3）引导层中的引导线必须有起点和终点。
4）被引导层中首尾两个关键帧的对象的中心必须吸附在引导线的起点和终点。
5）引导线只是一种功能线，生成的 SWF 文件中的引导线是看不见的。</td><td>4）学生认真思考，回答问题。
5）巩固所学。</td><td>7）巩固学生所学，加深记忆。
8）检验学生的学习情况。</td></tr>
<tr><td>评价与交流</td><td>在时间允许的情况下，展示部分学生的作品，教师与学生互评，进行经验交流。</td><td>互评</td><td>经验交流</td></tr>
<tr><td colspan="4">教学评价</td></tr>
<tr><td colspan="4">在教学过程中，教师讲授的知识有时太过详细，对于“话说一半”的教学艺术还掌握得不够。每个点都提到，有时候并不利于学生思维能力的发展，这一点还需要教师在今后的教学中学习和提高。另外，在教学过程的把握上，还欠缺火候，想到了知识的迁移，但实际上课的时候还是没有做得很流畅。对于一些重要的问题仍然强调不足，比如很多学生还是把引导线绘制在了被引导层，这一点以后也需要进一步改进。</td></tr>
</table>

第三节　交往型活动及其应用

一、交往型活动

交往是活动的最基本形式，交往作为一种社会性行为，彰显出人的社会本质。交往活动是主体处理自己和他人及社会之间的种种联系的行为活动的总称。它在人的一切活动中都存在，而且成为人的各种活动的联结纽带。人类的教育活动起源于交往，在某种程度上，教育被看作是一种独特的交往活动。叶澜教授揭示了教育与交往的关系，认为教育作为一种特殊实践活动，体现了人类交往活动的这种特点。交往的基本特征是互惠性与互动性，交往强调学生之间与师生之间的双向交互，通过互动实现共识、共享和共进。这便是所谓的教学相长的实际意义。对教学而言，交往不仅仅只是作为一种教学活动的方式，更是一种在教师与学生之间存在的氛围与情境。教学是教师教与学生学的统一。对学生而言，交往能够给学生带来更加开放的心态，更加凸现学生的主体地位，更加有利于学生创新思维的培养。对教师而言，交往不只是教师上课进行知识传授的途径，更是与学生一起理解教学内容及分享个人观点的一种途径。同时，教师与学生在交往的过程中，要学会转变自身角色，教师由课堂上的权威发言者转变成教学的指导者与学习的合作者，学生由课堂的聆听者转变成学习中的实践者与活动中的自由表达者。

教学交往是指教学主体之间以精神客体为中介所构成的某种交往活动，这里的教学主体，不仅是指学生，也指教师，不仅包括师生群体，也包括师生个体。所有的学科教学都是通过语言实现的一种社会性的沟通现象。没有交往的学科教学是无法实现的。因此，教学交往就是在教学过程中，以具有某种含义的信息为中介的人和人之间的活动。

从交往型活动的视角来看，学生在知识上并非一张白纸，相反，他们在入学之前已经具有大量的知识，持有一定的见解。这些知识和见解与正规学校课程里学到的不尽相同，它们产生于鲜活的生活。就学生而言，这些知识更为真实。交往型活动将最核心的选择权赋予了学生，由他们选择应该学习什么内容，何时以及用什么方法学习，以及谁来做教师。这种情况下，教师的责任就是促进学生的个人发展。交往型活动一般通过教师与学生、学生与学生之间的对话、讨论、交流等方式实现。教师与学生之间建立良好的教学交往不仅能切实地提升学生的主体地位，还能有效地实现教育的目的。因此，在信息技术课堂中设计交往型活动是很有必要的。

交往型活动设计的目的是教师与学生能够通过交往实现信息的交流、思想与感情的交流以及共享信息，交往型活动设计的好坏直接影响课堂教学的效果。

二、交往型活动的常见问题

长期以来，信息技术学科的教学仍采用传统的课堂教学，在教学过程中，教师往往以教材为主，向学生教授书本知识。这种教学过程存在着诸多缺陷。

1. 课堂教学交往过程的单向化

交往型活动是交往双方之间进行对话和沟通的途径，交往的双方都是用积极向上的态度参与交往活动的。但是，在传统的课堂教学中，教学的目的主要是强调学生对知识的接受程度，学生对教学知识的总体接受程度是评判教学是否有效的一个重要标准，教师在传统教学中往往受教学目标和教学时间的影响，不能照顾到学生的感受，更不能有效地激发学生的学习兴趣。在这样的交往型活动中，教师“一言堂”的现象，使学生很难用积极的态度主动参与到课堂教学中去。同时，教师单方面地把控着课堂教学进度，教师与学生之间处于一种极不平等的交往形态。这些因素使得教学中的交往型活动成为教师的一种单边活动，而不是教师与学生之间的共同活动。

2. 课堂教学交往缺乏公正性

在课堂交往型活动中，对学生而言，教师在许多方面均处于一种较为优势的地位，这非常容易使教师产生一种师生关系上的优越感，认为自己是比学生优越的，于是对学生耳提面命，不能够用平等的态度看待自己的学生。从情感关系的角度来看，教师忽视了学生作为未成年人所能够体会到的情感方面的体验和需求；从伦理关系的角度来看，教师的行为属于不尊重学生人格的表现；从社会关系的角度来看，教师作为社会的代言人、教育者和知识的传授者，没有民主平等地对待学生。课堂教学交往中，不公正的对待使学生享有的权利或多或少地被教师有意或无意地剥夺了，这对学生来说显然是不公平的。

3. 课堂教学交往低效性

课堂教学交往活动的设计是为了在教师与学生之间达成对某一问题的共同理解。这种理解不仅包含对人文精神与知识文化的理解，也包含对社会关系与人际关系的理解。现有的课堂交往活动在这两方面所发挥的作用都是低效的。在课堂教学中知识的传授是教学交往的中心活动，师生关系主要是以知识的传授为中心形成和展开的，因此，师生关系在某种程度上已经变为有效教学所必须具备的一种条件，也是进行教学所必须使用的工具，交往的开展是为更好地传授知识服务的。目前的课堂教学交往过于重视知识的传授过程、过于关注教学材料与标准答案，从而忽视了学生的探究需求，阻碍了学生对知识的深层次理解，降低了课堂教学的效率。

综上所述，设计交往型活动的目的不仅仅取决于传授知识的形式和程度，更取决于交往双方情操的陶冶与培养，取决于双方是否从知识的学习和情操培养的教育过程中去领略生命所蕴含的意义。

三、交往型活动的常见形式

新课标指出教学关系实际上是教师的“教”与学生的“学”的统一，这种统一的实质是交往。新课程理念将教学的本质定位为交往，教学过程是师生交往、积极互动、共同发展的过程。没有交往，没有互动，就不存在或不可能发生教学行为。课堂教学活动是一种多主体之间的交往活动，教师与学生、学生与学生之间发生着频繁而密切的联系，这种师生间、学生间的交往是学生学习的主动性、积极性得以发挥的前提，是提高学生素质、促进学生全面发展的重要途径。因此，在“没有沟通就不可能有教学”的现代教学理念下，教师与学生是交互主体性的伙伴关系，两者各具独立人格且完全平等，这种新型师生关系得以建立和表现的最好形式便是课堂教学交往。通过交往，重建人道的、和谐的、民主的、平等的师生关系是新课改的一项重要任务。面临新的挑战，教师应树立新的教育理念，加强教学过程中师生之间的交往互动，在学习和教学中体验快乐。

新课程理念认为，教学过程是师生交往、生生交往、积极互动、共同发展的过程。在教学过程中，强调师生间、学生间的动态信息交流，这种信息包括知识、情感、态度、需要、兴趣、价值观等方面以及生活经验、行为规范等，通过这种广泛的信息交流，促进教师与学生之间、学生与学生之间在课堂教学中的有效交往，使学生在有效的课堂交往中得到全面发展。常见的交往型活动有师生交往活动、生生交往活动。

1. 师生交往活动

交往是指人在社会生活中交流信息、沟通情感、相互感知和相互作用的过程。师生交往活动是教师与学生之间进行信息交流、情感交流的交往过程。学校的一切教育教学活动都要通过教师与学生之间的相互交流、相互作用来实现。在教学过程中，教师在向学生传授文化知识和智慧成果的同时，还把个人的品质修养、道德观念、情感体验、社会观念、人生价值和行为规范等方面的修养和基本素质在与学生的交往中显露，并潜移默化地影响学生。这样，教师与学生在教学过程中的交往就不仅仅是科学文化知识的传授交往，更是心理交往与情感交流。这种交往，久而久之便潜移默化地形成学生的行为准则和价值观念，并内化为学生心理和行为上的道德准则。同时，学生在与教师的交往中，不断地认识自己、评价自己，学会随时调整自己的知识结构、思维方式和行为方式，从而不断积累文化知识及社会经验。因此，教学过程中师生交往活动的设计是教师与学生相互之间进行的认知、情感、态度、价值观等多方面的人际交往和相互作用的过程。教学过程中的教师和学生就是在这种复杂的交往和沟通中获得知识、协调行为，从而形成相互间稳定的人际交往关系。教师与学生之间的交往活动对学生的全面发展，特别是个性的发展起什么样的作用，往往取决于教师的引导方式和态度。美国教育心理学家根据勒温关于领袖作风的实验报告进行了有关教育和集体动力学方面的研究。他们的研究认为在教学过程中教师与学生的交往有三种类型：权威型、民主型和放任型。

（1）权威型师生交往活动

在权威型师生交往活动中，教师对学生行为有绝对的支配权，以权威自居，学生屈从于教师的意志。传统教学中满堂灌、填鸭式、注入式的教学形式最适合于这种师生交往活动。在这种师生交往活动中，课堂沉闷，学生沉默。当教师提出问题时，学生不敢发表自己的意见。当进行小组合作时，学生内心不愿合作，甚至容易推卸责任，指责他人。长此以往，学生没有自由发展的空间，思维得不到拓展与提升，缺乏创造性和自主性。在中小学信息技术课堂上，权威型师生交往活动主要通过教师讲授、教师提问等活动方式实现。

（2）民主型师生交往活动

在民主型师生交往活动中，教师和学生都是平等的主体，教师不是以权威自居，而是以引导者的身份出现，既把学生看作教学的对象，也把学生看作教学的主体和学习的主人。在这种教育环境中，学习气氛浓厚，学生相互鼓励，行为的创造性和独立性十分明显。

民主型师生交往活动中包含着对平等、民主的人际关系和个体开放心态的倡导，以及对个体性和主体性的尊重。在师生交往活动中，教师与学生之间毋庸置疑存在着差别，教师在教育与教学中起着主导作用。因此，要真正做到交往民主，就要求教师做到以下两点：第一，尊重信任。人人都希望被尊重信任。因此，教师与学生要以相互尊重人格为前提，在人格上平等，这样才有可能建立一种正常的教学秩序，有效地开展教学活动。当然，尊重学生最有效的方法是信任。第二，公平地对待学生，也就是要一视同仁地对待学生，尤其是对品德不良或学业困难的学生。在教学活动开展过程中，公平感是调动学生积极性的重要因素。这不仅有利于民主的师生关系的建立，也有利于学生积极地学习。民主型师生交往活动一般在以启发式为指导思想的教学中发生。教师可以通过引导、指导和答疑等方式实现民主型师生交往活动。

（3）放任型师生交往活动

在放任型师生交往活动中，教师和学生都处于一种自由主义状态，学生的行为没有明确的目标，谁也不知道该怎么做，学生之间没有合作。教师和学生彼此间没有约束感，教师根本不参与学生的课堂学习，学生几乎完全自主，或者教师根本不在课堂。这时，学生很容易对教师产生不满和怨恨的情绪，教师设计的师生交往活动毫无意义，形同虚设。这很容易造成教师与学生之间如同路人，淡漠无情。放任型师生交往活动常见于远程端课堂活动教学中。

2. 生生交往活动

学生与学生之间的交往是课堂教学中不可替代的组织形式。学生与学生之间的交往是学生个体间或个体与群体间为达成共同的目标在学习过程中展开的相互协作的学习交往形式。学生与学生之间的交往通过学生间的不同见解、观点的碰撞，引发认知冲突，能够更加充分地激发学生的学习兴趣，调动他们参与教学的积极性，提高交往语言，培养竞争合作意识和人际交往的技能。

（1）求知型生生交往活动

求知型生生交往活动是指一些兴趣相投、知识面较广、素质较高的学生自发地抑或有组织地结合在一起探讨学习问题，以达到相互启发、共同提高的目的。这种交往活动的直接动机和最大乐趣是追求智慧活动的深入。这种生生交往活动常通过交流讨论活动、访谈活动、学生汇报活动及小组合作活动来实现。

课堂上让学生思考并且讨论，是一种比较常见的生生交往活动，既可以作为知识点提出启发式问题，也可以对所学知识点进行进一步深层次的理解和掌握，以便更好地进行应用。“围坐式”的交流讨论方式在课堂教学空间形态上基本打破“秧田型”空间形态的格局，会更适合学生的交流讨论活动的展开。

在学生与学生之间的交往活动中，小组内的交往应作为主要形式。在这种交往活动中，教师并非无所作为，而是由交往的直接参与者变为交往环境的营造者。此时教师也不只是作为一位讲述真理的人，而是成为学生的顾问和帮助者。此外，除了小组内的交往活动，小组间的交往活动也是课堂教学中不可或缺且行之有效的学习形式。

学生汇报活动是指学生将自己的成果和思想与大家共享，这样既可以提高学生的自我效能感，而且针对该学生的汇报内容，同学们还可以提出相关的质疑和意见，更有利于学生之间的交流共享，并且可以促进研究。

（2）邻近型生生交往活动

邻近型生生交往下的活动学生关系较为松散，且容易受其他自发群体交往活动的影响，依赖于偶发的条件。一般是因为距离比较近，像邻桌或是同桌之间。在邻近型生生交往活动中让学生学会倾听、互相取长补短、互相欣赏帮助。让学生在交往活动过程中多与其他孩子交往，扩大自己的交往范围，获得自我表现的机会，增进学生情感和思想的交流，学会调节冲突和解决矛盾，从而逐渐发展交往能力。培养学生邻近交往的能力，是教育中的细节，时时培养，处处注意，润物细无声，并不难做到。常见的邻近型生生交往活动有邻近的生生相互帮助、邻近的生生指导活动。

（3）苦闷型生生交往活动

对于苦闷型生生交往活动，学生之间交往的主要原因是在学习竞争中感到力不从心而苦闷，或见解不被教师与其他同学接受而感到委屈，或个人人格因素不被教师与同学理解而感到孤独，希冀找到和自己有相同经历、相同感受的同学互诉衷肠。

四、交往型活动应用案例

案例：绘制图表

1. 案例背景

设计者	教案名称	学生	教材	课时
李爱云	绘制图表	八年级	山东教育出版社《信息技术》	1

2. 教材分析

本课是山东教育出版社初中《信息技术》第四册第一单元“走进数据处理王国——Excel”的第7课《绘制图表》。利用统计图表描述数据是数据处理的重要环节，同文本、表格数据等信息表达方式相比，统计图表达信息更加清楚、直观，因此，绘制图表是中学生必须掌握的一种技能，也是本单元学习的一个重点和难点。

3. 学习者分析

本课的授课对象为八年级学生，在学习本课之前，学生已经学习了在电子表格中利用公式、函数、排序及筛选等多种方式分析、统计数据，具备了一定的数据分析和逻辑思维能力，为本课的学习奠定了基础。

4. 教学目标

（1）知识与技能

1）了解图表的概念，了解各种类型图表的特点。

2）学会使用图表向导创建、编辑、修饰图表。

3）能用图表分析数据，形象、直观地展示数据与数据之间的关系。

（2）过程与方法

本课通过展示日常生活中常见的文本、表格、图表等多种信息表达方式，让学生认识到用图表表达数据的优势，激发起学生的学习兴趣，然后以学案引导、任务驱动、小组交流、师生互动等方式，引导学生掌握利用图表分析数据的方法。

（3）情感态度与价值观

通过观察数据，培养学生获知事物差异和变化趋势的思维方式；通过小组合作、师生互动引导学生学会尊重他人、学会聆听的良好素养。

5. 教学重难点

重点：掌握绘制、编辑、修饰图表的方法。

难点：能选择合适的图表分析数据，获取信息。

6. 教学准备

课件。

7. 教学过程

教学环节	教师活动	学生活动	设计意图
创设情境，揭示主题	教师：我们在阅读书籍、报刊或网页时经常会看到这样的信息表达方式（课件依次呈现图1～图3三个幻灯片页面）： 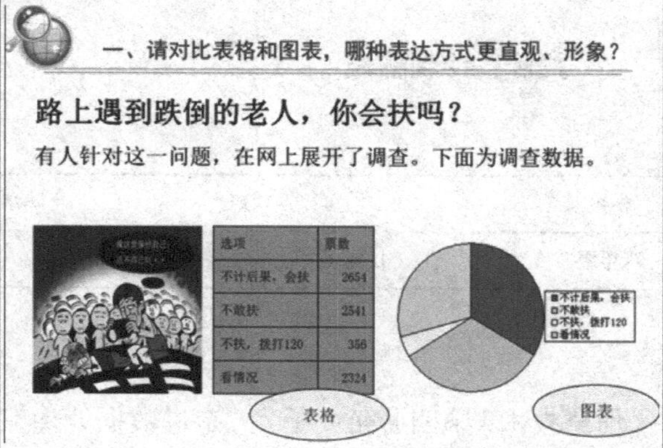 图1		

续表

<table>
<tr><th>教学环节</th><th>教师活动</th><th>学生活动</th><th>设计意图</th></tr>
<tr><td>创设情境，
揭示主题</td><td>一、请对比表格和图表，哪种表达方式更直观、形象？
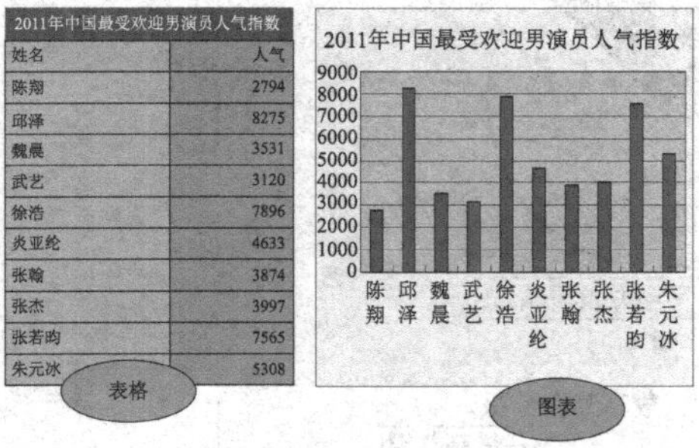

图 2
一、请对比表格和图表，哪种表达方式更直观、形象？
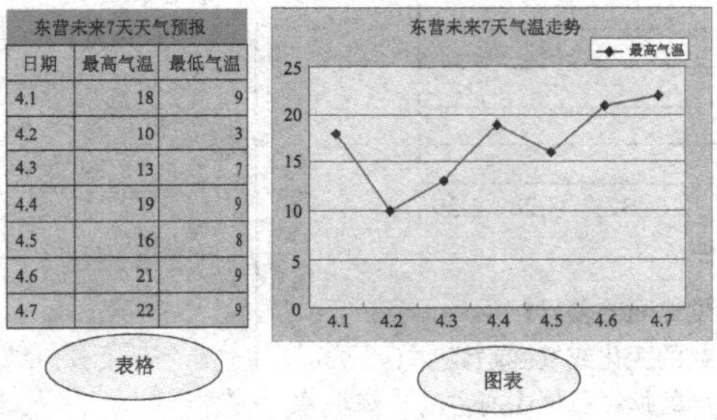

图 3
请同学们思考：文字、表格和图表这三种信息表达方式，你认为哪种能更直观、形象地表达数据与数据之间的关系？
由此非常自然地引出课题：绘制图表。</td><td>学生得出结论：图表。</td><td>创设学习情景，让学生在对比中体会到图表在生活中的应用以及在数据表达方面的独特优势，激发学生学习图表的兴趣，使学生在愉悦的情景中主动、积极地接受任务，从而乐学、愿学，同时，在引导学生分析时揭示出本课主题：绘制图表。</td></tr>
<tr><td>出示目标，
明确任务</td><td>向学生出示本课学习内容，让学生明确本课的学习任务，做到学习内容心中有数。
1）认：了解图表相关知识，认识图表主要类型。
2）绘：学会根据工作表中的数据，利用图表向导绘制图表。
3）修：恰当修改、修饰图表，使之更完美。</td><td></td><td></td></tr>
<tr><td>自探共究，
学习新知</td><td>1. 认：了解图表相关知识，认识图表主要类型
请同学们自学课本第 45 页第 7 课第一自然段，了解图表的基本知识。
最常用的图表有哪几种？
判断图 4～图 6 分别属于哪一类。
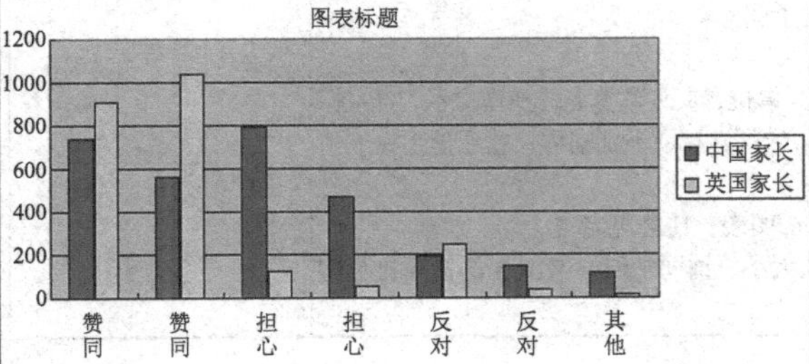

图 4</td><td></td><td>以问题为抓手，引导学生自学课本，掌握新知，培养学生的文本阅读能力、自主学习能力。</td></tr>
</table>

续表

<table>
<tr><th>教学环节</th><th>教师活动</th><th>学生活动</th><th>设计意图</th></tr>
<tr>
<td>自探共究，
学习新知</td>
<td>
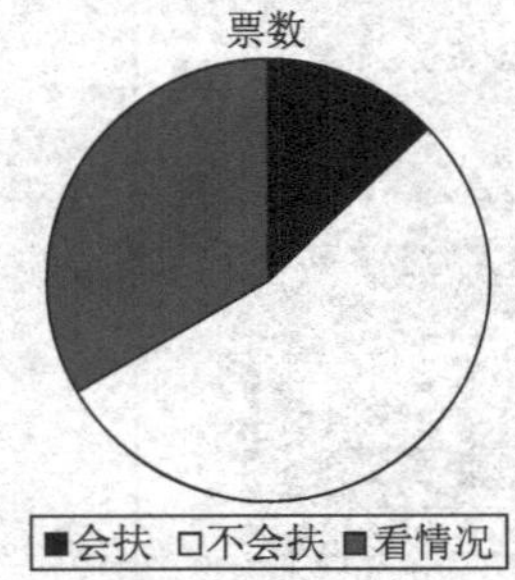

图 5
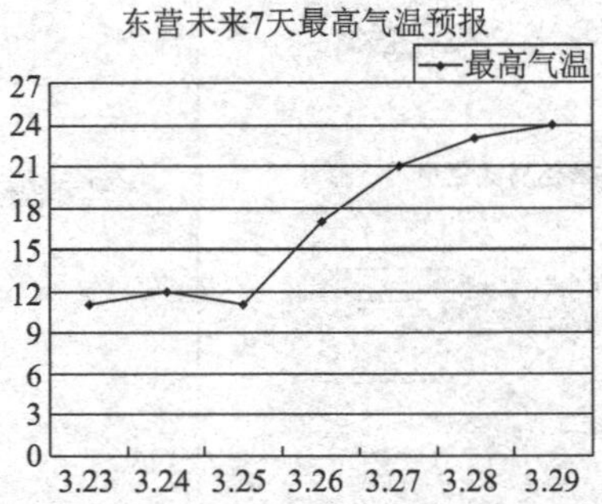

图 6
1）哪种图表多用于表示数据之间的差异？（　）
2）哪种图表多用于表示事物的变化或发展趋势？（　）
3）哪种图表多用于表示不同数据在总体中所占的比例？（　）
2. 绘：学会根据工作表中的数据，利用图表向导绘制图表
请打开第 7 课学案，切换到“集体舞比赛”工作表，将各班最后得分用“簇状柱形图”表达出来（图 7）。
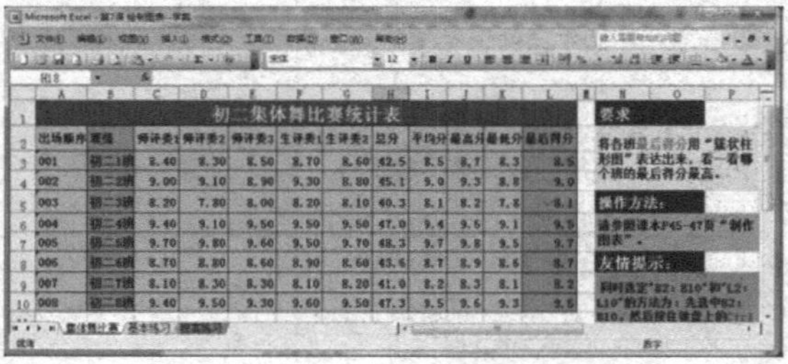

图 7
归纳思考：
1）所有的数据都要选上吗？
2）如何打开图表向导？
组织学生以学习小组为单位，参照课本上的操作提示，自主探究、合作交流，完成任务。教师巡视、个别辅导、查看学生完成情况。交流汇报。
3. 修：恰当修改、修饰图表，使之更完美
1）调整图表的位置和大小。请同学们参考图 8 的提示自行调整自己图表的大小和位置。
</td>
<td>完成任务的同学做小老师，讲解并演示操作方法。
学生回答思考问题，总结出绘制图表操作步骤：①选择数据区域；②启动图表向导。</td>
<td>本任务的操作虽为新知识，但大部分学生可以按照课本上的操作提示自学完成，故采用先学后教、学生自教的方式进行学法指导。</td>
</tr>
</table>

续表

<table>
<tr><th>教学环节</th><th>教师活动</th><th>学生活动</th><th>设计意图</th></tr>
<tr><td>自探共究，
学习新知</td><td>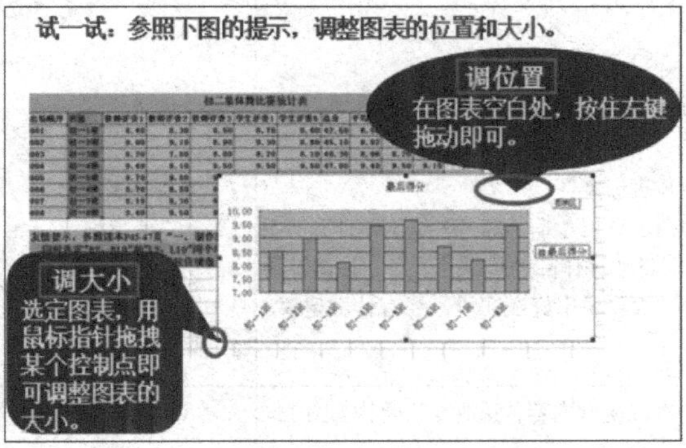

图 8
2）请同学们观察对比自己刚做的图表与老师的图表，你们认为哪个更美观（图 9）？
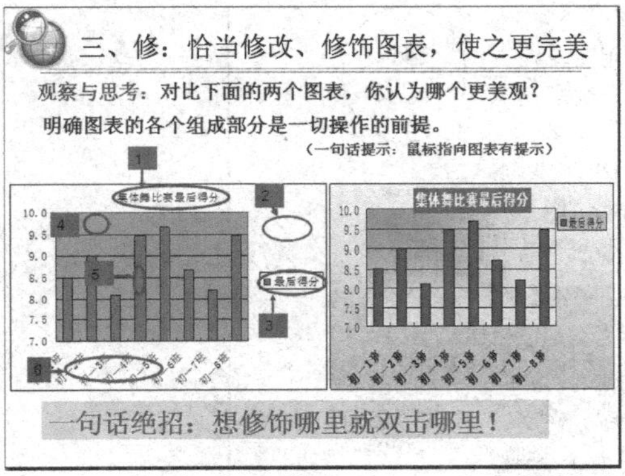

图 9
认识图表：以“一句话提示：鼠标指向图表有提示”引导学生认识图表各组成部分（图 9 中标出的 1～6）。
修饰图表：以“一句话绝招：想修饰哪里就双击哪里！”引导学生自己探究修饰图表的方法。</td><td></td><td>修改、修饰图表操作简单又有趣，放手让学生自己去发现、探索，让学生有机会体验学习成功的愉悦感。</td></tr>
<tr><td>学以致用，
巩固提高</td><td>1. 基本练习
观察图 10，哪位演员是人气王？请绘制柱形图表支持你的观点，若能美化一下你的图表就更好了。
2. 提高练习
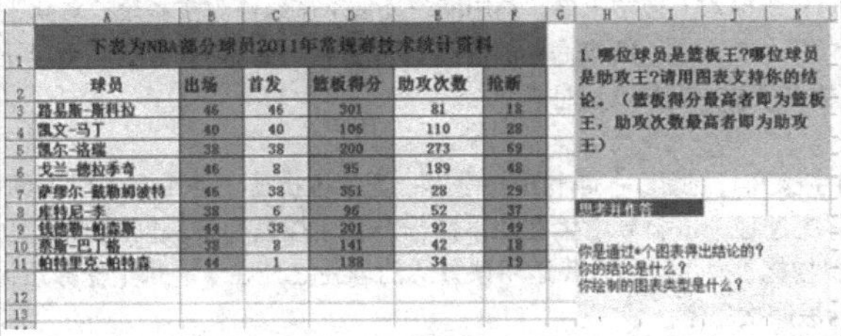

图 10
哪位球员是篮板王？哪位球员是助攻王？请用图表支持你的结论。（篮板得分最高者即为篮板王，助攻次数最高者即为助攻王）</td><td>绘制图表</td><td>在学案上给学生提供的“思考并作答”，是为了帮助学生梳理思路。</td></tr>
</table>

续表

<table>
<tr><th>教学环节</th><th>教师活动</th><th>学生活动</th><th>设计意图</th></tr>
<tr><td>多向互动，作品评析</td><td>1. 小组交流
请学习小组成员互相参观交流作品，对组员作品进行评价。
2. 班级展评
各小组选派代表作品参与班级展评。
展评时请自述采用何种图表分析数据、得出的结论是什么、图表修饰的目的是什么。其他同学点评作品的优缺点，点评时请不要单一地只用好与不好来评价，而要说出好在哪里，还有什么建议。</td><td>点评作品</td><td>此环节较为开放，可以充分调动学生的积极性和主动性，拓展学生的思维。通过学生自评、互评以及教师点评，让学生明确如何恰当地利用图表分析数据，实现本课教学难点的突破。</td></tr>
<tr><td>归纳总结，完成建构</td><td>1. 引导学生梳理、总结本课所学内容，完成知识建构（图 11）
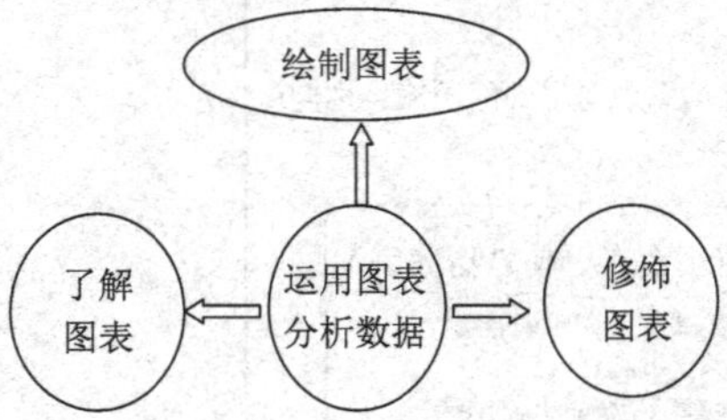

图 11
2. 教师展示专业的图表分析（图 12）
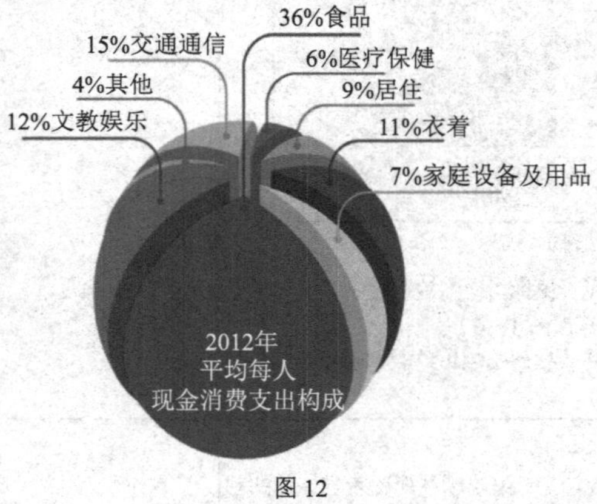

图 12</td><td></td><td>将学生单纯的热情升华为对知识理性的渴求，激发学生深入学习的欲望。</td></tr>
</table>

教学评价

在建构主义学习理论指导下，本课采用“任务驱动”教学策略，利用网络环境下多媒体教学系统，对学生实施“学习小组合作、自探共究”学法指导，教学中注重培养学生分析问题、解决问题的能力。通过学习和实际操作，培养学生的合作学习能力、动手实践能力、创新能力和自学能力，发展学生个性，提高其信息素养。

具体表现为以下几点。

1）学案引领、任务驱动，有利于学生自主探究与创新。本课利用导学案，为学生搭建了一个自主学习的平台，让学生从任务出发，强调让学生亲身经历真实任务的解决过程，以引导学生在动手操作、自主探究和解决问题的过程中把“学技术”与“用技术”融合在一起，主动理解知识、掌握技能、发展能力。我运用该方法的创新之处在于，每个任务后设计了“思考归纳”问题，引导学生在掌握操作方法的同时进行深层次思考。

2）注重分层教学。承认学生之间存在的差异，针对不同能力的学生，在综合练习环节提供不同难度的基本练习和提高练习，力争让每个学生都有所收获。

3）重难点突破得法。本课在处理教学重难点（绘制、编辑、修饰图表）时，灵活采用学案引领助操作、问题导航助思路、自主探究先尝试、小组合作思维碰撞等多种方式，帮助学生不仅知其然而且知其所以然地掌握知识与技能，并在探究中鼓励学生勇于创新、大胆尝试。

4）课堂拓展激发学生继续探究的学习愿望。

5）注重学习方法的指导。

第四节　艺术型活动及其应用

一、艺术型活动

对艺术的理解一般从创作主体、艺术本体、受众这三者之间的现实背景关系入手。从主体角度而言，艺术就是艺术家主观创作的产物，比如“表现说”；从创作角度而言，艺术是“游戏”；从艺术本体而言，艺术则是“有意义的形式”、媒介和情感的符号；从受众而言，艺术则是一种可以满足审美需要的精神产品；从鉴赏角度而言，艺术是一种鸿蒙结构，需要欣赏者与作品共同建构；从艺术与现实的关系而言，艺术是对现实的反映，比如“模仿说”“镜子说”等。

艺术型活动是作为主体的艺术家、艺术受众与作为客体的对象之间的动态交互过程。在这一过程中，主客体始终在做着融合的努力。艺术型活动经过主体的努力，通过创作与鉴赏，在艺术作品中或在心理体验里标贴主体的符码，使对象更加适合自己的需求，特别是审美欲求的满足。在艺术型活动中，活动主体获得了知识、经验、技能，同时发展了艺术型活动的能力。所谓艺术能力，主要包括艺术的感知与欣赏能力、艺术批评能力或评价能力、艺术创造与想象能力，通过艺术学习形成的交流能力、解决问题能力、合作能力，与非艺术学科的连通能力，以及多种艺术综合发展的能力等。

艺术型活动的设计除了可以给学生带来操作技能、认知水平和探究能力的提高，还可以培养学生的参与意识、合作精神以及交流表达的能力。在艺术型活动中，教师更应该关注学生的情感态度、价值观及艺术能力，而不是只关注教学活动的最终结果——艺术作业或技能习得。就艺术教育的性质来说，艺术型活动是一种蕴含高层次文化的活动，是传承和发展社会的艺术文化、发展个性的意识和艺术能力的一种教育。我们应关注艺术型教学活动的过程，因为学生在活动的过程中受艺术审美的熏陶。这种潜移默化的影响，更利于支配行为意识的培养。因此，在艺术型教学活动的过程中，教师更需要关注的是过程而非结果，通过合理评价学生在艺术活动中的表现，培养学生的创造性思维。

二、艺术型活动的特点

1. 艺术型活动的相对自由性

艺术型活动有一定的根据但没有既定的程式，有价值的评判但又没有唯一的标准，学生作为艺术的主体能动地投入其中，创造新的艺术样式，表现出其他任何教学活动无可比拟的自由性。诚然，这种自由是相对的、有条件的，除了开明的政治与发达的经济之外，主要与主体的艺术知识、技能、能力、经验等综合而成的艺术修养成正相关。

2. 艺术型活动的非逻辑性

艺术型活动中知识和技能的生成与依存关系并不具有严密的逻辑序列。艺术型活动中的内容和程序不存在严格的前后关系。

3. 艺术型活动的融合性

艺术型活动往往具有跨学科性，比如情境创设中的角色扮演，由语言艺术、表演技艺、造型艺术等共同参与。

4. 以个体活动为主的集体协作

艺术型活动表现出明显的个体性，活动过程因人而异，活动往往以个人为单位进行，比如作品创作。但是，艺术型活动的个体性并不是说活动过程不需要互相帮助与协作，有些活动本身就是几个人甚至全体学生共同参与的，表现出集体协作性。

三、艺术型活动应用案例

案例：电子宣传卡

1. 案例背景

设计者	教案名称	学生	教材	课时
杜伟涛	电子宣传卡	小学五年级	首都师范大学出版社《信息技术》	1

2. 教材分析

本课节选自首都师范大学出版社《信息技术》实验教材五年级上册第二单元的第一节课。本册的画图学习是在三年级画图学习的基础上的一个提高部分。第一单元已经介绍了画图软件中各种工具的使用方法，以及让学生在线、形、色的运用中体验丰富变化之美；“构思画面布局”贯穿整个单元。第二单元共三课，围绕宣传卡的设计与制作展开。本课为尊重学生的个性，让学生以设计者的身份设计出各种理念的宣传卡，会在画图软件中巧妙地运用工具，自主发现宣传卡的四个组成要素——尺寸、背景、标题和宣传口号，学会两个窗口（画图与画图、画图与 Word）之间的互相切换，体验信息技术带来的快捷、方便、神奇和有趣，并为本单元的后两课——完善宣传卡的学习打下基础。

3. 学习者分析

通过三、四年级的学习，在课上只要明确活动的任务、要求，学生就能很好地完成任务。在以前的学习中，学生已经熟练使用画图软件中的各种工具，创作都只是在一个窗口内进行操作，不需要窗口间的切换，特别是当有背景存在时，学生不能较容易地通过窗口切换的意识制作出立体字。从学生的年龄特点和认知特点来分析，小学五年级的学生已经对社会、自然和生活有了一定的认识，其进行宣传卡的理念设计时也相对容易一些。

4. 教学目标

（1）知识与技能

1）学会构图布局。

2）学会制作立体字。

（2）过程与方法

1）在制作艺术字的过程中，掌握不同软件之间互用的方法。

2）通过在有背景时立体字的制作，掌握同种软件之间相互切换的方法。

（3）情感态度与价值观

通过构图布局，建立规划设计的主动意识，在创作具有个性特色作品的过程中，提升审美的能力。

5. 教学重难点

重点：构思设计，创作文字（立体字、艺术字），多窗口切换。
难点：培养多窗口切换的意识，个性创作。

6. 教学准备

教材、演示课件、学生素材包、投影、多媒体广播。

7. 教学过程

教学环节	教师活动	学生活动	设计意图
创设情境，激发兴趣	教师播放幻灯片的同时边解释。 以前的宣传卡只有周围几个人可以看到，不能迅速、大范围地宣传。  然而随着信息技术的发展，电子宣传卡走进了人们的生活，天南地北的人都可以及时地看到宣传的内容。电子宣传卡这么方便、快捷，你们想不想做自己的第一张电子宣传卡？ 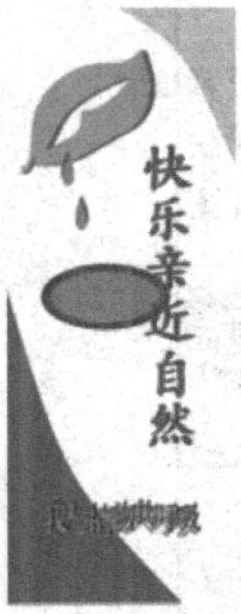 今天我们也来当一回小小设计师，用画图软件做一张电子宣传卡。		从纸质宣传卡的流通范围小和速度慢引入，让学生意识到电子宣传卡的方便所在；欣赏现在的电子宣传卡，使学生产生美感，活跃思维，从而激发学生的求知欲；通过把宣传卡的主题放开，尊重学生的个性发展。

续表

教学环节	教师活动	学生活动	设计意图
自主探究，讨论交流	1. 研究宣传卡的组成要素 教师：做之前，请同学们仔细观察这几张宣传卡，看看它们有什么共同点和相同点。 （如果学生说不出准确的词语，那么教师总结，并适时板书。） 2. 构思宣传卡的布局 同学们，我们已经研究出了宣传卡的组成要素。在画图之前，我们怎么才能将这些元素综合到一起呢？ 教师：很好，合理的构思布局很重要。作为一个合格的设计师，头脑中必须构思好合理的布局。接下来，咱们就要简单地用线或框将自己的构思勾勒在纸上。小设计师们，请看构思任务与要求。 （幻灯片出示要求） 构思任务：请你在 2 分钟之内，将自己的思路简单地在纸上画出来。 构思要求： 1）选择自己喜欢的宣传卡的形状（如长方形、正方形），并标清宣传卡的尺寸。 2）合理地选择标题和宣传口号的位置。 3）解决宣传卡组成要素的制作方法。 教师：前面我们已经构思好宣传卡的布局了。针对宣传卡的组成要素，我们先动手试试，看看你对哪个要素的制作还存在困难，如有疑问可以看书或同组交流解决。解决不了的困难，或成功的经验，我们稍后交流。 教师：在刚才的尝试交流中，哪个小组有问题或经验想与同学分享？ （学生的提问或经验介绍不定顺序，解决相应的知识点，如果学生说不全，那么教师说出制作方法，并适时写到板书上。） （1）设置画纸的尺寸 单击菜单栏中的“图像”→“属性”命令，打开“属性”对话框，设置画纸的宽度和高度。 （2）制作宣传卡的背景 用“曲线”或“直线”工具将画纸简单地分为几部分，然后涂上颜色即可。（可以渗透冷暖色调相互搭配的思想） （3）制作立体字标题 方法一：新建一个画图窗口→选择文字工具，输入标题，并设置好字体、字号、字形→复制标题，并将字的颜色修改作为立体字的阴影色→选取上面的字，移动到下面的字上，不完全重叠→在两个画图间复制、粘贴立体字标题。 注意：当宣传卡有背景时，需要再打开一个画图窗口，将标题做好复制到原画图窗口。（当学生能够做出这个的时候，一定要表扬。如果学生不能做出，这时教师要讲解。让学生理解用两个窗口的方便所在。） 方法二：巧用背景色 当标题都在同一种颜色的背景时，可以用鼠标右键设置背景色，做出立体字的效果。 （如果这个方法学生说不出，教师也不必提此方法。） （4）制作艺术字宣传口号 （教师指立体字）教师：还有什么方法可以得到这种效果的字体？ 教师：Word 中的艺术字能粘贴到画图中吗？ 3. 学生制作宣传卡 解决了这些技术方面的问题，你们愿不愿意做一个小小的挑战？ 挑战任务：在画图软件中，制作个性的宣传卡，包括纸质尺寸的确定、彩色背景、立体字标题、艺术字宣传口号。 要求： 1）作品要突出主题，画面美观，布局合理，色调协调。 2）创作时间：10 分钟。 3）创作完成后，请保存到自己的文件夹中。文件名为班级+姓名。 教师：小设计师们，你们准备好了吗？开始挑战。	学生会指出宣传卡的部分要素——标题、宣传口号。对于画纸的尺寸、背景学生可能说不出，这时需教师适当地启发学生。 学生构思画面布局。 学生创作完成后，展示画纸。 学生回答。 学生回答艺术字。 学生制作宣传卡。	先让学生讨论交流，培养学生的分析能力，体现出学生是学习的主体，为下面的制作打下基础。 通过对宣传卡构思和布局的分析，建立规划设计的主动意识，尊重学生的个性创作。 通过学生自主探究宣传卡的组成要素的制作过程，提高学生分析问题的能力、自主学习的能力、个性创作的能力。 通过学生自己制作宣传卡的过程，提升学生的审美意识。

续表

教学环节	教师活动	学生活动	设计意图
拓展应用，创作作品	1）解决学生在创作过程中存在的问题。 教师：在创作宣传卡的过程中，你还有什么疑问吗？ （解答疑问后）教师提出要求：请在 5 分钟内完成自己的作品，并在小组内推选出一幅你们认为最好的作品。 2）在学生创作过程中，教师进行巡视，发现问题并及时解决。 3）展示学生作品。 谁愿意把自己制作的宣传卡展示给大家看？ 你认为你做的宣传卡哪个地方做得最得意？（自评） 其他同学说一说，他画得怎么样？哪些地方值得你学习？（互评） 教师评。 4. 神秘任务（调节课堂进度） 当个别学生做完宣传卡时，教师悄悄告诉学生可以做神秘任务。 神秘任务的要求： 1）在刚刚完成的宣传卡上，对已做的宣传卡进行点缀。 2）作品要突出主题，画面美观，布局合理，色调协调。	学生提问，教师解答疑问。 学生完成作品。 学生评价。	通过学生对作品的创作，培养学生的个性发展、创新思想、评判意识，鼓励学生勤思考、多动脑。 另外，通过神秘任务的设置对学生进行分层教学。
归纳总结，情感提升	教师：同学们，通过学习和实践，你有什么感受？ 教师：今天我们动手设计了丰富多彩、构思布局合理的宣传卡，发现了宣传卡的组成要素——尺寸、背景、标题、宣传口号和装饰，学会了多窗口之间的切换。下节课，我们继续通过多窗口操作完善、装饰我们的宣传卡。	学生谈感受。	

教学评价

新课程标准倡导“让不同学生在教学上得到不同的发展”，素质教育的目标是面向全体学生，让所有学生的个性、潜力得到最大程度的发展。本课也正是基于此，尊重学生的个性，提高课堂实效。

第一，宣传卡的主题体现学生的个性。在主题的制订上，让学生结合生活实际选择自己感兴趣的宣传主题，给学生一个展示个性的舞台。唤醒他们想做宣传卡的兴趣，变被动接受为主动参与。

第二，学生的构思体现学生的个性。本课让学生对宣传卡进行构思和布局，并将自己的思路简单画下来，从而培养学生建立规划设计的主动意识，尊重学生的个性创作，避免学生模仿他人的作品。

第三，创作作品时采用分层的教学方法，体现了学生个性的共同性和差异性。神秘任务让部分学生去做，真正做到了以学生为出发点，充分发挥学生的积极性和主动性，适应学生对不同内容的学习需要，有效地解决了班级授课制的固有缺陷和因材施教之间的矛盾，为课堂教学注入了新的活力。

第四，课堂的评价体现出学生的个性。在作品品评过程中，首先让学生自己评价，然后由学生交流评价，充分展示学生的个性思维和能力，让思想的火花在课堂上得到碰撞。教师也适时表扬、鼓励、协调课堂，让学生获得成功的喜悦，充分激发学生的学习兴趣和探索欲望。

第五，本课也存在不足，对教学环节的紧凑性要把握好，不然就会出现前紧后松，甚至上不完课的现象。

总之，本节课的教学设计尊重了学生的个性差异，使学生的信息素养和信息素质得到了完善和提高。

第五节　阅读型活动及其应用

一、阅读型活动

阅读是人类文明前进与发展的重要手段之一，也是人们逐渐认识世界、不断完善自我的一种重要途径。有了文字，便有了凭借文字记录事件、总结经验、传递信息的历史，从而加速了人类文明发展的进程。在信息时代的今天，阅读的重要性不言而喻。阅读已成为现代人生产、生活的基本手段，学生学习、发展的基本方式。

阅读型活动以教材、文本、视频、动画为主要对象，以学生为活动的主体，是教学活动中最基本的一项学习活动。它是指学生在教师的指导下主动地进行各项阅读活动，并通过阅读的实施来增长知识，拓展视野，提高自身的审美意识及陶冶情操，形成正确的人生观、价值观和世界观。

二、阅读型活动的常见形式

在阅读教学活动中，要重视学生在阅读过程中的主体地位。常见的阅读型活动有文本阅读活动、教学视频观看活动、教学案例赏析活动、教学动画欣赏活动。

1. *文本阅读活动*

在开展文本阅读教学活动时，要为学生营造一种利于个体阅读的良好环境和条件，因此必须强调学生阅读的自主性和独立性，要充分认识到，学生对文本的理解是学生在阅读的过程中自行发现、自行建构起来的。因此，不能用教师的讲解分析来代替学生自己的阅读实践，而是让学生在阅读的过程中，自己阅读，学会怎样阅读，理解文本。教学中要让学生积极参与自主的阅读实践，与文本进行对话、思想交流与心灵的碰撞。

2. *教学视频观看活动*

教学视频有广义和狭义之分。广义上讲，是指一切在课堂教学活动中用到的视频。可以是给学生示范讲解看的，也可以是给教师用于学习分析看的。狭义上讲，教学视频是将教师要传授给学生的知识、技能等内容制作成视频形式，以方便该教学片段在未来被更多的教师做教研分析用，或供教师自己分析反思自身的教学行为和教学效果。本节所说的教学视频是指广义上的教学视频。教学视频观看活动，即教师由既定的教学内容出发，搜集相关的视频让学生观看，促进学生理解、认识相关的知识内容，引导学生进行知识的学习和巩固。教学视频观看活动在中小学信息技术教学中发挥着越来越重要的作用，这种教学活动既帮助教师更加生动、形象地展现出课堂上无法实际操作的内容，又真实地记录了教学内容，方便学习者学习。

3. *教学案例赏析活动*

教学案例是从教学实践活动中总结出来的实例，在被描述的具体情景中涵盖一个或多个引人入胜的问题，同时也涵盖解决这些问题的方法和技巧，有具体情景的介绍和描述，也有一定的理论思考和实际活动的反思。每个案例都要突出一个鲜明的主题，它常常与教学改革的核心理念、实际教学活动中常见的疑难问题和容易引起困惑的事件有关。它源于教学实践但又不是简单的教学活动实录。它有相对完整的情节乃至戏剧性的矛盾，用来反映事件发生的过程，反映教学实践中教师和学生角色的变化，揭示教学工作的复杂性，且引人入胜。

教学案例赏析活动是教师根据自己的教学需要，寻找相关的案例，来启发引导学生们更好地接受和掌握新的内容知识的活动，它完全是为学生的学习服务的。

4. *教学动画欣赏活动*

动画是一门运动的艺术，它的所有内容都表现在屏幕播放的即时声画运动当中。在中小学信息技术课程教学中设计动画欣赏活动，既可以帮助教师突出教学重点，突破教学难点，又可以激发学生学习兴趣，帮助学生理解学习内容。欣赏动画作品在一定程度上可以增强学生的审美意识，培养学生的审美情趣，激发学生的学习热情。目前，动画越来越受到人们的重视，同样教学动画欣赏活动也深受学生的喜爱。教师在设计教学动画欣赏活动时，需要认真研究教材，从教材出发，根据学生的实际情况来设计教学动画欣赏活动。

三、阅读型活动应用案例

案例：编写“简易计算器”程序

1. 案例背景

设计者	教案名称	学生	教材	课时
郭宴伟	编写简易计算器程序	小学六年级	（校本课程）参考：北京师范大学编写的程序设计书籍 参考：西城区自编电子教材《小学生 VB 程序设计初步》	1
教学设计参与人员				
课程分工	姓名	单位		
设计者	张亚辉	北京市西城区复兴门第一小学		
实施者	张亚辉	北京市西城区复兴门第一小学		
指导者	朱慧	北京市西城区教育信息技术中心		
课件制作者	张亚辉	北京市西城区复兴门第一小学		

2. 教材分析

本课选自西城区自编电子教材《小学生 VB 程序设计初步》第 5 课中的内容，本课涉及的知识点如下。

1）了解字符型和数值型数据。

2）了解 Val 函数的基本概念及其书写格式。

3）学会用 Val 函数将字符转化为数值的方法，体会 Val 函数的基本作用。

4）通过上机调试程序进一步体会赋值语句的作用及使用方法。

3. 学习者分析

学生已有知识：了解 VB 程序设计语言的基本组成；知道对象名、属性名的基本格式，会设计程序界面，会使用标签、文本框、窗体、按钮等控件编写代码。

学生已有操作能力：会打开、新建、保存、运行及调试 VB 程序，会在窗体中添加标签、文本框及按钮控件并修改其属性参数值。

学生学习差异：教学对象为小学六年级学生，六年级学生具有一定的逻辑思维能力，但个别学生从旧知识迁移到新知识的能力较弱，面对新知识学习，个别学生将会遇到一些困难。一方面，课上教师通过设计教学课件、范例程序、范例分析、课堂练习等教学方法帮助学生进一步理解学习内容；另一方面，教师通过个别指导、小组长帮助，解决个别学生的学习困难，达到事半功倍的学习效果。

4. 教学目标

1）知道数值型和字符型两种数据类型。

2）了解 Val 函数的基本格式及其作用。

3）学会用 Val 函数将字符转化为数值的方法。

4）在调试加法程序中，感受数学问题与程序算法之间的联系，从而体会运用程序设计解决生活中的问题所带来的便捷。

5. 教学重难点

重点：了解 Val 函数的基本格式及其作用；学会用 Val 函数将字符转化为数值的方法。

难点：在调试加法程序过程中，感受数学问题与程序算法之间的联系。

6. 教学准备

多媒体网络教室、教学课件、电子白板、电子教材。

7. 教学过程

教学环节	教师活动	学生活动	设计意图
范例导入	1. 提问 老师这里有一道加法题：784+387=1171，哪一位同学能快速地验证一下结果？ 2. 范例分析 教师演示：一种方法，我们的计算机里有一个计算器（教师打开附件里的计算器程序，并验证结果是否正确）。  另一种方法，老师这里有上一届同学用 VB 编写的简易计算器程序，一起用它验证看结果是否正确。 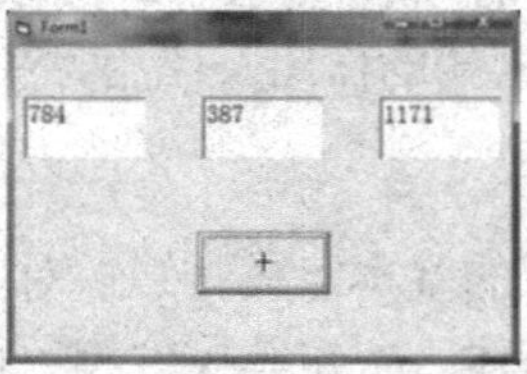 这节课我们一起研究新的问题——编写简易计算器程序。 出示板书：编写简易计算器程序	学生阅读题目，思考回答问题。 观察演示，验证结果。 学生注视黑板。	出示范例计算器，引起学生的学习兴趣。 引出本课的课题。
创设界面，研究问题	3. 研究问题 问题 1：设计程序界面 （1）观察范例程序 观察这个加法计算器程序使用了哪些控件。 （2）学生讨论交流 白板板书、文本框、按钮。 （3）布置学生上机创设程序界面 这些控件同学们都认识了，下面请同学们快速地完成计算器程序界面的设计。 （4）反馈 学生分享设计的程序界面，进行互动交流。	学生观察程序。 讨论并回答问题。 学生动手设计界面。 学生分享设计的界面。	在观察程序的过程中学会分析程序。 检查学生的学习成果。

续表

教学环节	教师活动	学生活动	设计意图
新授内容，研究问题	问题2：编写加法运算代码 （1）提出问题 像784、387和1171这样的数在加法中我们称之为什么数？	学生思考问题。	
	（2）讨论交流 784　+　387　=　1171 加数1　+　加数2　=　和	讨论并回答问题。	
	（3）提出问题 加法算式中的加数1、加数2、和分别对应的是程序界面上的哪个控件？对应这些控件的什么属性？	学生思考问题。	对比建立数学表达式与VB控件属性之间的联系。
	（4）讨论交流 文本框 text1、text2、text3 文本框的text属性	讨论并回答问题。	
	（5）编写加法运算代码 那我们就可以写成： text1.text+text2.text=text3.text	学生观看黑板。	初步完成表达式向代码的转换。
	这种算式在数学中是成立的，但是在VB中不成立，VB是通过赋值语句来实现这一运算的。 数学：　加数1 + 加数2 = 和 text1.text+text2.text=text3.text VB：　和　=　加数1 + 加数2 text3.text=text1.text+text2.text	学生阅读赋值语句。	
	回顾赋值语句概念： 把赋值号右边的值赋值给左边的对象的属性。 修改代码为：text3.text=text1.text+text2.text 谁来读一读这条赋值语句： 将text1.text+text2.text的值赋值给text3.text属性。 （中间的“=”读作“赋值号”）	学生思考问题，并回答问题。	加强对赋值语句作用的理解，强调代码正确的书写位置。
	（6）布置学生上机编写代码 教师：程序界面上有这么多控件，这条代码应该写在哪个控件里呢？为什么？ 按钮控件，按钮是触发单击事件的对象。 学生编写加法运算代码。	学生上机编写代码。	
	（7）反馈 分享反馈学生编写的程序，进行互动交流。 784　+　387　=　784387 没有实现加法运算	学生分享程序。	通过分享程序发现程序中出现的问题。
	问题3：认识字符型、数值型数据 （1）提出问题 程序为什么没有实现加法运算？ （2）分析原因 因为在数学中784+387=1171进行的是数值运算，784和387是数值型数据。而在文本框中输入的数字是字符型数据。数据类型不符。		在分析问题的过程中认识字符型、数值型数据。
	（3）反馈 学生对两种数据类型的认识。	学生观看黑板。	培养学生编程的成就感。

续表

<table>
<tr><th>教学环节</th><th>教师活动</th><th>学生活动</th><th>设计意图</th></tr>
<tr><td>巩固练习</td><td>问题 4：学习 Val 函数，并修改加法运算代码
（1）学习 Val 函数
Val 函数的作用是将字符型数据转换成数值型数据。
格式　　Val（　）
（2）修改加法运算代码
text3.text=Val（text1.text）+Val（text2.text）
（3）反馈
分享学生编写的加法计算器程序。
4. 编写减法代码
（1）布置学生上机编写代码
添加一个减法按钮使它能够进行减法运算。
text3.text=Val（text1.text）–Val（text2.text）
生成可执行文件并提交作业。
（2）反馈
分享学生编写的简易计算器程序，进行互动交流。</td><td>学生自学，修改代码。
学生分析程序。
学生上机操作。
提交作业，学生演示。</td><td>巩固新知。
检查学生的学习成果。</td></tr>
<tr><td>归纳总结</td><td>这节课，我们学了如何编辑加法计算器，在后面的学习中我们将继续完善这个计算器程序，使它也能够完成乘法、除法的运算。</td><td></td><td></td></tr>
<tr><td colspan="4">教学评价</td></tr>
<tr><td colspan="4">本课为一节校本课程，采用自学探究、问题研讨、讲练结合的方法向学生展示了如何编写一些简单的计算器程序。教学中多采用阅读型活动的形式，学生通过看书、阅读材料、观看演示、交流讨论、探究实践等方式学习本节课的新知识。教师进行引导、提示和点拨，充分发挥了学生的主体作用，提高了学生观察与分析的能力，培养了学生的实践能力、合作能力及运用知识的能力。</td></tr>
</table>

第六节　情境型活动及其应用

一、情境型活动

创设情境是教学设计中最重要的内容之一。情境型活动能够使枯燥的课堂充满朝气。情境有广义和狭义之分。从广义来理解是指作用于学习主体，产生一定的情感反应的客观环境；从狭义来理解是指学习者在实际情况下进行学习，可以使他们利用自己原有的知识结构中的有关经验去同化当前学到的新知识，如果原有的知识不能同化新知识，则对原有的认知结构进行改造和重组。

信息技术中，教学情境的创设形式多种多样，有用语言描述的，有用实物演示的，有用表演、音乐、图画等艺术形式表现出来的，也有用现代化的工具模拟的。不管采用何种创设方式，设计什么样的情境，都应使创设的情境能够体现出教育教学目标，都应该能够与学生的情感和心理产生共鸣，促使学生提高学习兴趣，深入参与课堂主动探究，以科学素质的提高与个性发展的统一为目的。

二、情境型活动的常见形式

信息技术课堂教学中，多媒体的应用为情境的创设提供了有效的条件。教学中常见的情境类型主要包括模拟真实生活的情境、竞赛情境、具有艺术美感的情境、创设角色情境四个方面。那么如何设计好的情境活动呢？这就要求教师依据课程的学习目标，将传统教学设计中的一些内容通过情境化的形式呈现给学生，将教学内容融入真实的教学情境。基于信息化环境创设情境，简单地说就是在明确教学目标的基础上，将学习的内容安排在信息技术和信息资源支持的及比较真实的或接近真实的活动之中。

1. 模拟真实生活的情境活动

信息技术课程中的新知识往往与学生的学习生活联系紧密。一方面，教师需要努力挖掘这一点，使教学内容真正和每个学生的实际生活相贴近，以激发学生学习信息技术知识解决实际问题的愿望；另一方面，教师需要鼓励并引导学生将学到的信息技术知识应用到实际生活之中，以解决实际生活中的问题，达到激发学生学习信息技术课程的兴趣。

2. 竞赛情境活动

当今社会是一个充满竞争的社会，也是一个需要合作的社会。现代人要以一种积极的态度主动迎接学校或社会中的各种挑战，以适应当今时代的发展需要。在学校教学中，为了充分发挥学生在认知过程中的主体作用，教师常常把学生当成一名参赛选手。教师利用每个学生都有强烈的创造欲望和都想成为比赛的优胜者的这种心理特征，把学生从被动认识的对象和任务变成主动接受的过程。当学生有了强烈的求知欲望，有了浓厚的学习兴趣，其精神生活才会丰富，思维也会更加灵活多变。因此，在教学过程中结合教学内容开展竞赛活动有利于激发学生学习的动机，也为学生学好信息技术打下坚实的基础。

3. 具有艺术美感的情境活动

美感是人类接触到美的事物时所产生的一种主观认识，是一种赏心悦目的心理状态。情境的创设要富于美感，即要让学生因美感而引发的冲动、注意、情感、兴趣能最大限度地激发学生的学习动力、学习热情和求知欲望，又要和学生的生活经验有一定的联系，还要有新的信息。在信息技术教学中，美也无时不在。在教学中要注意创造机会，捕捉契机，带领学生去发现美、欣赏美。

4. 创设角色情境活动

传统的教学模式是教师台上讲，学生台下听。这种模式严重阻碍学生想象力和创造力的发展，干扰学生的主体地位。苏霍姆林斯基曾指出：“许多聪明的、天赋很好的学生，只有当他们的手和手指接触到创造性劳动时，他们对知识才会觉醒起来。”随着新课改的不断深入，学生在课堂教学中充当的角色也在不断地发生着变化。教师应尽可能地为学生提供展示自我的机会，把教师的讲台变成学生施展才华的舞台。

三、情境型活动应用案例

案例：有趣的画板

1. 案例背景

设计者	教案名称	学生	教材	课时
戚伟国	有趣的画板	小学三年级	浙江摄影出版社《信息技术》	1

2. 教材分析

本课是浙江摄影出版社小学《信息技术》三年级上第 12 课，是第三单元“神奇的‘画王’”的第一课。本单元主要内容是学习金山画王这个软件，而本课主要让学生了解到金山画王的奇特之处，并初步使用金山画王，基本掌握“笔”和“仙女袋”工具的操作使用，过程中重在培养学生养成较好的绘画习惯，如细腻地使用笔，及时撤销，学会保存等，以便为后面的教学做铺垫。

3. 学习者分析

从知识储备来看，学生刚学习信息技术大半个学期，部分学生鼠标掌控还不是很熟练，计算机绘画的基础相对较弱，虽然有个别学生知道甚至用过金山画王，但基本没有系统地学过金山画王各个工具的使用，因此，需要降低绘画的整体难度。从学习特点来看，学生很容易被金山画王有趣的界面和其他功能所吸引，对所学的重点“笔”功能反而不感兴趣，因此教师要在明确学习任务的同时，调动学生的兴趣，可以考虑对学生进行必要的约束。

4. 教学目标

（1）知识与技能

1）认识金山画王的基本界面，学会金山画王程序的打开和退出，并能保存作品。

2）认识“画笔”，了解“仙女袋”的特点，并学会两者的使用。

3）能选择“画笔”的合适选项，适度使用“仙女袋”进行合理创作。

（2）过程与方法

通过教师演示讲述、学生自学尝试、师生演示交流、范例引导等方法，在给故事配画的过程中，学会金山画王的初步使用。

（3）情感态度与价值观

提升对计算机绘画的学习兴趣。

5. 教学重难点

重点：学会使用各种“画笔”进行创作。

难点：能选择性地使用工具并合理设置进行创作。

6. 教学准备

课件。

7. 教学过程

教学环节	教师活动	学生活动	设计意图
情境导入，激发兴趣	教师跟学生谈谈关于画画的问题，引出这节课的学习任务——用金山画王为“蘑菇房”小故事配一幅画。		创设一个故事配画的情境，明确本节课的学习内容，快速引出课题。
认识画王，学用“画笔”	1）教师组织学生打开金山画王并带领学生认识操作界面。 2）教师以考查绘画基本功为要求，先简单演示用笔画一些点、线、面（图 1），接着布置任务：用不同的“画笔”画出不一样的点、线条、色块。	学生自主尝试。	界面了解采用演示讲述效率较高。学生对金山画王中笔的使用还比较陌生，通过演示及自主尝试，能更好地了解笔的各种不同功能及画出不同图案的方法，而点、线、面则是组成画面的元素，这样进行教学涵盖了笔的粗细、颜色设置，为后面画图奠定基础。

续表

教学环节	教师活动	学生活动	设计意图
认识画王，学用“画笔”	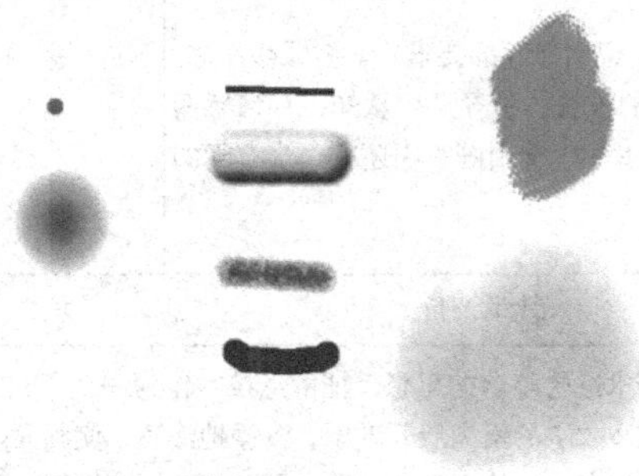 图 1 3）教师巡视指导后，采用学生演示的方式组织交流反馈。反馈过程中，重点解决以下问题：如何画点、颜色的选择、笔粗细的选择、撤销功能、鼠标停留提示功能。 4）教师小结要点并简单板书，组织学生再次尝试。		
合理用笔，文字配画	1）教师恭喜学生通过基本功考核，可以为文字配画了，然后出示文字：一个晴朗的星期天，草地上漂亮高大的“蘑菇房”建好了。组织学生说说：如果你来画，你会画上什么？ 2）教师出示两幅不同风格的范画（图 2），边展示边描述：左边这位同学是用使用线条画出轮廓，然后涂上颜色的方法来完成的，右边这位同学，是用色块来表现“蘑菇房”的，运用不同的画笔，我们可以画出不同的图案。  图 2 3）教师组织并巡视发现问题。 4）教师以个例分析的形式，选取画得比较好的和画面不完整的两种典型案例进行问题解决。比较好的让学生说说是怎么画的并简单演示，画面不完整的则先让学生说说困难，然后教师通过演示，指导学生如何快速修改。 5）反馈结束后，教师组织学生对作品进行修改。	学生画图。 学生发言。	通过说说对文字的理解明确任务，更有想象空间，用范例引导学生画画，给一些同学提供参考，降低创作的难度，交流反馈中主要解决绘画中出现的问题。
巧用“仙女袋”，适度美化	1）教师出示第二个例子：几个小动物一起来到了“蘑菇房”下。再次提问：这回，你想画上些什么呢？ 2）教师顺着学生的话引出“仙女袋”，并介绍：“仙女袋”是金山画王里最神奇的工具，里面有很多有趣的图案，像这样选择一个图案，在画纸上单击鼠标就可以画出来。 3）介绍完毕后，教师故意用工具在画面上乱涂乱画，画出很多动物，然后提问：有些同学一看“仙女袋”这么神奇，就会开始像这样画，你们觉得怎么样？ 4）教师小结学生说的注意点，布置任务：合理使用“仙女袋”功能，完善画面，完成后思考一下作品中你最满意的是什么，也可以用一句话续编故事。 5）教师巡视后组织学生交流展示。	学生美化作品，夸夸同伴的作品，说说简短的小故事。	由于“仙女袋”的神奇，学生经常滥用，这样设计主要希望学生能适度使用。用一句话续编故事，可使整个情节完整，也促进学生表达意识的提高。

续表

教学环节	教师活动	学生活动	设计意图
保存作品，交流收获	1）教师演示保存作品的方法，说明保存的要求，学生保存作品。 2）教师和学生交流一下本课的收获，引导学生从知识和情感两方面来回顾。交流结束后，教师告诉学生金山画王中还有很多有趣的功能等着大家一起去学习。		教师与学生一起交流收获并引出更多学习内容，既对本课知识进行了梳理回顾，也激发了学生的学习欲望。

教学评价

本节课的教学，从设计开始就融入了与语文、美术进行整合的思想，把信息技术作为一个工具来使用。

整节课以为故事配画为情境，从语言文字的变化和故事的发展展开教学，慢慢地渗透，使画面随着故事的发展丰满起来。最后当画画完以后，再用一句话续编故事，又回到语言文字上。从文到画，再由画到文，循序渐进。不过，在实际操作过程中，可能对三年级的孩子来说要求还是有点过高，特别是最后的故事续编，学生可能在画面上花了太多心思，故事创作显得有点单薄。

另一条线就是融入了美术的思想。在美术中，将画面分成点、线、面三块内容，对于三年级的孩子，这么抽象的概念当然过于枯燥了，因此在表达时，教师特意改成了点、线条、色块，便于学生理解和分解画面。因此，先组织学生学习点、线、面的画法，然后进行创作。由于学生用计算机绘画时，也会受平时画画的影响，因此在创作时，出示了两幅范画，却体现了两种不同的创作思路，先画轮廓后涂色或者直接以色块表现。这样的设计也在一定程度上开阔了学生的创作思路。

整节课，在设计思路上体现了将信息技术作为工具使用以及与其他学科整合的这一思想，在操作中也基本表达了这样的思路。当然，还有一些地方值得进一步思考，比如，对学生的个别指导、分层要求、评价的专业性等。

思考题

1. 利用网络或图书馆资源搜索有关教学活动类型的内容，请根据活动的不同形式，说出教学活动类型的划分角度有哪些。除了本章介绍的教学活动类型，你还知道哪些活动类型？

2. 活动教学和教学活动是否一样？

3. 结合本章所学内容，你认为如何创设一个好的问题情境？

4. 请仔细回顾本章中的相关学习内容，并结合教学案例来阐述一下你认为基于活动的教学设计要点有哪些？

第三篇 信息技术教学设计案例研析

中学信息技术是一门实践性极强的课程，它既涉及较为基础的计算机理论知识，也涉及较为烦琐且难懂的程序编写，它的教学内容范围极为广泛。为此，本篇将主要介绍一些信息技术教学应用案例，为大家在今后的工作中开展教学设计提供借鉴。

本篇共分为四章，介绍了当前在现实课堂中运用较为广泛的几种教学方式。第六章介绍了情境教学法，阐述了情境的创设种类以及如何创设情境；第七章介绍了任务驱动教学法在信息技术课堂中的应用；第八章则阐述了探究学习型教学模式的开展流程，结合第六章和第七章的教学法进行综合应用，开展实际教学；第九章则介绍了同课异构的教研模式，它阐述了针对同一个教学内容，不同教师可能会因为自身特性及学生特性等因素选择不同的教学方式进行教学。

第六章　情境教学设计案例研析

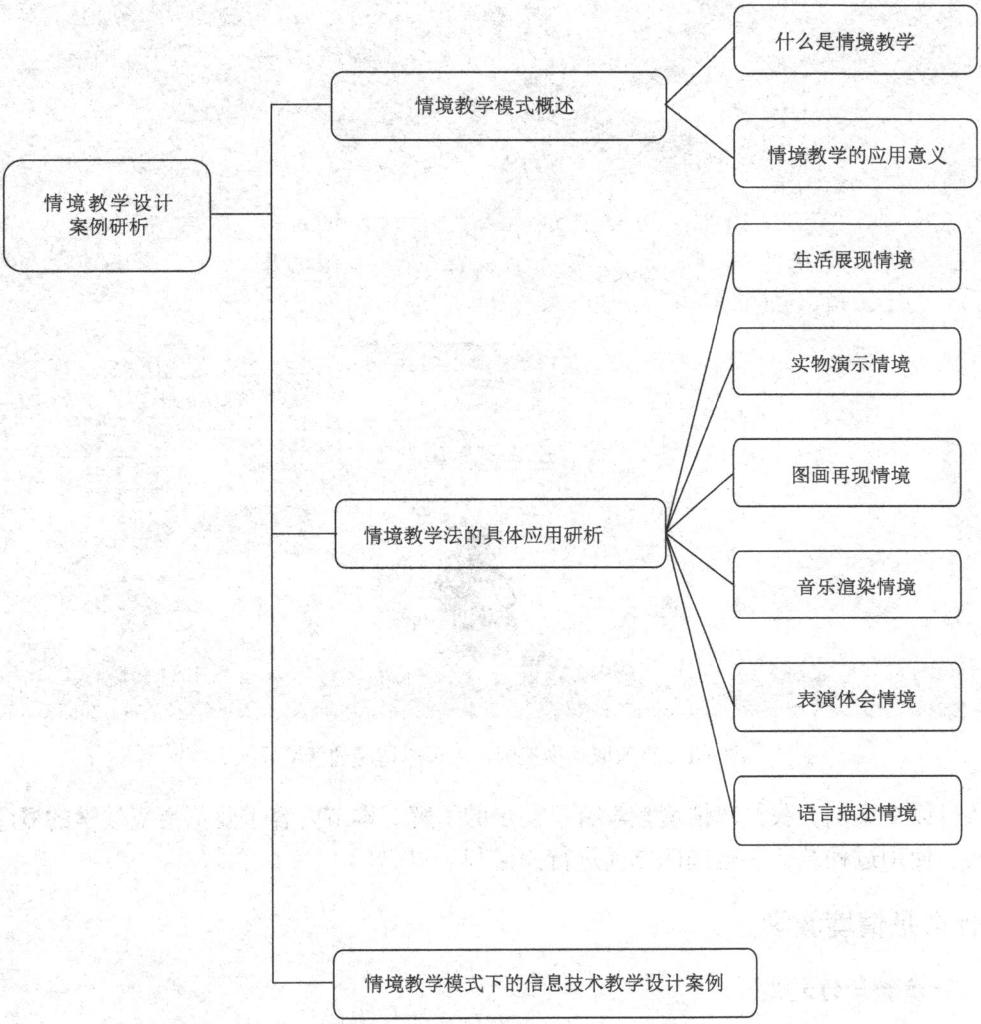

本章重点讲解情境教学模式在信息技术课堂中的应用与实践，通过对情境教学模式进行概念界定、意义阐述、基本流程介绍，进而为大家呈现现实课堂中情境教学模式的具体应用。

第一节　情境教学模式概述

让我们试想一下：如果你的教学对象是小学五年级的学生，教学内容是幻灯片的动作路径操作，你会以怎样的方式来进行你的教学呢？是平铺直叙地讲述动作路径的插入、编辑等操作，还是教师操作、学生练习，或是其他更好的方法呢？

五年级的学生已经学过了幻灯片制作的基本操作，能够熟练操作“添加进入动画”等一系列简单的动画效果设置。为此，可以将“添加动作路径”等简单的操作交给学生自主完成，继而将课程的重点聚焦于动作路径的编辑和固定动作路径的灵活使用上。云南的蒋老师将这一知识点嵌入到“小熊取动物王国达人秀邀请函”这一情境中，让五年级的小学生跟随小熊波澜起伏的历险场景（图 6-1），完成知识和技能的学习。

图 6-1　小熊取动物王国达人秀邀请函的情境导入

通过以上案例，我们对情境教学有了初步的了解。本节内容主要从情境教学的概念、应用意义、使用过程及适用范围四方面进行探讨和学习。

一、什么是情境教学

1. 情境教学的定义

提到“情境”一词，我们自然而然地就想到了杜威。“思维起于直接经验的情境”，杜威如是说。正是因为情境存在的不确定性，我们才会探索和思考。何为情境教学？早在古代，孔子和苏格拉底等贤者的课堂就灵活地运用了“情境”。他们的许多施教行为都发生在大自然和社会的诸多情境之中。

从知识建构的主体——学生说起，每个人对世界的理解是有差异的，学生是以自身的经验为基础来建构新知识的，而当运用一个结合了学生身心特点的情境进行教学时，学生就进入到了设定的充满新意的情境之中，其与教师的思维会产生激烈的碰撞。从知识本身来说，情境教学强调知识与情境的相互依存。任何知识都是从情境中来，最终也需要回到情境中去的。我们会运用图画、音乐、多媒体等一些直观手段和教师的描述、指导，为学生创设较为真实、镶嵌着知识的情境。从知识建构的来源——社会来说，其本身就是活生生的课程资源。学生在学校的学习，无一不是为以后走上社会做准备。综上所述，学生在情境中自我实现，知识在情境中生成构建，社会在情境中显现意义，从而达到回归人的本质的目标。

为此，结合教育词典中对情境法和情境教学法的定义，情境教学可归纳为，在教学过程中，教师充分利用形象，创设具体生动的场景，激发学生的学习动机，将学生带入特定的情境之中，使学生得到一些感受的体验，从而加强对知识点的理解和掌握，并陶冶学生的情操。

2. 情境教学的特点

情境教学的特点可归纳为：形真、情切、意远、理寓其中。

何为形真？教学内容需源于生活，最好是具有鲜明的形象。书本上枯涩并难以理解的文字，如语文学科中的自然风光、历史学科中的人物生平或发生的战争场景、现实生活中存在的数学和科学问题……通过情境的创设，使学生仿佛身临其境。虽然地域遥远，年代久远，但情境缩短了这些事物与现实的时空距离，增加了形象的真实感和真切感，使其产生深刻的情感体验。我们需要注意的是，形真并不意味着情境一定要是生活中真实形象的再现，而只要求创设的形象给人以真切感，无论是简略的形体还是暗示的手法，只要可以激发学生的学习动机即可。

何为情切？"以情动情"是教育的共同规律。让学生的学习活动伴随着情感，可以激发学生的学习动机，让其朝着学习目标不断前行。因此，我们提出，情境课程需要教师通过言语、眼神、表情、动作等行为，将情感表露出来，去感染学生的情感。

何为意远？情境不同于"具体的情景"，它需要有一定的深度和广度。当情境粗略而简易，也就为学生留下了足够大的可供想象的空间。当情境与生活相联通，其意境深远。

何为理寓其中？上述的三个特点融成一个整体，而内涵的理念贯穿于其中，是情境教学的灵魂。如果情境教学没有了理念的支撑，那就只是内容贫乏、色彩暗淡的花架子，不具有任何意义。即情境教学需从教学目标的理念出发，基于教学内容决定情境教学设计的思路和形式。

二、情境教学的应用意义

情境教学创设了生动丰富的环境，这不仅会让学生觉得知识变得简单有趣和愈发生动，还会让学生觉得课堂不再是小小教室中单调重复的习题和乏味的讲授，而是进入到了一个个生动活泼的情境之中。学生在趣味盎然的学习环境中收获知识的硕果，进而大大地提高了课堂教学的效率。

通过以上对情境教学特点的阐述，我们可以总结出情境教学的应用意义。

1）情境教学能够使分散的知识点整合起来。情境教学将知识嵌入情境中，让学生进入情境中进行学习，即它主张让学生积极参与到社会生活中，去汲取鲜活灵动的知识经验，建构出自己的认知世界，而不是简单地学习分散、零碎的知识点。

2）情境教学能够激发学生的潜能。教师将社会生活中的实例精炼加工后形成情境，寓教学内容于情境之中，为学生提供广阔的思维空间。学生可以在情境中进行观察和思考、想象和创造。

3）情境教学能够激励学生。教师通过情境教学将自己真挚的情感传递给学生，学生会从教师的情感中感受到教师对自己的殷殷期盼和肯定，从而增强自信心，并将此转化成积极的学习动力。

4）情境教学能够陶冶情操。学生在情境中持久且多次地获得积极的情绪反应，可以使其理智情感和道德情感得到很好的熏陶，促进学生身心的全面和谐发展。

第二节　情境教学法的具体应用研析

我们应该如何来创设情境呢？创设情境的途径可初步归纳为以下六种。

一、生活展现情境

这是一种将学生带入社会生活，带入大自然的方法。教师从生活中选取与知识点相关的某一典型场景，学生对其进行观察和思考，教师在一旁进行语言描述和补充，使其鲜明生动地展现于学生眼前。

例如，在小学“图形的翻转和旋转”的学习中，教师以虚拟人物“文文”和她居住的社区为例，由“一辆逆行又超速的黄色小汽车撞到指路牌和小区门口的垃圾桶，疾驰而去带起的狂风把小区横幅上的字也给吹翻了”的生活情境导入，通过让学生将小汽车、指路牌、垃圾桶、横幅上的字这四幅图片进行翻转或旋转，将学习与社会生活结合在一起，提高了学生的参与感，调动了学生参与的积极性，明确了本节课的学习任务。

又例如，在中学“绘制图表”的学习中，教师以现实生活中的近视人数做现场调查，通过比较普通的数字调查表和直观呈现数据的图表，引出“如何将 Excel 表格做成直观形象的图表”的课题，活跃了课堂气氛，调动了学生的积极性（具体教学案例参见第六章第三节案例二）。

二、实物演示情境

顾名思义，实物演示情境是指以实物为中心，简单创设一下必要背景，使实物和背景构成一个整体，形成一个特定的情境，以激发学生的联想。

例如，在七年级“Scratch 滑杆传感器”一课中，师生共同体验用传感板来操控 Scratch 案例《小猫故事》。如图 6-2 所示，学生操控传感板上相应的传感器，控制故事中的小猫角色的动作：使用声音传感器，小猫的身体随着学生声音的加大而变大，于是老鼠被吓跑；使用滑杆传感器控制小猫的移动，使小猫尽可能地接到主人奖励的更多小鱼。由此，学生对传感器有了初步的了解，并激发了其对传感板构造的探究兴趣。

又例如，在初中机器人课程——“机器人基本构成”的延伸讲解中，于老师演示机器人“浩克”与人问好、握手的过程，并发给学生一台没有存储程序的机器人，让学生启动、观察机器人是否能完成任务。同时，将学生喜欢的人物名称作为机器人的名字，创设出需要机器人与人互动对话、握手的情境，激发学生对“机器人大脑”学习的兴趣，由此来引出课程。

图 6-2 Scratch 滑杆传感器情境导入

三、图画再现情境

图画再现情境是一种较为常见的展现手法。使用图片再现文字所表达的情境，将学习内容形象化，例如应用形象鲜明的插画、随着课程不断完善的简笔画、可以灵活移动部件的剪贴画及各种视频画面等。但需要注意的是，无论运用了哪种类型的图片，教师都需要对此进行描绘和启发，引导学生聚焦于应该着眼的地方。

例如，在进行初中“二进制转换”的学习时，教师展示了 4 张牌，让学生观察规律，题目简单有趣，能够在短时间内吸引学生的注意力。每张牌的点数隐含着二进制位数的权，将学习内容形象化，为正式介绍二进制做好铺垫（具体教学案例参见第六章第三节案例四）。

又例如，在高中“认识信息资源管理”的学习中，教师展示资源三角形图片，并提出“信息是一种资源，必然存在对其进行管理的问题”的想法，学生通过观察熟悉的情境，从而得以思考我们该如何管理信息资源，由此，“认识信息资源管理”的课题就很自然地导入进来（具体教学案例参见第六章第三节案例七）。

再例如，在职高“信息资源管理基本概念”的学习中，教师利用信息化教学平台，导入动画《客上天然居》，引导学生进入“天然居”宴席情景，使用教学游戏激趣，让学生主动参与，由此来引出信息的概念。此后，将四个教学环节生动地融入进宴席的情境中，将两位著名学者的信息定义 PK 比作“大厨对决”，将从《小星星》中体会数据、信息、知识、情报的层次差异喻为“余音绕梁”，学生的自主在线测试环节用“一人一味”来形容，而 BBS 的交流讨论则是“七嘴八舌”，各抒己见。该案例以 Flash 动画再现生活情境，同时又很好地结合了知识点（具体教学案例参见第六章第三节案例八）。

四、音乐渲染情境

恐怖电影是否出彩，其背景音乐的选择是关键之一。倘若恐怖电影没有了背景音乐，其惊悚的气氛也会减弱不少。音乐的语言是微妙的，对听者的影响是潜移默化的，其产生的联感可以使听者更容易沉浸到特有的情境之中。用音乐来渲染情境，不局限于播放现成的音乐，自弹自唱或学生表演都是可行的。如果静态的图片无法表现出动态和情境，那么不妨试试音乐。但需要注意的是，选取的音乐需要与学习内容有一致性或相似性，例如在基调、意境和情境的发展上要协调。

例如，在小学“画图软件‘选定’和‘任意形状裁剪’工具使用”的学习中，教师通过让学生唱“郊游”歌，使学生的心思从课间十分钟的“脱缰野马”或午休后的“昏昏欲睡”状态收复回来，唤起学生的学习兴趣，调动学生参与课堂学习的积极性，明确本节课的学习任务——在画图中进行一次别开生面的快乐郊游活动（具体教学案例参见第八章第二节案例一）。

又例如，在初中“用图表直观表达数据”的学习中，以《时间都去哪儿了》歌曲为背景，播放父母一辈子为儿女辛苦操劳的感人视频，从而激发学生的感恩之情，引出本节课的情感主线：孝敬父母不能等！由此，教师通过展示不同年龄我们和父母在一起的时间分配规律的表格和图表，引出本节课的主题——用图表直观表达数据。

五、表演体会情境

此类情境表现形式主要可分为两类：一类是进入角色，即假设学生自己成为情境中的主人公；另一类是扮演角色，即学生负责担当情境中的某一角色，从而在课堂中表演出来。这两种形式都使得知识在情境中鲜活起来，学生会对知识产生亲切感，增加其内心体验。

例如，在进行信息技术课程中标点符号的教学时，教师在导入情境时选取同学来模仿标点符号表现的各种表情（如～_～、：：>_<：：、Y（^_^）Y），这就是一种表演体会情境的创设（具体教学案例参见第七章第三节案例一）。

六、语言描述情境

此类情境表现形式讲究的是在情境出现的同时，教师给予一定的语言描述以辅助，使得情境变得更加鲜明，对学生的认知活动起到引导的作用。学生能够体会到教师言语中的情感，并产生共鸣，以此激发学生的情感，促使学生进入情境。

例如，在进行以“诗意春天”为主题制作 Windows Movie Maker 小短片时，授课时间正值阳春三月，浓浓的春意正在室外洋溢着，教师先是询问学生春天是什么样子的，再提出古代也有许多文人用古诗来描写春天的美景，如贺知章的《咏柳》，“不知细叶谁裁出，二月春风似剪刀”。继而，一个《春的小诗》的视频小短片为本节课正式拉开了教学的帷幕，诗句、音乐、图片以及学生朗朗的诵读声，让学生坐在教室里面也能感受到浓浓的春的气息，触动了学生的感知觉，唤醒了学生对大自然的热爱之情、对“诗意春天”视频短片制作的好奇之心（具体教学案例参见第六章第三节案例一）。

第三节　情境教学模式下的信息技术教学设计案例

上一节中，我们了解了情境教学的理论部分，但在实际的应用中，情境的选择和应用会根据实际情况进行相应的调整，所表述的原则也不可分割地统一在了整个情境教学中。在这一节中，我们将选取几个典型的问题情境进行学习。

案例一：诗意春天——用 Windows Movie Maker 制作小短片

1. 案例背景

设计者	教案名称	学生	教材	课时
余宇平	诗意春天——用 Windows Movie Maker 制作小短片	小学五年级	海天出版社《信息技术》	1

2. 教材分析

本课选自海天出版社小学《信息技术》课本五年级下册第 8 课《初识电影梦工厂》，本册教材安排了两个单元，第一单元学习如何获取和处理多媒体素材，第二单元学习如何对素材进行集成，制作成各种形式的多媒体作品，包括视频短片、电子小报和多媒体演示文稿，从而感受不同的多媒体作品的形式和特点。

本课的教学内容是制作视频短片，是体验多媒体作品制作的其中一个内容。课本之所以选择 Windows Movie Maker（一般的 Windows 系统自带）这个软件来学习制作视频，是因为这个软件操作简单，能轻松地制作出一个完整的视频短片。例如，把多张图片制作成一个富有动态、声色俱全的视频短片，会比用 PowerPoint 来制作还要简单。所以这个软件非常适合小学生用来初步体验多媒体作品的制作过程，为以后对比其他多媒体制作软件，以及上初中后学习会声会影等更专业的视频制作软件打好基础。

教材中第 8 课涉及的知识点主要有制作视频短片的方法和步骤、在 Windows Movie Maker 里添加视频片段、修饰影片（添加视频效果、过渡效果、片头片尾）、添加背景音乐等。由于知识点多而小，因此我们将分两个课时来进行学习。第一课时让学生了解制作视频短片的方法和步骤，通过添加视频片段、视频效果、过渡效果制作一个简单的视频短片，并学会保存视频短片。这几个知识点都比较简单，学生能快速掌握。第二课时则进一步学习如何给视频短片添加文字和背景音乐，并通过时间线调整字幕和音乐，达到叠加的效果，形成完整的视频作品。字幕和音乐的叠加，在 Windows Movie Maker 里操作很简单，但是如果要结合具体的视频内容，搭配合适的文字和音乐，做出一个好的作品就不太容易了，除了技术，还需要学生带着细心和耐心去不断调整文字的位置和长度。为此，创设有趣的情境，激发学生的学习热情，让学生在制作作品时做到细心、耐心，是非常重要的。

3. 学习者分析

本课的教学对象为小学五年级的学生。学生经过两年多的信息技术课堂学习，养成了比较高的信息素养，对新软件的学习能力强。从第一课时的学习情况来看，学生对这个软件上手极快，对导入素材、添加剪辑、视频效果、过渡效果、保存视频短片等操作技巧掌握得很好。

五年级的孩子活泼好动、思维敏捷，对贴近生活的话题敏感，感受能力强，具备一定的语文素养，如果能够创设合适的情境，引导他们从生活切入，把计算机技术与语文学科结合，应该能激发他们的学习兴趣和创作热情。

4. 教学目标

（1）知识与技能

1）掌握给视频短片添加文字的方法。

2）掌握给视频短片添加背景音乐的方法。

3）能根据作品的需要对音乐和文字进行位置和长度的调整。

（2）过程与方法

1）在情境中进行学习，培养学习兴趣，提高操作技能。

2）通过“我会填诗”的创作活动，与语文学科结合，让学生学以致用，感受到计算机处理多媒体信息的优势。

（3）情感态度与价值观

1）通过自主探究和实践操作习得知识，并把自己的创意和想法表现出来，体验到较强的成功感和愉悦感。

2）通过“诗意春天”这个探究主题，让学生在课堂中体会到春天的美丽和诗意，激发学生热爱大自然的情感。

5. 教学重难点

重点：掌握给视频短片添加文字的方法（一个完整的好视频离不开文字，片头片尾中，都需要文字的说明和点缀。相对于视频效果、过渡效果、背景音乐，文字的操作技巧更多，主要有叠加、长度、位置等，所以给视频短片添加文字是本节课的教学重点）。

难点：把文字添加到选定的剪辑之上；在时间线状态下调整文字的位置和长度（五年级的小学生给视频添加片头片尾基本不成问题，但是把文字添加到视频短片中，尤其是给选定的剪辑添加文字，往往容易混淆出错。其次，对时间线状态下调整文字的位置和长度容易手忙脚乱，完成效果较差，因此这两点都是本节课的难点，需要特别关注，寻求突破）。

6. 教学准备

多媒体网络教学系统、课件、视频、图片素材等。

7. 教学过程

教学环节	教师活动	学生活动	设计意图
联想春天，酝酿感情	1）同学们，春天是一个美丽的季节，你们眼里的春天是怎样的呢？能不能用四字词语来形容一下？ 2）除了这些现代的词语，古人也喜欢用诗来描写春天的美景。 如贺知章的《咏柳》：不知细叶谁裁出，二月春风似剪刀。 你们还知道其他描写春天的古诗吗？能把描写春天的那一句诗念一下吗？ 3）老师用诗句和音乐搭配图片制作了一个诗意盎然的视频短片（配有学生朗诵录音），请欣赏（图1）。 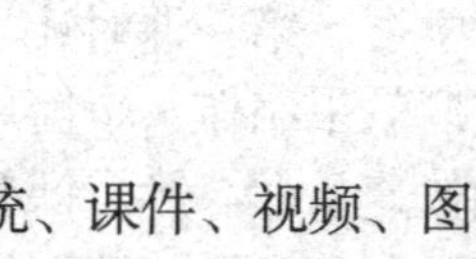 图 1 今天我们就一起来制作一个以“诗意春天”为主题的视频短片。	百花齐放、万紫千红、百花争艳、花红柳绿、莺歌燕舞…… 《春夜喜雨》 《清明》 《春晓》 欣赏视频短片，在唯美春色的图片中，聆听动听的诗朗诵，想象春天的美丽。	本环节通过与学生的互动讨论，引导学生对形容春天的四字词语和歌赋春天的古诗词进行联想，再出示课前准备好的诗意盎然的视频短片，让学生在配乐朗诵和唯美春色的图片中展开对春天的遐想，从而全面激发学生对春天的感知觉，引起学生对大自然的热爱之情，酝酿本节课学习与创作的感情基础。

续表

<table>
<tr><th>教学环节</th><th>教师活动</th><th>学生活动</th><th>设计意图</th></tr>
<tr><td>任务驱动，旧知铺垫</td><td>1. 分析制作这样一个短片的技巧
1）你会在 Windows Movie maker 里添加图片素材吗？
请一个学生示范如何导入图片，并把图片拖入视频轨道。
2）你会添加视频效果和过渡效果吗？
请一个学生示范如何添加视频效果和过渡效果。

2. 指导学生完成短片的基本框架
1）挑选你最喜欢的 3 张图片（图 2），从不同角度展现春景。
2）给每张图片添加合适的视频效果。
3）给每张图片添加合适的过渡效果。
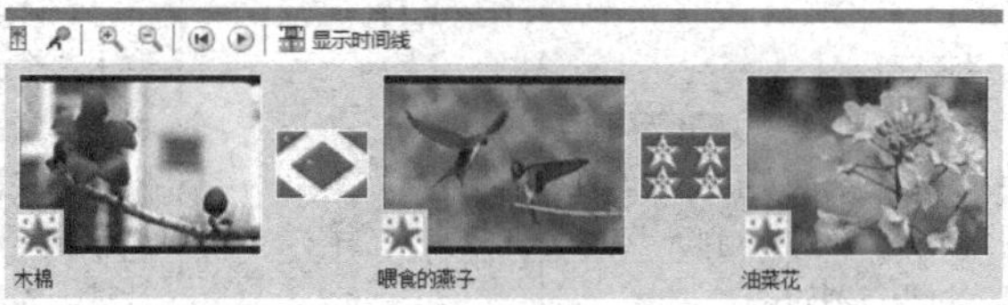
图 2</td><td>分析并回忆上节课的知识，个别操作熟练的学生上台进行示范。

完成图片的插入、视频效果和过渡效果的添加。</td><td>本环节通过任务驱动的方式，让学生利用上节课学过的知识完成视频的基本框架，为后面文字的添加做好铺垫。为了唤起学生的记忆，让这个步骤的制作效率更高一些，本环节挑选了两个操作比较熟练的学生进行个别示范。</td></tr>
<tr><td rowspan="3">启发引导，探究新知</td><td>1. 挑选并展示个别学生做好的视频
师：我们的视频基本做好了，可是缺少了点什么呢？你有什么建议？你会给你的视频取个什么名字呢？

2. 接下来请你自学“学习指导书”，尝试完成以下两个任务
1）添加背景音乐。
2）添加片头和片尾。</td><td>要有片名、致谢词，要配上诗句，加上背景音乐。

明确任务</td><td rowspan="3">本环节是本课的重点内容，学生通过本环节的学习，掌握本课的重点知识。主要通过自学—展示—纠错—练习来学习新知。教师在这里的作用主要是引导，引导学生分析作品的要素、自主学习、欣赏与纠错，最后引导学生在【连一连】中区分不同文字在视频中的三种位置，形成整体印象，为下一个环节的学习做好铺垫。</td></tr>
<tr><td colspan="2">3. 指导学生阅读“学习指导书”，自主探究学习（图 3）
学习帮助1：给你的小影片添加背景音乐。方法如下：
1）如果没有导入音乐，请先导入，如果之前已经导入了，点击收藏，到素材收藏的窗口找。
2）直接把背景音乐拖到情节提要栏的片头上，或者把音乐拖到时间线状态下的“音频/音乐”轨道上即可。这时会提示视图已从情节提要视图切换到时间线视图，音乐添加成功。
学习帮助2：给你的每段剪辑（每张图片）添加文字。
在Windows Movie Maker里添加的文字，如果按位置分，可以分为3种:片头、片中、片尾。
方法：在任务栏的2.编辑电影里选择制作片头或片尾，出现如下画面，选择对应的选项，添加文字：
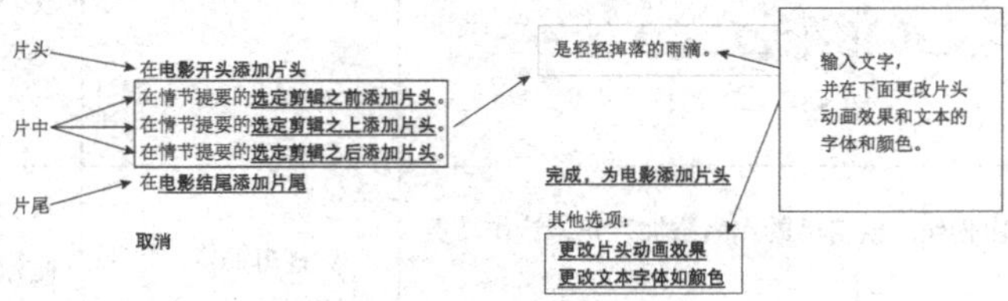
图 3</td></tr>
<tr><td>4. 挑选优秀作品，个别展示

5. 巡查并挑选一两个学生最容易犯错的案例展示，让学生进行纠错，并请会解决的同学上台来示范解决

6. 小练习，小总结【连一连】（图 4）</td><td>欣赏学生的作品

发现问题
解决问题</td></tr>
</table>

续表

<table>
<tr><th>教学环节</th><th>教师活动</th><th>学生活动</th><th>设计意图</th></tr>
<tr><td>启发引导，探究新知</td><td>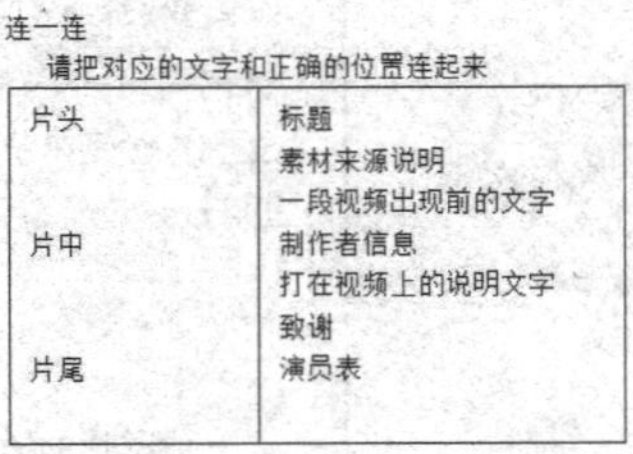

图 4</td><td>连一连
区分不同的文字在视频中的位置</td><td></td></tr>
<tr><td>遐想春天，诗意创作</td><td>放松创作【我会填诗】
师：春天总是在不经意间来到我们身边。
看，小蜜蜂已经在花朵间忙碌起来了，
看，鲜嫩的绿芽开始冒出头来了，
看，可爱的蜗牛也在雨水中缓缓爬行。
同学们，我们在欣赏这些美丽的图片的时候，如果能配上一句诗，是不是会让春天的气息更浓郁一些，更美丽一些？现在请你们来做个小诗人，给这些图片配上美丽的诗句吧！
请用不同的句式为春景图片填一句诗，例如：
春，是______。
春，在______。
春天来了，______。
……</td><td>学生发挥自己的才华，结合图片创作一句诗。
可以是老师提供的格式，也可以是自创的诗句格式。</td><td>教师通过【我会填诗】这个放松的环节，引导学生结合语文情境发散思维，激发学生的创作欲望，使学生跃跃欲试，为后面难点的突破做好情感铺垫。</td></tr>
<tr><td>集体学习，突破难点</td><td>1. 那我们如何把这些美丽的诗句放到图片上面呢
请个别学生上台示范操作，出现问题时，请另一个学生来补充。集体学习怎样把文字添加到选定的剪辑之上。
2. 在学生操作时发现文字与图片不能同步，这时教师需要及时点拨，对难点（包括时间线的概念、调整文字的位置和长度的方法）进行讲解和示范操作（图 5）
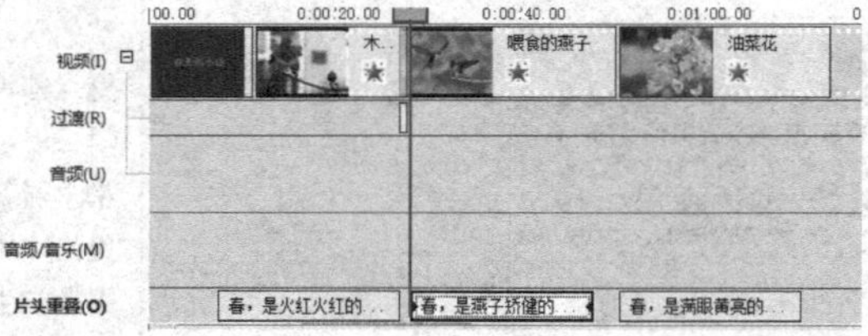

图 5</td><td>观察、思考、记忆。
理解时间线模式下的功能、文本的调整方法。</td><td>本环节是本课的难点，有两个操作要点：①把文字添加到选定的剪辑之上；②在时间线状态下调整文字的位置和长度。为了突破这两个操作难点，教师分别通过个别示范、集体纠错学习和教师讲授三种方式来实现。经过这一环节，学生基本上没有疑点了。</td></tr>
<tr><td>自由创作，完善作品</td><td>1. 指导学生自由创作，给自己的作品添加诗句，让作品更加如诗如画
2. 辅导个别有困难的学生</td><td>自由创作，给自己的作品添加诗句。</td><td>通过给小短片添加诗句来练习和巩固添加文字的技能。</td></tr>
<tr><td>吟诵春天，配乐朗诵</td><td>1. 组织学生对照评价量表，给自己打分（在学习指导书上）
<table>
<tr><th colspan="2">内容</th><th colspan="2">技术</th><th colspan="2">艺术</th></tr>
<tr><td>添加了三张图片</td><td>1分</td><td>会导入图片</td><td>1分</td><td>原创诗句</td><td>1分/句</td></tr>
<tr><td>有片头（短片的标题）</td><td>1分</td><td>会添加视频效果</td><td>1分</td><td>诗句有动态效果</td><td>1分</td></tr>
<tr><td>有片尾（致谢词）</td><td>1分</td><td>会添加过渡效果</td><td>1分</td><td>诗句的颜色、字体、位置等与图片搭配</td><td>3分</td></tr>
<tr><td>有背景音乐</td><td>1分</td><td>会添加片头和片尾</td><td>1分</td><td></td><td></td></tr>
<tr><td>图片上有添加诗句</td><td>1分/句</td><td>会把文字添加到图片上面</td><td>1分</td><td></td><td></td></tr>
<tr><td colspan="2">总得分</td><td colspan="2">总得分</td><td colspan="2">总得分</td></tr>
<tr><td colspan="6">最后总得分（1+2+3）</td></tr>
</table></td><td></td><td></td></tr>
</table>

续表

教学环节	教师活动	学生活动	设计意图
吟诵春天，配乐朗诵	2. 请学生上台配合视频和音乐，有感情地朗诵自己创作的小诗（图6）  图6 3. 谈一谈你今天有什么收获 4. 教师小结 师：同学们，春天是一个美丽的季节，它温润舒适；它多姿多彩；它诗意盎然。愿你们都有一颗热爱大自然的心，用你们善于观察的眼睛去拥抱春天吧！	个别学生播放展示自己的作品，并在音乐声中，配着视频进行朗诵。 总结收获 小结课堂	本环节是结束环节，主要用来评价和总结。评价的方式有理性也有感性，评价量表是理性的，而配乐朗诵则是感性的，本环节旨在通过这两种方式，让学生对自己的操作和创作进行梳理、展示和总结。最后本环节通过教师的一段充满诗意的小结，把整个“诗意春天”的主题进行最后的升华。

教学评价
1）本课注重学生的主体地位，同时充分体现教师的引导作用。全部知识点由学生自学或互学（特别是个别学生示范操作）而获得，教师只在关键的难点处给予比较具体的示范。在各个环节中，教师的言语和肢体的引导作用发挥得酣畅淋漓，是一节符合新课程理念的高效课堂。 2）本课通过一个展现春景的视频引出课题，并围绕“诗意春天”这个主题展开学习和创作。学生的学习兴趣被充分激发，创作热情高涨。学生通过结合旧知，并学习新知，都制作出了自己的“诗意春天”的视频。编辑视频的同时，还做了一回小诗人，这是一节与语文学科相结合的特色课程。 3）贯穿本课主题的有三个主要的环节：联想春天，酝酿感情——遐想春天，诗意创作——吟诵春天，配乐朗诵。在这三个环节中，无论是与春天相关的词语诗赋、学生填诗，还是配乐朗诵，都体现极强的语文特色，有学生下课时感叹像是在上语文课。这种弱化了信息技术课的地位，使语文学科特色凸显的课固然很有特色，但是也应该引导学生认识到两者之间的关系，明白信息技术是工具也是艺术，它既为其他学科服务，也有自己的特色和地位。

案例二：绘制图表

1. 案例背景

设计者	教案名称	学生	教材	课时
袁庆磊	绘制图表	八年级	山东教育出版社《信息技术》	1

2. 教材分析

本课是山东教育出版社《信息技术》第四册“走进数据处理王国——Excel”模块第7课，是该模块的最后一课，是学生在学习了Excel中的常用公式和函数处理数据等操作后，进一步学习如何将Excel表格的数据按照实际需求形象、直观、完美地呈现，是对Excel的拓展和延伸，也是引导学生在实际生活中有效应用信息技术工具的学习内容。同时，本课学习的内容也为后面将要学习的PowerPoint多媒体报告制作奠定良好的基础。本课的教学内容有：制作图表、修改图表和修饰图表。

3. 学习者分析

本课的教学对象为八年级学生，该学段学生在认知方面，已具备了一定的分析、概括与归纳能力，接受新知识的速度较快，掌握新技能的能力也较强，是学习基础知识、掌握基本技能的最佳时期。但该学段学生的操作水平参差不齐，需要通过小组合作的方式带动全体学生达成学习目标，同时也能培养学生自主学习、合作探究的能力。

4. 教学目标

根据教学内容和课程标准要求确立本节课的教学目标如下。

（1）知识与技能

1）理解图表的构成和作用。

2）了解图表的不同类型和几种常用类型的适用范围。

（2）过程与方法

1）掌握数据的图表化表示方法。

2）学会对图表进行编辑和修改。

3）学会用图表分析数据。

（3）情感态度与价值观

1）感受图表在现实生活中的应用。

2）体验数据的多样化表示。

3）培养学生分析处理数据的能力，强化学生保护视力的意识。

5. 教学重难点

重点：利用图表向导生成图表。

难点：根据不同情况选择合适的图表类型；图表数据的简单分析。

6. 教学准备

多媒体网络教学系统、课件、教师提前做好统计的 Excel 表格、学习网站等。

7. 教学过程

教学环节	教师活动	学生活动	设计意图
新课导入	引言导入：环视全班，发现有不少同学跟老师一样，都架着一副眼镜。 先请同学们回答两个问题： 1）平时有无不好的用眼习惯？ 2）戴眼　在日常生活中的哪些方面让你感到不方便？ 同学们说的这些，老师深有体会，有诗为证（图 1）： 冬天天冷有哈气， 夏天出汗它打滑， 下雨镜片怕淋湿， 最惨还是压鼻梁。 图 1 现在咱们来做个现场调查，分组统计一下组内近视和不近视的人数各有多少。	学生积极回答问题。 学生配合组长完成现场统计。 课代表完成统计表（表 1）的数据输入。	通过回答问题让学生意识到眼睛近视的不便之处，为整堂课的开展铺好主线。 利用现场统计的形式导入，活跃课堂气氛，调动学生积极性。 学生参与自主完成统计。

续表

教学环节	教师活动	学生活动	设计意图
新课导入	教师请课代表将各组长报的人数填入提前做好的工作表。 谁能快速告诉老师哪个组近视的人数最多，哪个组不近视的人数最多。 提问：同学们回答得非常快，但是只看数字有些单调，能不能把它们用更直观形象的方式展现出来呢？ 通过示例，不一样的呈现方式表现一样的内容，从而体现图表表现数据的优势。 引出课题。 这节课我们就一起来探究学习怎样把 Excel 表格做成直观形象的图表。 （板书：绘制图表）	表1 班级近视人数统计表 组别 近视（人） 不近视（人） 一组 二组 三组 学生抢答问题。 学生思考，回答。 有学生回答图表。 学生观察示例（图2），思考，回答问题。 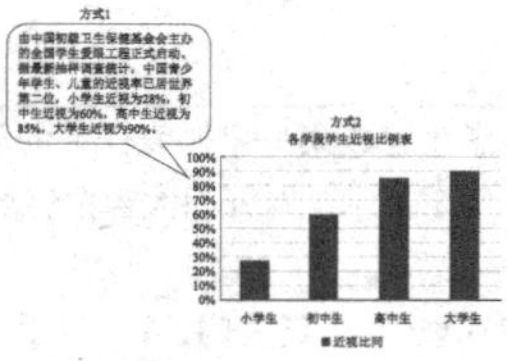 图2	培养学生思考问题的能力。 完成课堂导入，转入下一环节。
小试牛刀	教师将学生分为 3 个小组并说明小组竞赛规则：回答问题、上台演示及作品展示的学生得 1 枚笑脸；每个任务最先完成的小组得 2 枚笑脸。 首先通过课件了解一下图表的概念及常用图表类型。 同学们先尝试一下，自己能不能找到做图表的方法呢？ 教师设置探究任务一之制作图表：完成“班级近视统计”图表制作。 教师请两名学生上台，一人负责演示，一人负责讲解。 提问：谁能说一下制作图表的基本步骤？ 教师课件展示制作图表流程图（图3）。 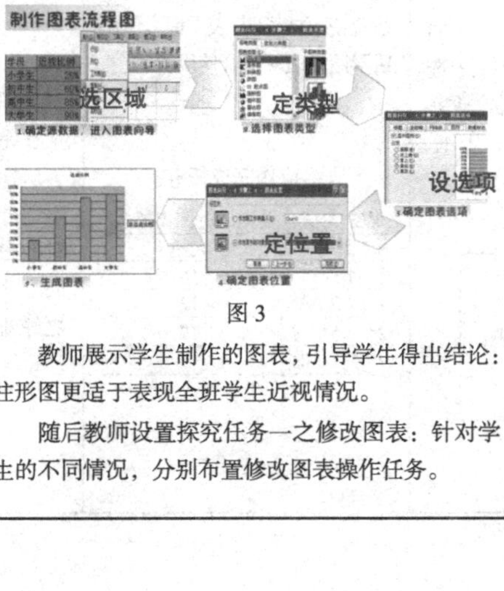 图3 教师展示学生制作的图表，引导学生得出结论：柱形图更适于表现全班学生近视情况。 随后教师设置探究任务一之修改图表：针对学生的不同情况，分别布置修改图表操作任务。	学生聆听竞赛规则。 学生观看课件、了解图表。 学生分组探究，尝试使用图表向导制作近视统计表。 两名学生代表分别完成演示、讲解任务。 学生思考回答问题。	通过小组竞赛的形式激发学生课堂参与的积极性。 引导学生自主学习，自主探究。 此任务没有规定图表类型，为下一环节埋下伏笔。 引导学生利用网站“学习助手”板块自主完成图表制作，培养学生动手操作能力和语言表达能力。 培养学生归纳总结能力。 教师讲解图表制作规范。

续表

<table>
<tr><th>教学环节</th><th>教师活动</th><th>学生活动</th><th>设计意图</th></tr>
<tr>
<td>小试牛刀</td>
<td>课件给出操作提示（图 4）。
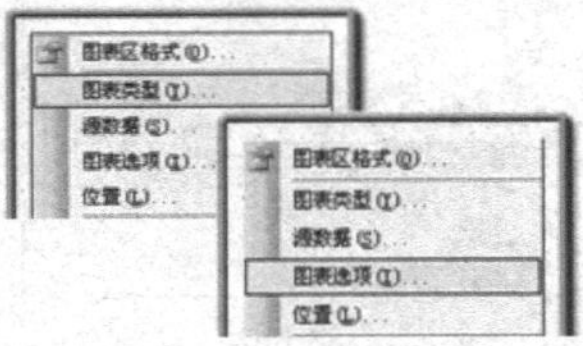
图 4
小结：只会制作图表还不够，还要学会在制作图表之前选择正确的图表类型。</td>
<td>学生观看课件，了解熟悉图表制作流程。
学生观察分析老师展示的图表，思考得出结论：柱形图更直观，更适于表现全班学生近视情况。
学生根据课件提示，自主完成图表的修改。
1）没有使用柱形图的将图表类型改为“柱形图”；
2）已使用柱形图的为图表添加标题“班级近视统计图”。</td>
<td>培养学生观察分析能力。
引导学生学会修改图表。
小结承上启下，完成下一环节导入。</td>
</tr>
<tr>
<td>渐入佳境</td>
<td>教师对学生完成第一个探究任务的表现给予肯定，设置“信息技术版”开门大吉抢答游戏环节。
说明游戏规则：6 扇大门，6 位举手最快的同学选择大门编号并上台按响门铃，说出大门背后的题目所适合的图表类型。（图 5）
一周零用钱各项支出所占比例
2014年你的体重变化
周末平均上网时间比较
初中各年级男女生平均身高比较
八年级你的学习成绩发展
八年级各类特长学生所占比例
图 5
1. 游戏片段
提问：通过游戏，请同学们思考这三种图表类型分别适合在什么情况下使用。
教师将学生的探讨结论进行归纳总结：折线图适合看变化，柱形图适合比差异，饼形图适合百分比。
教师利用课前根据学生问卷结果统计制作的 Excel 工作表，继续设置探究任务二之选择图表：选择合适的图表类型，分组制作：表 2，每天作业完成时间比较表；表 3，课余时间安排分布表；表 4，最近五年视力发展表。并对图表做出简要的分析。
表 2 操作要求：
操作要求：
1. 数据区域为B3:C7，系列产生在列；
2. 图表标题为每天作业完成时间比较表；
3. 图例位置：靠右；
4. 将图表作为其中对象插入。
表 3 操作要求：</td>
<td>聆听游戏规则。
学生抢答，积极参与游戏环节。
学生思考回答问题。
学生采用小组协作的方式，分组探讨得出结论：表 2 适合使用柱形图；表 3 适合使用饼形图；表 4 适合使用折线图。
分组协作完成任务。
表2 每天作业完成时间比较表<table><tr><th>用时</th><th>人数</th></tr><tr><td>1～1.5小时</td><td>10</td></tr><tr><td>1.5～2小时</td><td>12</td></tr><tr><td>2～2.5小时</td><td>17</td></tr><tr><td>2.5～3小时</td><td>9</td></tr></table></td>
<td>本环节通过抢答游戏环节活跃课堂气氛，并启发学生总结三种图表类型适合的情况。
鼓励学生通过自主探究、小组合作、共同归纳总结的形式自主完成知识的形成过程。
作为本课难点，学生在完成任务时，可能会出现选择的图表类型不适合的问题，教师适时的归纳总结可使复杂问题简单化，帮助学生更好地突破难点。</td>
</tr>
</table>

续表

<table>
<tr><th>教学环节</th><th>教师活动</th><th>学生活动</th><th>设计意图</th></tr>
<tr>
<td>渐入佳境</td>
<td>操作要求：
1. 数据区域为B3:C8，系列产生在列；
2. 图表标题为最近五年视力发展表；
3. 图例位置：右上角；
4. 将图表作为其中对象插入。

表 4 操作要求：

操作要求：
1. 数据区域为B3:C8，系列产生在列；
2. 图表标题为课余时间安排分布表；
3. 图例不显示，数据标志中显示百分比和类别名称；
4. 将图表作为其中对象插入。

提问：每组请一名同学分析所做图表。
教师将学生回答进行归纳，利用图表数据直观提醒学生注意保护视力。</td>
<td>表3 最近五年视力发展表
<table>
<tr><th>年份</th><th>人数</th></tr>
<tr><td>2013年</td><td>6</td></tr>
<tr><td>2014年</td><td>10</td></tr>
<tr><td>2015年</td><td>8</td></tr>
<tr><td>2016年</td><td>13</td></tr>
<tr><td>2017年</td><td>11</td></tr>
</table>
表4 课余时间安排分布表
<table>
<tr><th>项目</th><th>人数</th></tr>
<tr><td>上网</td><td>12</td></tr>
<tr><td>玩游戏</td><td>11</td></tr>
<tr><td>看书</td><td>8</td></tr>
<tr><td>玩手机</td><td>10</td></tr>
<tr><td>运动</td><td>7</td></tr>
</table>
学生思考回答问题。
一组分析：大多数学生每天完成作业需要 2～2.5 小时，时间较长。
二组分析：大多数学生课余时间在玩游戏，做运动的学生最少。
三组分析：近五年来学生们的近视人数呈逐年上升趋势。</td>
<td>通过制作图表、分析图表，引导学生意识到保护视力的重要性。</td>
</tr>
<tr>
<td>大显身手</td>
<td>下面请同学们再来看这两个图（图 6），大家比较一下，哪个图表更美观大方。
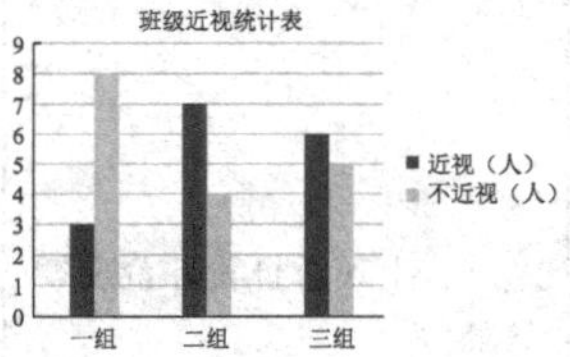

（a）
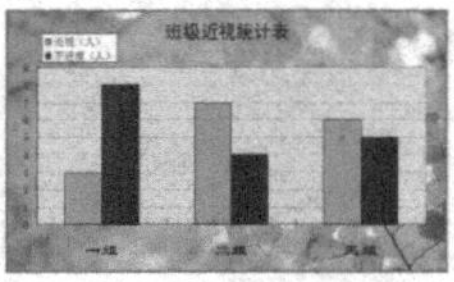
（b）
图 6
提问：谁来说一下这两个图哪些地方发生了变化？

教师将学生的回答进行归纳，图 6（b）设置修饰了图表区背景、绘图区背景、数据源颜色、图例位置、图表标题字体字号等。

提问：同学们想不想让自己制作的图表也变漂亮？

教师趁机设置探究任务三之修饰图表：分组将自己组内刚刚制作的图表进行装饰美化。</td>
<td>学生回答：图 6（a）。

学生观察比较，回答两个图的不同。

学生个个跃跃欲试。

学生参照提示进行操作。</td>
<td>本环节通过两个图的对比，激发学生修饰图表的兴趣。

培养学生观察比较能力。</td>
</tr>
</table>

续表

教学环节	教师活动	学生活动	设计意图
大显身手	提示：对图表的修饰美化要在保证图表清晰明了的前提下进行。可主要从以下几方面着手： 图表区背景、绘图区背景、数据源颜色、图例位置、图表标题…… 操作提示：只需在相应的区域利用右键菜单选择合适的选项即可对其进行相应的设置。 任务完成，每组展示 1～2 名学生图表美化作品。 教师简单点评三个小组课堂表现反馈情况（笑脸标志多的小组获胜）。	学生组内协作、自主探究，完成图表的修饰操作。 学生观看展示图表，组内同学对展示图表进行评价分析。	引导学生自主完成图表的装饰操作。 充分发挥学生自主学习的能力，促进学生合作学习的能力。 培养学生评价分析能力。
评价总结	同学们，今天这节课你究竟学会了什么？又学会了多少呢？请打开学习网站“自我评价”板块进行填写并提交。 填写完评价表的同学请浏览一下网站“拓展延伸”板块。 如果把同学们自评的结果在 Excel 中生成图表，评价反馈就变得更加形象直观了，不但可以查看针对这 5 个评价项目各组自评优秀、良好、一般的情况，而且能够直观地看到每个小组针对这 5 个评价项目的综合情况。 课堂小结：同学们，今天我们一起探究学习了 Excel 图表的制作方法，懂得了需要根据实际需求来选择不同类型的图表，我们还学会了把图表变得更加漂亮，通过同学们的作品和评价的结果，我知道大部分同学都学会了这些本领，这得益于大家课堂上的优异表现。 其实，Excel 图表的应用绝不限于今天课堂上所学的这些，同学们来看，它被广泛应用于现实生活的各个方面。 最后我想说的是，我们省乃至全国近年来近视发病率是非常高的，刚才同学们浏览了咱们网站的“拓展延伸”板块，在此也请大家从今天开始注意用眼卫生，课余时间多运动，少玩计算机和手机，保护好自己的眼睛。 课后请同学们分组探究，完成中学生视力调查报告书，同时向全市同学发出保护视力的倡议。好的，同学们，下课时间到了，下课！	认真填写评价反思表。从图表的制作、选择、信息的分析、课堂发言积极度、小组协作参与度五方面进行评价。 学生浏览学习网站，可以做近视小测试，阅读预防近视小贴士或了解一下近视的危害。 学生观看自我评价反馈结果。 学生跟随教师的思路总结本课所学知识。 学生观看课件，了解图表在现实生活中的广泛应用。 学生观看课件展示资料，再次强化对视力保护的认识。 课下通过网上搜集资料、采访相关学科教师等方式，完成作业。	引导学生进行自我评价。 利用学习网站强化学生对近视危害的认识。 评价的结果又是新的数据分析。 利用课件引导学生了解图表在现实生活中的广泛应用。 为体现课内向课外的延伸，布置拓展延伸性作业，充分落实信息技术学科课堂服务于生活的最终目标。

续表

教学环节	教师活动	学生活动	设计意图
教学评价			
1）本节课各个环节的设计都以学生活动为主，既让学生在活动中掌握了操作技能，同时又培养了学生的合作精神，提高了他们的综合信息素养，让学生的智力因素与非智力因素都得到充分的发展。 2）本节课将保护视力作为贯穿整堂课的主线，它与学生的日常生活休戚相关，利于激发学生学习兴趣，使学生在学习信息技术操作技能的同时增强视力保护意识。 3）数学学科中也有数据统计和图表制作的相关内容，本课的探究学习充分体现了信息技术与其他学科整合的现实要求。根据教学改革关于信息技术与学科整合这一新方向，本课做出了积极有效的尝试。 4）具体实践中，学生参与意识强烈，课堂气氛活跃，教学目标达成良好，能够圆满完成教学任务。同时通过本课的学习，学生对于保护视力都有了更进一步的认识。 5）图表看似简单，但是大多数学生只会按照向导制作，对于修改和修饰涉及较少，本课使得学生对于图表的制作、修改和修饰有了全面的掌握，并对引导学生利用图表进行简单的数据分析做了初步的尝试。			

案例三：二进制与计算机

1. 案例背景

设计者	教案名称	学生	教材	课时
陈旭龙	二进制与计算机	七年级	广东教育出版社《信息技术》	1

2. 教材分析

本内容选自广东教育出版社《信息技术》第一册第一章“信息与信息技术”中第3节计算机的基本工作原理中的第二小节。二进制是计算机工作的基本形式，也是计算机理论知识中的最基本的原理,对于信息技术的学习及了解计算机的工作原理具有不可忽视的奠基作用。原教材用一小节的篇幅介绍二进制，只解答了计算机为什么要采用二进制，语焉不详，内容也相对抽象，不易理解，难以引起学生的兴趣和重视。鉴于此，笔者单独以一课时的时间介绍这一相关知识。

3. 学习者分析

本课教学对象为七年级的学生。七年级的学生活泼好动，但其逻辑思维能力和抽象思维能力相对较弱，对于二进制的工作原理不一定能够直观地理解，所以笔者在教学设计中，以活动为主线，环环相扣，让学生在游戏中不断体悟二进制的妙用。

4. 教学目标

（1）知识与技能

学会二进制数与十进制数之间的转化，认识计算机表示字符的原理，认识计算机描述图片的原理。

（2）过程与方法

通过模拟活动体会到计算机对字符的表示方法，通过设计图形编码了解计算机对图像的表示方法。

（3）情感态度与价值观

学会相互之间进行合作和沟通，了解二进制原理在计算机和生活中的应用，激发其创新思考的兴趣。

5. 教学重难点

重点：二进制与十进制的转换。

难点：二进制对字符的表示。

6. 教学准备

多媒体网络教学系统、课件、图片素材等。

7. 教学过程

教学环节	教师活动	学生活动	设计意图
导入	展示 4 张牌（图 1），从右往左数，第一张牌上有 1 个点，第二张牌上有 2 个点，第三张牌上有 4 个点，第四张牌上有 8 个点，让学生观察规律，说出第五张牌上有多少个点，其规律是什么。 (第 i 张牌上的点数是 2^{i-1})  图 1	观察牌上的点数，总结规律。	题目简单有趣，能够在短时间内吸引学生的注意力。而且每张牌上的点数隐含着二进制位数的权，为正式介绍二进制做好铺垫。
二进制数与十进制数的转换	1. 怎样表示二进制 现在，我们将某些牌翻转（图 2）。那么，翻转后，这幅牌上有多少个点？  图 2 如果我们把点数朝上的牌当作 1，点数朝下的牌当作 0，则以下牌（图 3）可以表示为 01001，则它对应的有 9 个点。		通过纸牌的翻转引入二进制数，过程简单，学生容易接受，用不同形态来表示二进制数，容易激起学生的兴趣，结合情景学习，更能加深学生对二进制的理解。

续表

教学环节	教师活动	学生活动	设计意图
二进制数与十进制数的转换	 图 3 那么以下几张牌（图 4）有多少个点呢？  图 4 总结规律：如果将每一位数都认为背后有一个点数 2^{i-1}，那么，二进制数可以转化为 2^4*1+2^3*0+2^2*1+2^1*0+2^0*1=21。 思考：十进制数背后有没有一个点数呢？它的值是多少呢？ 2. 练习，将二进制转换成十进制 同学们已经可以非常敏捷地对二进制数进行转换了，那么你知道下面的图（图 5）表示多少吗？ 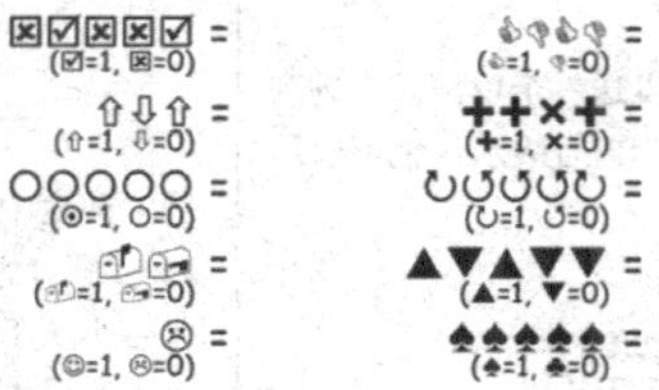 图 5 3. 将十进制转换成二进制 现在，同学们已经能够非常熟练地进行二进制转换了，但是，有一个难题需要大家解决，那就是 John 的生日蛋糕问题。 John 出生于 1975 年，他要过生日了，想要在生日蛋糕上插上蜡烛表示自己的岁数（图 6）。但是，我们都知道，他已经 43 岁了，如果在蛋糕上插 43 根蜡烛，不仅太挤，而且蜡烛之间还可能会互燃。于是他想到用二进制来表示自己的岁数，他在蛋糕上插上 6 根蜡烛，想用点燃蜡烛表示 1，不点燃蜡烛表示 0，但他不知道具体应该点燃哪几根蜡烛，你能帮他吗？  图 6 思考：你能不能用一只手表示你的岁数？	学生回答问题，提问他是怎么推出答案的。 题目太多，可以分两组让学生计算，竞争回答计算结果。 学生回答问题，并提问他是怎么推出结果的。 学生尝试用一只手表示自己的岁数。	巩固学生对二进制的理解，利用不同形态来表示二进制，有利于学生思维的迁移。 结合情景，不仅能激起学生兴趣，还能加深学生对二进制在生活中应用的理解。 情境拓展，巩固学生的认识。

续表

<table>
<tr><th>教学环节</th><th>教师活动</th><th>学生活动</th><th>设计意图</th></tr>
<tr>
<td>二进制编码</td>
<td>
1. 情境
有一天夜里，你正在写作业，突然发现对面楼里有灯光一闪一闪的，似乎有某种规律，你仔细观察后发现对方可能是用二进制来发送信息，于是，你把信息记了下来，发现是以下一串代码：
01000　00101　01100　10000
请问，你知道这是什么意思吗？
后来，你记得对面楼里是你的一个小伙伴，你们曾经给字母编过表（表 1），如下：
表 1
<table>
<tr><td>1</td><td>2</td><td>3</td><td>4</td><td>5</td><td>6</td><td>7</td><td>8</td><td>9</td><td>10</td><td>11</td><td>12</td><td>13</td></tr>
<tr><td>a</td><td>b</td><td>c</td><td>d</td><td>e</td><td>f</td><td>g</td><td>h</td><td>i</td><td>j</td><td>k</td><td>l</td><td>m</td></tr>
<tr><td>14</td><td>15</td><td>16</td><td>17</td><td>18</td><td>19</td><td>20</td><td>21</td><td>22</td><td>23</td><td>24</td><td>25</td><td>26</td></tr>
<tr><td>n</td><td>o</td><td>p</td><td>q</td><td>r</td><td>s</td><td>t</td><td>u</td><td>v</td><td>w</td><td>x</td><td>y</td><td>z</td></tr>
</table>
现在，你能看出小伙伴的意思吗？
原来，密码是这样破解的：从字母表里找到字母对应的数，将该数转化成二进制数进行传输，接收到二进制数后将其转化成十进制数，再从字母表里找出对应的字母。
2. 游戏
根据以上规则，用二进制的方式给同桌发送一个单词。二进制的表示方式有多种，可以用手指表示，可以用声音表示，也可以用眨眼皮表示（图 7）。

图 7
3. 讲解
其实刚才各位同学所做的，正是计算机的工作，只不过，计算机所用的编码跟大家的不用，它是一张特定的编码表，叫 ASCII 表（图 8）。

图 8
计算机要传递一个字符，要先在这张表里找到字符对应的编码，例如，A 对应的编码是 65，然后将编码转换成二进制进行传输，另一台计算机接到二进制后，将其转换成十进制，然后从 ASCII 表中找出对应的字符进行处理。
思考：ASCII 表只定义了英文字母，计算机又是怎么表示其他文字的？比如中文、日文、韩文等。
</td>
<td>
学生猜猜意思，将二进制数转换成十进制数。

学生破解出意思。

学生做游戏，同桌之间一个人用二进制传输一个单词，另一个人破解这个单词。
</td>
<td>本环节讲解二进制的编码知识，单纯地讲，该知识可能比较乏味。教师通过情境设置让学生来逐步模拟计算的运行机制，让学生不知不觉中了解了计算机的编码环节，同时通过设置活动加深学生对这个流程的理解。最后才正面讲解计算机的编码流程，巩固学生的认识。</td>
</tr>
</table>

续表

教学环节	教师活动	学生活动	设计意图
二进制与图像	1. 图像的表示 计算机虽然明白了字符之间的传输，但是它怎么知道这个字怎么写呢？ 计算机可以用一个表格来描述一张图片，每个格子表示一点。如果该点有颜色，就表示为 1，如果没有颜色，就表示为 0（图 9）。 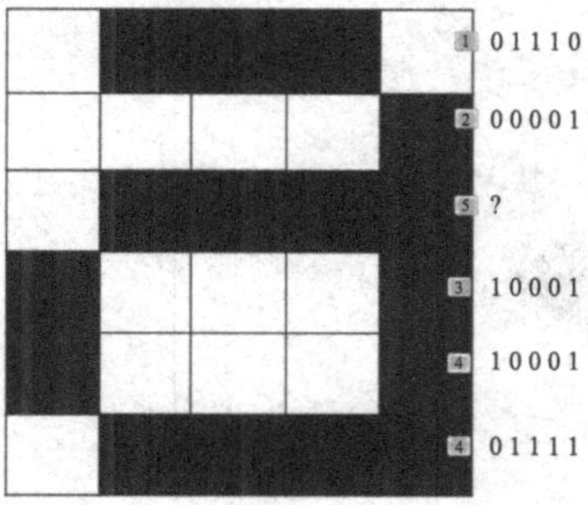 图 9 2. 活动 现在给你传输一个二进制图像，你能快速地解码出来吗？你怎样编写一张图片，然后以二进制的方式发送给你的小伙伴？ 教师在此以 Excel 的方式制好表格，让学生解码一个图像，然后让学生自己绘制一个图像并进行编码。（图 10、图 11）  图 10 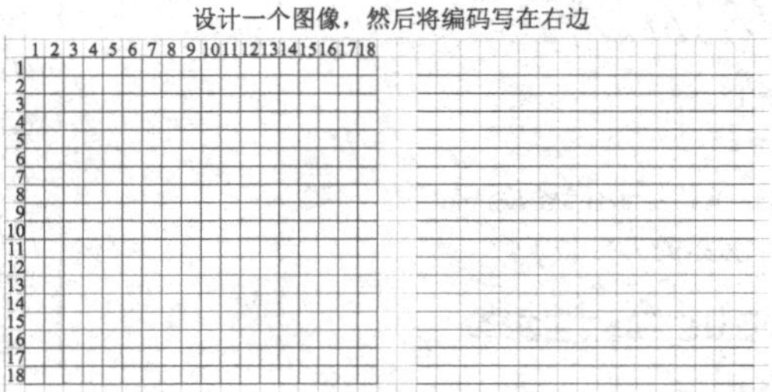 图 11 3. 应用 用二进制方式描述图像的方法在我们生活中有很广泛的应用，比如可以用来画图，如像素画（图 12）。  图 12	学生思考 学生活动，接受教师发送的表格，并开始解密图像，并设计图像，给图像编码。	本环节讲解如何用二进制数来描述图像。问题承接上一个环节，计算机可以互相识别字符，但计算机和人之间如何传递字符呢？人不可能以 ASCII 码来识别字符。教师讲解图像的表示原理后，让学生通过活动对图像进行编码和解码，不仅能加深学生对该知识的理解，更能激发学生的创造性。紧接着对二进制描述图像在生活中的应用进行举例，可以较好地拓展学生的认知，发散他们的思维。

续表

教学环节	教师活动	学生活动	设计意图
二进制与图像	十字绣便是根据这个原理来实现的（图 13）。  图 13 最广泛的一个应用是打印机和传真机（图 14）。  图 14 思考：如何用二进制数描述一个物体并实现 3D 打印呢？		
计算机中的二进制	同学们，通过刚才的例子，我们知道，在生活中，我们可以通过各种各样的例子来表示二进制，那你们知道在计算机中，用什么方式来表示二进制吗？ 1. 利用电子元件的通电和断电来表示二进制（图 15）  图 15 2. 利用光的反射来表示二进制 例如，光发生折射表示为 0，没有发生折射表示为 1。这就是光存储的原理，例如我们的光盘就是这样来存储数据的（图 16）。  图 16 3. 利用磁性来表示二进制 例如，n-s 表示 1，s-n 表示 0，这就是磁存储的原理。例如，我们的硬盘、U 盘，就是这样来存储数据的（图 17）。  图 17 4. 利用声音来表示二进制 例如，早期我们用电话线来传输数据，但是电话线是传输声音的（模拟信号），怎样让它传输二进制呢？我们设计两个频率，高频就表示 1，低频就表示 0，计算机传输时，将 0 信号转化为低频，1 信号转化为高频，通过调制解调器加载到模拟信号上，就可以通过电话线传输了。计算机接收信号时，同样通过调制解调器将高频声音还原为 1，低频声音还原为 0，计算机就可以识别数据了（图 18）。 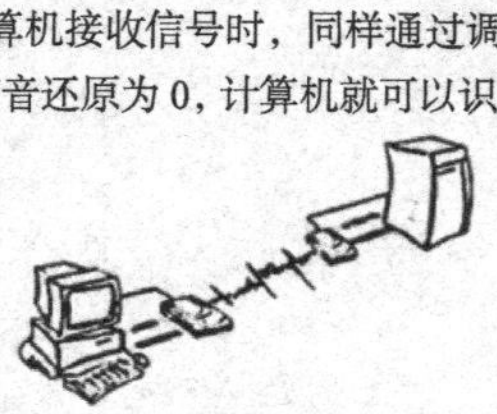 图 18	学生听讲，可以适时发问。	教师通过多方面的举例说明，让学生深刻认识到二进制在计算机中的广泛应用，而非教材中简单带过的“在计算机内部，所有信息的表示、存储、处理、输出均采用二进制”，可以让学生发散思维。

续表

<table>
<tr><th>教学环节</th><th>教师活动</th><th>学生活动</th><th>设计意图</th></tr>
<tr><td>总结</td><td>总结本课内容（图 19）：
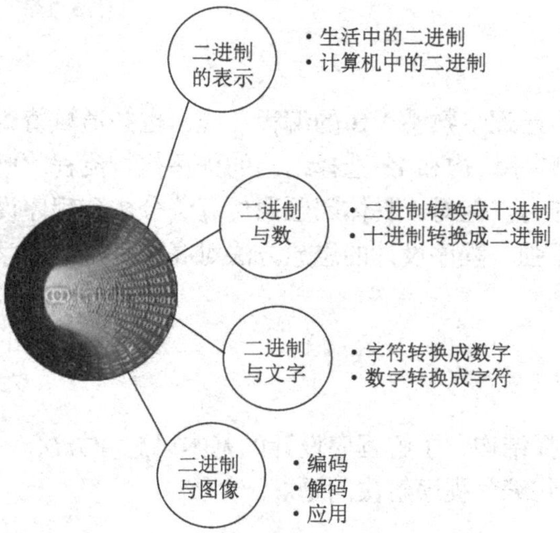

图 19</td><td></td><td></td></tr>
<tr><td colspan="4">教学评价</td></tr>
<tr><td colspan="4">计算机的发明和不断改进，以及层出不尽的应用，都凝聚了前辈的智慧，不少伟大的数学家、计算机科学家都在为其添砖加瓦，不妨说计算机是人类智慧的伟大结晶。但在教授信息技术课程，或者说计算机理论知识时，更多的是只停留在应用层面，或者只讲解现成的构架，没有将发明过程中的艰难问题提出来，没有将计算机科学家如何柳暗花明、巧妙化解难题的智慧表现出来。因此，信息技术教育才会沦为一种工具的教育，缺乏灵性和活力。
试想，将计算机工作原理浓缩为一节课，学生接触到的只是几个概念，对真正的原理并无深刻认识，而且因为概念的抽象性，学生兴趣不高，更不能积极思考。于是，借鉴《不插电的计算机科学》一书，单独抽离其中的一个知识点，结合初中一年级学生的认知水平，设计成半游戏型的教学方式。虽然讲的是二进制，但又不单是计算机的二进制。比如用蜡烛的亮灭表示岁数，用手指的伸缩表示二进制，用灯光的亮灭传递信息，用其他各种信息表示二进制，如眨眼皮，再如发两个音调的声音，二进制存储图像的原理在生活中的应用，可以用来辅助画画、十字绣、打印传真等，这些例子都说明我们所学的知识不仅仅是计算机世界的，更是生活中的，是一种思维的体现，而不仅仅是知识。
本节课的课堂效果很好。原本以为在二进制与十进制的转换环节学生的接受会较困难，但实践证明，学生的反应很快，并且能很快找到规律。该课例在实验班和平行班都进行了实验，实验班的学生接受能力较快，教学进度很从容，平行班的教学进度相对有点慢，但学生的兴趣都很高昂，表现也很活跃，甚至不少学生下课后还主动过来表述他们对二进制的理解。
不足之处，课堂节奏比较快，有些活动环节未能充分开展。</td></tr>
</table>

案例四：程序的多重选择结构

1. 案例背景

设计者	教案名称	学生	教材	课时
张春惠	程序的多重选择结构	高中一年级	广东教育出版社《算法与程序设计》	1

2. 教材分析

本课为广东教育出版社《算法与程序设计》高中一年级第二章第三节的内容，通过本节课的学习，学生掌握 VB 语言中的 Select 多重选择结构语句，学会使用 Select 多重选择结构语句编写程序，解决比较复杂的实际问题。教材从“居民生活水平状况”问题出发，引导学生经历分析问题、设计算法、编写程序、调试程序等用计算机解决问题的过程。以“北京汽车限行问题”为引线，引导学生分析思考找到解决问题的方法，掌握 Select 多重选择结构的语句格式和程序设计。

3. 学习者分析

通过前面的学习，大部分学生已逐步熟悉 VB 的编程环境，也知道赋值语句、输出语句和 InputBox 函数的功能，学习了顺序结构和 IF 选择结构的程序执行流程，已具备一定的算法基础，具有一定的比较、归纳能力。但对于具体问题通过算法分析和程序设计给予解答的流程还不熟练，编程解题的意识不强。程序设计的思想方法对高中一年级的学生来讲非常抽象，学习难度较大。

4. 教学目标

（1）知识与技能

1）使学生掌握程序的多重选择结构，了解程序设计的基本思想和方法。

2）学会利用多重选择结构语句编写程序解决问题。

（2）过程与方法

1）通过比较、分析、实践、修改和调试程序，了解程序设计在解决问题过程中的地位和作用。

2）学会从简单问题出发，运用程序设计解决实际问题的方法，体验程序设计的基本思想方法。

（3）情感态度与价值观

贴近生活的案例设计，激发学生学习程序设计的求知欲，形成积极主动利用程序语言解决生活实际问题的态度，培养学生的创新、探索精神，以及与人共事的合作意识。

5. 教学重难点

重点：多重选择结构程序设计的基本思想和方法；对比、归纳、总结程序设计的基本思想和方法。

难点：利用多重选择结构编写简单的程序来解决生活中的各类问题；准确设计 Select 选择结构语句。

6. 教学准备

多媒体网络教学系统、课件等。

7. 教学过程

教学环节	教师活动	学生活动	设计意图
情境引入	1. 投影《北京市人民政府关于实施工作日高峰时段区域限行》文件 2. 提问：你知道今天哪些车牌尾号限行吗？ 3. 运行查询程序实例	关注生活，文明出行。	通过生活中的切实案例，激发学生参与课堂的积极性。

续表

<table>
<tr><th>教学环节</th><th>教师活动</th><th>学生活动</th><th>设计意图</th></tr>
<tr><td>问题探究</td><td>1. 分析问题
1）输入星期几。
2）输出限行号码。
2. 设计算法
1）如果输入 1，输出“尾号 4、9 限行”。
2）如果输入 2，输出“尾号 5、0 限行”。
3）如果输入 3，输出“尾号 6、1 限行”。
4）如果输入 4，输出“尾号 7、2 限行”。
5）如果输入 5，输出“尾号 8、3 限行”。
3. 编写代码
引导学生共同归纳完成程序代码（图 1）。
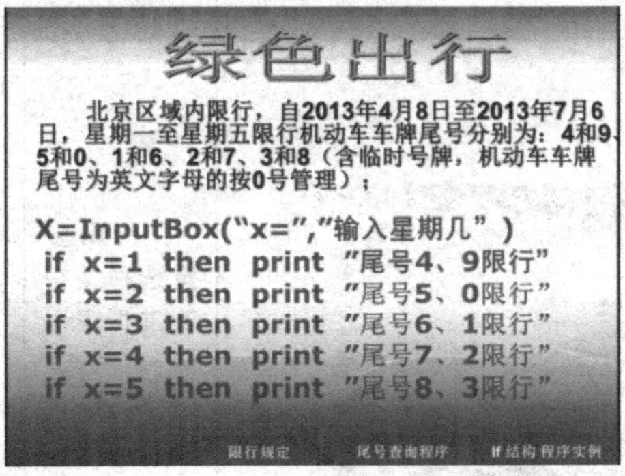

图 1</td><td>分析问题

找到选择条件。

尝试编写程序代码。复习 If 选择结构语句格式。</td><td>强调计算机解决问题的过程。

提高学生设计算法的能力。

巩固选择结构的格式。

发现程序的冗余性，引出改进程序代码，从而进入多重选择结构的学习。</td></tr>
<tr><td>新知讲解</td><td>多重选择结构的语句格式（板书）。
Select Case　表达式
　　Case　表达式列表 1
语句组 1
　　Case　表达式列表 2
语句组 2
……
　　Case　Else
语句组 n+1
End　Select
讲解含义和格式。
（1）表达式和表达式列表可以是数值型或者字符型，表达式列表还可以是多个用逗号分开的表达式
（2）表达式列表与表达式的类型必须相同
（3）表达式列表又称为值域，有如下三种形式
①Case 1，3，5，7，9
当表达式的值为 1 或 3 或 5 或 7 或 9 时执行后面的语句组。
②Case 85 to 100
当表达式的值在 85～100 时执行后面的语句组。
③Case Is>100
当表达式的值大于 100 时执行后面的语句组。</td><td>掌握多重选择结构的语句格式。

注意：Select 选择结构的细节设计。</td><td>详细的讲解让学生对 Select 选择结构有一个完整的理解。</td></tr>
</table>

续表

教学环节	教师活动	学生活动	设计意图
知识运用	带领学生改进程序代码（图 2）。 Select Case　x 　　Case　1 　　Print　“尾号 4、9 限行” 　　Case　2 　　Print　“尾号 5、0 限行” 　　Case　3 　　Print　“尾号 6、1 限行” 　　Case　4 　　Print　“尾号 7、2 限行” 　　Case　5 　　Print　“尾号 8、3 限行” 　　Case　6，7 　　Print　“今天不限行” End　Select 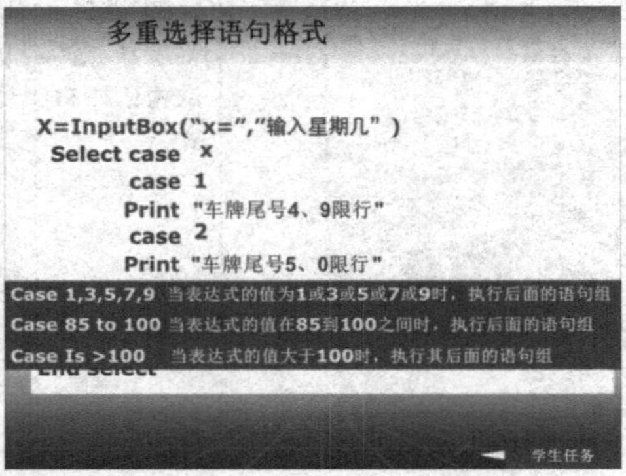 图 2 调试程序 如何能做到绿色出行。	利用多重选择结构改进程序代码。 回答： 表达式　x 列表 1　1 输出尾号 4、9 列表 2　2 输出尾号 5、0 …… 列表 6，7　6，7 输出“今天不限行”。 思考：绿色出行的理念是什么？如何做？	在结构上进行代码的替换，使学生直观地的理解 Select 选择结构的具体语句设计。 发出绿色出行行动的号召，从而对学生渗透思想教育。
任务分析	投影题目：健康生活 阅读材料，关注身体健康指数 BMI BMI（身体质量指数，简称体质指数，又称体重指数，英文为 Body Mass Index，简称 BMI）是用体重公斤数除以身高米数的平方得出的数，是目前国际上常用的衡量人体胖瘦程度以及是否健康的一个标准。	阅读材料，明确 BMI 的意义。	此题目使学生关注健康。

续表

<table>
<tr><th>教学环节</th><th>教师活动</th><th>学生活动</th><th>设计意图</th></tr>
<tr><td>任务分析</td><td>BMI 适用于 18～65 岁的人士，不适用于儿童、青少年、孕妇、哺乳期女性、老人及运动员等。

分析问题（图 3）：
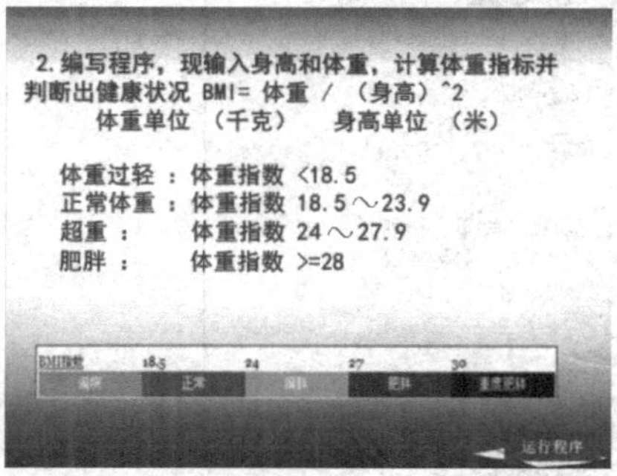

图 3

设计算法：
1）输入体重。
2）输入身高。
3）计算 BMI=w/h^2。
4）判断。
表达式： BMI
列表 1：　<18.5
输出过轻
输出 BMI 的值
列表 2：　18.5　to　23.9
输出正常
输出 BMI 的值
……
else
输出肥胖
输出 BMI 的值</td><td>观看程序演示过程，注意程序设计要点：
输入身高单位(米)，输入体重单位（千克）。

分析程序设计算法，输入体重，输入身高，计算 BMI，多重选择,输出结果。

将算法转化成程序代码。</td><td>学生都是爱美的，都很关心自己的身体指数。因此，很能调动学生解决问题的积极性。

贴近生活的案例，学生有制作的欲望。</td></tr>
<tr><td>学生实践</td><td>调试运行程序（图 4）
基础题
1. 编写程序实现查询功能
北京区域内限行，自 2013 年 4 月 8 日至 2013 年 7 月 6 日，星期一至星期五限行机动车车牌尾号分别为：4 和 9、5 和 0、1 和 6、2 和 7、3 和 8 。

提高题
2. 编写程序
现输入身高和体重，计算体重指数 BMI= 体重 / （身高）^2，并判断出健康状况。</td><td>实践体验，体现多重选择程序的设计思想。</td><td>题目分层，基础题全体学生都能完成，提高题学生根据兴趣选择制作，体现学生自主性学习。

利用程序框架提高学生速度，使每个学生都能编写完成代码，激发学生动手调试运行程序的兴趣。</td></tr>
</table>

续表

教学环节	教师活动	学生活动	设计意图
学生实践	拓展题 3. 预存话费“0”元，智能手机领回家（选做） 输入月消费金额，输出手机型号。 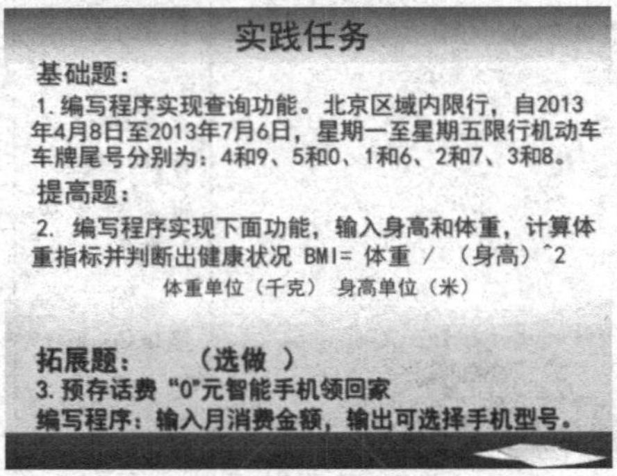 图 4	利　用 Select 选择结构编写程序，显现相应功能。	
交流评价	学生作品展示。 发现亮点加以评价。 针对问题加以指点。	展示自己的作品。 取别人之长，丰富自己的知识体系。	积极性评价，让学生感觉到成功的喜悦。
总结提升	总结本课主要内容： 多重选择结构语句的格式。 决定一个人的一生，以及整个命运的，只是一瞬之间。 ——歌德	思考： 珍惜选择，把握机遇，活出精彩。	本节课的学习内容与生活相结合，引发学生思考。

教学评价

1）贴近生活的案例引入，激发学生的学习积极性。以《北京市人民政府关于实施工作日高峰时段区域限行》文件作为引入，提出问题：你知道今天限行尾号是多少吗？北京市出台的尾号限行问题和学生的生活息息相关，轻轻松松地就将学生的学习积极性调动起来了。

2）由 If 选择结构内容到 Select 多重选择结构内容，知识的过渡流畅自然。学生通过对 If 语句的编写实现功能，复习了前面学习的内容。教师再利用逐句运行程序的方法，使学生发现 If 语句的多重结构在执行过程中有程序的冗余，从而引出本节课的教学内容——Select 多重选择结构。过渡自然流畅。

3）课堂任务采用分层教学法。任务设置分基础题目、提高题目、拓展提升题目，题目有一定的梯度，实现分层教学。整个教学活动循序渐进、层层深入、由易到难、由具体到抽象、点面结合，符合学生的认知特点。最后，让学生思考能否用 Select 多重选择结构解决自己碰到的一些问题，体现课堂的开放性，学生对获得的知识进行内化、迁移和应用。课堂效果：基础任务是教师讲解过的题目 100%的学生都能完成；提高任务是经过教师点拨 90%的学生可以顺利完成；拓展任务是给学生一个综合运用、自我提升的空间，由两个学生制作完成。

4）针对教学内容，采用“学生任务”程序框架降低难度。为了更好地提高课堂 45 分钟的效率，在前面的学习过程中让学生熟练掌握按钮的添加、属性修改技巧，结合学科特点，教学中采用“学生任务”程序框架的方式降低难度。半成品节省了设计界面所用的时间，使得学生的工作集中在程序设计和调试上，学生在参与中体验成功的喜悦。

案例五：用解析法解决问题

1. 案例背景

设计者	教案名称	学生	教材	课时
郝婕	用解析法解决问题	高中一年级	教育科学出版社《算法与程序设计》	1

2. 教材分析

本课内容为教育科学出版社的《算法与程序设计》高中一年级第三章“算法的程序实现”的 3.1 节“用解析法解决问题”，学生在第一章和第二章已经学习了 VB 函数的基本语句——顺序语句、选择语句、循环语句，对程序有了基本的认识和了解，第三章将带领学生学习使用解析法、穷举法、数组、排序等方法来解决生活中的具体问题。本课重点是使学生学会使用解析法解决实际问题。

3. 学习者分析

高中一年级学生由初次认识程序的陌生到学习兴趣浓郁，求知欲望强烈，在每堂课做练习时能开动脑筋，从一点联想到多点，并思考我们可以利用已学知识解决生活中的哪些问题。学生随着 VB 函数和 VB 语句的学习，逐步揭开程序面纱，理解程序实际上是人们设计的指令，并能使用已学知识编写一些简单的程序。学生可以通过本课“用解析法解决问题”的学习，将程序思维和程序设计理念提高到一个新的高度，在学习过程中应当掌握分析问题、设计界面、编写程序的步骤，以及解析法的思路。程序设计时 Select Case 语句也是学习的一个重点和难点。

4. 教学目标

（1）知识与技能

培养学生根据实际问题用解析法提炼出数学表达式的能力，并掌握使用多分支语句 Select Case 语句解决问题的方法。

（2）过程与方法

循序渐进地引导学生编写“科技馆计费系统”，使学生理解并掌握解析法的思路和求解过程，并能独立编写“出租车计费”系统或“肯德基订餐计费”系统。

（3）情感态度与价值观

培养学生的逻辑思维能力和分析问题、解决问题的能力，以及一题多解的发散思维能力。

5. 教学重难点

重点：解析法的应用和掌握。

难点：根据实际情况使用解析法解决问题；Select Case 语句的灵活使用。

6. 教学准备

机房、极域广播系统、VB 程序等。

7. 教学过程

教学环节	教师活动	学生活动	设计意图
教学导入	教师：生活中处处信息化、数字化，我们到医院看病有刷卡系统，我们乘坐公交车站台能显示车站距离，我们住酒店有酒店管理系统，那么我们学习了 VB 程序后，能否根据具体需要自己编写程序呢？今天，我们就一起来学习用解析法解决实际问题。 教师：那么什么是“解析”呢？请参考课本寻找问题的答案。 同学们解释得很好，在生活中，凡是我们可以用解析法求解的问题都可以进行定量分析，并用表达式来描述。 例如，公交车的购票系统分为学生票、月票和普通票 3 种，学生票每次 0.25 元，月票每次 0.5 元，普通票每次 1 元。 使用表达式表示如下： $$\text{money}=\begin{cases}0.25,(\text{学生票})\\0.5,(\text{月票})\\1,(\text{普通票})\end{cases}$$	解析，即深入分析的意思。解析法就是在分析问题的基础上提炼出数学模型（若干数学表达式），解决这些数学模型，问题也就解决了。	教学引入重在从日常生活入手，便于理解和体会，带领学生引出“生活中的问题如何转化为数学表达式”这个过程就是解析法，引起学生兴趣和激发学生使用 VB 程序解决问题的欲望。教学过程中引导学生养成自主阅读和探究的习惯，培养学生养成自主阅读的好习惯，也是课堂预习的关键，我们可以请学生阅读课本、做课前导学试题、观看视频和文字资料来引入教学内容。
编写“科技馆计费系统”理解解析法	【课堂练习】科技馆的门票价格为每人 10 元，但对团体票（8 人以上）实行 8 折优惠；学生票执行半价；军人免费。请你为科技馆设计一个程序实现上述功能。 1. 分析问题，列出数学表达式 【教师活动】请同学们思考能否将科技馆计费用数学表达式表示呢？请打开课堂练习.doc，使用“公式编辑器”填写解析表达式。 【操作提示】“公式编辑器”打开方法：视图—工具栏—自定义—命令—插入—公式编辑器(图 1)。 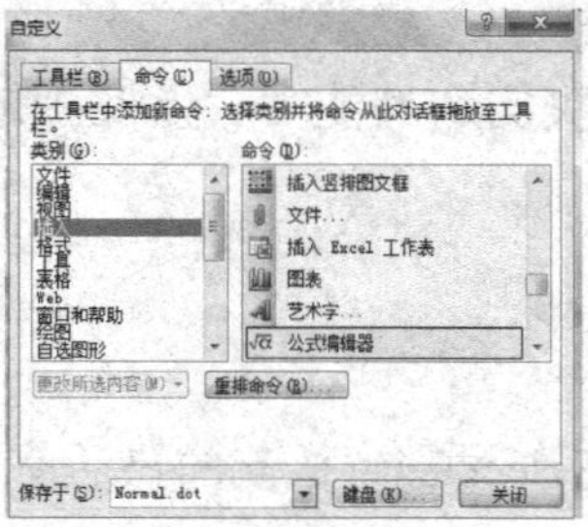 图 1 【教师活动】在输入解析表达式时注意以下几个问题： 1）分析问题的条件和取值，不要遗漏。 2）使用计算机语言描述表达式。	【学生活动】解析法： $$\text{money}=\begin{cases}n*10,\text{普通票，}n\text{为购票人数}\\n*8,\text{团体票，}n\text{大于}8\\n*5,\text{学生票}\\0,\text{军人}\end{cases}$$	培养学生根据“科技馆计费”问题提炼出来 4 种情况：普通票、团体票、学生票、军人系统，使用解析法提炼数学公式，提醒学生写出程序表达式。在 word 中列出表达式，也可培养学生掌握 word “公式编辑器”的方法。

续表

<table>
<tr><th>教学环节</th><th>教师活动</th><th>学生活动</th><th>设计意图</th></tr>
<tr>
<td>编写“科技馆计费系统”理解解析法</td>
<td>2. 界面设计
【教师活动】我们列出了数学公式，下面我们在VB程序中设计界面，需要用到哪些对象呢？今天我们学习一个新的对象“List”表示列表，我们可以通过列表列出四种情况，来简化程序。
3. 编写程序并调试程序
【教师活动】如何将表达式通过选择语句来实现呢？我们学习了用 If 语句来设计程序，但是多种情况下，会写出多层的选择结构，那么有没有更好的方法解决这个问题呢，今天我们学习使用 Select Case 多分支语句来编写程序。
【知识点】
Select Case <变量名>
Case <情况 1>：……
Case <情况 2>：……
Case <情况 3>：……
Case Else：……
End Select
【教师活动】
在我们编写程序时从以下几个方面设计程序：
1）定义变量：n 为人数，money 计算票价。
2）当单击“计算票价”时，对 List1.ListIndex 属性进行判断。
$$\text{money}=\begin{cases} n*10,\text{当List1.Listindex}=0\text{时(普通票)} \\ n*8,n\text{大于}8;\ \text{否则}n*10,\text{当List1.Listindex}=1\text{时(团体票)} \\ n*5,\text{当List1.Listindex}=2\text{时(学生票)} \\ 0,\text{当List1.Listindex}=3\text{时(军人)} \end{cases}$$
你可以用 If…Then…Else 实现，或者用 Select Case 语句实现。
3）将 money 结果从 text2 中输出。
【程序代码】
Dim n As Integer， money As Integer
Private Sub Command1_Click()
n = Text1.Text
Select Case List1.ListIndex
Case 0： money = n * 10
Case 1： If n >= 8 Then money = n * 8 Else money = n * 10
Case 2： money = n * 5
Case 3： money = 0
End Select
Text2.Text = money & "元"
End Sub

Private Sub Command2_Click()
Text1.Text = " "
Text2.Text = " "
End Sub</td>
<td>分析问题，并在 VB 中设计界面（图 2）。
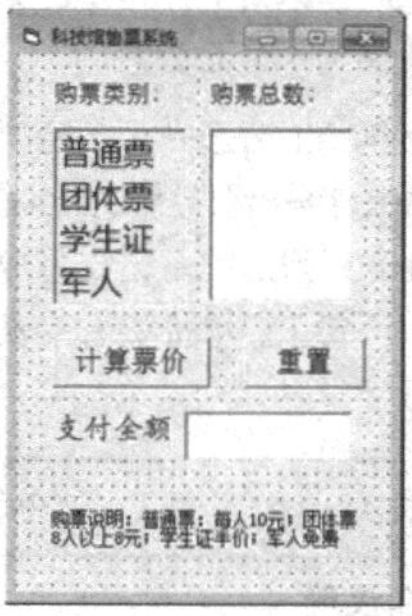

图 2

【学生常见难点和问题分析】
问题 1：为什么 Select Case 语句的 Case 从 0 开始，不从 1 开始？
解决方法：程序变量如果没有赋值，默认从 0 开始。
问题 2：Case 0、Case 1 表示什么？
解决方法：Select Case 语句后面是变量名，Case 0 的含义是 List1.ListIndex=0，则选择普通票；Case 1 的含义是团体表，当人数大于 8 则为 8 元，否则是 10 元 1 张票；Case 2 的含义是学生票；Case 3 的含义是军人。
问题 3：无从下手，不知如何解决问题。
解决方法：练习中有个别学生出现这个问题，不知所措。引导学生从程序思路入手，首先定义变量，使用 List 对象设置初始值，赋值为普通票、团体票、学生票、军人四种，初始值默认从 0 到 3。
问题 4：程序编写完运行后既没有错误，也没有运算结果。
解决方法：检查程序，发现学生将 Command1 和 Command2 的程序弄反了，Command1 是计算，Command2 是清零，所以运行出现错误。</td>
<td>通过编写“科技馆计费系统”，学生理解解析法如何解决问题。在教学中循序渐进地引出问题——解决问题的教学方式引导学生不断发问和解答，培养学生的逻辑思维能力，使学生建立良好的程序思维。本程序中知识点 Select Case 多分支语句是学习的一个重难点，因此重点进行讲解。</td>
</tr>
</table>

续表

<table>
<tr><th>教学环节</th><th>教师活动</th><th>学生活动</th><th>设计意图</th></tr>
<tr><td>思考
与练习</td><td>
拓展任务一（两选一）：【头脑风暴】出租车计费系统。3 公里以内为 10 元。超过 3 公里为 1.3 元/公里，夜间为 1.5 元/公里。
拓展任务二（两选一）：请同学们开动脑筋编写一个肯德基订餐出票系统，如点击鳕鱼汉堡，2 个；果汁，1 杯，则弹出提示请支付 40 元（可以使用 msgbox（ ）语句）。单价如下（表 1）：
表 1
<table>
<tr><th>种类</th><th>单价（元/份）</th></tr>
<tr><td>鳕鱼汉堡</td><td>15</td></tr>
<tr><td>牛肉汉堡</td><td>15</td></tr>
<tr><td>薯条</td><td>8</td></tr>
<tr><td>果汁</td><td>10</td></tr>
<tr><td>外带全家桶</td><td>86</td></tr>
</table>
【教师活动】请学生从任务一和任务二中任选一个任务完成。根据问题先列出数学表达式，设计界面并编写程序，作业以文件夹命名为“姓名 班级”，文件夹内存入 word 和源程序。
</td><td>
1. 用解析法写出数学表达式
$$m=\begin{cases}(x-3)*1.3+10, & x>3(8:00\text{-}24:00)\\ (x-3)*1.5+10, & x>3(24:00\text{-}8:00)\\ 10, & x<=3\end{cases}$$
2. 设计界面
3. 编写程序并调试程序
【学生常见难点及问题分析】
1. 如何获取当前时间呢
解决方法：使用 Hour（Now）来获取当前时间。
2. 列数学公式时，容易写成 m=x*1.5+10
错误分析：因为起步后 3 公里内为 10 元，超出 3 公里以后的公里数才按 1.5 元/公里计算，所以应当把程序改为 m = (x–3） * 1.5 + 10。
</td><td>“出租车计费系统”和“肯德基订餐计费”两个案例任选一个，基础较好的学生可以选择任务二，觉得有难度可以选择任务一。根据学生具体情况设计梯度任务。在学生练习时，教师需积极培养学生养成良好的程序思维、提高分析问题和解决问题的能力。在“科技馆计费系统”的基础上，使学生独立自主地体会解析法的应用，巩固知识点，强化编程思维的训练。</td></tr>
<tr><td>总结评价</td><td>
学生有的选作任务一，有的选作任务二，下面我们从中选择部分作品展示一下大家的编程作品。
教师对优秀作品使用极域广播向学生演示。
提问：同学们使用解析法编写了出租车计费系统，那么想一想，我们可以使用解析法编写哪些系统?
【教师活动】
同学们的提议非常好，学习的真正价值在于我们能灵活地使用我们已经学习知识解决实际问题，我们可以使用解析法解决数据化的所有问题，凡是能够抽取出数学模型的问题我们都可以用解析法把表达式表达出来。我们在编写程序时可以使用 select case 解决问题，也可以使用 If…Then…Else 语句解决问题，需要根据具体问题来正确使用。
</td><td>
欣赏作品，找出作品的优点和不足。
学生 1：可以编写征订校服系统，每个学生身高不同，身高在 155cm～165cm 的征订 M 号，身高在 165cm～175cm 的征订 L 号等，依次类推，学生输入 160 后，系统会计算出应当穿哪种型号的衣服。
学生 2：可以设计蔬菜计费系统，和妈妈逛市场买菜，几公斤多少钱计算起来很麻烦，比如西红柿每公斤多少钱输入后，几公斤自动计算价格很方便。
</td><td>巩固课堂学习成果。</td></tr>
</table>

教学评价
1）注重逻辑思维和发散思维的培养。“用解析法解决问题”的内容是建立在前两章的基础上，从 VB 程序设计的第一节课培养学生养成良好的程序思维习惯，从分析问题—写出算法—设计界面—编写程序并调试，设计流程学生大都非常熟悉。教学时如何培养学生的逻辑思维和发散思维，关键在于教学过程的设计和课堂提问的技巧上，如本课在根据“科技馆计费系统”写出解析表达式时，请学生列出表达式后，和学生一起讨论是否正确，在探讨过程中逐渐完善表达式。“抛砖引玉”是程序设计教学一个很好的方法，1+1=? 如果直接说 2，学生不仅没有什么印象，也学不到方法，所以教学时应多抛出问题，“你怎么理解？”“你认为应该使用哪些控件？”“你觉得应该使用哪个语句？”等等，让学生随着老师的指导不断自我发问和自我解决。程序设计时发散思维的培养重在一题多解，一个程序多种语句设计，然后对比哪种为最优算法。在布置任务时，可设计开放任务。

续表

教学评价
2）个别指导与面向全体学生相结合。在教学中重视面向全体学生和个别指导相结合的方法，因为程序设计与其他教学内容不同之处在于，可能10个学生会出现10种不同的问题，因此教学过程中多巡视，对个别学生进行个别指导。也可请学习效率高的学生给其他学生进行指导和纠错，提高课堂有效性和效率。 3）评价形式单一和评价结果不能当堂反馈。程序设计教学的评价结果只能在第二节课进行反馈，无法在当堂课批改所有学生的程序作品，因此不利于提高学生的学习积极性。当堂课只能展示部分学生的作品，个别学生觉得没有展示自己的作品而感到遗憾，因此在教学评价方面有很多不足，需要寻找有效的评价方案。

案例六：认识信息资源管理

1. 案例背景

设计者	教案名称	学生	教材	课时
袁建成	认识信息资源管理	高中一年级	广东教育出版社《信息技术基础》	2

2. 教材分析

本课选自广东教育出版社《信息技术基础》高中一年级中的第五章“认识信息资源管理”。

教材试图通过让学生实地调查，整理和归纳出日常信息资源管理的管理方法、管理目的、特点等信息资源管理相关知识，使学生对信息资源管理有初步的认识。

笔者调查发现，在忙碌的高中阶段，学生没有足够的时间和空间通过实地考察了解各种信息资源管理的方法、特点及其合理性。为了能更加适应本地区学生的实际情况，笔者对教材进行了以下处理：①以图书管理的发展为例，引导学生归纳出信息资源管理的目标；②以学生喜闻乐见的网上信息资源（如百度搜索、淘宝、音乐网站、视频网站）为例介绍网上信息资源的组织方式；③创造性地加入了“思维导图”知识，介绍信息资源管理在学习中的应用实例，并使用思维导图整理和归纳本课知识，让学生感受到信息资源管理的亲切性和应用意义。

3. 学习者分析

高中阶段的学生已经具备了较为严密的逻辑思维，如果向他们提出管理的要求，他们能井井有序地管理好身边的物件。笔者通过与部分学生交谈得知，他们认为管理好身边的物件是管理工作而不认同属于信息资源管理。显然，学生不能清楚地理解信息资源管理的概念，更加不清楚信息资源管理的目标、信息资源管理在学习中的作用以及网络上的信息资源组织方式等内容。因此，针对学生对信息资源管理的认识不足问题，本课在内容上选择学生熟悉的信息资源管理案例，提高学生对信息资源管理的认识和认可性。

4. 教学目标

（1）知识与技能

1）了解信息资源管理的目标，能解释提高信息资源的利用率对信息价值的影响。

2）知道信息资源管理在管理学习信息上的一些管理经验，会运用一些信息资源管理方法组织管理学习信息资源。

3）了解网络信息资源管理的主要组织方式，能辨别和分析常见的网上信息资源的组织方式。

（2）过程与方法

1）学生通过联系已有知识，结合图书信息资源管理的发展状况，以点带面，归纳出信息资源管理目标。

2）学生经历回忆和自主探究过程，了解网络信息资源的几种主要组织方式。

（3）情感态度与价值观

1）认同信息资源管理的重要性以及管理学习信息资源的必要性；

2）明白信息资源组织方式的多样性。

5. 教学重难点

重点：信息资源管理的目标、网上信息资源的主要组织方式。

难点：辨别信息资源管理的主要组织方式。

6. 教学准备

多媒体网络教学系统、课件等。

7. 教学过程

教学环节	教师活动	学生活动	设计意图
	第一课时		
导入环节	1）展示资源三角形图片（图 1）。 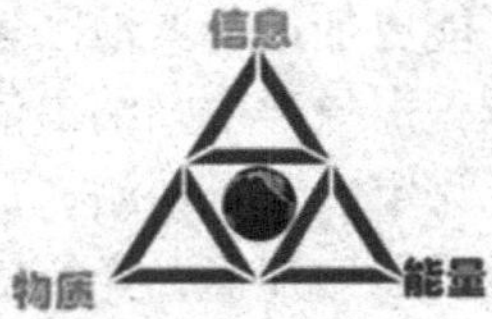 图 1 2）提出“信息是一种资源，必然存在对其进行管理的问题”，引出课题“认识信息资源管理”。	通过观察熟悉的情境（资源三角形），产生新的问题：如何管理信息资源？	由信息的重要性自然过渡到信息管理的重要性，凸显课题。
第一部分：信息资源管理的目标	1. 介绍图书信息资源管理发展的三个阶段 （1）手工管理阶段 解说：20 年以前，大多数的图书管理都处于手工管理阶段，借还书记录、图书信息等都依靠人工抄写，这种做法的管理效率很低。例如，有 10 位学生把馆藏的三国演义全部借出，看完了却忘记归还，管理员也未能及时发现逾期未还的情况，这就严重影响了图书的流转和利用率。 探讨：从管理的角度来看，是什么原因导致了管理员难以发现图书逾期未还的情况？ 展示知识点：手工管理图书，由于检索效率低，图书信息资源的利用率较低。	思考：从管理的角度来看，导致管理员难以发现图书逾期未还的原因是什么？	引导学生从图书信息资源管理方式的发展过程思考信息资源管理的目标。

续表

教学环节	教师活动	学生活动	设计意图
第一部分：信息资源管理的目标	（2）手工管理+图书管理系统管理阶段 解说：这种管理方式解决了手工管理上的不足，提高了管理效率和图书的利用率。但是，各个学校的图书馆是相对独立的，有几个学校就要建立几个图书馆，每个图书馆几乎都馆藏着数万册相似的图书，图书馆的重复建设造成资源浪费很严重。 展示知识点：图书信息管理方式进步了，图书信息的管理效率和图书的利用率得到了提高。 探讨：如果让你重新规划全市未来的图书馆建设，为了减少重复建设造成的资源浪费，你会怎样做？ （3）数字图书管理系统阶段 播放视频《数字图书馆》。 解说：为了解决这些问题，数字图书馆应时而生。数字图书馆能全天候提供给广大网络用户阅读服务，大大地提高了图书信息的利用率。 展示知识点：网络化、数字化的信息资源管理方式是未来发展的方向。 2. 信息资源管理的目标 呈现“图书信息资源管理的三个发展阶段与图书信息资源的利用率”的关系图（图2）。 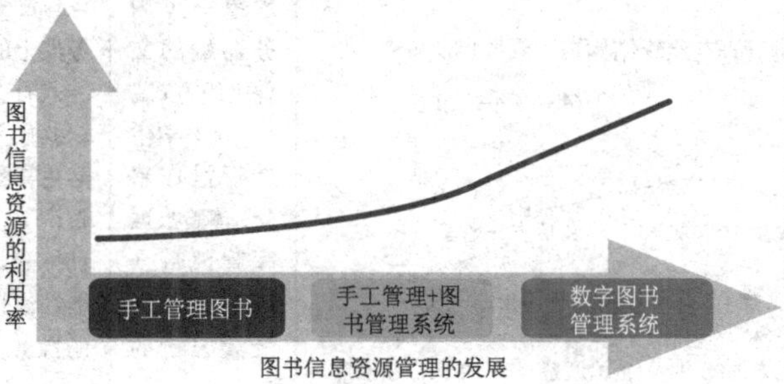 图2 探讨：图表带给我们什么信息？ 解说：信息资源管理的目标是“提高信息资源的利用率”。 进一步探讨：联系新旧知识，说明为什么要提高信息资源的利用率？（提示：结合信息的“可处理性”特征作出解释） 展示知识点：提高信息资源的利用率，能让更多的人获得信息、加工和处理信息，生成更多新的有用的信息，提高信息的价值。 【通过引导学生分析、归纳和呈现，突出并强调教学重点】	思考：怎样规划才能让图书馆资源最大限度地共享，减少重复建设？ 观看视频 观察并思考：“图书信息资源管理的三个发展阶段与图书信息资源的利用率”的关系图展示了信息资源管理发展方面的哪些信息？为什么要提高信息资源的利用率？	引导学生联系图表分析信息的特征等旧知识，结合图书管理的发展过程，分析信息资源管理的发展目标。
第二部分：信息资源管理在学习中的应用举例	1. 利用思维导图管理知识 逐一展示图例：（高中化学）“化学实验的一般过程”思维导图；（高中历史）“秦王扫六合”思维导图；手工绘制“函数的单调性”思维导图。 解说：思维导图是信息资源管理在学习中的具体应用。思维导图是一张相关的、有内在联系的知识架构图。用思维导图建立学习知识的结构图，有利于对相关知识点加深记忆和理解。	观看思维导图管理学习知识的图例。	用思维导图作为身边信息资源管理的例子，有助于学生对信息资源管理加深理解和认同。

续表

<table>
<tr><th>教学环节</th><th>教师活动</th><th>学生活动</th><th>设计意图</th></tr>
<tr><td></td><td>2. 利用思维导图整理听课笔记
利用思维导图整理本节前面部分的学习内容（图 3）。
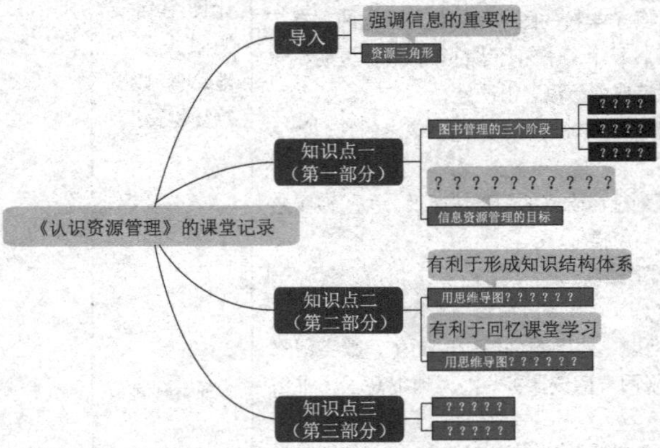

图 3
展示知识点：思维导图能较好地管理学习知识，形成知识结构图，突出重点，易于形成知识表征，促进记忆和理解。</td><td>思考并回答“？”部分的空缺内容，完成对本节前面部分学习内容的小结。</td><td></td></tr>
<tr><td>第二部分：信息资源管理在学习中的应用举例</td><td>1. 服务器端的信息资源组织方式
（1）文件方式
呈现图例：文件方式的管理与组织结构图（图 4）。
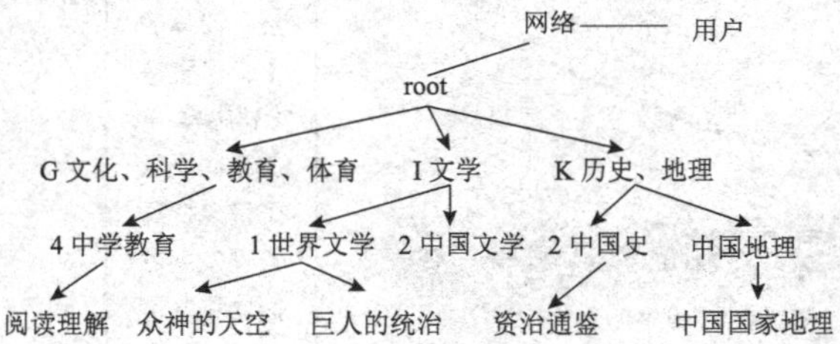

图 4
思考：请学生想象并描述，在一个音乐网站服务器的磁盘里，从磁盘根目录开始，查找韩红的歌曲“天路”文件的文件夹路径是怎样的？（参考：女歌手→内地女歌手→H→韩红→感动→天路）
解说：服务器端存储着大量的文件，例如，用软件下载服务器上的软件、音乐服务器上的音乐文件、视频服务器上视频文件。人们通过网络文件系统 NFS 远程管理这些文件，使用目录树的方式保存这些文件。
（2）数据库方式
呈现图例实例：数据库中的二维表示如图 5。
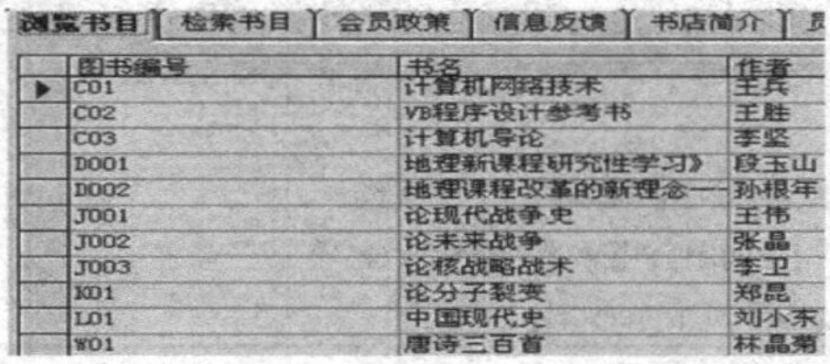
浏览书目 | 检索书目 | 会员政策 | 信息反馈 | 书店简介
<table><tr><th>图书编号</th><th>书名</th><th>作者</th></tr><tr><td>C01</td><td>计算机网络技术</td><td>王兵</td></tr><tr><td>C02</td><td>VB程序设计参考书</td><td>王胜</td></tr><tr><td>C03</td><td>计算机导论</td><td>李坚</td></tr><tr><td>D001</td><td>地理新课程研究性学习》</td><td>段玉山</td></tr><tr><td>D002</td><td>地理课程改革的新理念一</td><td>孙根年</td></tr><tr><td>J001</td><td>论现代战争史</td><td>王伟</td></tr><tr><td>J002</td><td>论未来战争</td><td>张晶</td></tr><tr><td>J003</td><td>论核战略战术</td><td>李卫</td></tr><tr><td>K01</td><td>论分子裂变</td><td>郑昆</td></tr><tr><td>L01</td><td>中国现代史</td><td>刘小东</td></tr><tr><td>W01</td><td>唐诗三百首</td><td>林晶菊</td></tr></table>
图 5</td><td>1）学生想象一下服务器端的文件组织方式。
2）学生进行操作感受，体验数据库管理带来的高效、便利及大容量的特点。</td><td>由于学生无法实际操作服务器，无法对服务器上的信息资源组织方式有直观的认识，所以我们采用图例，结合学生喜爱的例子（音乐、百度），引导学生思考和体验，感受一下服务器端信息资源组织方式的特点。</td></tr>
</table>

续表

<table>
<tr><th>教学环节</th><th>教师活动</th><th>学生活动</th><th>设计意图</th></tr>
<tr><td>第二部分：信息资源管理在学习中的应用举例</td><td>操作体验：让学生使用“百度”搜索关键字“计算机”，瞬间便能从百度数据库里找到约 1 亿条相关信息。
解说：数据库方式。通过数据库管理系统管理数据库，使用二维表的方式保存记录。常用于组织管理数量庞大的网络数据信息，如搜索引擎数据库、用户信息数据库、视频信息数据库、商品信息数据库等。
展示知识点：服务器端的信息资源组织方式主要包含文件方式和数据库方式。
【通过图例展示、教师讲授、引导学生思考等方式，突出并向学生展示教学重点】
第一课时小结：利用上述思维导图对第一课时的知识点进行呈现并让学生复述。
【复述是学习的重要环节，学生通过复述所学知识，促进记忆，有利于后续的回忆和调用。】</td><td></td><td></td></tr>
<tr><td colspan="4">第二课时</td></tr>
<tr><td></td><td>接第一课时，通过思维导图回顾第一课时的知识点，并进行新知识的学习。
2. 面向用户端信息资源组织方式
1）自主阅读“学习与探究.doc”文档，探究网上信息资源的组织方式，完成 A 和 B 的学习任务。
A 自主阅读“学习与探究.doc”文档的学习资料（表 1）。
表 1
<table>
<tr><th colspan="2">组织形式</th><th>特点</th><th>作用</th></tr>
<tr><td colspan="2">主页形式</td><td>使用网页技术调用数据库中关于机构或个人的各种信息，显示在一个页面上</td><td>对某机构或人物等各类对象进行全面介绍</td></tr>
<tr><td rowspan="2">搜索引擎</td><td>分类目录</td><td rowspan="2">通过搜索引擎栏呈现搜索界面，通过搜索引擎技术在搜索引擎数据库中进行检索</td><td rowspan="2">用户在指引下在对应的数据库中进行检索，获得对应的返回信息</td></tr>
<tr><td>全文</td></tr>
<tr><td colspan="2">超媒体</td><td>将文字、图表、声音、图像、视频等各种文件以超链接方式组织起来</td><td>将文字、图片等媒体信息以超链接方式组织起来。通过打开（超链接）的方式浏览信息</td></tr>
</table>
B 读图，辨别网上信息资源组织方式，并完成表 2。
图 6：“马云百度百科信息页。
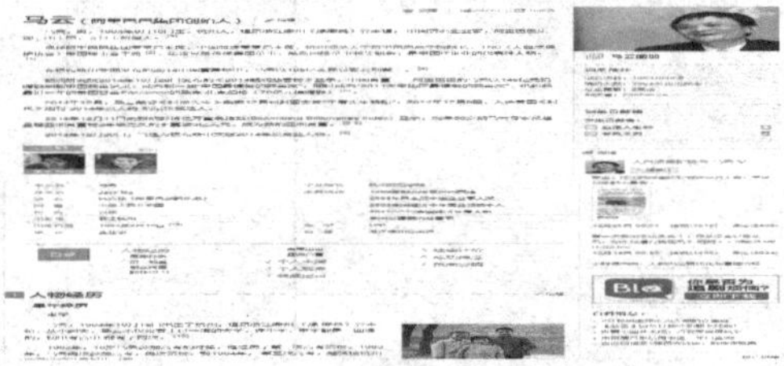
图 6
图 7：天猫首页（A 部分和 B 部分）。</td><td>学生自主阅读和探究，小组讨论，完成任务。</td><td>网上信息资源组织方式属于概念和规则类知识，故此部分的设计采用的是概念和规则类知识的教学过程，即“概括→辨别→运用”的学习过程。试图让学生经历完整的概念学习过程，理解网上信息资源组织方式，特别是面向用户端的信息资源组织方式。</td></tr>
</table>

续表

<table>
<tr><th>教学环节</th><th>教师活动</th><th>学生活动</th><th>设计意图</th></tr>
<tr><td></td><td>

图 7

图 8：百度新闻页面。

图 8

图 9：cntv 视频点播页面。

图 9

读图 6～图 9，结合第一课时的学习，完善表 2。

表 2

<table>
<tr><th>图例</th><th>面向用户端的信息资源组织方式（填写主要的）</th><th>服务器端的信息资源组织方式（填写主要的）</th></tr>
<tr><td>图 6</td><td></td><td></td></tr>
<tr><td>图 7A 部分</td><td></td><td></td></tr>
<tr><td>图 7B 部分</td><td></td><td></td></tr>
<tr><td>图 8</td><td></td><td></td></tr>
<tr><td>图 9</td><td></td><td></td></tr>
</table>
</td><td></td><td></td></tr>
</table>

续表

<table>
<tr><th>教学环节</th><th>教师活动</th><th>学生活动</th><th>设计意图</th></tr>
<tr><td></td><td>
2）教师巡堂、答疑。
3）转播部分学生的答案，点评学生的答案，引导学生理解“面向用户端的信息资源组织方式”和“服务器端的信息资源组织方式”，指导学生辨别网上信息资源组织的具体方式。
4）运用：分组再讨论和完善表3。
表3
<table>
<tr><th></th><th colspan="2">组织形式</th><th>至少列举两个实例</th><th>必要的说明</th></tr>
<tr><td rowspan="4">面向用户端的信息资源组织方式</td><td colspan="2">主页形式</td><td></td><td></td></tr>
<tr><td rowspan="2">搜索引擎</td><td>分类目录</td><td></td><td></td></tr>
<tr><td>全文</td><td></td><td></td></tr>
<tr><td colspan="2">超媒体</td><td></td><td></td></tr>
<tr><td rowspan="2">服务器端的信息资源组织方式</td><td colspan="2">数据库方式</td><td></td><td></td></tr>
<tr><td colspan="2">文件方式</td><td></td><td></td></tr>
</table>
5）运用思维导图展示知识点。（图10）
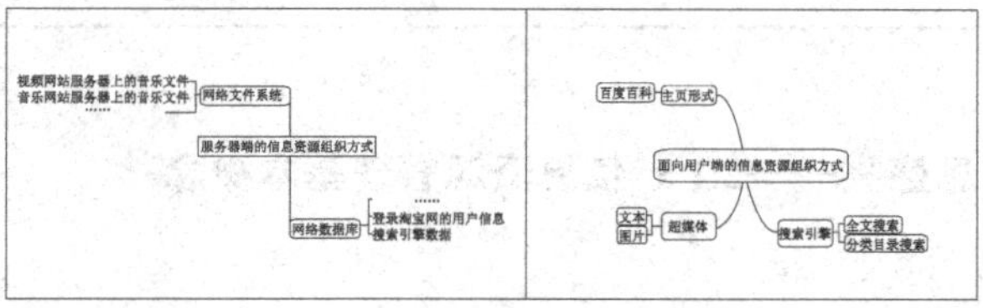

图10
【通过自主探究、完成情境任务、小组讨论、教师讲授等传统与现代相结合的教学方式，专注于知识难点的学习，有助于突破知识难点】
</td><td></td><td></td></tr>
<tr><td>小结及评价</td><td>
运用思维导图总结两个课时的学习内容
（1）教师引导学生复述图11“？”中的内容，强化记忆
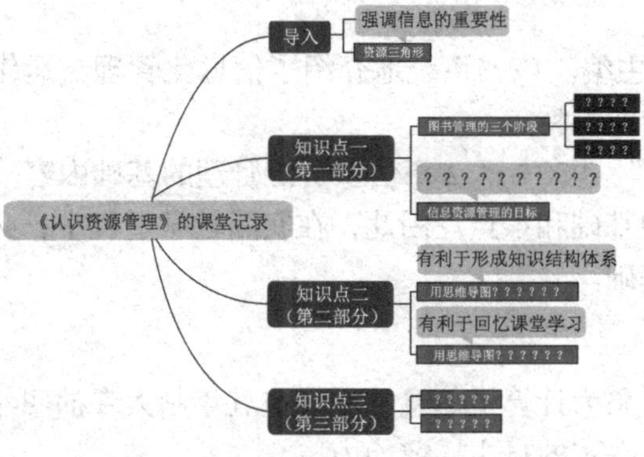

图11
（2）完成客观题（题目在PPT课件以及学习与探究文档中）
解说：信息资源管理是大学管理课程的一个专门学科，内容庞大，需要专门的学习才能深入理解信息资源管理的方式、方法、特点、
</td><td>学生回顾信息资源管理的目标、应用以及网上信息资源的组织方式，复述知识点，完成客观题。</td><td>通过思维导图呈现两个课时的全部学习内容，有利于学生形成知识结构图。</td></tr>
</table>

续表

教学环节	教师活动	学生活动	设计意图
小结及评价	作用等相关知识。我们经过两个课时的学习，对信息资源管理有了初步的认识，知道了信息资源管理就在身边，知道了信息资源管理的一些日常应用，尤其是信息资源管理在学习中的应用。善于管理身边的信息资源，特别是学习上的知识资源，这对提高学习效率有很大的帮助。		
教学评价			
1）使用“思维导图”作为信息资源管理在学习中的应用实例，并运用思维导图帮助学生记忆本课知识点，使学生真实地认识到运用信息资源管理方法管理学习知识的好处。学生在学习过程中始终对思维导图保持浓厚的兴趣，学习结束后纷纷向教师咨询请教如何制作思维导图。为此，可以专门制作一个如何制作思维导图的微课，通过微课掌上通发放给学生，让学生自己学习和应用。 2）把网上信息资源组织方式再划分为服务器端和面向用户端的组织方式，先分开学习，再综合在一起，让学生进行辨别。学生经过学习，能感受到服务器端的信息资源组织方式，亦能通过分析具体的网页，清晰地认识面向用户端的信息资源组织方式。通过完成课堂任务、问答和观察发现，网上信息资源方式进行再划分后，学习内容更清晰，知识结构更合理，有效地提高了学生对网上信息资源组织方式的认识。 对于高中阶段学生，如果在课堂上向学生展现较明显的情感教育过程，学生马上会觉得无趣并抵触。因此，如果把情感教育作为“暗线”，埋伏在知识主线之下，学生经历知识的学习过程，同时也会领悟到、感受到、体验到、认识到知识中所蕴含的有益情感、正确的态度和科学的价值观，从而实现情感教育，达成情感态度与价值观目标。本节通过思维导图的呈现和使用，让学生真切地感受到信息资源管理的重要性以及管理学习信息资源的必要性；通过让学生学习网上信息资源的组织方式，了解信息资源组织方式的多样性。			

案例七：信息盛宴——2.1.1 信息资源管理基本概念

1. 案例背景

设计者	教案名称	学生	教材	课时
黄聆之	信息盛宴——2.1.1 信息资源管理基本概念	计算机信息管理专业五年制大专四年级	中央广播电视大学出版社《信息化管理与运作》	1

2. 教材分析

《信息化管理与运作》由武刚主编。该书系统地介绍了信息化管理与运作的基本内容和基本过程，具有形式独特、内容专业的特点。

“2.1.1 信息资源管理基本概念”是该书第 2 章信息资源管理的基础内容。与第 1 章概述联系不大，但却是学习后面章节的基础和重点。因此，在实际教学过程中，必须把本课内容讲活、讲透，为以后的学习打好基础。

3. 学习者分析

（1）学生的认知基础：授课对象为计算机信息管理专业五年制大专的四年级学生。他们掌握了计算机基本操作技能，具备一定的自主探究能力。

（2）学生的心理基础：“90 后”的他们具备良好的信息素养，有强烈的求知欲，更倾向于使用多媒体信息。同时又具有中职生的共性：喜实践，厌理论，欠缺总结归纳的能力。

（3）学生的能力情感基础：学生的动口动手动脑能力、勇于探索的精神、讨论合作的意识和积极主动的表现欲都是他们已经具有的能力情感基础，同时也是最好的教学资源。

4. 教学目标

（1）知识与技能

1）认识信息，明确信息的概念。

2）理解信息与知识、情报、数据的差异。

（2）过程与方法

1）掌握分析信息、处理信息的方法。

2）提升综合运用信息的能力。

（3）情感态度与价值观

1）感受信息的重要性，提高信息素养。

2）培养主动学习、勤于思考的习惯。

5. 教学重难点

重点：信息的定义；信息与知识、情报、数据。

难点：分析信息并运用信息决策，解决生活与工作中的问题。

6. 教学准备

多媒体网络教学系统、课件等。

7. 教学过程

教学环节	教师活动	学生活动	设计意图
情境导入	用教师账号登录信息化教学平台。 引出主题——信息。	用学生账号登录信息化教学平台。 观看教学平台中的导入动画《客上天然居》（图1）。 完成互动游戏1。 “欢迎光临天然居，欲赴宴，对下联。（需用上联五字）”  图1	通过导入动画，引导学生进入“天然居”宴席情景。 接着使用教学游戏激发学生兴趣，让学生主动参与，引出主题。
探究学习	提问：回想互动游戏1，什么是信息？ 任务一：大厨对决。 引导学生进入教学平台—在线学习 推导出信息的本质（图2）。 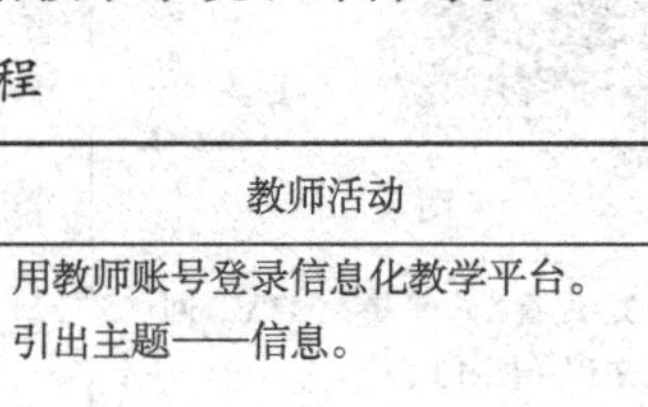 图2	思考问题，得出初步结论。 进入教学平台—在线学习 阅读香农和维纳对信息的定义。根据自己对信息的理解，为赞同其观点的那位投票。 推导出信息的本质（图3）。 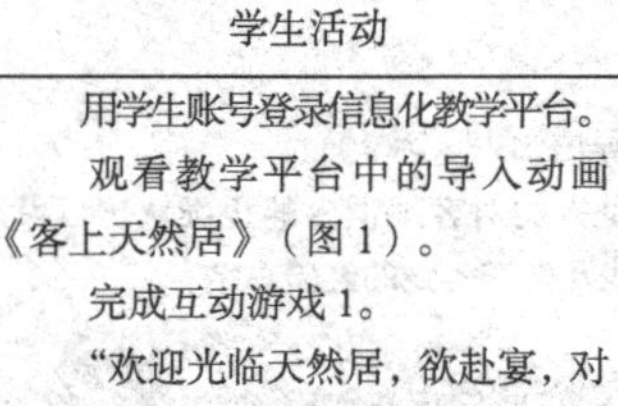 图3	将专家观点PK设计为“大厨对决”，延续了宴席情景。 学生思考理解，变被动听课为主动探究。通过投票、计票，自然而然地推导结论（图4），即信息的本质为主体消除或减少不确定性。 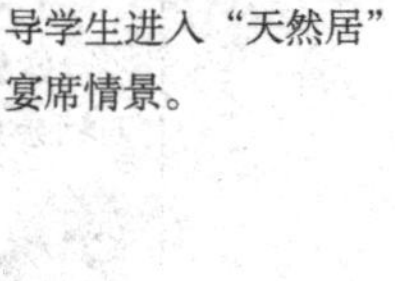 图4

续表

教学环节	教师活动	学生活动	设计意图
探究学习	任务二：余音绕梁。 1. 推导出数据（图 5） 数据是指对客观事物进行记录并可以鉴别的符号。  图 5 2. 推导出信息（图 7） 信息的本质是为主体消除或减少不确定性。 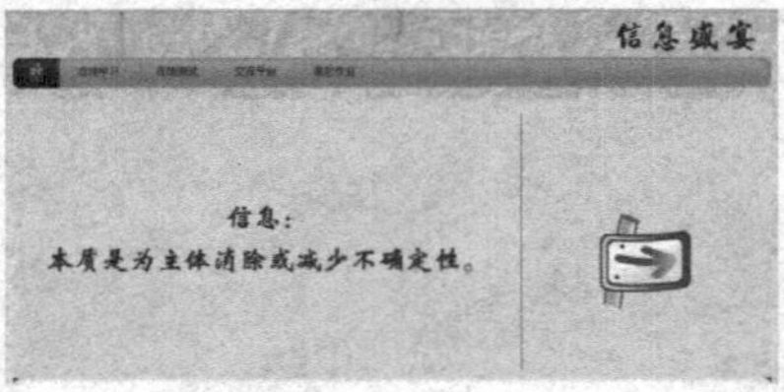 图 7 3. 推导出知识（图 9） 知识是人类对客观世界的正确认识以及对社会实践及生产实践的经验总结。 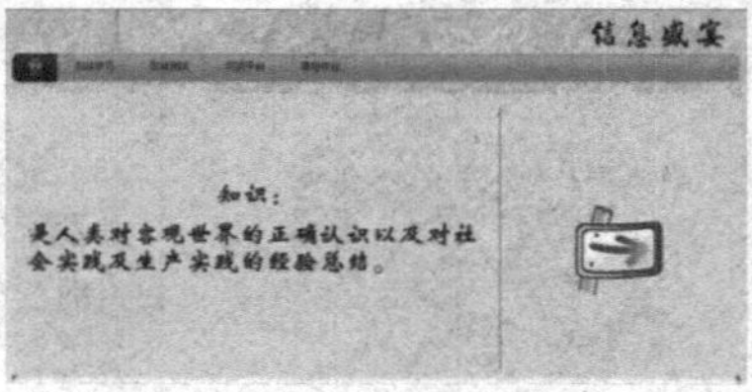 图 9 4. 推导出情报（图 11） 情报是指那些对用户有用的，经过传递到达用户的知识。  图 11	进入教学平台—在线学习。 1. 输入字符串“zzbbnnb vvccxxz”，（图 6）  图 6 2. 再次输入字符串，演奏出旋律 分辨旋律是来自哪首歌曲（图 8）。  图 8 3. 观看《小星星》MTV，回忆音乐知识（图 10） 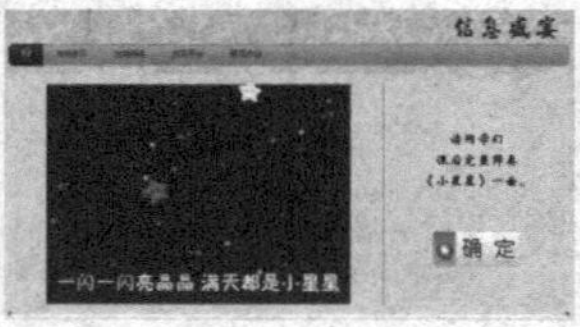 图 10 4. 使用电子邮件发送曲谱（图 12） 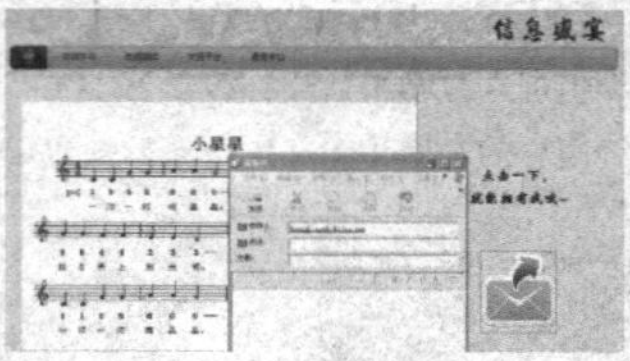 图 12	思考输入的内容有什么，属于什么形式。 以丰富的多媒体资源，引导学生自主探索，从做中思，在做中悟。 教学内容层层递进，由浅到深，由广至专。 突出教学重点
练习巩固	任务三：一人一味。 引导学生进入教学平台—在线测试。 在平台上查看学生得分情况（图 13）。	进入教学平台—在线学习。 完成试卷，发送结果至平台（图 14）。	

续表

教学环节	教师活动	学生活动	设计意图
练习巩固	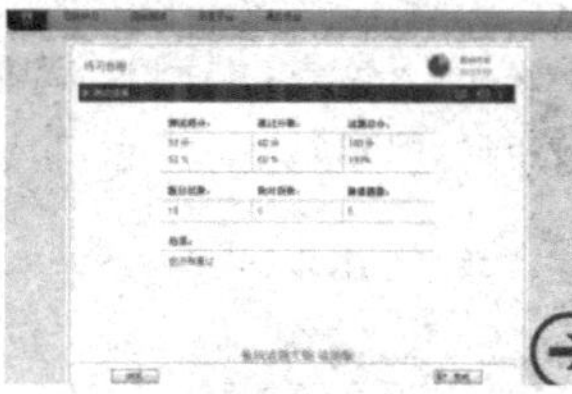 图 13 选择部分习题讲评（图 15）。 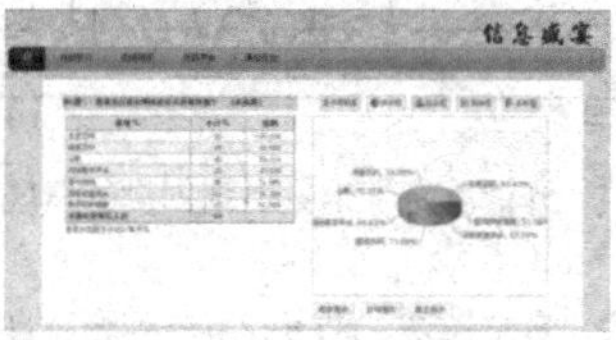 图 15	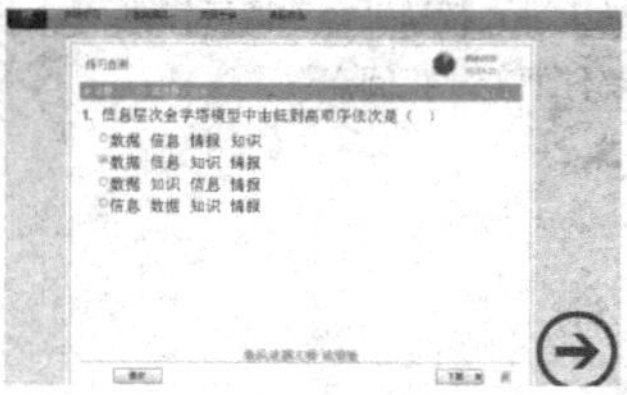 图 14 查看失分题目，聆听讲评（图 16）。 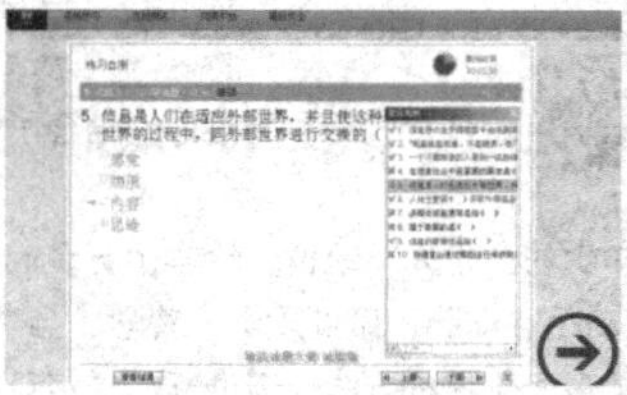 图 16	课堂练习有助于巩固在探究环节中获得的知识。 系统自动评分可以获得量化的评价结果，既可以帮助学生了解自身学习情况，又可以让教师快速分析数据，有的放矢地讲评习题。
思考讨论	任务四：七嘴八舌。 引导学生进入教学平台—交流平台。 将案例发帖至 BBS（图 17）。 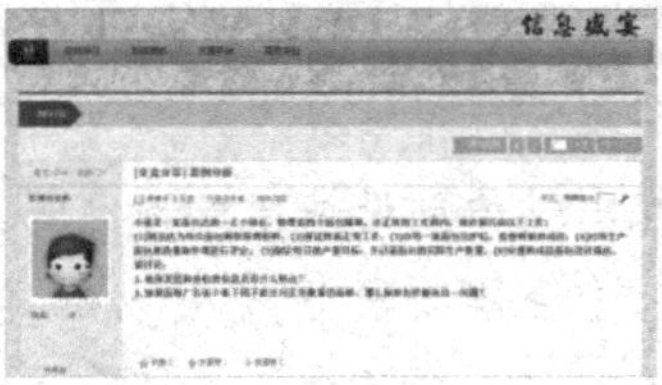 图 17 实时关注讨论进展，适时回复、点评。 总结出最终结论（图 19）。 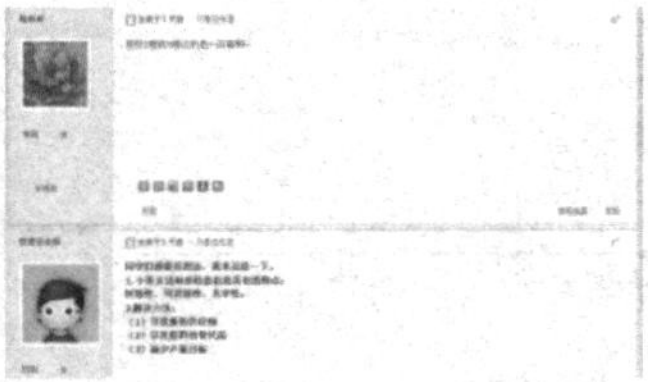 图 19	进入教学平台—交流平台。 跟帖讨论，各抒己见（图 18）。  图 18	通过案例，引发思考，理论联系实际，进一步提高学生综合运用信息的能力。 使用 BBS 讨论，打破时间、空间的限制。 突破教学难点
总结归纳	请学生对知识点进行总结。 教师补充。	对知识点进行总结。 整理、内化课堂教学内容。	小结是课堂设计的升华，在学生的实践运用之后做知识点的提炼，最终实现学生对知识点的内化。 再次强调“信息”，加深了学生的印象，同时也突出了重点和难点。

续表

教学环节	教师活动	学生活动	设计意图
布置作业	引导学生进入教学平台—课后作业。 教师邮件回复，批阅点评。	进入教学平台—课后作业。 查看题目，在留言板上写下答案，完成作业（图 19）。 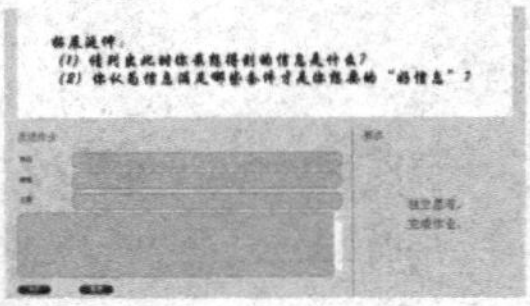 图 19	进一步拓展，也为下堂课的学习做铺垫。
教学评价			
1. 设计特色 1）创设之情境来源于学生的日常生活，又很好地结合了知识点。一开课就将学生吸引到创设的情境中，并始终对情境中的问题进行探索、思考。 2）充分尊重和体现学生的“主体”地位，给学生更多的操作机会，自主发现、思考和解决问题，真正做到“做中学、做中教”。学生通过动口、动手、动脑，做到乐学、善学、会学、学会。 3）教学过程中采用了多元化评价方法。借助互动式信息化教学平台，创造性地实现了机评与人评相结合、客观评价与主观评价并存的立体评价体系。 2. 不足之处 自测模块的题型相对简单。今后可以进一步优化平台资源，引入更多的试题类型。			

思考题

1. 除了本章所介绍的情境创设途径，你还能想出其他创设情境的途径吗？

2. 选取你最得心应手的某一知识点，看看它适合用哪种情境创设的途径，并进行教学设计。

3. 创设教学情境需要注意哪些问题？

4. 请阐述一下情境教学和情景教学有什么区别。

第七章　任务驱动教学设计案例研析

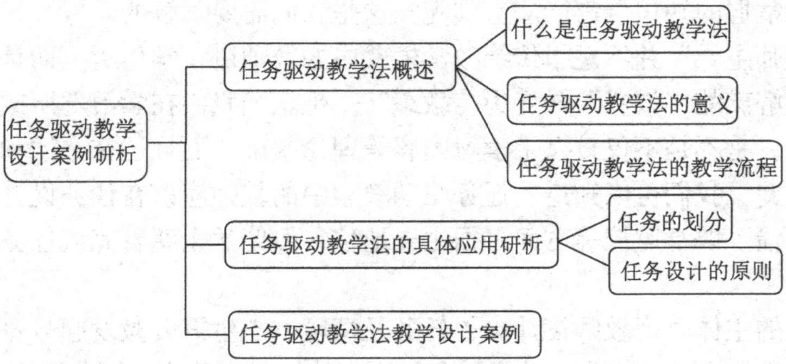

本章重点讲解任务驱动教学法在实际信息技术课堂中的应用和实践，通过对任务驱动教学法进行概念界定、意义阐述、基本流程介绍，进而为大家呈现现实课堂中任务驱动教学法的具体应用案例。

第一节　任务驱动教学法概述

一、什么是任务驱动教学法

1. 任务驱动教学法的定义

想一想

任务＝一项有难度的，需在一定规则下完成的工作

驱动＝驱使，通过外部的某种力量推动主体做事

任务驱动教学？任务+驱动=被动的学习

任务驱动教学法是基于建构主义理论下的一种教学方法。它不等于“任务”和“驱动”字面意思的简单相加。我们通常将任务驱动教学法中的“任务”解释为学生所需要掌握或巩固的知识和技能的结合体，将“驱动”解释为学生的主动学习行为，即学生的内在“驱动”。任务驱动教学法即通过创设一定的任务情境，将教学内容设定在特定的任务之中，学生就可以在情境下根据任务的要求进行自主学习或者协作学习，通过完成设定的任务来使学生学习教学内容的一种教学方法。其本质是通过“任务”来诱发、加强和维持学生的成就动机。

2. 任务驱动教学模式法的特点

从定义可得，任务驱动教学法的特点是以任务为线索、教师主导、学生主体。具体可解

释如下。

当代学习论的学者们认为教学的根本目的是激发学习者的成就动机，使得学习者能够主动学习，以此来进入一个主动学习的循环圈。因此，在任务驱动教学法中，任务的设计处于核心的位置。教师通过创设情境把学习内容隐含在任务之中，学生则跟随着任务的提示一步步完成学习。教师监控学生完成任务的情况，然后对各类出现的问题进行指导，最终对完成任务的途径和方法进行小结，使得学生掌握该知识点。由此可见，这一整个教学的流程有着明确的线索——任务。那么，什么样的任务设计能激发学生的学习兴趣呢？什么样的任务设计可以使得所需掌握的知识点都能涵盖到呢？这是我们需要了解的。

这里的“教师主导”并不是指传统教学模式中的教师讲、学生听，而是教师进行角色转变，从传道授业解惑的“权威”转变为“教练”。想想当我们在学习驾照或游泳的时候，教练是如何教导的，是不是不仅教授了学习内容等理论基础，而且还在方法和技能等方面也多加指导了呢？由此，我们可以知道，任务驱动教学中的教师应该在任务设计、情境创设、过程指导、评价反馈、课堂监控等方面占据主导地位，促使学生朝着完成任务、掌握知识的方向努力。

学生是学习的主体。当教师设计出了任务及情境，学生需要激发起自身的学习欲望才能完成任务。在任务的完成过程中，学生需利用原有的知识经验来“同化”或“顺应”新知识，自主学习、独立思考、协作交流，以完成有关知识的构建。

二、任务驱动教学法的意义

教师通过对教学内容进行任务的设计，将知识点蕴含于任务之中，使学生通过一步步完成任务达到掌握所学知识点的目的。任务的层层递进使得学生能够循序渐进地学习知识。每个子任务都应该是稍具挑战性，但学生还是有能力解决的。因此，学生在完成任务的时候就能获得成就感，而不是面对难题就望而却步。任务驱动教学应有利于调动学生学习的积极性，培养学生自主学习和解决问题的能力，满足学生学习的成就感。

三、任务驱动教学法的教学流程

任务驱动教学法的成功实施离不开教师、学生和任务三者之间积极有效的互动。教师根据教学目标将教学内容融入教学任务中，学生则自主、自觉、主动地逐步完成任务，充分地发挥其主体的作用。教师在学生学习的整个过程中予以指导，当学生遇到问题时，同学和教师都可以给予其帮助，直至完成整个任务。

何克抗教授在《建构主义学习环境下的教学设计》一书中指出，任务驱动的教学设计过程可以分为七个环节，分别是对教学目标进行分析、创设任务的情境、对教学资源进行设计、对学生自主学习的环境进行设计、对小组协作的学习环境进行设计、多方的评价设计及课后的强化练习。

为此，我们可以将任务驱动教学法的教学流程表达为图 7-1。

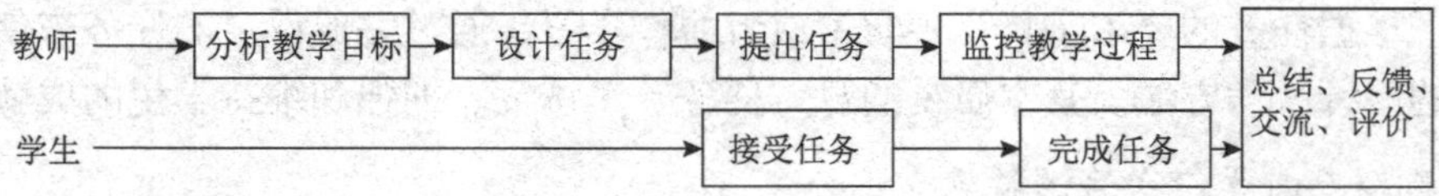

图 7-1　任务驱动教学流程

首先，我们需要在对教学目标分析后创设相适应的情境，具体可以解释为，创设的情境需与现实情况相似或一致，即需在情境教学的基础上开展任务驱动教学。利用生动直观的形象来激发学生的想象，使其想起原有认知结构中相关的部分，从而“同化”或“顺应”新知识。

其次，我们在创设的情境下需确定具体的任务。只有生动形象的情境还不够，让学生面临一个需要解决的现实问题，才可以使学生更主动、思维更为发散地激发原有知识经验，从而更好地完成任务。

再者，则是教学中的自主学习和协作学习环节。教师为学生提供完成任务的有关线索，学生以任务为线索进行自主学习。在遇到不能解决的问题时，通过小组协作，学生之间相互探究讨论，最终每一位学生都能完成对知识点的学习和掌握，从而完成任务。

最后，则是对学习的效果进行评价。评价可以侧重在两个方面，一方面是对任务完成度的评价，学生是否对新的所学知识进行了有意义的建构；另一方面则是对学生学习能力的评价，包括对学生自主学习能力和小组协作学习能力两方面的评价。

第二节　任务驱动教学法的具体应用研析

任务驱动教学法在国外主要开始于对语言类教学的研究。Jane Willis 在其专著 *A Framework Task Based Learning* 中建构了一个任务驱动教学的模型框架，其主要用于语言的教学。该模型框架可分为三个阶段：前任务活动阶段介绍主题和任务，任务周期（task cycle）阶段完成任务并准备报告计划，语言聚焦（language focus）阶段进行分析和再练习。

而任务驱动法在信息技术教学中的应用可以从英特尔的“未来教育”教师培训项目谈起。在该教师培训项目中，教师被要求完成一个与其教授学科有关的多媒体单元的教学包。在培训结束之后，教师可以直接使用完成的教学包进行教学。信息技术课堂中的“任务”指的是通过应用信息技术来完成某一任务，例如，制作一张电子贺卡、搜索一类信息、设计一个网站等。美国的 Big6 课程强调了任务驱动学习的意义，它有着任务定义、搜索策略、搜索信息、运用信息、整合信息和学习评价六个环节。

有一则寓言故事，说的是一头驴在行走的途中突然停下不肯继续前进，驴的主人想尽了办法，无论是拉还是推，都不能让驴前进一步。这时候，一个男孩拿了一把草走在了驴的前边，出人意料的是，驴却开始跟着走了起来。

故事中的男孩不费吹灰之力就使得驴主人费尽周折也无法拉动的驴子前进，为什么呢?

这是因为在这个故事中，“想吃草”是驴的“任务目标”，用草引导驴走，就是“驱动”。驴的行为是受目标驱使的。由此，我们可以总结出一点，如果任务的目标不明确的话，行为就没有了动力；目标不具吸引力的话，也不会有这么明显的效果。

因此，任务的设计是有规可循的。

一、任务的划分

我们需要对任务进行划分。李艺教授在《信息技术教学方法：继承与创新》一书中将教学中包含的任务分为封闭性任务和开放性任务。

封闭性任务是指每个学生都有自己应该完成的任务，且都应自主完成。这类任务有着明确的学习目标和要求，一般用于基础知识和技能的学习。而开放性任务是需要多个学生协作完成的较为综合的任务，例如运用所学知识完成一个作品。教师提供大致框架，学生共同探讨，自主选择和设计其需要完成的任务细节。这类任务可以培养学生的创造性思维。在现实的课堂中，封闭性任务和开放性任务不是完全隔离的，通常情况下是以封闭性任务为铺垫，用开放性任务来进一步强化提升学习的效果，从而使学生的自主学习能力得到提高。

二、任务设计的原则

任务的设计需注意以下几条原则。

1）任务需具有目标性和吸引力。在信息技术课堂中，该原则具体指的是任务应该能够培养学生的信息素养，且任务需要能够激发起学生的探究欲望，即可以尝试布置一个与实际生活密切相关的趣味任务，学生会因其真实性而专心致志地完成这一任务。例如，在对“用矩形选取工具、任意形状裁剪工具选定和移动图形”的知识点进行教学时，教师创设了森林王国被破坏的故事背景，需要学生学习图片的选定和移动来帮助森林里的小动物回家。其中“让小青蛙回家”“送小兔子回家”等任务的存在驱动着学生主动地探索、发现、学习新知；“当当团聚庆祝的导演”“争当环保小卫士”等任务也帮助学生用所学的知识去解决实际问题，温故知新，同时还可以体现学生的创意，展示他们的个性（具体教学案例参见本书第七章第三节案例二）。

2）任务需有层次性和综合性。由于每个人会对不同的事物感兴趣，人与人之间存在着智力和情感等差异，所以任务需有层次性，教师因材施教，根据学生的情况设计出比较符合学生个体学习习惯的任务。此外，在纵向层面上，任务的完成是循序渐进的，所以任务的解决也是由浅入深，即需要有一定的难度和梯度。一般的任务设计为靠近学生的最近发展区，学生可以通过自学或协作学习的方式完成任务。同时，任务需要结合以前学过的旧知识和需要学的新知识，学生可以在学习的过程中温故知新。例如，在对广东教育出版社《信息技术》小学第一册第三单元“信息五国的小能手”“文字输入”模块中的教学内容进行教学设计时，教师遵循着“玩中学、学中做”的教学理念，重在激发学生的学习兴趣与积极性，教法上采取情景创设、任务驱动、自主探究、范例演示，以及有效评价等相互结合的教学方法，以可爱有趣的标点符号为活动主线，共设计了三个层次的任务，基础任务“微笑的表情^_^”，基本操作，学习新知；巩固任务“有趣的表情和动物图案”，进一步巩固强化新知、强化教学重点、突破教学难点；拓展任务“发挥自己的想象，绘制自己喜欢的表情”，将本课学习的知识与技能综合运用到实践中，学以致用，进行个性化创作（具体教学案例参见本书第七章第三节案例一）。

3）任务需有操作性和发展性。正如“理论联系实际”一话所说的，学生不应该只学习理论，而且还需要实践来巩固和加强。学生也能够通过任务的完成发掘更深入的问题并进行探讨。

4）任务需具有创新性。虽然任务完成的结果是一定的，但是完成任务的途径和方式可以是多种多样的，任务的设计需要给学生留有足够大的创造性的空间。学生可以通过不同的线索进行思维开拓，创新性地解决问题，从而发挥其主观能动性，激发出其创造的动力。例如，在对“图块的选定和处理”知识点进行教学时，教师设置了“小兔子邀请同学们帮忙摘苹果”“帮小熊穿好衣服”等任务，把导出图片、选定图块、移动图块、综合运用这几个教学内容隐含在每个任务之中，让学生自己提出问题，并经过思考和教师点拨，自己来解决问题。此外，教师提出的每一个任务都分成了基础任务和提升任务，供不同层次的学生进行学习。

第三节　任务驱动教学法教学设计案例

案例一：可爱有趣的表情符号——标点符号的输入

1. 案例背景

设计者	教案名称	学生	教材	课时
江汉高	可爱有趣的表情符号——标点符号的输入	小学低年级	广东教育出版社《信息技术》	1

2. 教材分析

“可爱有趣的表情符号——标点符号的输入”是广东教育出版社《信息技术》小学第一册第三单元“信息五国的小能手”“文字输入”模块中的教学内容，主要包括：观察认识哪些属于“双字符键”，掌握上档字符的输入方法——上档键的使用。本节课是学生认识键盘、熟悉键盘布局的基础，它的学习有利于提升学生对于文章的处理能力，为后面文档处理的综合运用提供了重要的技术储备。

3. 学习者分析

学生已经初步认识了键盘布局及内容，会基本键位和指法的操作练习，对于本节课的学习有了一定的基础，能知道键位的布局。但小学低年级的学生注意力集中时效有限，过于繁复的内容要设计得环环相扣，必须具有足够的吸引力，激发他们的兴趣，才能够充分地调动起其参与学习的积极性。低年级的学生对于信息技术的学习兴趣较浓，课堂气氛较活跃，对于课堂的调控性要求更高。

4. 教学目标

（1）知识与技能

1）认识了解键盘，熟悉符号在键盘上的位置。

2）利用上档键输入双字符键的上档字符。

3）制作出各种可爱表情。

（2）过程与方法

通过看教材自学、上机实践、小组互动互学、请教老师掌握上档键的使用方法，学会将符号组合、利用，创造出更富想象力的表情。

（3）情感态度与价值观

1）通过互助、互学，学生在交流讨论中寻找创造灵感。

2）培养学生主动探究的能力。

3）鼓励学生敢于想象、大胆创新，提高学生对信息技术的学习兴趣，使学生获得成功的体验。

5. 教学重难点

重点：利用上档键输入双字符键的上档字符。

难点：将符号组合、利用，创造出更富想象力的表情。

6. 教学准备

多媒体网络教学系统、课件、金山打字 2006、图片素材等。

7. 教学过程

教学环节	教师活动	学生活动	设计意图
激趣导入	教师：老师知道同学们都非常喜欢上信息技术课，现在我给大家绘制几幅有趣的图形，请大家认真看（投影出示）。 ～_～　：：>_<：：　Y(^_^）Y 引导：能猜猜老师绘制的是什么表情吗？ 引导：谁能模仿这些表情呢（让学生模仿不同表情）？ 请大家再仔细观察，这些表情是由什么绘制而成的呢。 提示课题：像这样由各种不同符号组成的表情就是符号表情，今天我们就来绘制更多有趣的符号表情（板书：可爱有趣的表情符号）。	观看演示 学生自由说一说：困了、哭了、微笑欢呼…… 学生说：字母、数字、符号。	教师边说边在大屏幕上出示由简单的符号组成的几种表情，形象生动，可爱有趣，立刻吸引了学生的注意力，激发了他们的兴趣，学生迫不及待地想知道怎么打出这些表情。
自主观察，查找符号键	教师：请同学们到键盘上仔细找找，看看在哪里能发现这几种符号？ 尝试设疑 引导：想现在绘制一个符号表情试试吗？	观察键盘，找符号。 学生兴趣较浓：想。	学生根据以往对键盘的了解，再加上教师导课时所出示的星号“*”、括号“（）”都比较容易辨认，学生很快可以找到，这让他们体验到小小的成就感。自主的观察也有利于他们对其他符号的初步认识。
输入遇阻，引出重点	教师：找到符号的同学，自己动手输入试试，看能不能出现和屏幕上一样的可爱表情。 教师：让我们一起来看看是什么原因。 1. 发现“双字符键” 教师出示课件：键盘图。 通过观察，总结出这几个键上面同时有两个符号存在，而我们要输入的用来做表情的符号在上一排的位置，如果直接点击该键只会出现下一排的数字符号。 2. 认识“双字符键” 3. 让学生数一数键盘上一共有多少个“双字符键” 4. 教授“Shift”上档键的使用方法 教师：现在，我们要请一个小助手来帮忙了，它就是“Shift”上档键。 指出“上档键”的位置，并让学生观察键盘，发现键盘中有左右两个上档键。讲解上档键的使用方法：按住其中一个上档键不松手，再按下如“6”“8”等数字键，便可输入上排字符。	尝试输入符号。 学生：老师，我们打出来的怎么都是 6、8、9、0 这些数字啊？ 观看课件演示。	让学生先动手操作，结果就算找对了键也无法输入制作表情的符号，这更激发他们求知的兴趣，引导他们观察发现“双字符键”的特点。再指出上档键的位置及作用，使学生听课时更认真，更有目的性。

续表

教学环节	教师活动	学生活动	设计意图
尝试操作，自主探究	布置任务一： 1. 尝试输入下面符号：^_^、@+__+@、～）_(～ 要求： 1）打开记事本程序，新建文档，调节字号。 2）自学课本该部分，请教老师、同学，注意与同学交流，小组合作解决问题。 3）注意符号输入的适当位置。 4）思考：①要输入的字符在键位的上方时，操作步骤如何？②输入符号时要注意什么？ 2. 教师巡堂指导 3. 示范操作，讲解重点 请一名完成的同学到教师计算机上示范操作，根据学生的操作情况点评和补充。 4. 板书展示重点，“Shift”上档键的使用方法，注意问题	自学课本内容，自主尝试。 小组同学互助，交流学习。 示范操作，学习新知识。 在教师的引导下，一起归纳操作技巧。	任务驱动，学生带着问题自学课本内容，尝试解决问题，培养学生的自主学习能力。 采用自主探究与小组合作交流的学习方式，充分调动学生学习的积极性和主动性，让每个学生都亲历知识的形成过程。 归纳知识，强化要点，使学生掌握操作方法。
全面掌握，巩固练习	任务二： 1. 出示研学案，巩固练习任务 网络上有很多表情语言，例如“（★^_^★）”表示笑得很开心；“(+_+）?”表示你在干什么；（・・）nnn 表示毛毛虫。请在记事本中输入如下的表情和动物图案，并保存文件。 （1）输入以下符号表情 (+_+）　～^0^～　Y^_^Y　：：<_>：： （2）用符号和字母拼出蜗牛、毛毛虫和小猫咪 @/”　（・・）nnn　(=^^=） 2. 教师巡堂指导，了解学生情况，并适时对学生进行表扬和鼓励 3. 示范操作，讲解重点，小结输入的方法 4. 小组合作完成，请小组汇报完成情况	自主完成巩固练习任务，小组交流、互助互学。	学生模仿能力比较强，但又往往容易只局限在某一思维模式中。在巡视指导过程中发现学生们对于双字符键都掌握熟练了，但对位于偏右侧和下方的双字符键却没有发现和利用，所以用问号和大于号、小于号引导他们进一步使用和创造，以便于更全面地掌握双字符键。
综合练习	任务三： 1. 根据研学案要求，选择性地完成其中一项任务，可独立完成，也可以两位学生合作完成。 2. 教师巡视指导，帮助有困难的学生。 3. 适时对学生的完成情况进行表扬和鼓励。	增强学生的合作意识，使其合作完成任务。同时也培养学生间的互助精神。	巩固学生对符号的使用。
展开想象，综合创作	任务四： 教师：如果双字符键里的符号你都试着组合过了，也可以把字母、数字都利用起来，再设计一些有趣的表情。同学之间可以互相参观、互相学习、互相交流讨论一下。 展示学生作品、点评、师生交流、引导学生进行评价。	自由创作 发挥想象力 作品互评	双字符键熟练使用后，再加入数字与字母组合形成各种表情，可以保持学生的创作兴趣，将学生的学习激情维持到最后。在操作时发现按住上档键打字母可以打出大写字母，这对今后的大小写字母输入的学习也会有所帮助。同时，让学生充分感受成功的喜悦，学会评价欣赏作品。
小结	教师：我们创作出了那么多种可爱有趣的表情，老师非常佩服你们。 1）回顾一下本节课我们有哪些收获？学会了什么？ 2）完成学习评价表。	整理本课的收获。	反馈学生的学习情况，了解学生对知识的掌握情况。

续表

教学环节	教师活动	学生活动	设计意图
教学评价			
《可爱有趣的表情符号——标点符号的输入》的教学对象是小学低年级学生，这个年龄段的学生思维活跃，但是注意力集中时限较短，因此，要充分激发学生的兴趣与热情，一开始，教师展示网络上常用的网络符号表情，以及在媒体上经常见到的符号表情，让学生感兴趣，有尝试操作的冲动，“兴趣是成功的一半”。一节课教学的成败在很大程度上取决于开始的几分钟，因此首先采用精彩的导入来吸引学生的注意力，激发学生的学习兴趣，开启学生的心智，从而调动学生求知的主动性和积极性。然后采用“互动教学法”，先让学生自主探究课本知识，然后教师在教师机上通过实例演示本章重点，继而采用“任务驱动法”给学生布置任务，让学生在学生机上实践。在实践过程中，教师巡回观察各个层次学生的掌握情况，并对他们进行不同程度的辅导。然后小组展示自己的作品，并互相交流，评价改进。这样有利于培养学生合作探究的精神，使学生能够积极发现问题，并自己解决问题；最后各组拿出最得意的作品在教师机上展示评比、互相评价、借鉴学习，以此培养学生的竞争意识。 存在问题：①课堂的组织较困难，学生较为活跃，在课堂的收放上存在一定的难度，一部分学困生没有完成，在老师控制计算机进行演示时，课堂纪律会较差；②学生在按“Shift”键与“双字符键”时操作不对，没有做到同时按下，或者按“Shift”键的时间较短，所以没有操作好；③学生自学效果不明显，没有真正达到小组协作学习。			

案例二：选定图片巧移动（部分节选）

1. 案例背景

设计者	教案名称	学生	教材	课时
梁山	选定图片巧移动	小学低年级	山东教育出版社《小学信息技术》	1

2.教材分析

本课的教学内容是“选定”工具和“任意形状裁剪”（自由图像选择）工具的使用。该内容的学习，将为学生进行图画编辑技巧的学习打下良好的基础。

3.学习者分析

这个年龄段的学生求知欲和好奇心强，对计算机有着浓厚的兴趣。他们主要以形象思维为主，喜欢“做中学”，在学习本课前，已经掌握一些绘画工具，他们渴望学习更多的知识。

4. 教学目标

（1）知识与技能

1）学会用矩形选取工具、任意形状裁剪工具选定和移动图形。

2）理解选定工具的透明和不透明样式的作用。

3）区分矩形选取工具与任意形状裁剪工具的异同。

（2）过程与方法

1）所有学生在任务驱动下，逐步掌握对不同图形进行选定与移动的方法与技巧。

2）基础较好的学生，通过自学探索或合作交流，掌握综合运用选定工具及其透明处理的方法。

（3）情感态度与价值观

1）培养学生积极思考及相互合作的意识。

2）培养学生懂得欣赏和评价他人作品的良好品质。

5. 教学重难点

重点：掌握不同图形的选定与移动的方法与技巧。

难点：根据实际情况，灵活地应用矩形选取工具与任意形状裁剪工具。

6. 教学准备

多媒体网络教学系统、课件、图片素材等。

7. 教学过程

教学环节	教师活动	学生活动	设计意图
创设情境，激趣导入	播放微视频，创设学习情境。 同学们，今天我们来学习第6课的选定图片的移动。掌握了这个本领，我们就可以移动世间万物啦！ 上课之前，我先给大家带来一个小故事(播放微视频）。 森林王国来了破坏王，小动物们被赶出家门，你能帮小动物们回家吗？ 好，就让我们一起来展开爱心行动吧！今天我们有三个爱心行动（回家、我来当导演、争当环保小卫士），又快又好地完成任务的同学，老师将有神秘小礼物送给他。	听讲	利用视频的形式，创设情境，抓住学生注意力，激发学生的学习兴趣和同情心。
任务驱动，层层递进	引入学习任务 1. 任务一：选定小青蛙，引出矩形选定的使用 现在，我们先来进行第一个行动，请同学们和我一起来操作，打开画图，选择文件—打开，选择“回家”，点击确定。 先把小青蛙送回家吧。 想要移动图形，必须先选定。选定工具在哪里呢？哪位同学知道？来给大家演示一下。 （学生演示矩形选定工具的使用方法。） 使用这个工具，按下鼠标左键可以拖动出矩形框，所以这个工具也叫矩形选定。这位同学操作的很正确，移动的也很好。 2. 任务二：发现问题，探索透明样式的使用 但是同学们有没有发现问题? 学生回答：青蛙的底色也被选中了。 青蛙的底色如果能变成透明的，那该多好啊！现在给大家两分钟时间，让我们来尝试探索一下，能否在工具栏中找到透明的命令。 （请学生演示使用透明样式的方法） 教师总结：选定工具有两种样式，其中一种就是透明样式。选择透明样式可以透掉和背景色一样的颜色。 如果背景色是红色的，我们怎样做才能让图形底色变透明呢? 只需设置背景色为红色，就可以解决问题了。 同学们在自己的计算机上尝试一下这个办法，抓紧时间把小青蛙送回家吧！做完的同学举手示意老师。 3. 任务三：发现问题，分组探讨自由形状的裁剪 接下来，让我们来送小兔子回家吧，运用刚才我们所学的工具，看看你能不能顺利地完成，在这个过程中，你遇到了什么问题? 移动小乌龟时遇到了什么问题? （学生回答兔子和乌龟离得太近了，用矩形选定兔子时很容易碰到小乌龟）。 当图形距离很接近的时候，矩形选定就不太好用了。 现在请同学们小组探讨一下，看哪个小组最先探索到选定的奥秘。开始。 哪个小组探索到了更方便的方法，来给大家演示一下。 （学生演示）	尝试“选择”。 学生演示并发现问题：青蛙的底色也被选中了。 分组探索透明样式的使用方法。 尝试用矩形选定来选中小兔子。 发现：容易碰到其他图形。 学生操作。	充分发挥学生的积极性，让学生充当小老师。 培养观察、借鉴能力，自主探索解决问题的方法。 小组探索解决去掉背景色的方法。充分调动学生的学习积极性。 透明样式透掉背景色这一知识点是难点。教师引导学生思考解决办法。 利用微课教学形式，让学生有机会自学。

续表

<table>
<tr><th>教学环节</th><th>教师活动</th><th>学生活动</th><th>设计意图</th></tr>
<tr><td></td><td>工具箱中还有一个星形的选定工具，叫任意形状的裁剪。图形距离远就用矩形选定，图形距离近就用任意形状的裁剪。
老师给大家准备了锦囊妙计——任意形状的裁剪，同学们可以通过观看微视频，来学习如何使用任意形状的裁剪。
你学会了吗？把小乌龟送回家，仍然存在问题的同学，可以和同桌交流、探讨。
教师总结：同学们，经过我们刚才的探索和学习，我们掌握了选定工具的奥秘。老师给大家总结了一段顺口溜，让我们一起来读一下：
移动图形先选定，距离远时用矩形，距离近时任意形，去掉背景用透明。</td><td></td><td></td></tr>
<tr><td>强化训练，练评结合</td><td>1. 练习 1：两种选定工具的使用方法
爱心行动 2，我来当导演（图 1）。

图 1
经过我们的努力，森林里又恢复了一片祥和。小动物们重回家园，高兴极了，他们决定举办盛大的音乐会来庆祝这难得的团聚。下面请你来当导演，给小动物们排练排练节目吧！
请一名同学来说说，你是怎么导演这场晚会的？（针对同学的作品进行点评）
我们来看一下另一位同学的设计。展示学生 2 的作品。
2. 练习 2：透明样式的使用方法（图 2）

图 2
音乐会给大家留下了深刻的印象，地上也留下了不少的垃圾。下面让我们来对垃圾分类处理，做个环保小卫士吧！
这一轮，我们将进行小竞赛，老师要选取做得最快的前五名同学。在竞赛开始之前，老师给大家提个醒：透明样式只能透掉和背景色一样的颜色。让我们开动脑筋，完成行动吧！
前五名已经产生，让我们一起来看看他们分类分得对不对！
同学们要切记，电池和油漆桶等有害垃圾要分类处理，在生活中也要注意，应收集到专门的地方，不要随意丢弃。</td><td>上机操作，学生讲述自己的设计。
用画图打开《争当环保小卫士》，学生上机操作。</td><td>强化训练，巩固所学新知。
发挥想象，综合运用所学技术，自主创作，鼓励创新。
倾听学生的内心世界。
承上启下，在技能练习的同时，完成情感目标。</td></tr>
</table>

续表

教学环节	教师活动	学生活动	设计意图
总结提升，迁移巩固	今天和同学们一起上课，我非常开心，因为大家学会了这些操作。更让人开心的是我们一起举行了三次爱心行动，同学们都很有爱心。文件夹里还有老师设计的小游戏：整理房间。希望同学们在课下挑战一下自己，把爱心带回家（图3）。 今天的课就上到这里，请同学们轻声慢行。下课！ 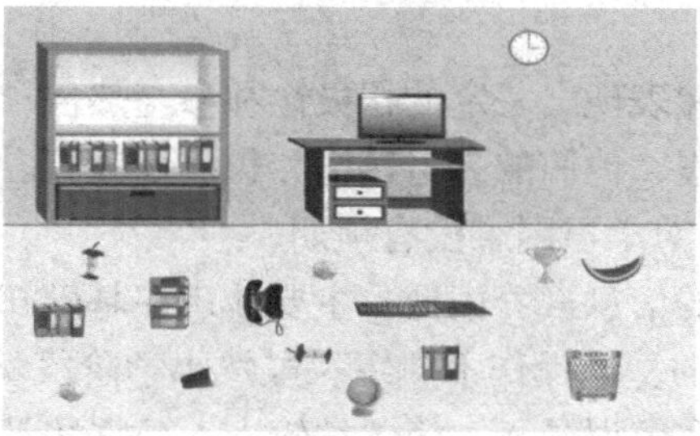 图3		总结回顾，留下拓展空间。
教学评价			
本课遵循新课程标准理念，用任务去驱动学生主动地探索、发现、学习新知；用任务去帮助学生们用所学的知识去解决实际问题；用任务来体现学生的创意，展示他们的个性。学生沿着完成任务这条主线，自主探索、合作交流，在不断地认识冲突中慢慢地揭开知识的秘密面纱。 在整个设计过程中，注重课堂的生成性，强调学生在教师的引领下对知识的自主建构性，教师在整个过程中，是课堂教学的组织者、学生学习的引导者和帮助者。			

案例三：“数”说学习——从成绩数据分析学生学习情况

1. 案例背景

设计者	教案名称	学生	教材	课时
张立	“数”说学习——从成绩数据分析学生学习情况	八年级	北京出版社《信息技术》第四册	1

2. 教材分析

本节内容是北京出版社《信息技术》第四册第四章“表格数据处理与分析”中的第六节“分析数据”，该节内容综合了前五节数据获取、编辑、计算、处理、制作图表的知识，从挖掘数据表和图表信息两方面，指导学生分析数据的方法，为撰写数据分析报告做准备。

《基础教育信息技术课程标准（2012年版）》中，对表格部分的知识是这样要求的：“能应用电子表格进行数据的简单统计、计算与直观表达。从不同的角度和立场出发，通过对相同数据做不同的加工以表达不同的观点，或对相同数据做不同的解读，感悟信息加工和利用的选择性、多元性和复杂性特征。”

依据课程标准要求，结合教材，教师设计了本节课程。指导所教学生分类、分科、分项收集并整理本班历次考试成绩数据；指导学生在对数据进行加工、处理的基础上，挖掘数据表和图表信息，多角度观察数据和图表；指导学生通过学案，掌握数据分析的步骤和方法，概括并呈现数据反映的结果，并依据结果帮助决策。具体来说就是对班级整体学习状况和个人学习情况做出全面分析，查找学习漏洞并分析其成因，作出客观评价，并提出提高学习成绩的方案。同时，帮助学生锻炼和提高逻辑分析能力、概括能力和表达能力等。引导学生在学习本课的过程中对自己的学习态度、生活态度有所规划，培养良好的思维和行为习惯；引导学生通过对信息技术技能的掌握，达到整体提高学生信息素养的目的，为形成支撑以后的工作、学习、生活的信息能力打基础。

3. 学习者分析

初中大部分学生对信息技术课表现出一定的积极性和参与热情，处于乐学状态。特别对结合生活、学习、身边实际的课程，他们的参与热情和积极性较高。对于小学阶段学习过的Excel软件表现出明显的自信，但对学习困难没有预期。

基础能力分析：大部分学生的信息素养偏低，主要体现在基础知识不扎实，大部分学生用计算机来娱乐，导致对计算机的基本操作不熟练。虽然小学阶段学习过 Excel，但多数学生掌握不熟练，基本水平仅停留在数据录入、简单编辑上，数据统计、处理特别是分析水平较差。基础教育启用新版教材，教学要求 Office 版本升级至 2010，界面变化、功能增加后，学生需要适应和掌握的时间，因此更突显出学生学习能力参差不齐。

教学任务设计分析：本节课的知识载体以任务、练习形式贯穿课堂始终，作为储存、携带教学信息的教学任务设计，要针对教学目标，注重学生学习兴趣。任务设计要连贯、科学、灵活、有层次、有实际价值，突出实效性。

4. 教学目标

（1）知识与技能

1）巩固并熟练掌握数据表编辑、计算、处理及制作图表等知识技能。

2）了解分析数据的步骤方法，学会对数据表、图表进行分析。

3）尝试定量分析事物，为撰写相应报告做准备。

4）树立数据分析意识，提高用科学研究方法指导学习的能力。

（2）过程与方法

1）通过巩固已学知识、实践操作等，提高学生发现问题、解决问题的能力。

2）以教师设计的任务练习为载体，传授方法、引导实践，教会学生挖掘数据信息，掌握分析数据表的方法。

3）让学生通过交流分析结果，使其分析能力、概括能力、表达能力等综合素质得到锻炼和提高。

（3）情感态度与价值观

引导学生在学习本课的过程中对自己的学习态度、生活态度有所规划，培养良好的思维和行为习惯。

5. 教学重难点

重点：数据分析要素、数据分析的方法步骤、获取数据表和图表中的信息。

难点：挖掘数据表和图表中蕴含的有价值的信息并结合数据进行分析，为撰写数据分析报告做准备。

6. 教学准备

多媒体网络教学系统、课件、Microsoft Office 2010 软件等。

7. 教学过程

<table>
<tr><th>教学环节</th><th>教师活动</th><th>学生活动</th><th>设计意图</th></tr>
<tr><td>课前准备</td><td>1）布置学生将成绩数据分科、分项统计结果建表。
2）编辑数据表。
3）完成部分数据的 SUM 求和及 AVERAGE 求平均数运算。
4）下发学案。</td><td>操作准备
预习学案</td><td>为课堂教学做好准备。</td></tr>
<tr><td>环节一：复习巩固，熟练掌握
（5 分钟）</td><td>『广播教学』
教师：在刚刚过去的月考中，咱班同学取得了不错的成绩。（祝贺，鼓掌！）今天我们要一起分析考试的成绩数据，让数据说话；利用分析结果，好好规划下一阶段的学习。现在请大家打开上节课我们一起汇总的成绩数据表。
任务一：上节课我们已经完成成绩统计表数据的录入和数据表的美化编辑，我们看到总分、平均分、班级绝对位置这三项还没有完成统计，请同学们用所学过的公式完成所有空白单元格的数据计算。
『取消广播教学』
教师：面对如此多的成绩数据（表 1），我们能否对它进行科学分析，总结归纳出同学们学习上的共性问题与个性问题？今天这节课我们将一起进行探究。
表 1　2013～2014（上）初二 1 班期末成绩
<table>
<tr><th>学号</th><th>语文</th><th>数学</th><th>英语</th><th>总分</th><th>班级绝对位置</th></tr>
<tr><td>1</td><td>89</td><td>96</td><td>96</td><td>281</td><td>2</td></tr>
<tr><td>2</td><td>89</td><td>98</td><td>92</td><td>279</td><td>4</td></tr>
<tr><td>3</td><td>80</td><td>68</td><td>71</td><td>219</td><td>19</td></tr>
<tr><td>4</td><td>77.5</td><td>56</td><td>59</td><td>192.5</td><td>23</td></tr>
<tr><td>5</td><td>85</td><td>90</td><td>75</td><td>250</td><td>15</td></tr>
<tr><td>6</td><td>96</td><td>97</td><td>98</td><td>291</td><td>1</td></tr>
<tr><td>7</td><td>95</td><td>94</td><td>92</td><td>281</td><td>3</td></tr>
<tr><td>8</td><td>92</td><td>94</td><td>88</td><td>274</td><td>5</td></tr>
<tr><td>9</td><td>84</td><td>92</td><td>96</td><td>272</td><td>6</td></tr>
<tr><td>10</td><td>81.5</td><td>34</td><td>72</td><td>187.5</td><td>24</td></tr>
<tr><td>11</td><td>88</td><td>75</td><td>55</td><td>218</td><td>20</td></tr>
<tr><td>12</td><td>86</td><td>93</td><td>87</td><td>266</td><td>8</td></tr>
<tr><td>13</td><td>85.5</td><td>94</td><td>87</td><td>266.5</td><td>7</td></tr>
<tr><td>14</td><td>78</td><td>92</td><td>41</td><td>211</td><td>21</td></tr>
<tr><td>15</td><td>83.5</td><td>91</td><td>80</td><td>254.5</td><td>12</td></tr>
<tr><td>16</td><td>88</td><td>94</td><td>83</td><td>265</td><td>9</td></tr>
<tr><td>17</td><td>77</td><td>86</td><td>78</td><td>241</td><td>16</td></tr>
<tr><td>18</td><td>76.5</td><td>85</td><td>72</td><td>233.5</td><td>18</td></tr>
<tr><td>19</td><td>41</td><td>16</td><td>13</td><td>70</td><td>26</td></tr>
<tr><td>20</td><td>85</td><td>79</td><td>75</td><td>239</td><td>17</td></tr>
<tr><td>21</td><td>85</td><td>94</td><td>82</td><td>261</td><td>10</td></tr>
<tr><td>22</td><td>77</td><td>88</td><td>90</td><td>255</td><td>11</td></tr>
<tr><td>23</td><td>84</td><td>95</td><td>75</td><td>254</td><td>13</td></tr>
<tr><td>24</td><td>60.5</td><td>36</td><td>33</td><td>129.5</td><td>25</td></tr>
<tr><td>25</td><td>72.5</td><td>89</td><td>44</td><td>205.5</td><td>22</td></tr>
<tr><td>26</td><td>77.5</td><td>86</td><td>89</td><td>252.5</td><td>14</td></tr>
<tr><td>平均分</td><td>81.31</td><td>81.23</td><td>73.96</td><td>236.50</td><td></td></tr>
</table></td><td>听讲
操作

操作
小组互助</td><td>创设情境，让学生回顾上节课的感受，快速进入课堂状态。

复习巩固旧知识和操作技能，熟练掌握 Excel 是学生进行数据分析的基础。

对新任务产生探究欲望和需求，增强任务驱动力。</td></tr>
</table>

续表

<table>
<tr><th>教学环节</th><th>教师活动</th><th>学生活动</th><th>设计意图</th></tr>
<tr><td>环节一：复习巩固，熟练掌握
（5分钟）</td><td>
表 1　2013~2014（下）初二 1 班期中成绩
<table>
<tr><th>学号</th><th>语文</th><th>数学</th><th>英语</th><th>总分</th><th>班级绝对位置</th></tr>
<tr><td>1</td><td>85</td><td>94</td><td>94</td><td>273</td><td>5</td></tr>
<tr><td>2</td><td>92</td><td>98</td><td>96</td><td>286</td><td>1</td></tr>
<tr><td>3</td><td>78</td><td>47</td><td>66</td><td>191</td><td>21</td></tr>
<tr><td>4</td><td>76</td><td>75</td><td>51</td><td>202</td><td>20</td></tr>
<tr><td>5</td><td>92</td><td>80</td><td>79</td><td>251</td><td>9</td></tr>
<tr><td>6</td><td>90</td><td>94</td><td>98</td><td>282</td><td>3</td></tr>
<tr><td>7</td><td>91</td><td>98</td><td>96</td><td>285</td><td>2</td></tr>
<tr><td>8</td><td>82</td><td>96</td><td>92</td><td>270</td><td>6</td></tr>
<tr><td>9</td><td>92</td><td>91</td><td>95</td><td>278</td><td>4</td></tr>
<tr><td>10</td><td>79</td><td>9</td><td>64</td><td>152</td><td>24</td></tr>
<tr><td>11</td><td>84</td><td>65</td><td>65</td><td>214</td><td>17</td></tr>
<tr><td>12</td><td>82</td><td>99</td><td>77</td><td>258</td><td>8</td></tr>
<tr><td>13</td><td>84</td><td>93</td><td>86</td><td>263</td><td>7</td></tr>
<tr><td>14</td><td>66</td><td>77</td><td>33</td><td>176</td><td>22</td></tr>
<tr><td>15</td><td>85</td><td>79</td><td>82</td><td>246</td><td>13</td></tr>
<tr><td>16</td><td>75</td><td>92</td><td>81</td><td>248</td><td>12</td></tr>
<tr><td>17</td><td>77</td><td>56</td><td>72</td><td>205</td><td>19</td></tr>
<tr><td>18</td><td>57</td><td>79</td><td>78</td><td>214</td><td>18</td></tr>
<tr><td>19</td><td></td><td></td><td></td><td>0</td><td>26</td></tr>
<tr><td>20</td><td>76</td><td>64</td><td>76</td><td>216</td><td>16</td></tr>
<tr><td>21</td><td>85</td><td>85</td><td>75</td><td>245</td><td>14</td></tr>
<tr><td>22</td><td>80</td><td>84</td><td>85</td><td>249</td><td>10</td></tr>
<tr><td>23</td><td>83</td><td>91</td><td>75</td><td>249</td><td>11</td></tr>
<tr><td>24</td><td>63</td><td>22</td><td>24</td><td>109</td><td>25</td></tr>
<tr><td>25</td><td>69</td><td>69</td><td>34</td><td>172</td><td>23</td></tr>
<tr><td>26</td><td>64</td><td>72</td><td>82</td><td>218</td><td>15</td></tr>
<tr><td>平均分</td><td>79.48</td><td>76.36</td><td>74.24</td><td>230.08</td><td></td></tr>
</table>
表 1　2013 ~ 2014（下）初二 1 班期末成绩
<table>
<tr><th>学号</th><th>语文</th><th>数学</th><th>英语</th><th>总分</th><th>班级绝对位置</th></tr>
<tr><td>1</td><td>93</td><td>84</td><td>93</td><td>270</td><td>3</td></tr>
<tr><td>2</td><td>88</td><td>90</td><td>88</td><td>266</td><td>4</td></tr>
<tr><td>3</td><td>81</td><td>31</td><td>63</td><td>175</td><td>21</td></tr>
<tr><td>4</td><td>76</td><td>56</td><td>60</td><td>192</td><td>19</td></tr>
<tr><td>5</td><td>87</td><td>71</td><td>80</td><td>238</td><td>12</td></tr>
<tr><td>6</td><td>91</td><td>90</td><td>97</td><td>278</td><td>1</td></tr>
<tr><td>7</td><td>89</td><td>87</td><td>96</td><td>272</td><td>2</td></tr>
<tr><td>8</td><td>89</td><td>84</td><td>85</td><td>258</td><td>7</td></tr>
<tr><td>9</td><td>86</td><td>78</td><td>92</td><td>256</td><td>8</td></tr>
<tr><td>10</td><td>68</td><td>14</td><td>56</td><td>138</td><td>24</td></tr>
<tr><td>11</td><td>76</td><td>74</td><td>60</td><td>210</td><td>17</td></tr>
<tr><td>12</td><td>87</td><td>81</td><td>92</td><td>260</td><td>6</td></tr>
<tr><td>13</td><td>77</td><td>86</td><td>83</td><td>246</td><td>11</td></tr>
<tr><td>14</td><td>76</td><td>86</td><td>30</td><td>192</td><td>20</td></tr>
<tr><td>15</td><td>78</td><td>77</td><td>71</td><td>226</td><td>14</td></tr>
<tr><td>16</td><td>87</td><td>91</td><td>83</td><td>261</td><td>5</td></tr>
<tr><td>17</td><td>69</td><td>47</td><td>57</td><td>173</td><td>22</td></tr>
<tr><td>18</td><td>69</td><td>69</td><td>70</td><td>208</td><td>18</td></tr>
<tr><td>19</td><td>2</td><td>8</td><td>28</td><td>38</td><td>26</td></tr>
<tr><td>20</td><td>77</td><td>60</td><td>76</td><td>213</td><td>15</td></tr>
<tr><td>21</td><td>79</td><td>80</td><td>79</td><td>238</td><td>13</td></tr>
<tr><td>22</td><td>81</td><td>79</td><td>87</td><td>247</td><td>10</td></tr>
<tr><td>23</td><td>88</td><td>83</td><td>80</td><td>251</td><td>9</td></tr>
<tr><td>24</td><td>54</td><td>23</td><td>23</td><td>100</td><td>25</td></tr>
<tr><td>25</td><td>67</td><td>61</td><td>24</td><td>152</td><td>23</td></tr>
<tr><td>26</td><td>75</td><td>56</td><td>81</td><td>212</td><td>16</td></tr>
<tr><td>平均分</td><td>76.54</td><td>67.15</td><td>70.54</td><td>214.23</td><td></td></tr>
</table>
</td><td></td><td></td></tr>
</table>

续表

<table>
<tr><th>教学环节</th><th>教师活动</th><th>学生活动</th><th>设计意图</th></tr>
<tr><td>环节二：针对问题，寻求方法（5分钟）</td><td>『广播教学』
如何从数据表和图表中挖掘有价值的信息？在数据分析前，我们要了解数据分析的要素：①数据真实；②数据量大；③用数据进行预处理（运算）；④用图表呈现数据趋势；⑤数据与结论效度（有效性）高。
注意：数据分析的过程是个解剖过程，层层深入。
数据分析的步骤（图1）：
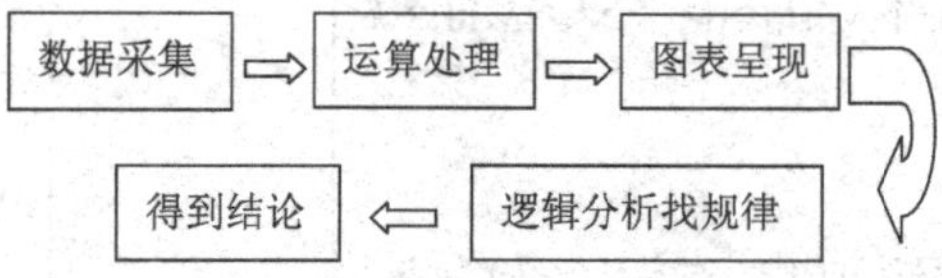

图1</td><td>听讲、思考，对新知识进行识记。</td><td>明确数据分析要素，确定解决问题方向。

明确本节课堂学习方向及内容。</td></tr>
<tr><td>环节三：分解任务，熟练操作（10分钟）</td><td>将成绩统计表对照以上数据分析要素进行检查，我们需要一起继续完成图表的呈现步骤。

学生对上节课新学图表操作不熟练，老师再次示范讲解。

任务二：以班级5次考试语文、数学、英语平均分为数据源，设计“初二1班成绩分析图”（图表要完整、美观，要有坐标轴、标题及图例）。
提问：常用的柱形图、折线图、饼图呈现数据有什么特点？
『取消广播教学』
教师选择一名学生，用教师机操作，完成任务2。
期间，教师巡视、指导学生完成图表。
『广播教学』展示学生制作成果
“初二1班成绩分析图”如图2所示。
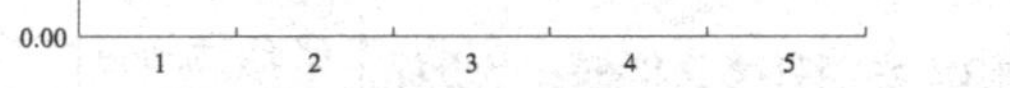

图2　初二1班成绩分析图</td><td>实践操作。
理解、巩固。
可由学生回答，老师补充。
答：柱形图适用于对比多少或大小，折线图适用于表现变化趋势，饼图适用于表现占比度。
修改、设计、完善图表。</td><td>复习巩固旧知识和操作技能，熟练掌握Excel是学生进行数据分析的基础。

让学生用教师机操作，降低学生畏难心理，提高其他学生的注意力。</td></tr>
<tr><td>环节四：展示结果，逻辑推理（10分钟）</td><td>引导学生认真仔细地观察数据、图表及行、列的标题，看懂包含的信息。

教师：数据分析的方法通常包括比较数值的大小、变化、占比，以及图形内容、数据内涵、色彩表示、标题、字段名等信息。

提问：观察“初二1班成绩分析图”，回答该班哪科成绩偏弱。
教师：从图上看英语在咱们班三科成绩中分数最低，这是否一定说明我们的英语成绩比语文、数学差？
或者可以这样问：刚刚过去的月考中，语文最高分是87，英语最高分99是，能不能说语文比英语差？</td><td>观看图表，同学间交流所观察信息。

观察思考。

从英语入手，因为英语成绩的上升空间较大。</td><td>强调规范制作数据表、图表是数据分析结果科学、可信的保证。</td></tr>
</table>

续表

<table>
<tr><th>教学环节</th><th>教师活动</th><th>学生活动</th><th>设计意图</th></tr>
<tr>
<td>环节四：展示结果，逻辑推理（10分钟）</td>
<td>
教师：那么我们下一阶段的学习从哪科入手更容易提高成绩呢？为什么？
『广播教学』
任务三：从单项成绩统计表入手挖掘数据信息。
教师：从个人实际情况入手，在单项成绩统计表中选择一个科目，以单项满分值、班级单项均分值、个人单项成绩为数据源制作“个人单项得分统计图”。
教师：请学号是 9 的同学制作个人英语学科“个人单项得分统计图”。
『取消广播教学』
“个人单项得分统计图”（学号是 9 的学生的英语学科）如表 2 和图 3 所示。
表 2
<table>
<tr><td>1. 听力Ⅰ, 4</td><td>2. 听力Ⅱ, 3</td><td>3. 听力Ⅲ, 8</td><td>4. 单选15</td><td>5. 完形20</td><td>6. 阅读Ⅰ, 15　7. 阅读Ⅱ, 10</td><td>8. 完成句子15</td><td>9. 书面表达10</td></tr>
<tr><td>能借助图片、图像、手势听懂简单的话语或录音材料</td><td>能听懂有关熟悉话题的语段，并从中提取信息和观点</td><td>针对所听语段的内容记录简单信息</td><td>考查重点语言知识，应掌握的词汇，语法</td><td>考查学生在语篇层面上，从上下文的逻辑关系中理解、判断词义，掌握词语应用与搭配的能力</td><td>获取文章具体信息能力，简单推理判断能力，归纳文章主旨大意的能力，理解句间逻辑关系的能力</td><td>基础词组、搭配的应用</td><td>综合运用语言知识的能力</td></tr>
</table>
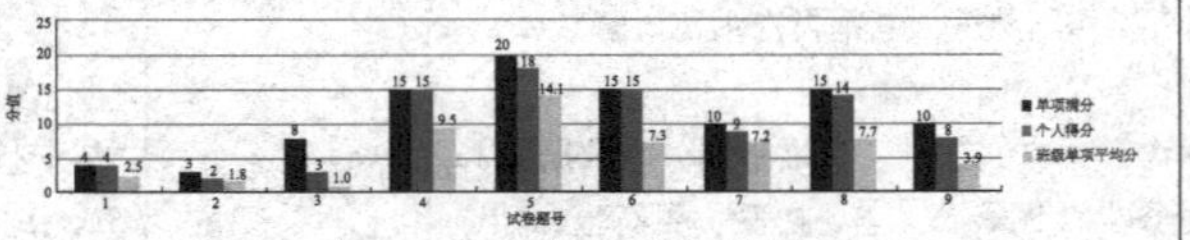

图 3　个人单项得分统计图
教师：分析上图，可以看出
（1）得分率较高的题型是________；
（2）得分率较低的题型是________；
（3）分析英语学习的学情，规划下一阶段的学习。
注意：分析和规划要①准确、合理、可行（戒不切实际、凭空想象）；②具体、清楚、实在（戒内容空、抽象）；③语言表达准确、精炼（办法、措施一目了然）。
听力Ⅲ：多做课文听力训练，练习的过程中多做笔记，记录关键词；
阅读Ⅰ：练习过程中多关注题干的关键词定位，增加练习数量；
完成句子：多记录课文当中要求的关键/核心词组；
书面表达：注意日常积累，能够多背诵范文，并将记忆背诵的词组应用到书面表达当中。
继续分别选择学生完成的语文、数学科目数据和图表，为分析源进一步挖掘数据。
课后练习：结合《好习惯进阶制统计表》，以你 5 次考试的班级绝对位置为数据源，设计“个人成绩绝对位置趋势图”（图标要完整、美观，有标题、图例、数据标签，注意纵坐标逆序刻度值与数学坐标系正负方向、数值大小统一）。
请班长简单介绍一下咱们班的《好习惯进阶制统计表》。
教师：好习惯进阶制统计表是将同学们的日常行为习惯和学习习惯、思维习惯等进行量化统计整理，希望以此表为参照，对比同学们好习惯积累与个人考试成绩、在班级位置的关系，从中逐步发现认真落实好习惯与成绩提高成正比这一有价值的规律。
</td>
<td>
交流讨论。
探究互助。
迅速完成任务。
根据图表，回答问题。
《好习惯进阶制统计表》像银行的储蓄卡和信用卡，表的左边是好习惯储蓄，加分；右边是好习惯透支，减分。通过这个表记录每个学生的好习惯积累情况。
听讲、思考。
</td>
<td>
以任务完成方式引导学生逐步观察数值大小、变化、占比，以及图形内容、数据内涵、色彩表示、标题、字段名等信息。
连贯、递进式的任务设计突出数据挖掘的价值。
继续用任务引领法拓宽学生思维空间，提高学生逻辑分析的能力。
学生课后任务、练习设计服务于课堂教学重、难点。
</td>
</tr>
</table>

续表

教学环节	教师活动	学生活动	设计意图
环节五：概括分析，攀援而上（5分钟）	『广播教学』 请同学们梳理以上数据表、图表的分析，概括语言，用文字表达形式逐条记录下分析结果，并根据分析结果提出自己未来的学习规划和建议，将结果记录在学案上，为下节课撰写成绩分析报告做准备。 我们今天进行的任务是数据分析。 数据分析是为了提取有用信息和形成结论而对数据加以详细研究和概括总结的过程。 数据分析分为两类：①依据目标集合数据，有目的地收集数据；②在一大批杂乱无章的数据中，把隐没其中有价值的信息萃取和提炼出来，找出研究对象的内在规律。 显然第二类数据分析需要多角度、多方面考虑多种因素，需要多种工具、多个学科（数学、统计学、信息技术等）协同数据挖掘，分析过程更复杂，步骤要求更科学。这样，它的结果就更有价值。	思考、总结、归纳、记录。 听讲、思考。	归纳总结。 知识扩展、延伸，展现知识的广度和深度，培养学生从不同角度、不同方面探索问题的思维习惯。
环节六：总结归纳，承上启下（5分钟）	『广播教学』 小结 今天这节课，我们了解了数据分析的要素，学习了数据分析的步骤和方法。同学们跟随老师一起，完成了一个又一个数据分析的任务。 因为时间有限，在课上每个同学只完成了自己一科成绩的分析，希望课后同学们能将分析方法运用到其他学科的成绩分析中，为下一步的学习做一个科学的规划。 特别是在今后的学习生活中，要树立数据分析意识，用今天学到的方法，尝试定量分析事物，找到事物的发展规律。 以科学研究方法指导自己的学习和生活，希望同学们从现在开始对自己的学习态度、生活态度有所规划，培养良好的思维和行为习惯，健康快乐地成长。	听讲、思考。	引导学生通过任务，体会数据分析要素、步骤、方法，最后进行总结归纳。 引导学生在学习本课的过程中对自己的学习态度、生活态度有所规划，培养良好的思维和行为习惯。

教学评价

1）创新点是结合学生实际情况，设计调查统计并分析数据。结合学生学习任务和自身感受，以身边的同学和自己的成绩数据作为本节课的研究对象，缩短学生与知识点之间的距离。引导学生用信息技术手段解决学习和生活中的问题，从被动学习转变成主动掌握学习方法；引导学生在学习本课的过程中对自己的学习态度、生活态度有所规划，培养良好的思维和行为习惯。

2）教师的教学任务设计与课堂教学相结合，促进学生逻辑分析能力、概括能力和表达能力的提高。让学生从数据中发现问题、探求结果，教师引导学生逐步认识到众多数据相互支撑才得到结论，减少学生学习的畏难情绪，同时归纳数据分析的方法、解决问题的步骤，增强学生逻辑推理判断的精准度和所得结论的准确性。

3）将语、数、英三科成绩同时进行数据挖掘，培养学生类比学习、方法迁移的能力。课程内容为类比学习、方法迁移创设条件，大数据分析体现了分析内容的纵向深度和横向广度。教师以英语数据为分析主线，引导学生用相同的技术手段处理其他课程成绩数据，从不同角度分析数据，并注重学生之间的能力差异；引导学生通过对信息技术技能的掌握，达到整体提高信息素养的目的，为形成支撑以后的工作、学习、生活的信息能力打好基础。

案例四：数据的排序与筛选

1. 案例背景

设计者	教案名称	学生	教材	课时
刘馨	数据的排序与筛选	八年级	山东教育出版社《信息技术》第四册	1

2. 教材分析

“数据的排序与筛选”是山东教育出版社的《信息技术》第四册“走进数据处理王国——Excel”模块第六课的内容。Excel 强大的数据处理功能和实用价值（除去数据间的运算），很大程度上得益于对纷繁复杂数据的快速按需处理，如排序、筛选。

3. 学习者分析

课堂教学内容面向的是八年级的学生，此年级学生已具备一定的信息素养，已掌握基本的信息技术知识和技能，同时小组协作学习模式在该校推行已久，在教学过程中完全可以适度放手给学生组内协作学习。

另外，该校作为外来务工子女入学定点学校，生源自身素质两极分化严重，在信息技术素养上体现尤为明显。为了克服这种客观因素对课堂教学效果的影响，课前培养学生使用微视频预习，课中任务设计梯度分明，抓住各层面学生的注意力，激发学生的学习兴趣。

4. 教学目标

（1）知识与技能

1）了解排序操作中单/多关键字的概念和作用，理解筛选操作中与、或运算的逻辑运算作用。

2）熟练掌握 Excel 中数据的排序和筛选操作。

（2）过程与方法

1）通过课堂任务的设计，强化学生个人自主探究能力以及小组协作学习能力。

2）培养学生对问题的分析和解决能力，提高对 Excel 的理解能力与解决实际问题的能力。

（3）情感态度与价值观

“读万卷书不如行万里路”，提倡学生合理安排学习生活，多外出游历以增长见闻，开阔眼界，提高生活品质。

5. 教学重难点

重点：Excel 数据的单/多关键字排序、Excel 中数据的自定义筛选操作。

难点：与、或运算在数据自定义筛选中的选用；面对实际问题，排序和筛选操作的选择以及组合操作。

6. 教学准备

多媒体网络教学系统、课件、Microsoft Office Excel 2003 软件、素材文件 FTP 等。

7. 教学过程

<table>
<tr><th>教学环节</th><th>教师活动</th><th>学生活动</th><th>设计意图</th></tr>
<tr><td>课前预习</td><td>
提前一至两天在家长 QQ 群中上传本堂课微视频（图 1）和预习导学文件（图 2），引导学生进行课前预习。

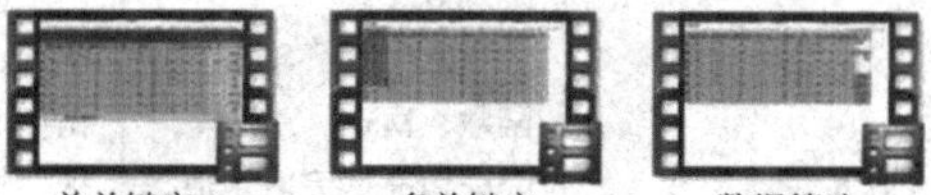

图 1

第六课　“数据的排序和筛选”预习导学

1. 预习课本内容，观看微视频，尝试操作
2. 理清下表中各概念

<table>
<tr><td colspan="2">预习内容</td><td colspan="2">含义描述（可以用自己的语言描述）</td></tr>
<tr><td rowspan="3">排序</td><td>关键字</td><td colspan="2"></td></tr>
<tr><td>升序</td><td colspan="2"></td></tr>
<tr><td>降序</td><td colspan="2"></td></tr>
<tr><td rowspan="2">筛选</td><td>与运算</td><td></td><td rowspan="2">标出下面两个数轴分别对应哪种运算形式
(1)
(2)
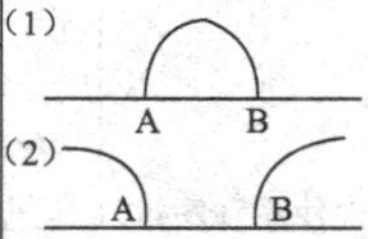</td></tr>
<tr><td>或运算</td><td></td></tr>
</table>

图 2
</td><td>学生依据预习导学进行课前预习，结合课本内容观看微视频，尝试完成课本例题操作，并填写表格内容。</td><td>对于操作能力较弱的学生，课前可以有充足的时间反复观看微视频并练习，从而大幅提高课堂效率。同时培养班级整体良好的学习习惯。</td></tr>
<tr><td>创设情境</td><td>
（课前播放 PPT 幻灯片，展示大家到过的国内各地美景）

教师：刚才课间大家看到的是班里同学们提供的旅行照片，我们的祖国山清水秀，辽阔壮美，不止是深深地吸引了我们，也同样深受国外友人的喜爱。现在大家看到的这个文件（投影展示“入境旅游人数.xls”内容）是国家旅游局提供的 2014 年 1～9 月期间外国游客的入境情况（亚洲部分），分类显示出了若干国家来我国旅游的情况（表 1）。

表 1　　　　单位：万人

<table>
<tr><th>国别</th><th>合计</th><th>会议/商务</th><th>观光休闲</th><th>探亲访友</th><th>服务员工</th><th>其他</th></tr>
<tr><td>印度</td><td></td><td>13.04</td><td>14.67</td><td>0.22</td><td>10.79</td><td>14.46</td></tr>
<tr><td>印度尼西亚</td><td></td><td>1.68</td><td>27.73</td><td>0.20</td><td>8.46</td><td>4.24</td></tr>
<tr><td>日本</td><td></td><td>61.63</td><td>32.82</td><td>3.63</td><td>8.48</td><td>92.66</td></tr>
<tr><td>哈萨克斯坦</td><td></td><td>3.57</td><td>11.11</td><td>0.45</td><td>4.17</td><td>6.03</td></tr>
<tr><td>韩国</td><td></td><td>77.06</td><td>135.77</td><td>1.80</td><td>29.94</td><td>63.06</td></tr>
<tr><td>朝鲜</td><td></td><td>2.67</td><td>0.11</td><td>0.01</td><td>6.59</td><td>4.60</td></tr>
<tr><td>吉尔吉斯斯坦</td><td></td><td>0.14</td><td>1.80</td><td>0.01</td><td>6.59</td><td>0.41</td></tr>
<tr><td>马来西亚</td><td></td><td>8.97</td><td>49.75</td><td>0.61</td><td>7.09</td><td>9.93</td></tr>
<tr><td>蒙古</td><td></td><td>6.98</td><td>3.62</td><td>0.04</td><td>17.00</td><td>53.34</td></tr>
<tr><td>尼泊尔</td><td></td><td>0.62</td><td>1.19</td><td>0.02</td><td>0.92</td><td>1.33</td></tr>
<tr><td>巴基斯坦</td><td></td><td>2.51</td><td>2.19</td><td>0.05</td><td>0.60</td><td>2.73</td></tr>
<tr><td>菲律宾</td><td></td><td>2.15</td><td>14.67</td><td>0.17</td><td>46.76</td><td>8.19</td></tr>
<tr><td>新加坡</td><td></td><td>14.26</td><td>14.67</td><td>3.17</td><td>4.72</td><td>25.00</td></tr>
<tr><td>斯里兰卡</td><td></td><td>0.87</td><td>0.36</td><td>0.01</td><td>1.42</td><td>0.84</td></tr>
<tr><td>泰国</td><td></td><td>2.84</td><td>24.80</td><td>0.07</td><td>9.21</td><td>6.09</td></tr>
</table>

这节课大家就是国家旅游局的分析员，来深入发掘下这些数据里面隐藏的信息，看看能不能提供些有用的信息，吸引更多的外国游客来我们国家旅游。
</td><td>观看投影，聆听老师。

观察素材文件，进入创设情境。</td><td>课前放映内容，可以吸引学生的注意力，激发其对课堂内容的好奇心，使其尽快进入课堂氛围。

选择近年来的热门生活话题“旅游”作为话题切入点，比较贴近学生的生活，易于吸引其注意力。</td></tr>
</table>

续表

<table>
<tr><th>教学环节</th><th>教师活动</th><th>学生活动</th><th>设计意图</th></tr>
<tr><td>复习旧知</td><td>首先请各位分析员同学完成任务一：
1）计算表格中各国入境人数总和。
2）其中哪国入境游客最多？有多少万人？</td><td>1）登录 FTP 下载素材文件——入境旅游人数.xls。
2）使用 Sum( ) 函数、Max( ) 函数，配合填充柄完成求值。
3）各组内核对计算结果，互相修正，组长指导落实。</td><td>函数是上节课所学，也是 Excel 强大数据处理功能的重要体现，通过小任务实现典型函数的巩固。</td></tr>
<tr><td>构建新知</td><td>教师：最值函数很迅速地返回了入境人数最大值为 307.63 万人，但是我们却并不清楚是哪一个国家。很多时候我们不仅是需要找到具体一项数据，还希望能够同时看到与之相关的其他项，显然最值函数在这点上有缺憾，那要怎么处理呢？预习过的同学现在应该想到了，要使用什么操作更好呢？
学生：排序操作。
教师：对，就是我们这节课的新内容之一的排序操作。任务二：那谁能演示使用排序操作完成任务一的第二个问呢？
（学生主动举手争取演示机会）

教师：这位分析员同学完成得非常好，他使用降序排序将最大值排列在了第一行，韩国的相关信息一目了然。换一种思路，请其他分析员同学用升序操作完成任务。

探究：仔细观察任务一中的操作对象，大家都是针对数字进行的排序，那么数字之外的内容，比如，A 列的汉字能不能实现排序呢？又有什么样的规律呢？请大家尝试操作，给老师答案。

教师：回到我们的表中，刚才有同学问老师：“如果有相同的数据，那要怎么排序？”这个问题问得非常好，例如，见表 2，菲律宾和新加坡的入境“观光/休闲”人数都为 14.67 万人。
表 2　　单位：万人
<table><tr><th>国别</th><th>合计</th><th>会议/商务</th><th>观光休闲</th><th>探亲访友</th><th>服务员工</th><th>其他</th></tr><tr><td>巴基斯坦</td><td>8.08</td><td>2.51</td><td>2.19</td><td>0.05</td><td>0.60</td><td>2.73</td></tr><tr><td>菲律宾</td><td>71.94</td><td>2.15</td><td>14.67</td><td>0.17</td><td>46.76</td><td>8.19</td></tr><tr><td>新加坡</td><td>61.82</td><td>14.26</td><td>14.67</td><td>3.17</td><td>4.72</td><td>25.00</td></tr><tr><td>斯里兰卡</td><td>3.50</td><td>0.87</td><td>0.36</td><td>0.01</td><td>1.42</td><td>0.84</td></tr></table>如果要确定它们的顺序，刚才的单关键字排序就失去了用武之地，接下来将要出场的就是——多关键字排序。
老师要抽选一位同学在教师机上完成操作任务，大家做好准备。</td><td>某学生使用教师机面向全班展示操作过程，并做相应讲解。
教师点评并按照其展示情况为本组量化加分。

如果有操作失误，允许同组同学更正并演示正确操作，保留本组加分；如果其他组同学发现问题并做更正操作，则给相应组加分。
课堂练习时间：学生练习升序操作，组内互查，组长落实。

如果操作有困难，先观看微视频“单关键字排序.mp4”，仍然有困难的学生请求助组长或者老师。
学生对 A 列的汉字进行排序尝试，得到的结论以小组为单位进行总结整理。

组长记录组员探究任务得分。

学生关注转盘随机抽查情况。</td><td>第一段话除了引出新课内容之外，还意在引导学生掌握解决实际问题的思路，从“遇到问题”到“解决问题”，再到“能够快捷高效地解决问题”。

小组课堂量化能够很好地建立课堂竞争气氛，展现课前预习的积极作用，同时鼓励学生在课堂上大胆展示。

课堂的基础任务借助于小组协作学习模式能够 100%给予切实落实，各个小组长负责协调解决简单的操作问题，大大提高了课堂效率。同时微视频的作用在预习环节之外继续发挥，可随时、反复地观看，减轻了教师课堂负担，提升了单个学生的课堂学习效率。

此处只抛出问题，不给出答案。引导学生积极去动手实践得出答案。信息技术是一门实践性和实用性很强的学科，动手结合动脑才能够找到操作技巧，才能够真正地会用。</td></tr>
</table>

续表

<table>
<tr><th>教学环节</th><th>教师活动</th><th>学生活动</th><th>设计意图</th></tr>
<tr>
<td>构建新知</td>
<td>
任务三：将各国按照“观光/休闲”降序排列，如有相同按照“合计”升序排列。

教师：现在我们用排序操作对数据的分析告一段落，那么给大家五分钟时间，分别完成各自的任务四（图3）。
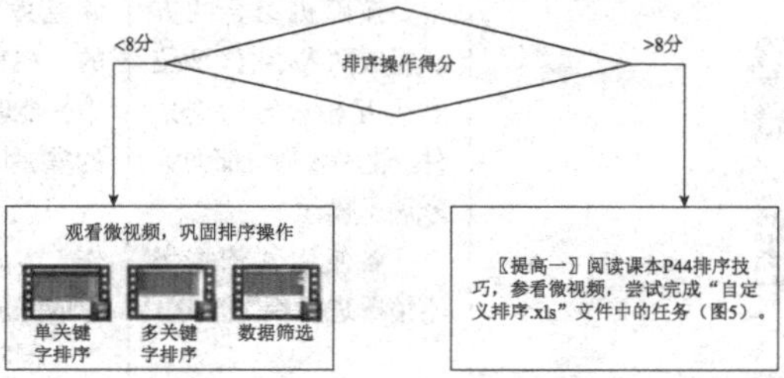

图3

任务四：将表中各位同学按照职位如下的顺序排列：团委书记、班长、副班长、学习委员、学生。
表3
<table>
<tr><th>姓名</th><th>班级</th><th>职务</th><th>籍贯</th><th>学籍号</th></tr>
<tr><td>[illegible]</td><td>[illegible]</td><td>学习委员</td><td>北京</td><td>[illegible]</td></tr>
<tr><td>[illegible]</td><td>[illegible]</td><td>副班长</td><td>北京</td><td>[illegible]</td></tr>
<tr><td>[illegible]</td><td>[illegible]</td><td>班长</td><td>成都</td><td>[illegible]</td></tr>
<tr><td>[illegible]</td><td>[illegible]</td><td>班长</td><td>成都</td><td>[illegible]</td></tr>
<tr><td>[illegible]</td><td>[illegible]</td><td>学习委员</td><td>成都</td><td>[illegible]</td></tr>
<tr><td>[illegible]</td><td>[illegible]</td><td>学生</td><td>[illegible]</td><td>[illegible]</td></tr>
<tr><td>[illegible]</td><td>[illegible]</td><td>学生</td><td>[illegible]</td><td>[illegible]</td></tr>
<tr><td>[illegible]</td><td>[illegible]</td><td>学生</td><td>[illegible]</td><td>[illegible]</td></tr>
<tr><td>[illegible]</td><td>[illegible]</td><td>学生</td><td>哈尔滨</td><td>[illegible]</td></tr>
<tr><td>[illegible]</td><td>[illegible]</td><td>副班长</td><td>哈尔滨</td><td>[illegible]</td></tr>
<tr><td>[illegible]</td><td>[illegible]</td><td>学生</td><td>哈尔滨</td><td>[illegible]</td></tr>
<tr><td>[illegible]</td><td>[illegible]</td><td>班长</td><td>济南</td><td>[illegible]</td></tr>
<tr><td>[illegible]</td><td>[illegible]</td><td>学习委员</td><td>济南</td><td>[illegible]</td></tr>
<tr><td>[illegible]</td><td>[illegible]</td><td>学生</td><td>昆明</td><td>[illegible]</td></tr>
<tr><td>[illegible]</td><td>[illegible]</td><td>学生</td><td>[illegible]</td><td>[illegible]</td></tr>
<tr><td>[illegible]</td><td>[illegible]</td><td>学生</td><td>[illegible]</td><td>[illegible]</td></tr>
<tr><td>[illegible]</td><td>[illegible]</td><td>学生</td><td>[illegible]</td><td>[illegible]</td></tr>
<tr><td>[illegible]</td><td>[illegible]</td><td>学生</td><td>上海</td><td>[illegible]</td></tr>
<tr><td>[illegible]</td><td>[illegible]</td><td>学生</td><td>沈阳</td><td>[illegible]</td></tr>
<tr><td>[illegible]</td><td>[illegible]</td><td>学生</td><td>沈阳</td><td>[illegible]</td></tr>
<tr><td>[illegible]</td><td>[illegible]</td><td>副班长</td><td>天津</td><td>[illegible]</td></tr>
<tr><td>[illegible]</td><td>[illegible]</td><td>学生</td><td>天津</td><td>[illegible]</td></tr>
<tr><td>[illegible]</td><td>[illegible]</td><td>团委书记</td><td>[illegible]</td><td>[illegible]</td></tr>
<tr><td>[illegible]</td><td>[illegible]</td><td>学生</td><td>[illegible]</td><td>[illegible]</td></tr>
</table>
教师：现在再来看排序好的表格，国家旅游局现在需要重点关注的肯定不是入境人数最多的韩国，而是入境人数较少的国家，各位分析员同学现在需要完成以下任务。
任务五：制作一份只显示入境人数倒数五个国家信息的表格，好让国家旅游局有针对性地给他们一些吸引政策，提升游客数目。
给大家一点提示，这需要使用我们今天的另一项新操作内容——筛选。哪位分析员同学能够演示下呢？
（学生主动举手争取演示机会）

教师：这样的筛选操作和排序操作有异曲同工之妙，但是如果仅仅是这样的话，筛选就显得不够实用了，它也有自己的独到之处，预习导学中的图（图2）就是它的独到之处。
</td>
<td>
被随机抽中的学生使用教师机面向全班展示操作过程，并做相应讲解。

课堂练习时间：学生练习升序操作，组内互查，组长落实。
如果操作有困难，先观看微视频“多关键字排序.mp4”，仍然有困难的学生请求助组长或者老师。

学生分层完成任务四。

某位学生使用教师机面向全班展示操作过程，并做相应讲解。
教师点评，并按照其展示情况为本组量化加分（如果有操作失误，允许同组同学更正并演示正确操作，保留本组加分；如果其他组同学发现问题并做更正操作，则给相应组加分）。
</td>
<td>
抽查环节的设计有两个意图：首先，是对课前预习的当堂反馈。预习内容中有明确的“多关键字操作”微视频。其次，抽查展示中有可能出现教师备课中未考虑到但是实际操作中学生又会出现的小错误和小问题。这样的情况是一线教师经常遇到的，毕竟老师对内容太熟悉以至于好多我们不认为是问题的地方在学生操作中反而有阻滞。如果出现的话，更利于教师集中讲解。

此环节设计成排序部分的阶段小结任务，将之前基础任务得分作为标准，左侧为巩固任务，右侧为提高任务。

巩固任务是对排序操作的再巩固，针对部分基础薄弱学生设计，保证其学习效果。

提高任务为课本阅读材料中的“自定义排序”。通过添加新的排序序列实现按照特定顺序排序的要求，有一定难度，适合学有余力的学生。

本堂课后会在QQ群中上传自定义排序微视频，以供学生学习。
</td>
</tr>
</table>

续表

<table>
<tr><th>教学环节</th><th>教师活动</th><th>学生活动</th><th>设计意图</th></tr>
<tr><td>构建新知</td><td>标出下面两个数轴分别对应哪种运算形式（图 4）。
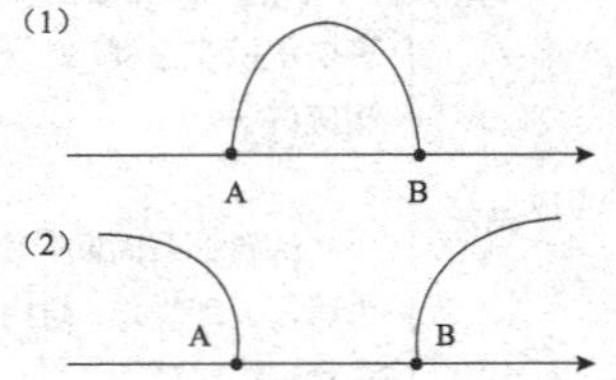

图 4
用 Flash 小工具（图 5）抽查展示学生对筛选操作的掌握情况。

图 5</td><td>学生聆听老师对逻辑运算“与”和“或”的讲解与演示操作。
学生自己练习“与”和“或”的自定义筛选操作。
按随机组合的方式组成两人小组，两位学生互相设定筛选条件，使用教师机面向大家展示操作。
各组组长依据考察情况进行相应赋分。</td><td>逻辑运算对于八年级学生来说相当陌生，抛开干涩的语言解释，用学生能够理解和熟悉的数轴直观展示，更容易被理解。
此处设计是从提高课堂效率的角度出发的。在有限的抽查环节中，能够同时考查双方的掌握情况。出题的一方只有自己掌握了操作，才能考查并判定对方的完成情况。
同时，同学间的互相检查更容易激起课堂的良性竞争。</td></tr>
<tr><td>归纳总结，分享交流</td><td>综合任务：请根据自身情况，分别完成各自的综合任务（图 6）。
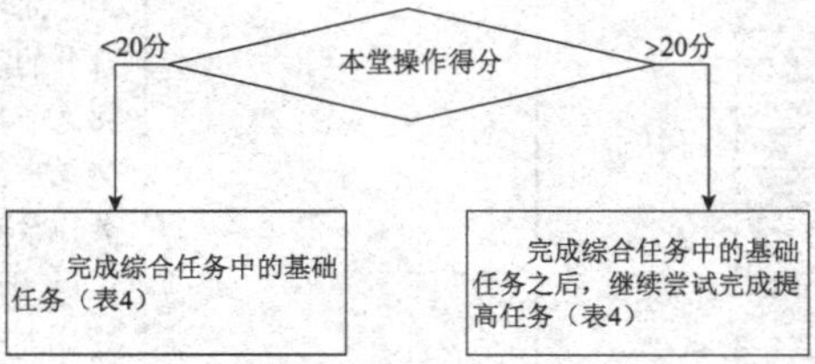

图 6
表 4
<table>
<tr><td>基础任务一：</td><td>（复习任务）用函数完成表格内“总分”“平均分”两列和“最高分”“最低分”两行的计算。</td></tr>
<tr><td>基础任务二：</td><td>班主任老师需要做成绩分析，请将这份成绩表按照语文、数学、英语的主次顺序将成绩降序排序，找出1102，1105，1123这三人的位置顺序。</td></tr>
<tr><td>提高任务一：</td><td>空白的行/列在排序操作中能起到什么样的作用？</td></tr>
<tr><td>提高任务二：</td><td>在弹出的“排序警告”对话框中，分别选择“扩展选定区域”或是“以当前选定区域排序”时，对排序效果有什么样的影响？</td></tr>
<tr><td>排序小结：</td><td>1）Excel排序可以针对汉字，对汉字的默认排序是按照______次序排列的。
2）Excel对英文单词或者是字母组合的默认排序是按照______次序排列的。
3）Excel排序不仅可以使用单关键字排序，还可以使用______关键字排序，针对多关键字的排序，最多可以使用______个关键字。
4）提高技巧：空白的行/列在排序操作中能起到排序区域_____的作用，从而使需要排序和不需要排序的区域相隔离。</td></tr>
<tr><td>基础任务三：</td><td>请帮班主任筛选出符合如下条件的任务：①语文成绩高于90分；②数学成绩介于90～105分；③英语高于110分。</td></tr>
<tr><td>任务所得：</td><td>最终筛选出的人物学号为：______________________</td></tr>
<tr><td>提高任务三：</td><td>如何取消“筛选”操作？</td></tr>
</table></td><td>学生进行综合任务，根据自己的情况首先完成基础任务，学有余力的同学继续完成提高任务。
组长落实组员的基础任务完成情况，记录组员的完成情况，给予相应的赋分。
完成提高任务的同学向老师展示操作结果。根据老师安排领取提高任务微视频课后录制任务。
学生按要求保存并上传作品文件。
学生跟随老师的课堂小结对本堂课的所学进行自评。</td><td>分层设计课堂是最后的综合任务。
基础任务是本堂课排序与筛选的基本内容，用实际问题了解学生操作掌握情况。
提高任务针对操作基础强的学生而设计，主要是引导他们探究并提炼排序与筛选中的技巧性内容。
提高任务作为有难度的任务，不统一要求课上完成，但是课下还是会通过学生自己录制微视频并上传 QQ 群的形式力求更大范围的掌握。</td></tr>
</table>

续表

<table>
<tr><th>教学环节</th><th>教师活动</th><th>学生活动</th><th>设计意图</th></tr>
<tr><td>归纳总结，分享交流</td><td>保存综合任务文件，格式为“班级-组内号-姓名综合任务.xls”，上传教师机以供教师课下抽查完成情况。

教师结合“个人反馈评价表”对本堂课进行小结(表5)，学生对自己做出自评评价，保存并上传，命名格式同上。

表5
<table>
<tr><th></th><th>课堂小结</th><th colspan="2">自评</th></tr>
<tr><td rowspan="3">排序</td><td>操作：单关键字的降序和升序排序（快捷键/菜单项）</td><td></td><td rowspan="7">自评标准：完全掌握(5分)、基本掌握(3分)</td></tr>
<tr><td>操作：多关键字排序（菜单项）</td><td></td></tr>
<tr><td>知识：Excel排序不仅可以针对数字排序，还可以针对____和____排序；</td><td></td></tr>
<tr><td rowspan="4">筛选</td><td>操作：筛选操作（“与”运算和“或”运算）</td><td></td></tr>
<tr><td>操作：取消筛选操作</td><td></td></tr>
<tr><td>知识：“与”运算含义</td><td></td></tr>
<tr><td>知识：“或”运算含义</td><td></td></tr>
</table>

教师汇总各小组的最终得分，进行班级内小组间课堂表现得分展示。得分前三名小组作为本堂课的优胜小组，在学期总评比中分别赋分3、2、1分。</td><td></td><td>课堂实时的操作落实除去教师巡视过程中的检查之外，更多地是依赖于小组长完成的。作品上传后，教师抽查一是为了切实了解可检验教学效果，二是为了监督检查组长的工作是否到位。培养学生能力并不意味着教师彻底放任学生。</td></tr>
<tr><td colspan="4">教学评价</td></tr>
<tr><td colspan="4">本堂课的设计包含“课前预习”　“课堂环节”　“课后延伸”，跨度比较大，最大程度上考虑到了学生主体在多手段辅助下的学习主体地位。课前借助家长群给予预习内容指导，课堂中任务驱动、分层完成、演示环节兼顾自愿展示和随机抽查，整个课堂用量化赋分方式时刻刺激着学生的学习积极性。
本节课的不足之处在于：课堂整体效率的高低对各小组组长的能力依赖较多，一旦某一个组长能力不到位，甚至缺席某堂课，势必干扰整个课堂环节的流畅性，降低所在组的学习效果。今后应该：①重视培养组长的个人能力，使其成为教师在课堂上更强有力的臂膀；②将课堂的部分指导任务分散给组内其余学生，既能稳定学习效果，又能给学生创造更多更广的展示机会。</td></tr>
</table>

思考题

1. 回顾本章所学内容，结合教学案例阐述一下在设计任务时，需要注意的方面。

2. 选取你最得心应手的某一知识点，看看它是否也可以进行任务驱动式教学，并进行教学设计。

3. 试归纳一下任务驱动教学法的教学流程。

4. 请阐述一下，情境教学法和任务驱动教学法的区别及联系。

第八章　探究学习型教学设计案例研析

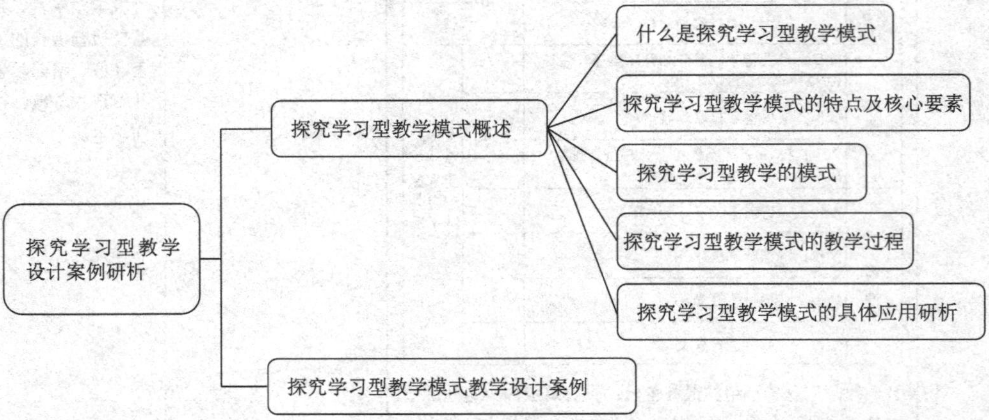

本章重点讲解探究学习型教学模式在信息技术课堂中的应用实践，通过对探究学习型教学模式进行概念界定、特点阐述、基本流程介绍，进而为大家呈现现实课堂中探究学习型教学模式的具体应用案例。

第一节　探究学习型教学模式概述

一、什么是探究学习型教学模式

1. 探究的定义

杜威在《我们如何思维》一书中指出，探究的本质是“对任意一种信念或假设性的知识进行积极主动、严谨且持久的思考”。在支持这种信念或假设性的知识后能进一步得出的结构，就是思考的依据。故学生不应该“读死书、死读书”，而是应以主人翁的姿态，对一些问题事物或事情进行思考，并在思考的过程中有所裨益。杜威的“做中学”，即从活动中学，为探究学习型教学模式的提出奠定了基础。

2. 探究学习型教学模式的定义

所谓探究学习，就是学生以自主探究为主，以教师引导为辅，对事物的属性及规律进行深入探讨，从而发现事物的因果关系，掌握问题解决的方法，以增加其知识储备。

所谓探究学习型教学模式，就是指学生以问题解决为中心，按照科学家探究未知知识领域的科学方法，通过发现问题、分析问题、创造性地解决问题等步骤，达到掌握知识、培养创新能力和创新精神的教学模式。

二、探究学习型教学模式的特点及核心要素

从定义可得，探究学习型教学模式的特点是“学生为主体”“以问题解决为中心”“成果展示”。

具体可解释为：在该教学模式中，学生是教学活动的主体，在教学过程中，学生会以自主探究或小组协作的形式进行知识学习。由于教师只提供了具体问题（或者由学生自发提出问题），整个思考的过程都是由学习者单独完成，不会介入教师固化的教条思想，因此有利于培养学生独立思考的能力和沟通协作的能力。整个学习的过程以问题解决为核心，学生需要通过对问题进行具体分析来处理各类信息，或和同伴进行交流讨论，最终明了问题的因果，掌握问题的解决办法。而最终的思考成果可以通过展示的形式在课堂中呈现，这可以使学生的想法汇总在一起，以此互相学习、共同成长。

探究学习型教学的核心要素如下。首先，探究学习型教学的核心要素是“问题”。学生需要围绕科学性的问题来进行思考。何谓科学问题，即指问题必须是客观存在的，是根据客观世界的现象所提出的问题，而不是一些伪科学、神学化的问题。其次，问题也必须与学生的学习任务有关。学生通过问题的解决，激起深入探究的动机，从而理解并掌握相关的知识点，达到教师教学的目标。即问题需适应于学生的学习，而不在于它一定是由学生提出的。

三、探究学习型教学的模式

在提出探究学习型教学模式之前，大家可以回忆一下杜威的五步教学法。

第一步，教师根据教学目标创设与实际生活经验相关的情境，激发学生的学习动机。

第二步，教师提供资料，使学生观察分析任务的性质和问题。

第三步，学生提出完成任务的设想或者给出一些尝试性的解决方案。

第四步，学生根据上述设想进行推论，完善解决问题的方案。

第五步，实验验证方案的正确与否、自主探究结果是否符合预期、设想假设是否真实有效。

杜威的五步教学法为探究学习型教学模式奠定了理论基础，之后萨其曼、加涅等分别从不同的层面对探究学习型教学模式进行了探讨。

1. 探究训练模式

萨其曼提出的探究训练模式是以学生的好奇心为抓手，从使学生因为旺盛的好奇心注意到一个事件开始，通过观察让学生进行质疑提问，然后使学生收集数据信息做出推断，验证假设，完成探究。其程序大致可以归纳为提出问题、建立假设、验证假设、得出结论这四个环节。

2. 实验室科学探究模式

施瓦布认为应该让实验室来引导科学教学，而不是科学教学来指导实验。学生应该模仿科学家在进行科学探究时的步骤，利用实验室来进行探究式的学习。学生亲历情境去体会知识是如何产生和发展的，体会探究应该如何进行，从而激发出他们自主学习科学知识的动机。其探究过程可以归纳为明确研究对象及方法、建构问题、推测问题的关键点、解决问题四个

阶段。

3. “学习环”模式

“学习环”最早出现在 SCIS（Science Curriculum Improvement Study，美国加州大学发展的课程改革计划）的教师手册中，由加州大学的克普勒斯教授提出。在皮亚杰的认识论和奥苏贝尔的学习理论的基础上，他提出将“学习环”分为初探、发明、发现三个阶段，后经修改最终将“学习环”确定为初探、概念介绍、概念应用三个阶段。所谓初探是指根据对现象或实验的观察，学生用自己的想法来理解和预测，并充分发表自己的看法，从而产生疑惑，激起探究的兴趣。概念介绍是指适时地引入新概念、新观点，让学生更加科学、合理地解释初探的现象或实验。概念应用是指教师引导学生将获得的新概念应用于新情境，解决相关问题。“学习环”是基础科学教学的主要方式之一。

4. 5E 模式

5E 模式的前身是“创造探讨学习环”。最早由托伦斯等提出，是一种以探讨、发现、解决问题作为手段，发展个人创造力的教学模式。具体由把握问题、推论、设计验证、解释、推广发展五个环节组成。后经由 BSCS（施瓦布所在的生物科学课程研究会）改良发展为具有建构学习特性的 5E 模式。

5E 模式包括以下几个环节。

1）吸引。将学生已有经验、知识与学习活动进行联系，得到学生的关注和投入。

2）探索。学生通过实际操作、学习探究问题。

3）解释。学生展示、发表对探究问题的观点，教师可以从中引入相关的概念、知识。

4）加工。学生对发展出的新知识进行运用，从而获得深入的理解。

5）评价。学生评价自己学习的程度和能力，借此教师评价教学的效果、教学目标的完成情况等。

四、探究学习型教学模式的教学过程

探究学习型教学模式的过程可表示为图 8-1。

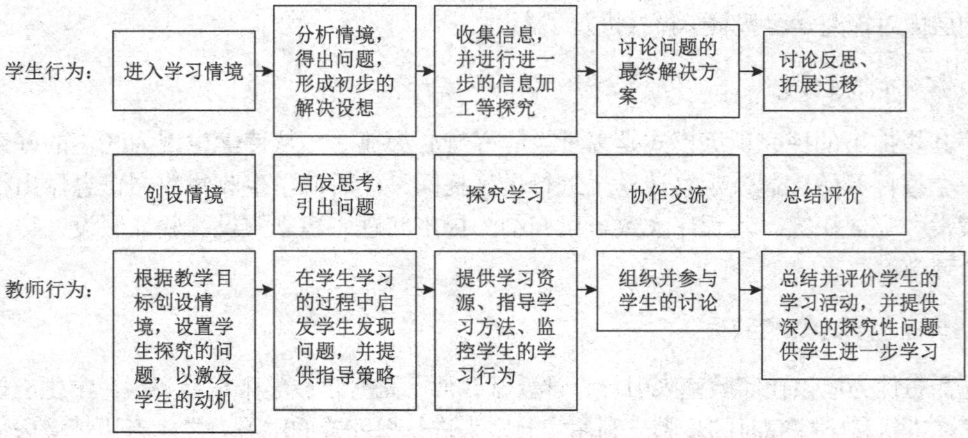

图 8-1　探究学习型教学模式的教学流程

这种模式的教学过程为：问题—探究—报告—交流—评价。

首先要创设情境，提出问题。即创设一个与学生生活密切相关、能够引起学生兴趣的情境，提出的问题要能引发学生深层次的思维活动，对于开展探究具有一定的意义。学生以小组的形式进一步确定并分析需要解决的问题，然后开始利用网络等途径进行探究活动。教师要对学生的探究活动及时引导，避免学生在网上漫游而浪费大量时间。其次，学生将小组搜集的信息进行汇总、整理、分析、加工，评价判断信息的有效性及所搜集的信息是否能够解决问题，讨论、交流解决问题的建议、主张、方案，并实施解决方案，形成研究报告。再次要进行成果的交流与展示，包括小组对解决问题的建议、推论、方案等，也可以包括小组探究并解决问题的活动过程等。最后是对成果的评价，评价可以采取教师评价、生生评价、自我评价等多种方式，除了对小组解决方案的评价，还需要对小组合作情况、活动开展情况、小组成员表现等进行评价。评价要有针对性，要发挥评价对引导学生学习过程、诊断学习问题的作用。

在信息技术课程教学实践中，教师还要真正理解课程目标“信息素养”的内涵，否则容易对教学中的关键环节处理不当，导致很多教学流于形式，不能发挥其在信息素养培养方面的作用。

五、探究学习型教学模式的具体应用研析

探究式教学是指在教师的指导下，学生运用自主探究的方式主动获取知识、收集处理信息，提升学习能力的教学活动。在现实的课堂中，它是十分常见和实用的。

例如，《信息技术基础》高中一年级“人工智能的今世来生——信息的智能化加工”一课中，教师为了使学生理解生活中的人工智能有很多，为此，选取了生活中常见的却能让人眼前一亮的实例进行探究式学习。其流程大致如下（具体教学案例参见本书第八章第二节案例四）。

1）教师提问生活中是否存在人工智能，学生使用软件进行抢答，教师在学生回答的基础上给予补充完善。

2）教师通过微课向自学的学生提出一类常见的人工智能——模式识别。

3）学生进行模式识别的体验，教师使用手机进行实验。

4）学生小组讨论，对“手机为什么能听懂人的话”这一问题进行原理探究。

5）进行“在线翻译”的游戏体验，以分组竞赛的形式进行。

6）最终对人工智能进行展望。

例如，在对小学“画图软件选定和任意形状裁剪工具使用”的学习中，教师结合教学内容和学生的特点，确定了在整个教学过程中，使用探究性教学模式，引导学生进入充满乐趣的郊游情境，先以“出发前的准备”任务自主探究图形选定的方法，再通过“过小河、穿山洞”任务进行技能的梳理，最后完成“快乐的农场”作品的制作、创作。在探究中，使用协作学习等策略，引导学生在小组中学会如何发现问题、解决问题。另外，在设计本课时，还注重关注不同层次学生的发展，注重了任务的趣味性、层次性（具体教学案例参见本书第八章第二节案例一）。

第二节　探究学习型教学模式教学设计案例

案例一：快乐的郊游——图形的选定和移动

1. 案例背景

设计者	教案名称	学生	教材	课时
傅龙	快乐的郊游——图形的选定和移动	小学三年级	首都师范大学出版社《小学信息技术》三年级下册	1

2. 教材分析

本课的教学内容是首都师范大学出版社《小学信息技术》三年级下册第三单元第 1 课，学习的内容是“选定”和“任意形状裁剪”工具的使用。

在画图软件中，“选定”操作，是复制、剪切、翻转、旋转等技能的基本操作。因此，作为这一单元的起始课，本课为学生深入探究画图软件技能奠定了基础。同时，“选定”和“移动”技能也是今后在 Word、PowerPoint 等其他软件中经常遇到的，在学习了画图软件的此项技能后，学生可以将其迁移到其他软件中，触类旁通。

3. 学习者分析

本课授课对象是小学三年级学生。这个年龄段的学生求知欲和好奇心强，喜欢挑战，对信息技术课有着很高的兴趣。但在遇到难以解决的困难时若屡试不成，会很容易失去信心。作为本学科起始年级，学生在第一学期学习了计算机鼠标的使用方法以及开关机等基本的 Windows 操作技能，本学期刚刚在画图中学习了绘画工具的使用。在以往的学习中，学生虽然已经初步具备了一些小组协作学习的经验，但是由于接触时间较短，通过看书解决信息技术问题的能力尚需在教学中继续加以培养，并且对复杂问题的综合解决能力尚且不足。

由于初步具有一定的自学能力，因此，学生在完成任务过程中可通过看书自学、自主尝试等方式分别完成各项任务，解决教学重点，突破教学难点。在此过程中，对学生逐步放手，从而使其自主学习的能力得以提高。

4. 教学目标

1）通过尝试自主探究性学习，学会在画图中使用“矩形选择”和“任意形状剪裁选择”工具。

2）在编辑图片的过程中，灵活熟练地应用透明方式，移动选定图形。

3）通过在图片中编辑、修饰场景，增强审美意识。

5. 教学重难点

重点：“矩形选择”“任意形状剪裁选择”工具。

难点：根据选区，灵活地应用背景透明色。

6. 教学准备

多媒体网络教学系统、课件、画图、图片素材等。

7. 教学过程

教学环节	教师活动	学生活动	设计意图
谈话导入，明确课题	1）教师：同学们以前曾学过一首歌《郊游》，我们一起唱一下。 2）教师：明媚的阳光，晴朗的天空，正是外出游玩的好季节。小明所在的班级组织了一次郊游活动。这节课，我们就跟随小明，在画图中进行一次别开生面的快乐郊游活动。	唱歌	学生通过唱《郊游》歌，激发学习兴趣，调动参与课堂学习的积极性，明确本节课的学习任务。
小组协作，实践探究	1. 修复活动计划图（“矩形选择”和“自由图形选择”） 1）教师：在出发的前一天，班主任将同学们分成了若干小组，并给组长发了不同路线的“拓展活动通知”。小明作为组长，将带领第三小组按照活动计划进行郊游、拓展活动。但回家后，家里的小猫把通知当成玩具，给撕裂了（图 1），我们快来帮助小明修复一下吧，请看任务说明。  图 1  图 2 2）出示任务一：如图 2，修复撕裂的“拓展活动通知”，说明操作方法，单击“开始任务”。 3）教师：要修复通知书的碎片，应该用什么方法？猜一猜可以使用画图的哪个工具？教师演示使用“矩形选择”工具操作图形并移动的方法。 4）发现了什么问题？图片的背景色是什么颜色的？怎样可以使它变透明呢？请同学们自己试一试。 指导学生遇到困难，可以看课件“操作锦囊 1”，也可以相互帮助。完成后，组长利用“小组任务反馈”工具（图 3）提交任务完成情况。 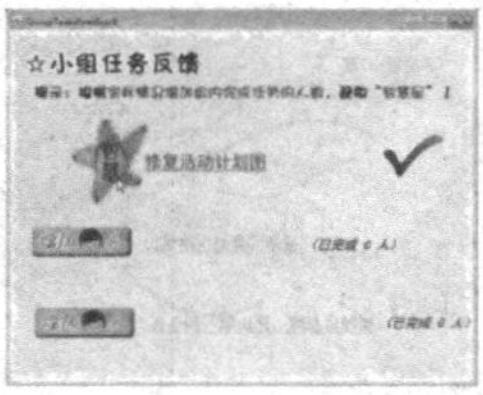 图 3 5）指名演示操作。 预设：学生只使用“矩形选择”工具，进行了如图 4 中顺序的操作，完成了任务。  图 4	学生以小组为单位，探究任务一，并试一试怎样使选定的背景色变为透明。	教师通过简单示范，引导学生自主发现问题、自主解决问题，再通过演示、交流操作技巧，有效地解决教学重点内容，学会使用矩形选择和自由图形选择工具。

续表

教学环节	教师活动	学生活动	设计意图
	对策：还有其他的方法吗？（出示另外一种顺序，如图 5）通过此种顺序，引出“任意形状剪裁选择”工具。  图 5 提问：什么时候用“任意形状剪裁选择”工具？（所选图形离其他图形较近，用“矩形选择”工具会选上其他图形时，用“自由图形选择”工具。） 板书：矩形工具和任意形状剪裁选择工具。		
小组协作，实践探究	2. 出发前的准备 1）教师：明确了活动的时间安排和地形图，我们还要按照要求给小明换上一身适合户外郊游、拓展的服饰。请看任务二：出发前的换装准备（图 6）。根据任务要求，请你选择一套合适的衣服吧。完成较快的同学，还可以给小明戴上帽子、背上背包。如果遇到困难，仍然可以在组内相互帮助，或者看看任务二的“锦囊妙计 2”，相信你一定会成功的。完成后，组长再次利用“小组任务反馈”工具提交任务完成情况。 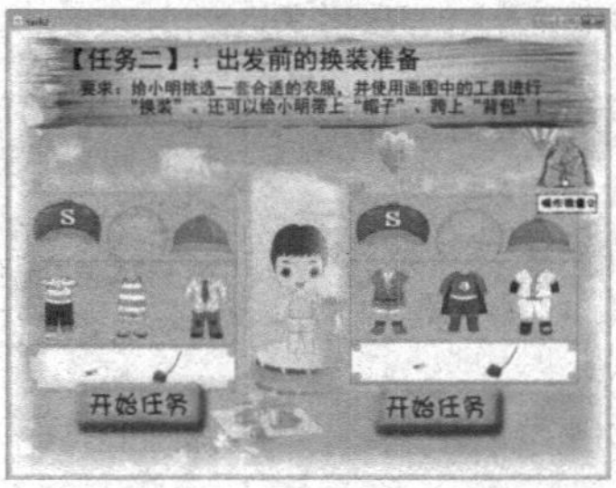 图 6 2）在操作中遇到了什么问题？你是如何解决的？指名演示。 预设 1：学生把衣柜中衣服的背景色涂成了白色（图 7）。  图 7 对策：在制作学习资源时，将衣服上的颜色有意识地搭配上了白色，学生这样操作后会发现衣服“穿”上去后会露出内衣，不符合换装的要求。 预设 2：学生使用“自由图形选择”工具，紧贴衣服边缘选择，然后再移动到人物上（图 8）。	学生完成任务二。	为人物换装，是第一个任务的巩固和延续，在这个任务中，不但解决了教学的重点内容——选定工具，而且通过学生实践操作，分析背景色的设置技巧，很有效地突破了教学难点——根据背景颜色，灵活地应用透明方式。再通过梳理刚刚学过的知识和技能，重组操作动作序列，进一步减少操作的盲目性，快速掌握要领、形成技能。这是一种元认知能力的训练，使学生更加牢固地掌握所学知识。

续表

<table>
<tr><th>教学环节</th><th>教师活动</th><th>学生活动</th><th>设计意图</th></tr>
<tr><td>小组协作，
实践探究</td><td>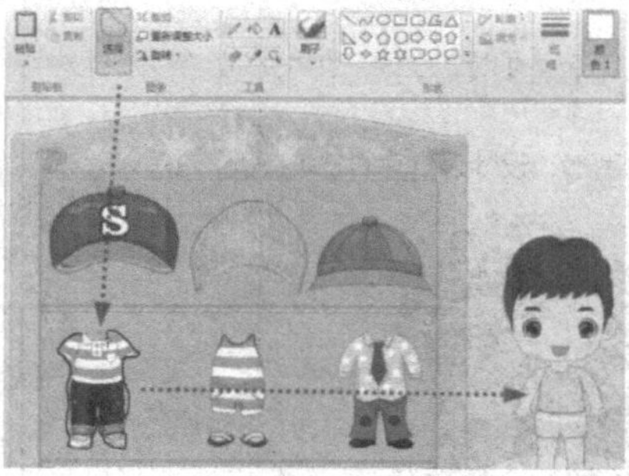
图 8

对策：有没有更快的方法？如果学生没有发现，那么集体演示一遍“设置选定区域背景色”，让学生再次进行尝试。
3）板书：设置选定图形背景透明。说明设置选定区域的背景透明色：当画图颜料盒中的背景色与选定区域的背景色一样时，就能实现透明效果。使用“取色”工具在要选定的图形附近的背景色上右击鼠标，颜料盒中的背景色就和将要选定区域的背景色相同了，就可以实现透明。
4）小结“图形的选定和移动”操作步骤（图 9）。
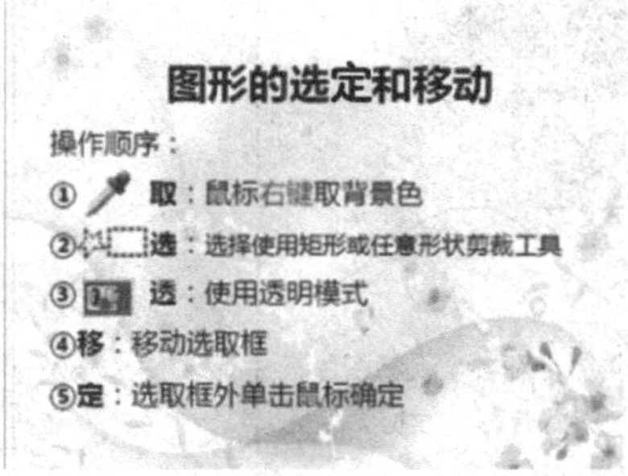

图 9</td><td></td><td></td></tr>
<tr><td></td><td>3. 过小河、穿山洞（检测学生技能掌握情况）
教师：在郊游的过程中，为了成功完成班主任老师布置的任务，小明将要带领第三小组的同学到达目的地——农场。但是，在旅途中并不是一帆风顺，快来看看小明他们经历了什么困难（出示任务三：过小河、穿山洞，到达目的地，如图 10）。

图 10</td><td>学生在规定时间内（2 分钟）独立完成。组长再次利用“小组任务反馈”工具提交任务完成情况。</td><td></td></tr>
</table>

续表

<table>
<tr><th>教学环节</th><th>教师活动</th><th>学生活动</th><th>设计意图</th></tr>
<tr><td>自由创作，
经验交流</td><td>1）说明“快乐的农场”任务。
请根据自己的实际情况选择喜爱的任务，可以二选一，也可以全选。
自选任务 1：如图 11，根据给定的图形，设计、搭建自己心目中的农场。

图 11
自选任务 2：如图 12，采摘、喂小动物、清理地面垃圾……让农场更加生机勃勃、整洁美丽吧！

图 12
进阶任务：如图 13，使用给定的背景图片和各个人物图片，为参加郊游小组的同学制作一张“快乐郊游”合影（根据学生完成情况选择是否出示）。

图 13
2）行间巡视，指导个别问题。
3）教师点评、经验交流、展示优秀作品 1～2 件。</td><td></td><td>根据学生的个体差异，使用分层次任务，满足不同学生需求，促进形成最近发展区。教师通过作品的展示、点评，对学生进行整体评价。</td></tr>
<tr><td>归纳总结，
评价提高</td><td>1）通过“小组任务反馈”，小结本课学生的学习情况。
2）指导学生说一说自己的收获，总结本课知识点。
3）展示本课技能的其他应用，发散学生思维（利用选取和移动创作出个性化的图形）。</td><td></td><td>通过回顾本节课所学，梳理知识，保持学习动机，为下节课做好准备。</td></tr>
</table>

续表

教学环节	教师活动	学生活动	设计意图
教学评价			

1. 尊重学生的认知特点，设计精彩的故事活动

“以学生为中心，作为教育的出发点，在教育中促进学生本能生长；学生和课程之间是互相关联的，只要把教材引入学生的生活，让学生直接去体验，学生就能和课程有效地连接起来。”本节课充分尊重学生的认知特点，找准学生的认知起点（这个年龄段的学生求知欲和好奇心强，喜欢挑战，对于“画图”有着很高的兴趣，并且非常喜欢户外活动。尤其在春暖花开的季节，更是愿意去踏春、去郊游。他们在本学期刚刚学习了绘画工具：直线、曲线、矩形、椭圆、多边形等），所以本课没有再从单个的画面情景入手，而是将整堂课串联成一个充满乐趣的故事来开展教学活动。孩子们都是故事中的主角，在故事的发展中展开想象的翅膀，发挥创造的潜能，解决不同的问题，体验计算机操作的奇妙、想象的乐趣、故事的丰富、成功的喜悦。

2. 问题串联，助力成长

教学环节清晰，围绕教学目标展开，层层深入，循序渐进。利用类似于解决真实问题的情景，指导学生从自身需求出发探究解决问题的方法，自然而然地突破了教学重难点。在引入环节，通过欢唱《郊游》歌曲充分调动起学生的学习兴趣；接着，在探究环节中，学生在“换装”中又遇到新问题，在好奇心、挑战力不断驱使的情况下，通过多种途径努力探究，学会了用任意形状的裁剪工具选定和移动图像，及设置背景色透明图像底色，从而解决新问题；最后，通过综合创作环节，巩固所学知识，提高综合运用图像选定知识对图像进行移动处理的能力。

3. 小组内部协作，及时反馈学习效果

本课使用的“小组任务反馈系统”具有新颖独特、美观实用、高效便捷的特点，提高了课堂教与学的效率，同时也体现出对学生情感、态度方面的评价，是教师调整教与学，重新组织学习任务的依据，是学生查漏补缺，改进学习效果的平台。为协作学习提供了适当的学习环境和有效的学习资源支持。

在教学活动中增进小组内部的协作与小组间的竞争，组织好“反馈内容”是课堂教学活动成功的一个决定性因素。本课从一个个“小任务”出发开展学习活动，在老师引导下帮助学生循序渐进地完成一个“整体性”任务，提高他们的信息处理能力和自学能力。每当学生在组内完成任务时，组长通过检查，单击按钮将组内完成人数逐渐增加，同时在教师端显示任务完成的百分比。这样呈现任务的完成过程，对促进小组内协作、小组间竞争、活跃课堂气氛起到了很好的作用，在实际课堂的运用中取得了良好的效果。

案例二：复制与变换之小小装修师

1. 案例背景

设计者	教案名称	学生	教材	课时
张煜艳	复制与变换之小小装修师	小学三年级	浙江摄影出版社《小学信息技术》三年级上册	1

2. 教材分析

“复制与变换”是浙江摄影出版社《小学信息技术》三年级上册第二单元第9课的内容，本单元的教学目标是学生能够利用Windows自带的“画图”程序进行绘画操作。经过前四节课的学习，学生已经掌握了绘图工具的使用和“选择”操作，本节课是在这些知识的基础上，继续进行图形的复制、粘贴、变换和清除操作，是对上一节课的升华。

本课通过创设情境“小兔子家的新房要装修”，引导学生主动去探究装修过程中的一系列问题。首先挑战初级装修师的任务——铺地砖，学会复制、粘贴操作，并通过“fuzhi”小动画和错例展示，突破教学难点。接着挑战高级装修师的任务——旋转与翻转房间里的物品，并辅以小动画帮助学生理解、区分向左旋转90°、向右旋转90°和垂直翻转、水平翻转。最后进行花园设计的综合练习和欣赏评价。教学中始终以任务和学生自身的需求为主线，在教师点拨的基础上，引导学生自主探究，创新实践。

3. 学习者分析

本课的教学对象是小学三年级学生。他们有强烈的好奇心和求知欲，但是他们注意力易分散，思考问题多以直观形象思维为主，因此，在教学中将技能、知识点融入学生感兴趣的游戏中，激发学生的求知欲望，让学生在和谐愉悦的氛围中快乐地学习。

学生在前几节课的学习中，已经掌握了“选择”工具的用法，本课的移动、复制等图形编辑知识的学习也都是在“选择”基础上进行的，对学生而言，是技术上的一个拓展延伸。复制、粘贴操作比较简单，但是对于小学三年级学生来说，理解复制、粘贴有一定的难度。尤其是复制，按照他们的思维，复制后就能出现一个一模一样的内容，不需要粘贴操作。因此，理解复制、粘贴功能是学生的一个重要的学习需求，也就是本节课的重点。

4. 教学目标

（1）知识与技能

1）熟练掌握对指定图形的复制、粘贴操作。

2）能对选定的图形进行不同角度的旋转与翻转。

3）学会清除不需要的内容。

（2）过程与方法

通过两个游戏和一个练习，在对图形进行复制、变换的设置中，初步掌握观察、猜想、尝试的学习方法并用来解决问题。

（3）情感态度与价值观

通过自己装修房间和花园，体验绘图的神奇之处，同时增强自身的审美能力。

5. 教学重难点

重点：掌握复制、粘贴、变换操作。

难点：理解复制、粘贴功能。

6. 教学准备

多媒体教学管理系统、教学 PPT、“fuzhi”小动画、“xuanzhuan”动画、“fanzhuan”动画、三个已录下来的错例视频。

7. 教学过程

教学环节	教师活动	学生活动	设计意图
创设情境，激趣导入	1. 情境创设 如图 1，给出情境“小兔家的新房子造好了，但是她有点苦恼，因为里面还没有装修，她不知道怎样装修，所以想请同学们帮一个忙”。  图 1	注意力被吸引，情绪被调动。	从学生都喜欢的故事情境出发，提高学生的学习兴趣。

续表

教学环节	教师活动	学生活动	设计意图
创设情境，激趣导入	2. 出示课题 询问同学们愿不愿意当一回装修师，帮小兔子装扮房间，并出示课题——复制与变换之小小装修师。	回答“愿意”。	
任务驱动，掌握新知	1. 任务一：铺地砖——初级装修师 打开图画，请学生自己操作。用画图软件打开图片“小兔的房间”，教师示范、巩固操作，效果如图 2。 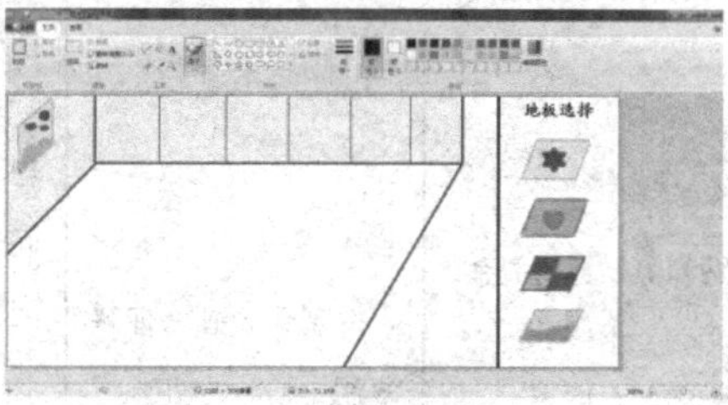 图 2 （1）挑战 1 1）如图 3，PPT 出示任务：“小兔子的新家还没有铺上地砖，请同学们先来挑战初级装修师的任务，给她的房间铺上地砖”。 提醒：用我们学过的“选择”功能。 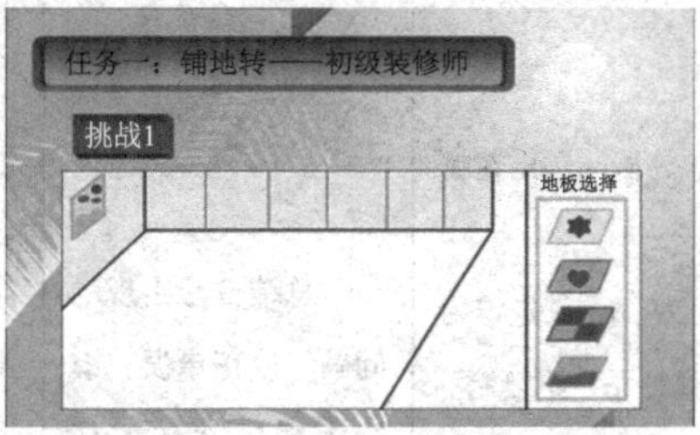 图 3 2）请一位学生上来操作如何移动地砖。 3）请这位学生继续操作，把第二块地砖铺在地板上。 4）请另一个学生演示操作如何让两块地砖完整契合。 （2）挑战 2 1）提出问题：“地砖已经用完了，那剩下的地板怎么办呢？” 思考：如何增加地砖的个数？	学生复习操作。 方法 1：画图—打开—选择图片。 方法 2：选中图片—右键选择“用画图打开”。 思考问题，动手操作。 学生展示操作效果图（图 4）。 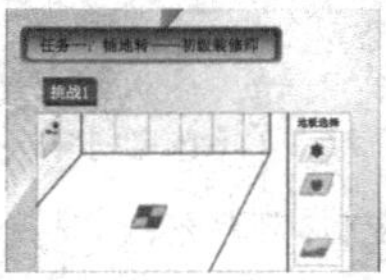 图 4 发现白色背景被选中，影响地砖的贴合（图 5）。 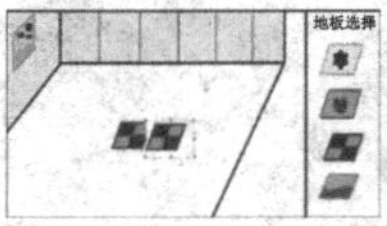 图 5 全班操作“背景透明化”。	任务驱动法把教学内容巧妙地隐含在每个任务之中，让学生自己提出问题，并经过思考和教师的点拨，自己解决问题。学生通过完成一个一个任务，掌握本课知识，获得技能。

续表

<table>
<tr><th>教学环节</th><th>教师活动</th><th>学生活动</th><th>设计意图</th></tr>
<tr>
<td>任务驱动，掌握新知</td>
<td>2）总结、演示“复制”“粘贴”操作，如图 6。
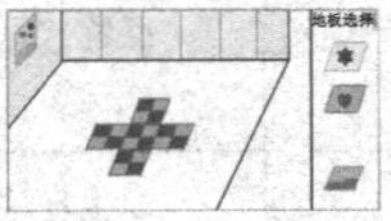

图 6
3）教师巡视操作，发现学生在操作时遇到一系列问题，并将问题记录下来。
（3）突破重难点
1）复制、粘贴小动画。
播放“fuzhi”小动画，演示复制、粘贴和剪贴板的关系，帮助学生理解（动画截图如图 7）。
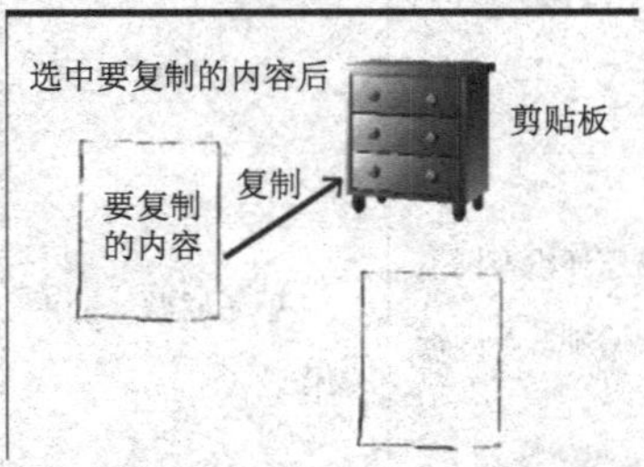

图 7
2）分析错例。
示范操作典型错例，与学生互动交流，分析问题出在哪里。
错例总结：①不选定内容，直接复制、粘贴；②选定内容后，只复制，不粘贴；③选定内容后，只粘贴，不复制。
（4）地砖展示
展示学生作品，如图 8。
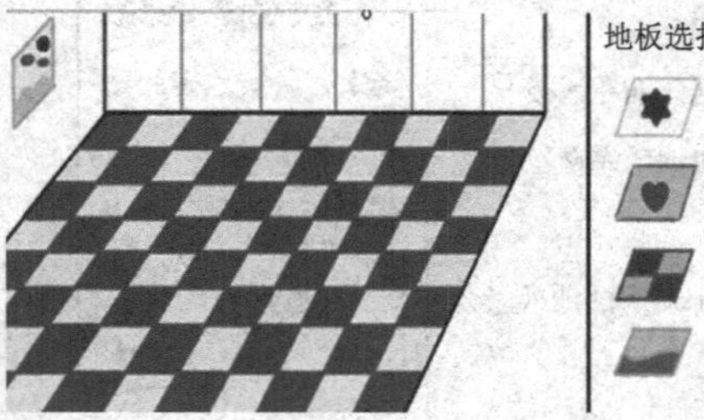

图 8
2. 任务二：装饰房间——高级装修师
1）如图 9，画图软件打开“摆放家具”图片，展示小兔的房间，请学生把提供的物品摆在房间的适当位置。</td>
<td>小组合作，思考问题，查阅书本，尝试操作，学习复制、粘贴。
个别学生演示操作。
观看动画，理解复制、粘贴的功能。
总结自己出现的问题，改正错误，继续完成铺地砖的任务。
惊叹于复制、粘贴后的效果。</td>
<td>复习上节课的内容“背景透明化”。
教育家第斯多惠有这样一句名言：“一个坏的教师是奉送真理，一个好的教师是教人发现真理。”教师通过提问，引导学生自己思考问题，探究解决方法。
学生看完动画后，理解了这个过程，就能更直观地了解复制、粘贴功能。
针对教学重难点，采用小动画和错例分析方法来突破。
学生对增加地砖的游戏十分感兴趣，也乐于去探究。教师在学生自主探究后展示错例和播放动画，将抽象的知识变得新颖有趣，使学生在“乐学”中记忆，提高了学习效率。</td>
</tr>
</table>

续表

教学环节	教师活动	学生活动	设计意图
任务驱动，掌握新知	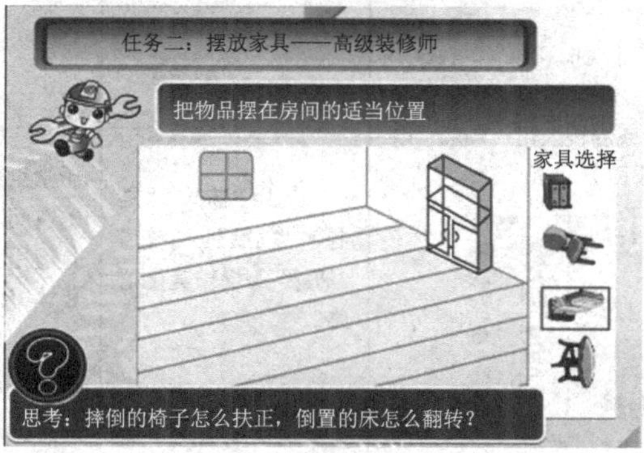 图 9 2）演示操作并仔细讲解旋转与翻转。 播放小动画辅以理解。 动画截图如图 10（旋转与翻转都是在原图的基础上进行的）。 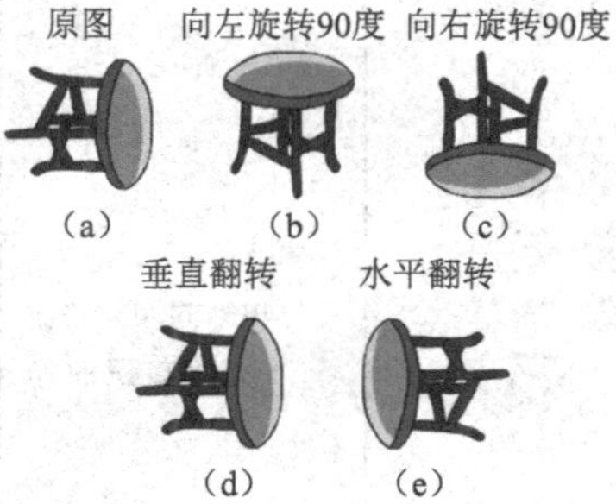 图 10 针对图 7 中的小凳进行相应旋转（去画图中） 3）如图 11，故意把倒置的椅子放进房间里，请学生尝试“清除”键的使用。 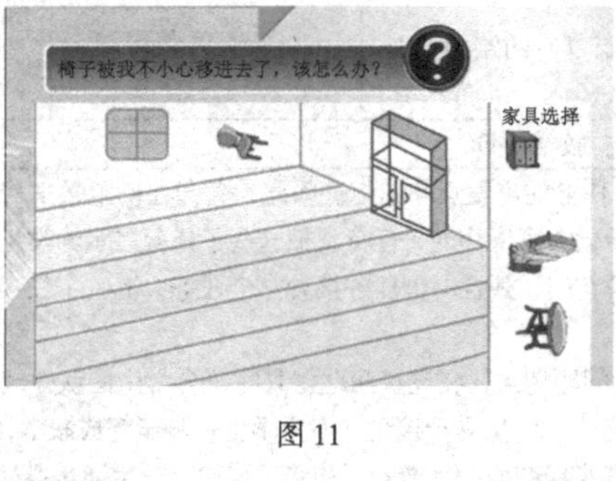 图 11 3. 总结反思 两个游戏之后，学生学到了什么知识？要注意什么？	小组合作探究学习，用画图软件打开图片“摆放家具”，发现椅子等家具倒了，思考如何把椅子等物品摆正。 理解旋转与翻转。 尝试探究，个别同学演示摆正椅子。 尝试操作“清除”椅子。 继续装饰房间，完成其他家具的摆放。 总结： 1）复制、粘贴注意点； 2）旋转与翻转。	生动形象的小动画能激发学生学习的兴趣，在观看过程中理解左、右旋转 90 度和水平翻转、垂直翻转。 将问题抛给学生，激发他们解决问题的兴趣。 两个小游戏过后，师生进行总结和反思。及时地反思能让学生意识到游戏不单纯是游戏，而是一种学习活动。

续表

教学环节	教师活动	学生活动	设计意图
实践操作，体验成功	1. 请学生完成终极挑战 如图 12，用画图软件打开图片“小兔的花园”，装扮小兔子的花园。 （方法：增加小草的个数，旋转或翻转大树、蝴蝶，改变花朵的大小，还可以用画笔自由添加） 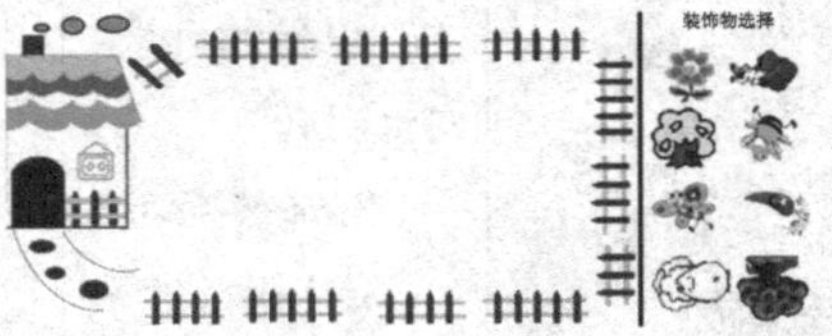 图 12 2. 教师巡视，记录优秀作品	运用“选择”“复制”“粘贴”“旋转”“清除”等操作美化花园。	装扮花园的游戏给予学生想象与自主实践的空间。装扮过程不只是运用已学知识，还需要考虑画面的整体布局，实现了知识更高层次的体验。
展示评价，分享成功	1. 优秀作品的展示（图 13）  （a）  （b） 图 13 2. 个别学生进行自评 3. 其他学生进行评价，互相找优缺点 推荐用语：如果能……就好了 4. 教师点评、总结 5. 对优秀学生颁发“优秀装修师”的光荣称号 6. 将优秀作品打印出来，贴于机房作品墙上 7. 师生小结 今天这节课你学到了哪些本领？对于以后的绘画你有什么想法？	思考问题，谈谈今天所学知识的作用。	优秀作品的展示可以激发学生的自信心和竞争意识。 师生共同评价作业，让学生获得成功体验。

教学评价

1）明确教学目标，细化学习任务。教学目标是学习任务的出发点和归宿。因此，教师在确定教学目标后，要根据实际情况，把总目标细化成若干个小目标，然后把这些小目标转化为可操作的子任务，把这些子任务展示给学生。本堂课教师就设计了四个任务：移动地砖、增加地砖个数、扶正椅子、装扮花园，并且一个任务接着一个任务，上一个任务完成了，自然而然地过渡到下一个任务。

2）创设梯度情景，培养探究能力。创设“阶梯式”问题情景，在设置问题情景时符合学生的认知规律，遵照循序渐进的原则，问题设计由浅入深、由易到难、由简到繁、层层递进，学生易于接受，引导学生一步步完成教学目标。

本课以装修小兔子的新房子为主线，设定初级装修和高级装修两个游戏。初级装修中，学生通过挑战一，复习“选择”操作和“透明选择”工具；挑战二，学生思考如何增加地砖个数，从而得出用复制的方法复制地砖。接着挑战高级装修师的任务，学习“旋转”家具，“清除”家具。最后教师再提升阶梯，以一个装扮花园的任务，巩固所学知识。

通过以上两个方面，努力营造一个以教师为主导、学生为主体的课堂氛围。提问也并非随心所欲，而是有目的地进行引导。

案例三：最强大脑挑战赛——网络交流

1. 案例背景

设计者	教案名称	学生	教材	课时
刘欢	最强大脑挑战赛——网络交流	八年级	浙江教育出版社《信息技术》	1

2. 教材分析

本节课选用浙江教育出版社《信息技术》八年级（上册）第二单元“网络与生活”第 5 课的内容“网络交流”。作为信息时代的公民，网络交流是必备的能力。因此本课内容有着广泛的应用空间，并有着承上启下的重要作用。本节课教学时长为 1 课时，原教材涉及电子邮件、在线即时交流、网络新媒介等内容。

3. 学习者分析

八年级的学生具有很强的好奇心和表现欲望，但他们的学习仍受生活经验的负迁移和认识的片面性影响，因此教师宜采用鼓励机制，激发其参与意识，培养其自主探究精神。

经过之前的学习，学生已经掌握了网络的相关知识，具有一定的网络应用基础。“最强大脑”的情境设计又激发了学生的学习欲望。

该班学生的自主学习能力较强，探索学习兴趣浓厚，但他们的信息素养仍有限，网络文明意识较为薄弱，需要教师加强引导教育。

4. 教学目标

（1）知识与技能

1）了解电子邮件的相关知识。

2）学会正确书写电子邮件地址的格式，掌握用 Web 方式收发电子邮件。

3）体验在线即时交流工具。

4）了解网络新媒介的特点。

（2）过程与方法

1）通过上网搜索资料、学生展示等，了解电子邮件的相关知识。

2）通过与老师互相发送电子邮件，学会正确书写电子邮件地址的格式，掌握用 Web 方式收发电子邮件。

3）通过 QQ 交流、用计算机软件打电话等，体验在线即时交流工具。

4）通过自主探究，了解网络新媒介的特点。

（3）情感态度与价值观

在网络交流的过程中，引导学生养成文明、友好的网络交流习惯。

5. 教学重难点

重点：掌握电子邮件的收发，组织学生有效、文明地开展探究、合作。

难点：了解电子邮件的相关知识，体验在线即时交流工具，了解网络新媒介的特点。

6. 教学准备

多媒体网络教学系统、课件等。

7. 教学过程

教学环节	教师活动	学生活动	设计意图
课前准备	1）引导全班学生分成三支队伍。 2）引导学生完成各项准备工作。	1）选好队名，并选出1名队长。 2）按照分队情况创建好三个QQ群，各队队员及教师入群，修改群名片为真实姓名，由队长监督。	QQ群将作为课堂中队伍内部交流的平台，与本节课“在线即时交流”工具的学习内容相呼应。 准备任务已于上节课布置，请学生利用课余时间完成，为本节课教学任务的顺利开展奠定基础。
环节一：情景导入	1.组织教学 1）教师组织学生进入机房。 2）教师向学生问好。 2. 导入新课 创设情景：同学们看过最强大脑吗？ 播放“最强大脑”规则视频。 科学判官（即教师）展示各挑战项目，布置热身任务。 教师在黑板上画出表1，使整个过程清晰明了。 表1 	学生有秩序地进入机房并向教师问好。 学生做出回答。（预设：大部分学生看过“最强大脑”） 观看“最强大脑”规则视频。 学生完成热身任务： 1）各组员登录QQ客户端。 2）从群共享中下载各组的“最强大脑”挑战书。 3）由每位学生为各项目打出预判分(0～5)，取平均值（由即时打分软件实现）。 4）队长上台抽签确定各队挑战项目。	“最强大脑”创意情境吸引学生眼球，调动学生学习积极性，有趣的规则让课堂更加活泼又充满悬念。为突破本课教学难点，教师精心设计了三个挑战项目，项目的学习内容各有不同，但基本流程相似，都是学生先自主探索，再队内交流，选出挑战者上台展示。
环节二：探索合作	老师巡视记录，观察学生并适当给予帮助。 引导学生文明交流。	分队伍完成学习内容。 挑战项目一：探秘电子邮件 1）各队员探究学习电子邮件的相关知识，整理成100字以内的文档。 2）通过QQ群交流观点，分享成果。 3）请队员将自己的学习成果汇总到队长处，并讨论整理。 挑战项目二：用计算机软件打免费电话 1）各队员搜索网络免费电话软件，并写一个简短的操作说明。 2）通过QQ群交流观点，分享成果。 3）队长组织队员选出最好用的电话软件。 挑战项目三：玩转微博 1）各队员登录新浪微博，归纳网络新媒介的特点并形成文档。 2）通过微博与队员互动，分享成果。 3）队长组织队员相互交流自己的新发现，确定展示内容。	电子邮件的学习内容属于教材要求，但学生对电子邮件的工作原理这一主题不感兴趣，因此设计由学生自己选择学习电子邮件的一个方面，再相互交流，使得学习内容更丰富。 此项目的判官要求是请挑战者按照给出的电话号码，给“神秘人”打一个电话。那么，神秘人究竟会是谁？当电话接通时，谜底揭晓，可能是班主任或受欢迎的任课教师，以此吸引学生注意，活跃课堂氛围。当然为了保证此环节的顺利开展，会事前和神秘人沟通好。 在新兴的网络新媒介中，微博的使用越来越广泛，作为信息时代的学生，有必要了解网络交流的前沿技术。 其实本来教师的设计想法是让学生探究“网页版微信”，因为现在使用微信的人较多且微信更加新颖，但是微信网页版是必须通过手机扫一扫才能登陆的，受到了设备的局限，因此更改了内容，这是教师设计时的一个小插曲。每个项目都是精心设计的。

挑战项目	参展队伍	预判分	挑战结果	难度分	晋级情况
项目一 探秘电子邮件			成功/失败		晋级/淘汰
项目二 用电脑软件打免费电话					
项目三 玩转微博					

续表

教学环节	教师活动	学生活动	设计意图
环节三：挑战展示	在挑战成功的基础上，根据挑战项目难度系数及挑战者完成情况，给出难度分数（1～10）。	各队挑战者上台展示（2分钟），若挑战者能在规定时间内顺利完成判官要求，则挑战成功。在挑战成功的基础上，若难度分*预判分>80，则晋级，否则淘汰。	这是课堂最精彩的环节，挑战者就是小老师，负责把自己队伍的学习成果展示给全班，学生以此学习其他队伍的总结内容，以生教生，体现“学生为主体，教师为主导”的教学理念。
环节四：回顾展望	请每位同学将自己的学习所得进行再加工，并以附件形式发送到老师邮箱。 提问： 1）想一想为什么回复如此快速？（邮箱自动回复的设置作为开动脑筋，完成的学生有成长邮票的奖励。） 2）找一找邮件里有什么？（自制电子邮件工作原理图。）	发送邮件，并注意查收教师的回复邮件。 开动脑筋：邮箱自动回复。 通过原理图了解电子邮件的工作原理。	学生整理学习成果，用QQ邮箱以附件方式发送给教师，方便教师评价、检查，发送成功的学生马上会收到回复，引发思考：为什么老师回复得这么快？进而引出邮箱自动回复的设置，作为开动脑筋的题目，完成的学生有成长邮票的奖励，贴在成绩卡上。就像这样收发邮件的操作都有练习，对有疑问的学生进行个别辅导，突出本课教学重点。 同时，学生会发现回复邮件中有一张电子邮件的原理图，这是教师自己画的，用一张简单的图片来解释复杂的原理，使课堂教学更加生动有趣。

教学评价

1. 可取之处

1）“最强大脑”的情景导入吸引学生眼球，调动学生的学习积极性。将“最强大脑”的挑战规则贯穿在整节课中，可以促进小组内部的合作学习，激发组与组之间的竞争学习。

2）电子邮件的工作原理内容属教材要求，但学生不太感兴趣。通过一张自制的电子邮件的原理图作为回复邮件的附件，突破了工作原理这一难点。

2. 不足之处

1）若由学生自主选择挑战项目，可能更加人性化。

2）部分没看过最强大脑节目的学生，对挑战规则有点陌生。

值得一提的是：刚上课，教师机突然罢工，需要重启。教师急中生智地说道：“老师的计算机突然死机了，大家遇到过这种情况吗？那么，大家觉得是人脑厉害？还是计算机厉害？大家看过‘最强大脑’吗？”请同学谈谈自己的感受。

案例四：人工智能的今世来生——信息的智能化加工

1. 案例背景

设计者	教案名称	学生	教材	课时
王宝	人工智能的今世来生——信息的智能化加工	高中一年级	教育科学出版社《信息技术基础》	1

2. 教材分析

从教材设计来看：本节内容紧跟“信息的编程化加工”一节，表明“编程加工”与“智能化加工”是紧密联系的。因此教师在课堂中也注意突出这一点。

从教材内容来看：本节内容并无太多知识性内容，主要让学生理性认识人工智能。不过由于这几年正是智能软硬件产品的爆发期（如智能手环、智能项链、智能插座等），所以本节课内容变得尤为重要。

3. 学习者分析

本节课对学生知识性要求并不高，所以学生基本处于同一起跑线上。生活中的人工智能其实有很多，学生却不加注意，或者见怪不怪。基于本节课学习目标，如何让学生亲身体验到人工智能带给我们的巨大改变，是本节课成功的关键。为了达到目的，本节课特意选取了生活中常用，但却让学生眼前一亮的实例，如光标阅读机扫描考试答题卡。为了让学生更好地体会人工智能，教师舍弃了传统课件展示形式，采用手机、网络及自己编写的信息课堂程序让学生充分参与和感受人工智能，并通过实时互动，展示自己的观点。

4. 教学目标

（1）知识与技能

了解人工智能及人工智能的本质。

（2）过程与方法

体验智能工具处理信息的过程与结果，并进行有效的评价，客观地认识人工智能技术。

（3）情感态度与价值观

学会评价智能工具处理信息的优劣，避免盲目崇拜技术，树立正确的科学技术应用观。

5. 教学重难点

重点：体验人工智能技术，思考其实际应用价值。

难点：客观认识人工智能技术，培养正确的科学技术应用观。

6. 教学准备

多媒体网络教学系统、课件等。

7. 教学过程

教学环节	教师活动	学生活动	设计意图
情境导入，激发兴趣	教师：上课之前，教师先对自己的手机交代一件事情。（对手机）请40分钟后提醒我准备下课。 手机语音：已新建提醒，将在某点某分提醒您。 手机听懂了我的话吗？为什么能听懂。	非常好奇 学生异口同声地回答：能听懂，因为有人工智能。	教师手机需要安装语音识别工具，如灵犀语点。
探究人工智能原理	1. 智能月球车游戏 教师：说到人工智能，很多同学想到的就是机器人。其实我们在座的各位同学也可以设计人工智能。请大家点开我们学习工具的“智能月球车”，来给月球车设计人工智能。 情景（图1）：假设学生是月球车的操纵者，需要设计规则，让月球车拥有人工智能，能够自己避过障碍物到标本区采集标本。	这个小游戏很简单，学生大多饶有兴趣地进行设计，点击出发就可以让月球车动起来，测试自己的月球车是否到达了目的地。 学生七嘴八舌地讨论，教师引导学生说出关键词：人类设计，使其产生判断力。	从游戏入手，引起学生学习的兴趣。 教师板书： 人——→判断力

续表

教学环节	教师活动	学生活动	设计意图
探究人工智能原理	 图 1 教师通过信息课堂程序可以随时掌控学生游戏进度，在大多数同学完成后进行下一环节。 教师：通过刚才的小游戏，大家来说一下究竟什么是人工智能。 2. 辩论赛 教师：我们设计的月球车原理是如此的简单，那么世界顶尖的人工智能是不是这样呢？ 请大家点击智能工具的“辩论赛”，小组讨论：机器人究竟会不会思考（图 3）。  图 3 3. 总结原理 教师选择正、反方学生代表进行详细阐述。 如果有学生对“思考”的定义提出深层次看法，教师应适时表扬，并说明这个问题很复杂，需要学生课下搜集资料进行探讨。	如图 2，学生阅读“深蓝”和“沃森”的材料，小组讨论，并进行十字以内表态。  图 2 学生详细说明机器人不会思考的原因。 学生说明人工智能产生原理时，教师需趁热打铁，寻根究底。关联性不大的说法一笔带过。 可能会有学生对“什么是思考”提出不同意见。	教师端可以将学生的表态及时反映给正、反方。 让学生总结出：人工智能是人类通过编程等方式，使机器模仿人脑，从而具有判断力。 板书： 模仿人脑
体验身边的人工智能	1. 身边的人工智能 教师：刚才的两台计算机是世界顶级的计算机，那么我们身边有没有人工智能？ 学生举例后，教师进行补充： OCR 软件——识别文字 淘宝机器人——智能代理 和计算机下棋——智能博弈	学生点击软件功能“抢答”进行举例。	如果学生举的例子都是一些较复杂的例子，教师可以提示：智能电饭锅是不是人工智能（人类制作、有判断力）？ 目的是让学生利用刚刚总结出的人工智能定义进行判断。

续表

教学环节	教师活动	学生活动	设计意图
体验身边的人工智能	2. 模式识别 1）我们身边有一类常见的人工智能，叫做模式识别。 （播放模式识别的微课） 2）体验模式识别。 教师：我现在把手机带来了，谁要问它几个问题？ 3）原理探究。 问题一：手机是怎么听懂你的话的？ 问题二：手机又是怎么正确回答的？ 4）手机是不是任何问题都能回答？怎样才能让它回答出更多的问题？ 如果它有英汉对照的数据库，它会具备什么样的功能？ 3. 体验在线翻译 1）翻译擂台：机器队（1个组）使用百度翻译翻译全文，完成后在软件下方选择“机器队”并发送。 人工队（5个组），每组翻译两行，完成后在下面输入翻译内容，并发送。 2）教师：机器队1个组，在速度上完胜人工队5个组。人工队认输吗？	学生看得比较专注。为了活跃气氛，教师在微课中特地设计语音“给习主席打电话”这一环节，学生对教师录制的光标阅读机快速阅答题卡非常有触动，不约而同地“啊”一声。因为答题卡是考试常用的东西，以前学生不知道如何阅卡。 学生会问手机一些问题，手机对一些问题不能回答，或回答错误。 学生小组讨论，通过前面总结的人工智能原理来分析并解答这两个问题。 学生回答： 并非所有问题都能回答； 扩大数据库； 具备英汉翻译功能。 学生打开信息课堂程序，点击“体验人工智能”—“获取任务”，获得本组任务，然后投入紧张的翻译中。翻译结果实时通过教师机程序显示出来。 不认输，因为速度虽然呈现出了劣势，但质量比机器队高。 学生点开软件上的“翻译对比”，由人工队和机器队分别朗诵一段。	微课内容：首先，说明模式识别是对事物的特征进行提取、分类，然后举例（光标阅读机、指纹和视网膜识别、手机手写识别等）；然后，重点使用手机演示语音识别，如打电话、问天气、讲笑话等。 手机回答错误是正常的，正好为后续环节埋下伏笔。 学生的答案会逐渐产生“数据库”的概念。 成功引入“在线翻译”的体验活动。 体验机器翻译和人工翻译在速度上的巨大差异。 机器队在朗诵时惹得哄堂大笑。学生体验机器翻译和人工翻译在翻译质量上的差别。
人工智能展望	1. 展望人工智能美景 未来的智能生活会是怎样的？ （播放未来智能家居视频） 谁能畅想一下视频上没有的未来智能生活？ 2. 人工智能的另一面 但是，人工智能还有另一面——人工智能的弊端。 播放“人工智能的弊端”小视频。 3. 如何正确地看待人工智能	学生观看视频，体验美好。 学生畅想美好的家居生活。 学生发笑，在笑中体会人工智能的两面性。 学生讨论，认清楚人工智能两面性，知道积极方面是主流，但要克服消极方面。	视频可从网上搜索下载。 图片内容：人类起床、吃饭、穿衣、洗漱全由机器代替。 学生学会正确地看待人工智能。
当堂检测	教师：有的小组得分比较少，现在我再给一个机会。请大家点击“当堂检测”，进行2分钟限时检测。 教师通过教师机程序展示每个题的正确率，并由回答正确的学生来详细解答。	学生点击“当堂检测”，做完之后点击提交，可以看到自己的得分、正误情况。同时检测情况也通过网络自动传输给教师机。 选中的学生回答问题，并接受其他学生的提问。	本节刚开始设定的手机提醒，到时间该响了，照应开头。

续表

教学环节	教师活动	学生活动	设计意图
教学评价			
本节课舍弃了传统的 PPT 课件，使用可以互动的信息课堂程序进行授课，学生能真正参与进来并进行互动，这种形式较受学生欢迎。 课堂评价采用两种方式结合，比单纯的教师评价更能提高学生参与度，值得推广使用。 在上课过程中，也存在几个问题： 1）课堂上的讨论与辩论，由于时间比较短，学生探讨不够深入，需要教师及时跟进点拨。 2）由于学生的发言在大屏幕上实时展示，个别调皮的学生会发一些与主题无关的言论，需要老师及时跟进、正向引导。 3）畅想人工智能未来一节，会因学生课外知识和思维的局限而有较大的差异，需要教师及时跟进启发。			

案例五：图像加工方法

1. 案例背景

设计者	教案名称	学生	教材	课时
马芳	图像加工方法	高中一年级	教育科学出版社《多媒体技术应用》	1

2. 教材分析

本节课的教学内容是教育科学出版社的《多媒体技术应用》第二章“图形、图像”的最后一个小节的内容。

在对教材整体把握的基础之上，教师将“图形、图像的获取与加工”安排了 2 个课时的授课内容，本节课是第 2 课时。本节是在前面学习了图形、图像基础知识和获取方法的基础上，对前一节课的延伸，要求学生具备使用 Photoshop 的基础，因此教师在教学设计时以欣赏、设计、制作邮票为出发点，基于需求将教材中所涉及的加工技术进行整合，增强内容编排的系统性。

本节是本章的重点内容，具体内容包括“图像加工的意义”“图像加工的过程”“图像加工工具”“图像加工方法”四部分。这些内容在必修模块已有涉及，可针对重点进行剖析讲解、体验练习，进一步拓展和加深。本节教材内容充实，对教学时间调控要求很高。

3. 学习者分析

教学对象为高中一年级学生，此阶段的他们具备以下特点。

1）通过必修模块的学习，学生已经掌握多媒体信息加工与表达的相关知识，有一定的知识储备。

2）通过前一节课的学习，学生对 Photoshop 的界面和简单工具又进行了复习，多数学生已经掌握了一些基本的使用方法。

3）学生具备一定的探究学习能力，能够在教师的引导下展开思考，并对相关知识进行归纳总结。

4）对于在学习过程中遇到的问题，学生具有很强的探索欲望和探究能力。

5）学生喜欢通过直接动手来学习，希望将学习组织得逻辑有序。

6）学生容易产生懈怠情绪，对本学科的学习不重视、不认真，信息技术水平参差不齐。

7）学生虽然掌握了基本工具的使用，但是欠缺根据需求灵活选择和运用信息技术表达意图的能力。

4. 教学目标

（1）知识与技能

1）了解图像加工的基本方法多种多样，掌握使用 Photoshop 进行图层、文字效果设置的基本方法。

2）掌握 Photoshop 中的工具——文字工具、选区、画笔、橡皮的使用方法。

（2）过程与方法

1）利用 Photoshop 软件，选择适当的方法运用所学的知识设计、制作一枚邮票。

2）能够对作品及其创作过程进行评价。

（3）情感态度与价值观

1）能描述出邮票的图案所表达的内容，从而体验邮票的文化属性和艺术性，进一步体会邮票的特殊功能。

2）学生亲身经历制作过程，用加工的图像来表达意图，创造美、展示美，培养学生运用掌握的技术来表达自身的审美体验的能力，从而培养他们的创新精神，提高他们的信息素养和艺术素养。

3）自学邮票齿孔的制作方法，培养自主学习的意识。

4）体会图形、图像在表达方面的优势，感受图像加工对美化生活的意义，从而合理使用加工后的图像，自觉遵守全国青少年网络文明公约。

5. 教学重难点

重点：用 Photoshop 进行图像基本加工、用 Photoshop 画笔或路径工具制作邮票齿孔。

难点：根据实际需求创造性地应用 Photoshop 工具进行作品设计。

6. 教学准备

多媒体网络教学系统、课件等。

7. 教学过程

教学环节	教师活动	学生活动	设计意图
情景引入，激发兴趣（3 分钟）	[图片展示] 世界上第一枚邮票（图 1）  图 1 [提出问题]请学生思考： 1）同学们见过这幅图吗？	积极思考，踊跃发言。	教师通过展示历史上第一枚邮票，播放“邮票历史”视频，引导学生了解邮票的历史、功能等知识。

续表

教学环节	教师活动	学生活动	设计意图
情景引入，激发兴趣（3分钟）	2）这不是一幅普通的图，它有特殊的功能，谁知道？ （如果有学生知道这是一枚邮票，继续引申提问） 3）邮票有什么功能？ 4）你知道世界上第一枚邮票何时诞生的吗？ [观看视频]让我们一起来听听这幅图（图2）的故事  图2 [提出问题]请学生思考： 每一枚邮票的诞生都有特殊的意义，同学们见过的邮票有哪些？ [归纳总结] 1. 邮票的分类 我国邮票主要分为：纪念邮票、特种邮票、航空邮票、军事邮票、个性化邮票、普通邮票等。 2. 邮票的特点及功能 邮票不但可以作为纳付邮资的凭证，而且可以传播艺术文化知识。 3. 图像加工的意义 邮票可以作为国家的名片，邮票上的图案不同，突出的主题内容也不同。为了使邮票能充分地展现主题内容，设计者就需要对其进行图像加工。 [引出新课] 今年是学校60周年校庆，这节课我们运用图像加工的方法，自己设计制作校庆邮票。	积极回答问题，发言交流。	让学生感受计算机图像加工的优势，激发学生参与图像加工的热情。 引出第一个知识点：图像加工在生活中的意义。
新知（一）（2分钟）	[问题1]邮票包括哪些要素呢？这些要素都有什么功能呢（图3）？	观察邮票。 积极思考，回答问题。	教师通过展示邮票，使学生明确邮票所包含的要素，提升图像加工的文化内涵。

续表

<table>
<tr><th>教学环节</th><th>教师活动</th><th>学生活动</th><th>设计意图</th></tr>
<tr><td>新知（一）
（2分钟）</td><td>

图3
[归纳总结]邮票的构成要素（图4）。

图4</td><td></td><td></td></tr>
<tr><td>动手实践，
温故知新
（3分钟）</td><td>任务一：搭建邮票框架（图5）。
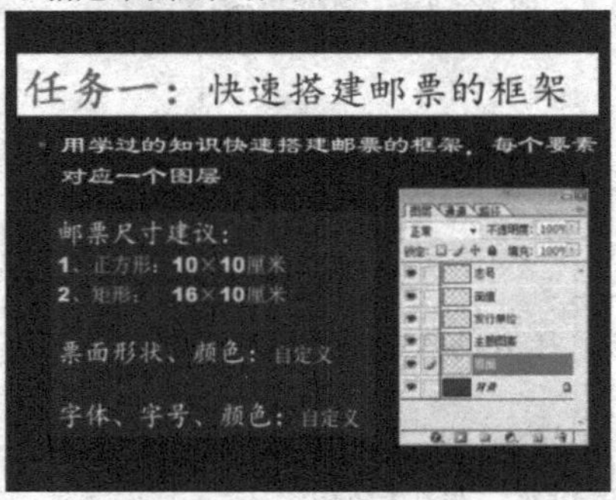

图5</td><td>认真听讲、明确任务。
积极完成任务。</td><td>分解制作邮票的任务，利用学过的知识先搭建邮票的框架。</td></tr>
<tr><td>层层剖析，
明确问题
（2分钟）</td><td>[问题2]邮票的各要素可以借助什么工具、用什么方法来制作？
[归纳总结]见图6。
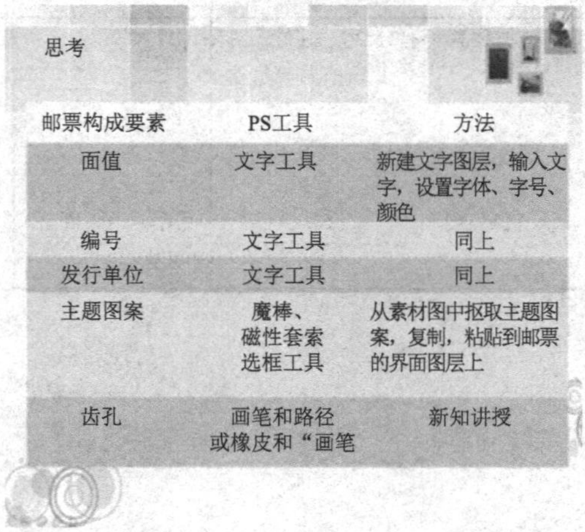

图6</td><td>回忆、思考、说出每个要素如何利用Photoshop来制作。
通过思考[问题2]，引导学生回顾前面学过的关于文字、图层等相关操作知识。
引导学生进一步明确本堂课要解决的核心任务——制作邮票齿孔。</td><td>由构成邮票的各要素引导学生思考用何种工具、方法逐个突破各要素的加工制作，不能解决的问题即为本堂课的难点。</td></tr>
</table>

续表

<table>
<tr><th>教学环节</th><th>教师活动</th><th>学生活动</th><th>设计意图</th></tr>
<tr><td>新知（二）
（4分钟）</td><td>[问题3]邮票齿孔该如何制作呢？（亮点）
思考1：我们学过什么工具可以去除图像中多余的部分？
思考2：邮票齿孔中的“孔”是什么形状？
思考3：如何将“橡皮擦”的形状设置为齿孔的形状？
思考4：如何擦出等间距的连续齿孔？
思考5：如何沿直线擦出齿孔呢？
[广播演示] 利用橡皮和画笔工具制作邮票齿孔。</td><td>积极思考，认真回答。

认真观看，模仿制作。</td><td>通过五个问题引导学生推理、分析，运用学过的知识逐步解决用何种工具、设置何种属性能制作出邮票齿孔的问题。</td></tr>
<tr><td>动手实践，巩固新知
（4分钟）</td><td>任务二：制作邮票的齿孔。
[归纳总结]制作过程中的易错点。</td><td>认真听讲，完善齿孔制作。</td><td>纠错、总结齿孔制作中存在的问题。</td></tr>
<tr><td>层层展现，激发潜能
（3分钟）</td><td>[问题4]如何制作出突出主题的邮票呢？
[归纳总结]
1）选择与主题相吻合的素材图案。
2）邮票版面构图赏析。
A. 图案位于票面正上方（图7）
B. 图案为票面背景（图8）
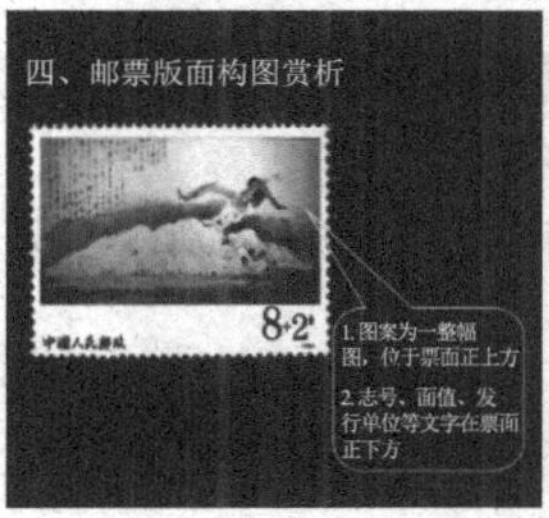

图7

图8
C. 图案为抠图所得对象（图9）
D. 图案以自选图形形式呈现（图10）

图9
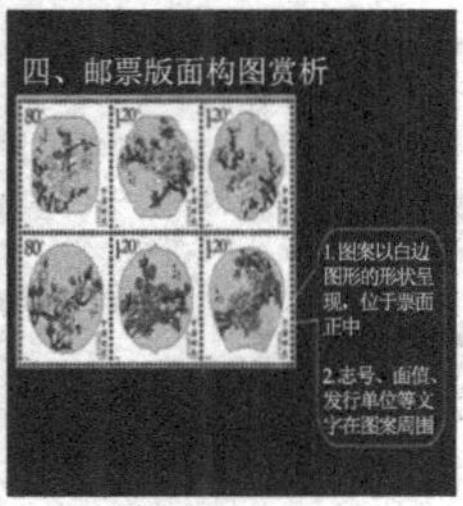

图10
E. 票面以异形展现（图11）
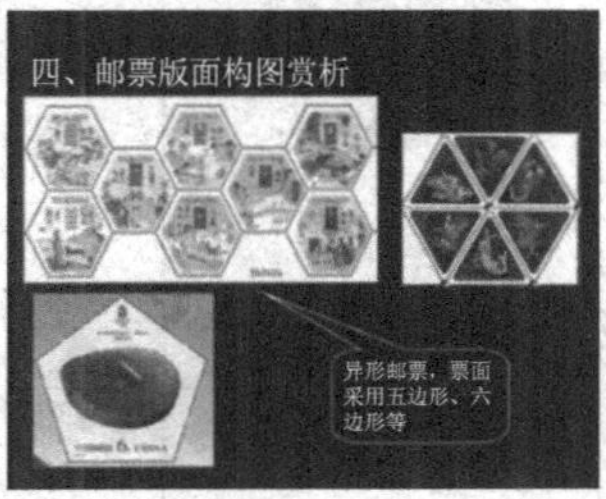

图11</td><td>认真思考，积极回答问题。

观察构图方式。</td><td>向学生展示各种邮票的版面布局方式，为学生创新设计个性化的校庆邮票做铺垫。</td></tr>
</table>

续表

<table>
<tr><th>教学环节</th><th>教师活动</th><th>学生活动</th><th>设计意图</th></tr>
<tr><td>合作探究
（8 分钟）</td><td>任务三：设计一枚校庆邮票。
1）请学生登录自己的“电子档案袋”下载素材包。
2）学生以小组为单位，设计制作一枚校庆邮票。
3）制作过程，可以参考查阅微视频“用路径制作邮票操作步骤”和“用橡皮制作邮票操作步骤”。</td><td>以小组为单位动手实践，感受图像加工方法的运用。</td><td>学以致用，内化所学的内容。
培养学生实践动手能力及创新能力。</td></tr>
<tr><td>示范帮助，
评价修改
（5 分钟）</td><td>六、作品展示
1）请学生按照表 1 提示对本组设计的校庆邮票作说明。
表 1
<table>
<tr><td>作品名称</td><td></td><td>成员</td><td></td></tr>
<tr><td>主题内容</td><td colspan="3"></td></tr>
<tr><td>票面形状</td><td colspan="3">矩形、正方形、椭圆</td></tr>
<tr><td>制作齿孔的方法</td><td>橡皮擦</td><td>路径</td><td>其他</td></tr>
<tr><td>邮票版面布局
图案呈现形式</td><td>做票面背景</td><td>以特定形状呈现</td><td>其他等</td></tr>
<tr><td>运用到的技术</td><td>图案抠图</td><td>图层样式</td><td>滤镜等</td></tr>
<tr><td>你最满意的地方</td><td></td><td></td><td></td></tr>
<tr><td>期待改进的地方</td><td></td><td></td><td></td></tr>
</table>
2）展示每组学生完成的作品，选出几个具有代表性的作品进行点评，并鼓励学生对展示的作品提出自己的看法。
3）引导部分学生展示、总结用“路径描边”方法制作邮票齿孔的优点。
[作品赏析]如图 12～图 21。

图 12

图 13

图 14

图 15

图 16

图 17

图 18

图 19

图 20

图 21</td><td>小组共同讨论交流分析和评价。
弥补不足，积极完善作品。
欣赏他人作品。</td><td>由作品展示图表做基础，引导学生学会客观地评价作品，实现交流和学习的目的。
教师引导学生运用“路径、画笔描边”方法制作邮票的齿孔，使学生体会图像加工方法的多样性，可以借助不同的工具达到自己预期的效果。</td></tr>
</table>

续表

教学环节	教师活动	学生活动	设计意图
示范帮助，评价修改（5分钟）	[归纳总结] 1. 亮点 1）很多学生自定主题，利用“画笔”工具绘制与主题相呼应的图案，发挥了美术特长的优势。 2）有个别同学设置“图层样式”，对邮票进行美化。 2. 不足 有个别小组制作的邮票背景没有抠除，导致齿孔背后还有其他颜色衬托，与真实邮票有差别。		
师生互动，知识提升（2分钟）	任务四：提炼图像加工的一般步骤是什么？ [归纳总结]如图22。 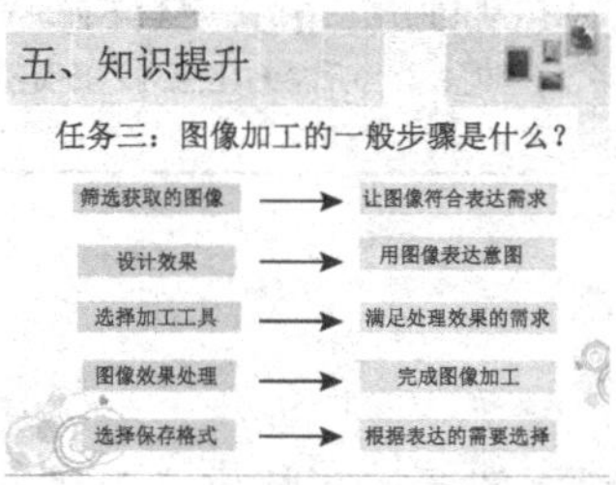 图22 [提出不足] 1）邮票票面的形状可以呈多样性，不必拘于矩形。 2）图层样式可以在文字、图案设置方面有多种效果，但必须和图像表达的意图相吻合。 3）色彩搭配必须和邮票主题一致，避免色彩过度。 4）文件的保存格式要根据表达的需要选择。例如，本堂课没有做完，可以保存为psd格式继续加工；要上传网络，可以选择占存储空间较小的jpeg格式。	仔细思考，认真回顾制作过程，总结图像加工的一般步骤。	教师引导学生总结图像加工的一般步骤，有助于规范学生在今后进行图像加工过程中的步骤、方法。 明确邮票的图案体现了它的文化属性和艺术性，设计效果和选择加工工具是不能忽视的两个环节。
自我评价，课堂反馈（2分钟）	1）填写自我评价表上交。 2）填写小组评价表上交。	认真填表，总结自己的不足。	使学生明确自己对本堂课的知识点的掌握情况。 教师评价学生、了解学生对知识点掌握情况，为改进教学提供依据。
渗透德育，小结作业（2分钟）	1）回顾本堂课的知识要点及操作步骤。 2）制作一张民族团结月的活动宣传海报（也可自定主题），上传到自己的电子档案袋中（注明班级和小组名）。 3）课外拓展：大家借助网络平台提高自主学习能力，利用优酷等网站提供的一些合成图像视频来加强自己的操作技术，拓宽图像加工的技术视野。 4）图像处理软件功能强大，大家可根据自己的创意，利用软件对图像进行加工。但我们不能用Photoshop合成图像技术随意上传“恶搞”图像，要注重网络道德素养，要以自身的切实行动来维护网络洁净的天空。	认真听讲，回顾本堂课的知识点。 学生酌情根据自己能力和意图完成作业。 思考可以从哪些途径获取图像加工的方法。	巩固知识，加深印象，熟悉操作；明确课后作业。 学生掌握加工图像的方法是为了美化生活，培养学生的网络道德素养。 图像加工的方法也可利用今后生活中的其他途径去完善。

续表

教学环节	教师活动	学生活动	设计意图
教学评价			
本堂课作为公开课，突出以学生为主体、教师为主导的理念，课堂气氛活跃，教学进展顺利，师生交流融洽，圆满完成了预期的教学目标，并呈现出如下鲜明的特点。 1）情境设置“生活化”：通过展示世界上第一枚邮票导入，师生互动展示各类邮票，激发了学生的学习欲望；同时，由邮票讲授邮票的历史、组成要素等相关知识，促使学生联系生活实际，体验图像加工的意义。 2）知识学习“层次化”：通过分析邮票的构成要素及制作方法，既回顾了学过的知识，又将问题分解细化，引出这节课要解决的核心问题——邮票齿孔的制作。明确问题后，将本堂课的重点“邮票齿孔的制作”分解为五个问题，引导学生思考解决。讲授新知，环环相扣，非常符合学生的认知过程。 3）学案引导“丰富化”：给学生提供的学案中，有文字版和操作任务微视频版，学生可以根据不同的需求观看每个任务的微视频，实现了因材施教、分层教学的目标。 但该课例仍存在一些问题：课堂上让学生填写评价表，占用过多时间，有时会导致下面环节不能按时展开；中断又很挫伤学生的积极性，无法达到评价的效果。提供的素材图片过多，会转移学生听课的注意力；固定主题素材，学生觉得无趣，还会影响最终的加工效果。			

思考题

1. 在回顾本章所学内容后，结合教学案例阐述一下探究学习型教学模式的实施流程。
2. 选取你最得心应手的某一知识点，看看它是否也可以进行探究学习，并进行教学设计。
3. 请阐述情境教学法、任务驱动教学法、探究学习型教学模式之间的关系。

第九章　同课异构教学设计案例研析

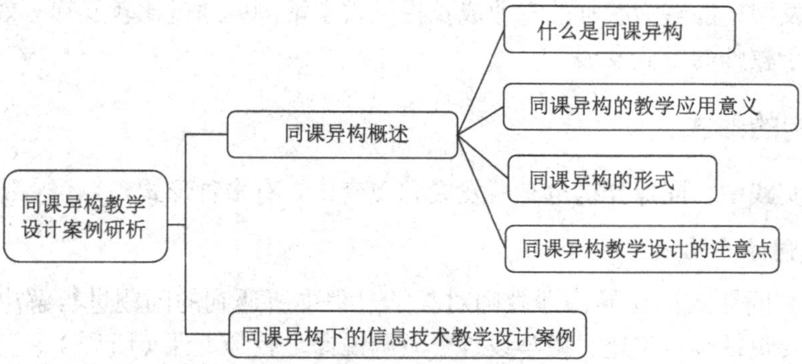

本章重点讲解同课异构模式在实际信息技术课堂教学中的应用和实践，通过对同课异构模式进行概念界定、意义阐述、形式介绍，进而为大家呈现现实课堂中同课异构模式的具体应用案例。

第一节　同课异构概述

一、什么是同课异构

什么是同课异构？“构”字可以作为教学结构来解释，教学结构是教学系统的诸多组成要素之一，例如，教师、学生、教材和教法等之间相对稳定的组合方式和作用关系。同课异构的侧重点在于一个“异”字，通过对相同教学内容的不同教学结构进行比较研究，共同探讨教学中的重难点，交流教学经验，以此来提升教师的教学水平。因此，同课异构就可以解释为：教师根据自身的特点，结合学生和教学环境的实际情况，进行个性化、差异化的教学设计。

二、同课异构的教学应用意义

通常我们将同课异构作为一种教研方式，它可以通过教师彼此交流，引发参与者智慧的碰撞，使教师看到自己的长处和短处，从而达到提高教学效果的目的。它为集体研讨提供了学习平台，教师可以借此总结教学经验，提高教学水平及能力。

传统的教研多以教学观摩和专家点评的方式进行，这未免有些“专家一言堂”的意思，缺少教师和专家之间的互动和思维碰撞。一些观摩教师对“课例”理解得不够深入，不能很好地借鉴和应用，教研工作的效果较差。同时，地域和经费的限制也使得教师教研停留在点上交流，而面上横向交流不畅通。

随着信息技术在教学中的不断应用，我们在说到同课异构的时候，一般会把它和网络教研一起提出，这是同课异构在信息技术环境下的新发展。同课异构网络教研基于网络教研平台，不同地域的教师对同一个教学内容进行网上直播，专家或教研员进行点评、指导、研究，区域内的其他教师也可以通过平台进行观摩，并参与互动交流。它可以达到跨时空、低成本、多主体、高效率的教研目标，是传统教研的一种延伸。

为此，合理利用同课异构网络教研方式，能够有效节省教师的时间和精力，以更少的时间，取得更大的收获，有效提高教研活动的质量；能够在区域范围内联通，缩小教学差距，促进教育均衡发展；能够为教师的专业成长提供教学案例，通过比较发现有效与无效的教学活动等，有利于教师的专业发展。

三、同课异构的形式

在实际的实践中，同课异构也有所发展和演变，它有多种形式。

1. 问题式同课异构

顾名思义，问题式同课异构即教师对教学过程中所遇到的问题进行解决探讨的教研活动。其过程主要包括确定主题、教学设计、教师说课、教师上课（听课）、互动研讨、教师反思六个环节。此种形式的同课异构以解决问题为教研重点，着眼于帮助教师解决日常教学中遇到的问题，有着明显的目的性和明确性。

2. 课例式同课异构

这是最为常见的同课异构教研形式。当教师在日常教学中并没有遇到显著性的疑难问题时，以正常教学进度中的某个教学内容为主题，对教学过程进行研究，探索如何更好地完成教学任务，实现教学目标。其过程类似于问题式同课异构。此种形式的教研重点不在于聚焦某个问题或形式的“点”，而在于整个教学活动的“面”。教师需要围绕教学目标，对教学内容进行深入解读，对资源开发设计、教学方式策略的选择等各方面进行关注。

3. 帮扶式同课异构

对于语文、数学、英语等每天都有的主要学科，课例式同课异构就不太容易实现。教师众多，无法在一天时间内完成所有教师的课程的听、点评和交流。为此，以同伴互助为典型形式的帮扶式同课异构形式应运而生。教师之间互相结对子，相互听课、评课。另一种帮扶式同课异构形式即师徒式帮扶，教师之间是指导和被指导的关系。

4. 展示式同课异构

该类同课异构形式是公开课的一种变式，多为骨干教师或名师进行教学示范，以他们丰厚的教学经验和优秀课例为听课教师提供较为先进灵活的教学理念和教学方法范例。与公开课不同的是，它有着完整的流程，从说课、上课（听课）到评课，每个环节都为听课教师予以示范。

5. 客串式同课异构

为了避免教师在多次同课异构教研中产生厌烦倦怠的情绪，有时候也可以请其他年级的本学科教师进行客串研讨，为“百年如一日”的教研活动增添新的面孔和想法。此类同课异构主要是为了提高教师参与教研活动的兴趣。客串的教师不一定是骨干教师或者名师，但必须是熟悉教研活动所探讨的教学内容的人。此外，需要注意的是，此类形式需慎用，只有在某些教师对同课异构教研活动有厌倦的情绪时才可以临时性地使用，否则容易打乱教师正常教学工作步调。

6. 递进式同课异构

递进式同课异构也被称为多人多轮同课异构，即所谓的“磨课”。教师在经过了第一轮的设计、说课、上课和评课后，总结他人的意见及自身体会，对教学设计进行再设计，然后在平行班再次进行说课、上课和评课，诸如此类循环反复，使得自身的教学设计不断地优化，以此促使其教学水平的提高。此类形式有利于培养教师打磨精品课程，挖掘教师潜力，张扬其特有的风格和个性。需要注意的是，螺旋递进式的同课异构使得教师的工作量变大，执教教师的人数不宜过多，两至三人为宜，平行班数量也不宜过多，两至三班为宜，且不宜经常开展。

7. 课题式同课异构

课题式同课异构和上述的问题式同课异构有着较为相似的概念和流程。其最大的区别在于问题式同课异构中的问题难度较小，在较短时间内就可以解决；课题式同课异构选定的问题难度较大，需要多轮次的探讨才能解决。此类同课异构对教师的创新能力要求较高，研究的氛围最为浓厚。

四、同课异构教学设计的注意点

同课异构教学设计与同课异构教学有所不同，同课异构仅仅是一种研究方法。在上述同课异构的形式介绍中，我们了解了同课异构教研活动的大致流程，然而，设计优先于教学。在进行教学实践之前，我们必须把目光着眼于教学设计。唯有对教学设计中的一字一句加以深入剖析，才能品味教师的真实用意。为此，我们提出了同课异构教学设计应考虑到的注意点。

1. 教学设计的数量

同课异构的教学设计一般不得少于三个。过少的样本在统计学上缺乏可比性和信度、效度。将多个同课异构的教学设计放在一起进行比较，才能让教师了解到怎样的设计才是最优的。

2. 教学设计的流程

在同课异构的教学设计中，教师不再是孤胆英雄独自奋斗在教学设计前线，而是应该和其他教师形成一个研究共同体，以团队的形式有目的、有计划地进行活动。活动需遵循“先集中、再分散、再集中”的原则。先团队制定教学目标和教学重难点，再各教师依据确立的目标和重难点进行教学设计，最后再集中在一起，以现场或平台的形式进行教学研讨课的展示。

第二节　同课异构下的信息技术教学设计案例

在本节中，我们选取了各个学段较为典型的教学内容的教学设计进行介绍。下列各个案例的侧重点和亮点有所不同，教师在进行相应教学设计时，应综合考虑教学的课时安排、学习者的学习基础、教学环境等多个影响因素。

一、引导线动画

案例一：引导线动画的制作和运用

1. 案例背景

设计者	教案名称	学生	教材	课时
吴蔚宁	引导线动画的制作和运用	八年级	新世纪出版社《信息技术》	1

2. 教材分析

本节课是新世纪出版社《信息技术》八年级教材第二单元第9课“疯狂超车危险大——引导线动画的制作和运用”中的内容。

课程标准中指出，本课是在“礼让行车”（补间动画）一课基础上加入引导线动画编写而成的，主要是突出引导线动画，并运用它来制作“疯狂超车危险大”动画，让学生学会如何制作引导线动画。

本节课的知识内容主要是利用引导层和引导线动画让物体按作者的设计意图动起来，并且创设一定的情景来表达。具体包括层和引导层的关系、引导线制作、被引导层与引导层的关系等概念。本课是在补间动画的基础上加入引导线动画，既帮助学生更深入理解前面的知识，对前面知识进行综合应用，使学生对层的实质有更清晰的认识，也为后面不同动画类型的运用做必要的前提和准备。

3. 学习者分析

本节课的教学对象是八年级下学期的学生。该阶段学生在日常生活中接触了不少动画和游戏的案例并对其产生兴趣。兴趣是学生积极求知的诱因，当学生对所要学习的内容产生浓厚的兴趣时，就能够主动参与教学。

通过前面的学习，学生已经具备一定的知识水平与自学能力。在本节课之前，学生在知识上对 Flash 动画的层有了一定的认识，还掌握了关键帧和补间动画的操作方法。学生通过前面课程的学习，能够综合应用知识做出一些简单的补间动画。此外学生有较强的模仿能力、理解能力、分析能力，能充分完成自主学习和小组探讨活动，并能根据自己的兴趣和能力创作作品。

本节课主要是让学生掌握制作和运用引导线动画的方法，运用适当的信息技术发挥自己的创意，表达自己的想法。但是，在学习过程中，学生容易将引导线层与动作对象层混淆，也会把握不了引导线中心点与被引导动画的关系。

4. 教学目标

（1）知识与技能

1）了解引导线动画的概念。

2）理解引导层的用处。

3）掌握引导线动画的操作方法。

（2）过程与方法

1）通过学习如何综合运用背景层、补间动画、引导线进行创作，培养学生的想象力及信息素养。

2）通过助教、小组学习活动，培养学生协作交流意识及助人为乐的良好作风。

3）通过微课让学生自主学习，提高学生自学能力。

（3）情感态度与价值观

1）让学生喜欢 Flash 动画。

2）培养学生良好的自主学习习惯以及分析探究意识。

3）向学生渗透玩游戏不如做游戏的激励教育，培养学生的创新意识。

5. 教学重难点

重点：理解引导层的用处、掌握引导层与被引导层的关系。

难点：理解引导层与被引导层的关系，掌握引导线与被引导物的中心点对应，掌握引导线的画法。

6. 教学准备

多媒体网络教学系统、学生素材、教师素材等。

7. 教学过程

教学环节	教师活动	学生活动	设计意图
教学引入	1）播放“疯狂乒乓球”视频，引导学生研究运动轨迹的特点。 2）播放“模拟乒乓球”动画，引导学生开发游戏的创意构思。 3）介绍“超级玛丽”等受欢迎游戏的创意来源。	欣赏“疯狂乒乓球”视频，同时注意对运动轨迹的研究。 理解引导线动画的用处。 了解游戏开发的创意来源于生活。	利用学生对运动的热爱，通过学生对运动轨迹的研究引导学生理解引导线动画的用处。鼓励创新思想，引入游戏开发构思。
师生互动，探究实践	1）用有趣的任务激发求知欲。 2）鼓励自主学习。 3）巡堂、监看学生屏幕。 4）留意出错现象（学生学习的难点）。 5）引导学生思考学习 Flash 动画中的重点难点是什么？ 6）在学习能力强的学生中选出小助教。 7）根据重点难点，提出问题。 8）小助教示范解决问题。	1. 2 人小组自主学习了解引导线动画的基本操作，完成“超级玛丽”动画制作的基础任务（图 1） 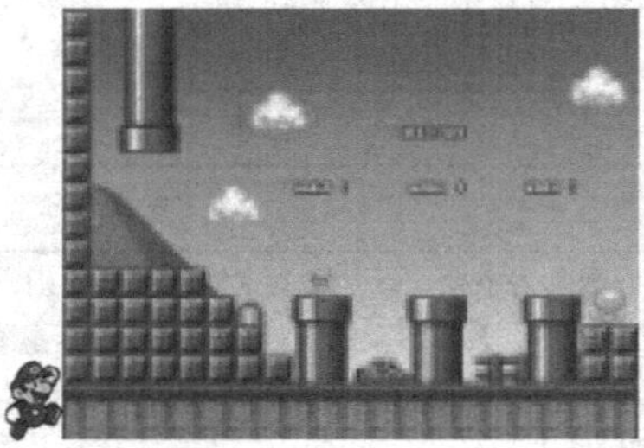 图 1 1）学生通过帮助文件或视频自主学习，完成基础任务，体验引导线动画的特点和要点。 2）有些学生很快就得到了动画效果，有些则越做越乱，为什么呢？ 2. 小助教示范讲解难点，学生自我小结 1）引导层与被引导层的关系。 2）引导线与被引导物的关系。 3）引导线与被引导物中心点的对应关系。	这些练习题针对重点，突出了难点，创造了一个学生自我探究问题的机会。学生自主发现、探究和解决难点，完成了难点的突破。 为学生的终身发展提供必备的基本技能——自学，让学生通过自主学习提高分析问题的能力。 引导学生在实际操作中勤于思考以及制作后及时地自我小结，培养学生善于思考、勤于归纳的能力。

续表

教学环节	教师活动	学生活动	设计意图
导入拓展内容	1）画面粗糙、技术简单的游戏是不是就不受欢迎呢？ 2）展示课外阅读材料——“Flappy Bird”的创意和效益（图2）。 3）大家一起体会“Flappy Bird”和“魂斗罗”游戏动画（图2、图3）。 4）引导学生分析任务难点在于多引导线，以及多补间动画里加引导层后引导线的调整。  图2 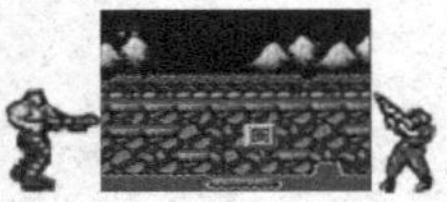 图3	3. 学生分析拓展任务 1）阅读课外阅读材料。 2）分析拓展任务的重点和难点。	大力倡导创新思想，抵制“山寨行为”。中国唯有创新才有出路。培养爱国精神。
探究实践	1）布置拓展任务，要求学生根据自己掌握的技术，选择适合自己的任务。 2）先完成作品的小助教巡堂指导有困难的学生操作。	4. 学生完成拓展任务 学生根据自己掌握的技术，选择适合自己的拓展任务（“魂斗罗”或“Flappy Bird”游戏动画或继续“超级玛丽”动画的制作）。	学生自学理解知识点后，进一步活学活用，运用所学能举一反三地做出更复杂、能表达自己意图的作品。
评价	1）欣赏作品，肯定学生的创造力。 2）提供反馈平台让学生评选优秀作品。	5. 作品评价 1）欣赏学生的作品。 2）根据作品评价参考表评选优秀作品。	通过作品评价，教育学生对游戏进行正确评价，抵制不良游戏。
小结	提供网络平台让学生对知识进行归纳。	6. 小结 在网络平台上对本课所学知识进行归纳。	通过收集全班学生学习情况，全面掌握学生在本节课的收获与不足，有利于教师在日后教学中进行补充调整。

教学评价

1）本节课充分突出了以教师为主导、以学生为主体的教学原则，学生学习积极性高，整体教学效果良好，能达到本节课的预期目标。在信息技术的课堂中，教学活动的设计尤为重要，其中练习素材和任务素材的选定是一个很重要的前期工作，本节课选取了饶有趣味的练习素材和任务素材，极大地激发了学生对引导线动画的兴趣，设计了极富创造力的任务环节，充分发挥了学生的主观能动性和创新能力。

2）采取任务驱动式教学法是信息技术课堂中常用的一种教学法，在任务驱动下无形中培养了学生自主探索、动手操作的能力，发挥了学生的自主学习能力。

3）作品没有评价标准则易使作品失去创作的方向，教师不去点评作品，学生则会失去创作作品的动力，好的评价对学生的影响肯定是积极的，因此在评价的过程中，多点表扬、少点批评更有助于激励学生。所以教师在课堂结尾时落实好教学评价这个环节确实有画龙点睛的作用。

4）本节课在情感目标上针对学生迷恋游戏的情况，利用实际案例做出了有益的引导，鼓励学生要有创新精神，达到良好的效果。

5）在技术操作方面，淡化专业性和技术性，体现生活化和文化性。学生都想挑战高难度的任务，导致上交拓展作品较多，基础作品较少，学生没有百分之百地上交作品到网站进行互评。但已达到基本信息素养和解决问题能力的培养，将思维活动和操作活动有机结合的目的。

案例二：制作引导层动画

1. 案例背景

设计者	教案名称	学生	教材	课时
张海燕	制作引导层动画	八年级	江苏科学技术出版社《信息技术》	1

2. 教材分析

引导层动画是江苏科学技术出版社《信息技术》第1章“动画制作”第3节的内容，教材简单介绍了引导层动画的概念及简单制作方法，对于教学来说，还需要教师补充和扩展。引导层动画使得动画运动轨迹更加丰富多彩，可以模拟生活中很多的实例；引导层动画也是补间动画的深化，是Flash动画制作教学中比较重要的内容。

3. 学习者分析

通过前面的学习，学生对Flash软件已经不再陌生，此时的学生也有了较强的思维能力和表达能力，并且也有自己独特的见解，因此要合理地选择符合学生认知的主题内容及问题，将三维目标中的情感态度与价值观体现在课堂教学中，结合实际问题，培养学生利用所学知识解决实际问题的能力。与此同时，也要考虑到八年级学生整体水平参差不齐的状况，因此在具体的教学内容和任务设计上还要体现出层次性和递进性，使不同能力的学生在递进性的任务中得到相应的提高。

4. 教学目标

（1）知识与技能

1）理解引导层动画的基本原理及引导层的作用，会区分引导层与被引导层。

2）掌握引导层的建立方法及两种绘制引导线的方法。

3）掌握引导层动画制作的一般步骤。

4）了解一个引导层可以引导一层或多层动画补间动画。

（2）过程与方法

1）从已有知识出发，通过教师讲授，学生探究、总结，进而掌握引导层动画的制作。

2）先分析后制作，通过“蜜蜂采蜜”主题动画中几个相关小动画的制作，提高学生分析能力、归纳总结能力。

（3）情感态度与价值观

1）通过“蜜蜂采蜜”这个主题动画的引入及蜜蜂的可爱形象，激发学生的学习兴趣。

2）通过本节内容的学习，让学生感受到动画的魅力，并培养善于发现、学以致用的品质。

5. 教学重难点

重点：引导层的建立方法及引导线的绘制，引导层动画制作的一般步骤。

难点：对象与引导线的吸附，封闭曲线运动中引导线的制作方法与技巧。

6. 教学准备

多媒体网络教室、学生制作素材（半成品）、学件指导、教学课件。

7. 教学过程

教学环节	教师活动	学生活动	设计意图
创设情境 激发兴趣	由信息的传递说起，谈到人类传递信息的方式。问：动物之间如何传递信息？举例说明。 问：蜜蜂之间如何传递信息？ 【PPT 动画演示】展示蜜蜂从侦查到集体采蜜的过程，验证学生的回答。 请学生回忆学过的 Flash 动画，想想在该动画中有没有学过的动画类型？	举例：动物之间传递信息的方式。 回答：跳舞等。 观看动画，了解蜜蜂采蜜过程及传递信息的方法，并回忆学过的动画——动画补间。	通过话题引入，活跃课堂气氛。学生积极发言，气氛很好。教师通过“蜜蜂采蜜”这个主题动画的引入及蜜蜂的可爱形象，激发学生的学习兴趣。
复习回顾 引入新知	【PPT 动画演示】展示蜜蜂直线运动的补间动画，提问如何制作。请学生演示。教师补充补间动画的制作要点。 【PPT 展示】“直线运动的蜜蜂”和“自由飞舞的蜜蜂”动画（图 1），请大家对比两个效果，观察各自的运动轨迹和图层，并说出区别和实现方法。 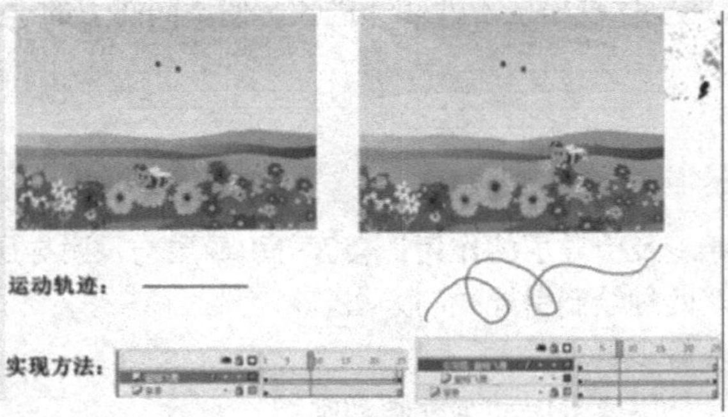 图 1 引入新课：今天我们就利用引导层动画制作技术来实现“蜜蜂采蜜”动画。	学生回忆复习补间动画的制作方法，并个别演示。 观看对比，发现后者更接近现实生活，并观察说出各自的运动轨迹和实现方法。 明确本节课学习内容。	复习动画补间动画制作，为本节课的学习做好铺垫，并通过对比，让知识顺利过渡。
讲授演示 学习新知	【讲授】结合图 2，分析讲授引导层动画的组成。 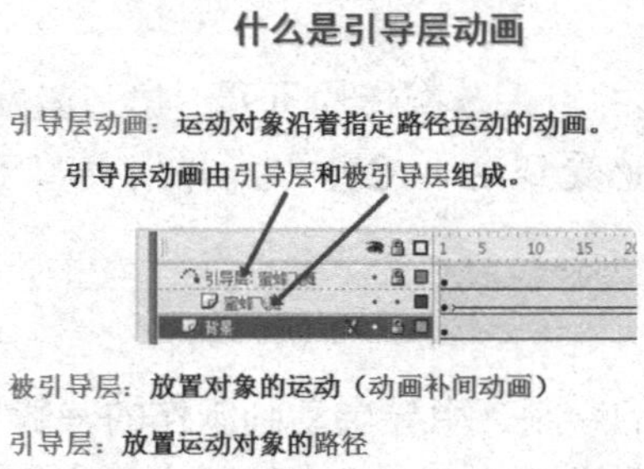 图 2 【演示】展示引导层动画的制作过程，强调要点。	在教师的引导下，学生分析什么是引导层动画，并了解引导层动画的组成。 观察教师演示，了解制作过程和要点。	结合图示，教师引导，学生分析，了解什么是引导层动画及引导层动画的组成，并通过教师的简单演示，了解制作要点，为后面的学习打好必要的基础。

续表

教学环节	教师活动	学生活动	设计意图
实践练习之步骤一：寻找蜜源	分解动画，三个关键步骤：寻找蜜源—告知结果—集体采蜜，让学生明确任务并分组，要求组内互助，组间竞争。 【PPT动画演示】步骤一：寻找蜜源（一只蜜蜂自由飞舞），请学生参考学件完成。 请学生思考：①引导层动画运行中，请观察引导线还可见吗。②若更改引导线的颜色粗细，动画会受影响吗？ 点评常见问题，强调制作要点，请学生回答思考题。 引导学生总结引导线的特点：①引导线在最终生成影片时是不可见的；②引导线的颜色、粗细与动画效果无关；③引导线必须绘制在引导层；④引导线的转弯不能过急；⑤被引导对象的中心必须准确吸附到引导线上。 根据各组完成情况加分。	明确任务。 参照学件完成“步骤一：寻找蜜源”，并思考相关问题。 评价他人作品，了解动画制作中的操作要点，并思考相关问题。 小结引导线的特点。	“步骤一：寻找蜜源”为基本任务，重点是引导层动画制作的步骤，包括引导层的添加、引导线的绘制、对象的吸附。
实践练习之步骤二：告知结果	【PPT动画演示】展示蜜蜂跳圆圈舞告知同伴结果的动画，引导学生分析动画及运动轨迹。请学生完成步骤二动画。 展示学生作品，并请学生观察思考动画有没有需要改进的地方。 教师补充：蜜蜂如何面向同伴飞舞？如何顺时针、逆时针交替转圈？请学生尝试完善。 小结引导线的绘制方法：铅笔工具、椭圆工具、直线工具、矩形工具、钢笔工具等（图3）。 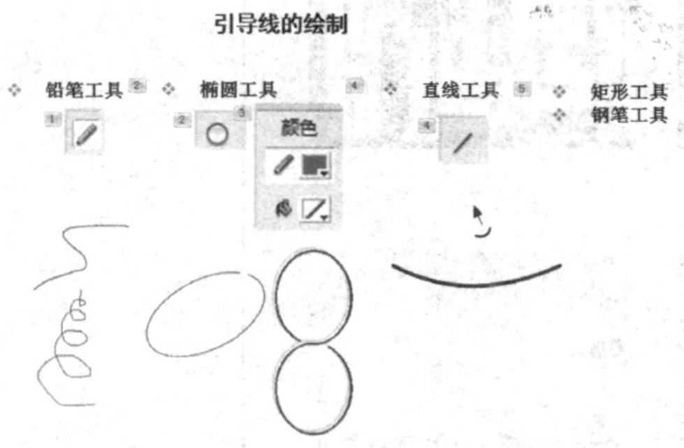 图3 根据各组完成情况加分。	观看动画，分析各种对象、图层及运动轨迹。自主探究完成步骤二动画。 欣赏他人作品，并思考。完善自己的动画。 了解引导线的制作方法。	“步骤二：告知结果”为提高任务，重点是自主分析动画、巩固引导层动画的制作及引导线的其他绘制方法。
实践练习之步骤三：集体采蜜	【PPT动画演示】多只蜜蜂集体去采蜜。 请学生分析实现方法，请学有余力的学生尝试完成。 教师巡视指导。 展示优秀作品，请学生说说实现方法。 【小结】两种方法： 1）一个引导层（多条引导线）引导多个被引导层（图4）。 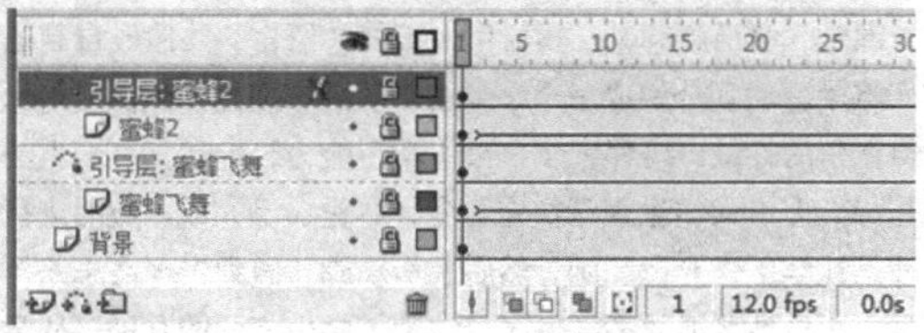 图4	分析动画，学有余力的学生尝试完成。 欣赏优秀作品，了解制作方法。	“步骤三：集体采蜜”为分层拓展任务，重点是一个引导层引导一个或多个被引导层。先让学生尝试，再总结展示学生的方法，让没能完成的学生也了解制作方法，拓展学生思路。

续表

教学环节	教师活动	学生活动	设计意图
实践练习之步骤三：集体采蜜	2）或一个引导层引导一个被引导层（图 5）。 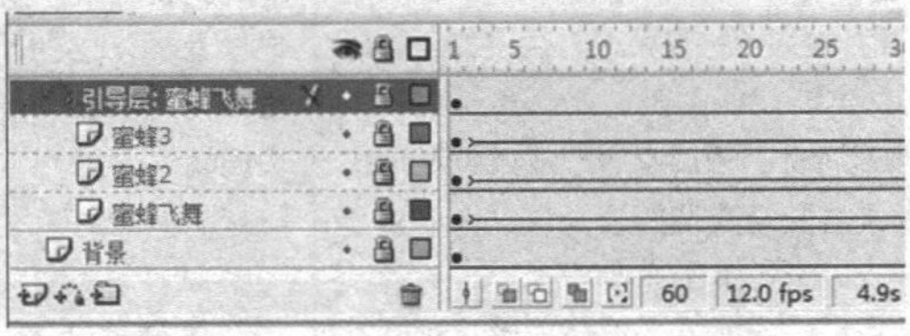 图 5 根据各组完成情况加分。 反馈小组得分情况，评出优胜组，分发小奖品。		
总结延伸	引导学生对所学内容进行总结，重点指出引导层动画的作用，并提问：运用今天所学的内容，你能不能实现其他的动画效果？请学生回答。 及时小结：生活中的运动多数是曲线运动，如 PPT 播放树叶飘落、地球公转、海底世界等动画（图 6）。 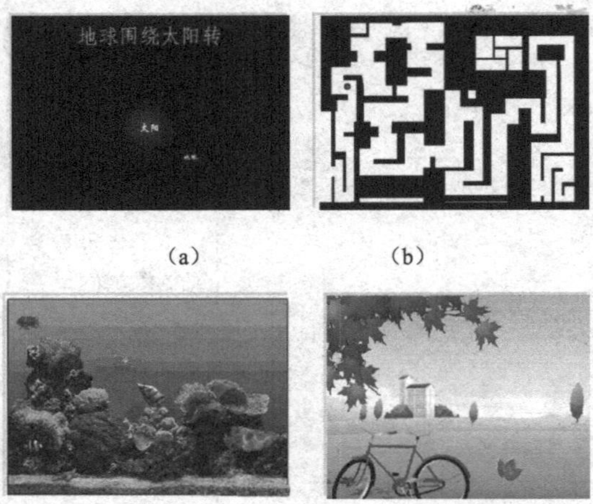 （a）（b）（c）（d） 图 6 通过今天的学习，你是不是可以将它们轻松地描绘出来？希望大家能多加实践，做到学以致用。	回忆总结，思考。 欣赏动画，了解引导层动画的实用性。	回顾总结本节课知识点，并思考在生活中的应用，做到学以致用。

教学评价

本节课主要是用“蜜蜂采蜜”这个主题动画，将引导层动画制作中的相关知识点巧妙地串联了起来。首先是创设情境，激发兴趣，让学生说说动物之间信息交流的方式，课堂气氛活跃起来，然后引入蜜蜂的语言，并播放自制的动画让学生了解蜜蜂从侦查到集体采蜜的过程，学生很感兴趣。其次将主题动画分解成三个小动画，动画难度由浅到深，知识点循序渐进，并贯穿于每个动画中，采用任务驱动、自主探究、分组竞争的方法，培养了学生自主学习能力，也激发了学生的积极性。为了照顾到不同层次的学生，制作学件和微视频作为学习指导，但也向学生强调要先思考，尽量自己完成。最后进行了拓展延伸，让学生善于观察，学以致用。在完成每个动画之前，都是让学生先分析动画，然后制作动画，做到先理清思路再制作，这使得学习效果变得很好。从学习过程来看，学生比较感兴趣，积极性普遍较高，也充分体现了学生之间的互助；从学习效果来看，任务达成率比较高。

续表

教学环节	教师活动	学生活动	设计意图
教学评价			
上课过程中的不足之处：①在“步骤二：告知结果”动画制作中，设置了两个小问题，但在上课过程中，由于担心学生第三个拓展任务思考和实践时间不够，所以只提出一个问题让学生思考实践，另外一个问题“如何顺时针、逆时针交替转圈”没有提。这个未提出的问题应该被提出来，来让学生去尝试，因为这是蜜蜂真实的舞蹈动作。②在总结引导线的绘制时，提到了课堂上没有用到的工具，此时，可以举一些例子，让学生更直观地了解。③在“步骤三：集体采蜜”分层拓展任务中，学生分析出两种方法，并且都在尝试，可以在点评小结时展示出来。如果发现学生没能完成，教师可以用截图或已做好的实例展示出来，让学生知道这两种方法都是可行的。			

案例三：飞吧，纸飞机——引导层动画

1. 案例背景

设计者	教案名称	学生	教材	课时
黄宪丽	飞吧，纸飞机——引导层动画	八年级	新时代出版社《信息技术基础》	1

2. 教材分析

本教材是新时代出版社《信息技术基础》八年级下册第8课“引导层动画”的内容。

引导层动画是学生在学习了形状渐变动画、运动渐变动画（沿直线运动的动画）的基础上学习内容的一个提升。本节课主要教学内容是Flash的引导层动画制作及图形元件的使用。重点是学生对引导层动画的理解以及制作简单的引导层动画。引导层动画制作的操作技巧性比较强，因为它必须建立在元件、补间动画的基础之上，也就是说学生必须具备一定的Flash操作基础，对学生已经掌握的基础知识和技能的要求较高。因此，本课内容是对Flash动画的进一步深入学习。

3. 学习者分析

通过前面的学习，学生对制作Flash动画有了初步了解，学习了Flash动画的一些基础知识，如逐帧动画和补间动画的制作及其原理，对于图层和元件也有了初步的了解和掌握，具有一定的动画制作基础。初中生由于年龄特点很容易被一些动画效果所吸引而产生自己动手尝试的想法，教师要抓住学生心理特点，适时引导。在教学设计时考虑到既要进行作品制作又要穿插技术引导，并使学生发挥自己的想象力大胆尝试，教师决定对本课进行探究性学习，运用循序渐进的任务驱动教学法，面向全体学生，使不同层次的学生都能学有所悟，使学生始终处于“探究”状态，激活学生思维和情感，突破重难点，使学生在探究思索、实例练习、作品交流等学习过程中，体验Flash动画制作的乐趣。

4. 教学目标

（1）知识与技能

1）认识引导层。学会创建引导层，了解引导层动画的原理。

2）学会引导层动画的制作方法。

3）学会使用图形元件。

（2）过程与方法

1）通过导入动画实例，激发学生学习兴趣和学习积极性。

2）通过引导观察、分析比较，帮助学生理解概念。

3）通过教师示范讲解、学生实践、任务驱动、合作探究，使学生初步掌握制作引导层动画的方法。

4）通过观看课件，给学生自主学习提供帮助（根据个人需要，自主选择观看，辅助学习）。

5）通过“佳作点赞”活动，取长补短，提高学生学习积极性，及观察能力和作品鉴赏能力。

6）通过“小组互评、自我评价”，教师给出建议，对学生进行学法指导。

（3）情感态度与价值观

1）激发学生的求知欲，通过富有童趣的任务探究学习，培养学生主动参与精神及严谨的科学态度。

2）体验动画制作的乐趣、学习的快乐以及成功的喜悦。

3）让学生在自主解决问题的过程中培养成就感，培养学生合作学习和认真探索的精神及团队合作能力。

5. 教学重难点

重点：认识引导层；引导层与被引导层的关系；绘制引导线；创建引导层的方法。

难点：运动对象与引导线的吸附操作；使用“同步、对齐”等属性设置，控制被引导对象的位置方向；让学生能够举一反三，熟练地制作引导层动画。

6. 教学准备

教学课件、课用素材。

7. 教学过程

教学环节	教师活动	学生活动	设计意图
情境创设，导入课题	1）播放两个 Flash 小动画，引导学生认真观察并比较有什么不同。 2）展示两个动画的源文件。提出问题：两个文件的图层有什么区别？ 同学们观看得很仔细。飞机 1.fla 是上节课我们学习过的补间动画，飞机 2.fla 是另外一种补间动画——引导层动画，即按照设定的轨迹运动的动画。 3）介绍引导层动画的概念（分析源文件）。 4）继续提问：引导层的作用是什么？引导线的作用是什么，如何绘制？引导层和引导线有什么关系？ 今天我们就来学习一个新的动画类型——引导层动画。 1. 分解作品，引导制作思路 1）制作被引导层元件和补间动画。 2）添加引导层，绘制引导线。	1）认真观看，思考问题，讨论交流。 观察发现：①一个飞机是直线运动，另一个飞机是曲线运动；②沿曲线运动的飞机有引导层，并且有条曲线（图 1）。 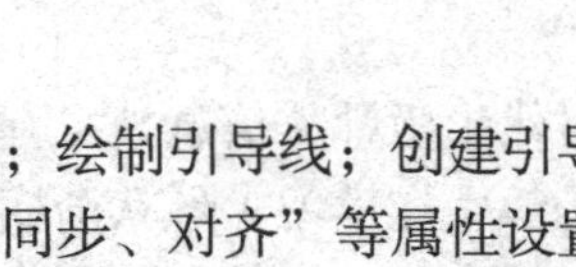 图 1 2）通过对比，初步认识引导层动画。	由两个不同的动画效果引入，学生通过观察比较，思考问题，激发学生的学习兴趣和求知欲。揭示课题——引导层动画。 认识引导层动画的图层结构，理解引导层的概念。

续表

教学环节	教师活动	学生活动	设计意图
讲授新课		1. 明确任务，进行实践 （1）创建“飞机”图形元件（图2） 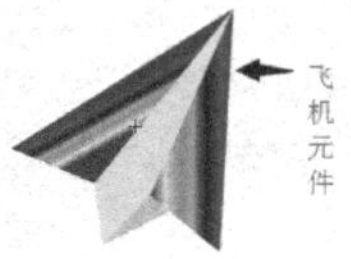 图2 2）制作引导层动画（自主探究，动手实践） 1）在“飞机”图层，自主完成补间动画的创建（在第1帧和第50帧处分别插入关键帧，在第1帧将飞机放在场景左下角及飞机起点位置，在第50帧将飞机放在场景外右上方及飞机终点位置，然后两帧之间创建补间动画）。 2）在“飞机”图层上添加“运动引导层”。选择铅笔工具，选项——平滑，绘制一条飞机运动轨迹的线条。 3）返回“飞机”图层，调整第1帧和第50帧处飞机元件的中心点，分别穿过引导线（图3）。 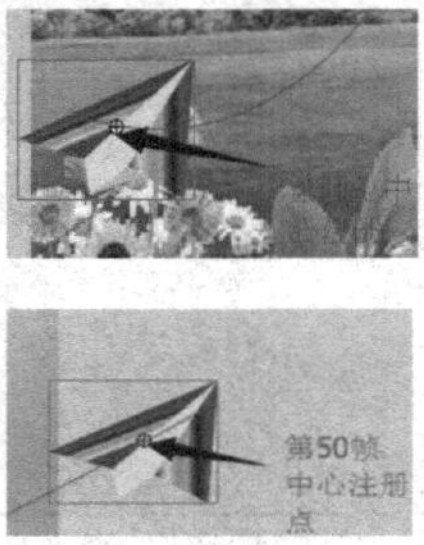 图3 4）保存文件，测试影片。	明确任务，适当引导 复习巩固图形元件的制作 学生通过自主实践探究，遇到和发现的问题就是本节课的难点，所以教师可以就这个过程进行有针对性地导学，以突破难点。
任务导学	布置学习任务：制作“纸飞机”。 分步完成： 1）学生自主完成“飞机”图形元件。 2）引导学生自主探究，尝试引导层动画制作，小组讨论存在问题。 2. 巡视指导 请一位完成作品的学生边演示边讲述制作过程。 3. 根据学生产生的疑惑进行启发性的指导，就存在的问题进行详细的讲解 讲授引导层、引导线的功能：引导层就是设定运动对象运动的路径（一般为平滑的曲线）图层，在被引导层中使运动对象与引导线吸附在一起，沿着曲线运动。	（3）自主探究 一部分学生通过自主探究，完成作品，一部分学生看似完成了，但是测试不成功……	教师巡视答疑。 在此环节，教师主要是引导和激励学生探索学习，循序渐进，继而归纳出运动引导层与引导线的创建方法，明确其关系，加深对引导层和引导线的进一步理解，认识曲线运动的本质。

续表

教学环节	教师活动	学生活动	设计意图
作品展示， 赏析评价 提交作品	4. 引导学生交流制作技巧 5. 引导学生观察“飞机”飞行时的方向，增加“关键帧”，完善作品 6. 作品展示，赏析评价	（4）交流改进 针对各自出现的问题，找出原因，进行修改；小组互助讨论，进行改进，交流心得。 1）运动引导层必须在被引导图层的上方。 2）在引导层中绘制引导线。 3）被引导的运动对象必须吸附在引导线上，元件的中心点要穿过引导线，可用放大镜放大场景，便于观察。 （5）进一步完善作品，小组互评，作品展示 1）分别在引导线弯曲处，插入关键帧。改变飞机在关键帧上舞台中的对应位置（由于每个人绘制的曲线不同，通过拖动播放头，找到曲线转弯处是第几帧）。本实例在第 12、第 25、第 40 帧的位置插入关键帧，调整如图 4 所示。  图 4 2）选中“飞机”图层，属性面板——创建“动画补间”。 3）测试影片。 4）保存文件。 （可以观看“重难点导学”课件，辅助自学）	及时总结，引导学生完成引导层动画的创建。
拓展练习 分层教学	任务一：“蝴蝶翩翩飞”动画制作。 任务二：尝试制作“奔跑吧 瓢虫”的矩形轨迹动画。 任务三：自选素材，创作。 （在任务中自选一个喜欢的动画制作，也可以与其他学生合作共同完成） 温馨提示：①瓢虫沿运动场跑步，绘制引导线——可用矩形工具绘制运动轨迹；②在矩形引导线上擦除一个尽可能小的切口，作为起点和终点，调整小刺猬的位置可用方向键移动，更加便捷；③一个运动引导层可以对应多个被引导对象。 教师选取有特色的作品，师生互相评价，交流创作心得。	2. 自主创作，互相评价，上传作品 学生测试作品、欣赏作品，“佳作点赞”活动中学生自评、互评和教师评价交流，有利于学生提高欣赏能力，体验成功的喜悦及制作动画的乐趣。	提供多种素材，设计不同层次的任务，采用不同的合作方式，既能激发创作兴趣，又能巩固引导层动画的制作过程。 积极评价引导，学会欣赏，鼓励创新。
课堂小结	师生共同谈谈学习收获、创作心得。	飞吧，“纸飞机”。飞吧，我的美丽心情……	热爱美丽大自然，分享快乐的好心情。

续表

教学环节	教师活动	学生活动	设计意图
教学评价			
引导层动画是 Flash 动画制作中很常见的一种动画类型，能制作出活泼、有趣的动画效果。Flash 动画制作内容有趣，在学习过程中学生有很高的兴趣。通过前面章节知识的铺垫，本课采用探究性的学习方式，培养学生的动手能力和创新意识，运用循序渐进的任务驱动教学法，使学生始终处于探究状态，有利于激活学生思维和情感，培养学生自信心，提高探究、创新能力及审美能力和合作意识。 1）教学过程中，使学生进行探究性学习，注重引导学生思考。从制作作品开始，并没有直接演示制作过程然后让学生按照步骤操作，而是适度引导，先由学生探究性地进行尝试，留心观察学生动态，以学生发现的问题为切入点，运用循序渐进的任务驱动教学法，分层次教学，面向全体学生，使不同能力的学生能学有所悟、学有所获。整个学习过程由浅入深地引导，使学生始终处于探究状态，激活学生思维和情感，突破重难点。 有的学生没有把元件中心点吸附到引导线上，有的绘制引导线不连续，导致动画效果没有实现。在小组互助、教师答疑指导过程中逐步解决问题。学生学习能力有一定的差异，也给学得快的学生一个“当小老师”的机会，营造互帮互助的和谐氛围。 2）备课时，准备了较充分的素材。素材的选择既适合教学内容，又符合中学生的兴趣爱好和审美特点。同时，也给学生预留了一个想象和创作的空间。 3）对教材中的制作方法进行了适当改进。 在制作补间动画时，先在第 1～50 帧“创建补间动画”，再在第 12 帧、第 25 帧、第 40 帧处添加关键帧，同时，调整第 12 帧、第 25 帧、第 40 帧“飞机”元件的大小和机身方向，这样“飞机”的飞行就显得更平滑。 4）随堂附带课件。课件主要是以突破重难点的形式进行构思设计的，并不是上课用来演示的。因为课堂上的电子教室演示更加直观，主要考虑到一部分学生在操作过程中产生困难，又不善于询问，愿意独立思考，这样可为他们提供参考借鉴，提供一种辅助自学的方式。			

二、图层的基本知识

案例四：初识图层

1. 案例背景

设计者	教案名称	学生	教材	课时
赵鹏飞	初识图层	七年级	北京出版社《信息技术》	1

2. 教材分析

本课内容参考北京出版社《信息技术》第五章第二节“绘制简单图像”的内容设计而成。本节教学内容有熟悉图像处理软件操作环境，学会画笔、橡皮的使用方法，学会调制颜色，理解图层概念，初步掌握图层面板的使用方法。鉴于图层是 Photoshop 的基础，也是学好 Photoshop 的关键，为了让学生迈好学习 Photoshop 的第一步，所以专门设计了本节课——初识图层。

3. 学习者分析

学生在小学已经学会使用画图软件，有了一些画图的常识，从而教师根据学生的原有认知，巧妙地设计问题：如果摘下小黄人头上的苹果会发生什么情况？这与学生的常识发生碰撞，激发学生的学习兴趣，从而引出课题，提高学习效率。

七年级的学生具有半幼稚、半成熟、半成人、半儿童的特点，是儿童期向青年期过渡的阶段。所以他们会对卡通人物感兴趣，以此为标准，选取了 3 个卡通素材，将他们拆分，放在同一图层中。学生见此情景，肯定会主动询问如何才能将他们组装起来，这样可以激发他们的兴趣，大大促进学生对图层的新建、移动等操作的学习。

由于信息技术课时比较少，学生的遗忘性大，大多数学生学后没有注意巩固，知识掌握的情况不是很理想，所以上课时有必要对学生所学课程进行巩固，使学生将已有知识与本节课所学知识建立联系。因此，设计绘制“春天来了”这个任务，使学生体验图层带来的乐趣。

4.教学目标

（1）知识与技能

1）熟练使用画笔、橡皮等工具。

2）理解图层概念。

3）学会新建、重命名、复制、删除图层，调整图层顺序等操作。

4）学会使用“选区”和“移动”工具。

（2）过程与方法

1）通过“摘取”小黄人头顶上的苹果的结果猜想，从而认识图层并理解图层的概念。

2）通过分解小黄人的实践活动，学会根据需求熟练掌握图层的一系列操作。

3）通过拓展练习，能够将本节课的知识灵活应用到实际创作中，锻炼思维和创作能力。

（3）情感态度与价值观

培养学生积极深入探索的学习素养，在学习中寻找乐趣，培养用信息技术服务生活的能力和意识。

5. 教学重难点

重点：理解图层的概念，学会新建、重命名、复制、删除图层，学会使用“选区”和“移动”工具，应用图层创作。

难点：理解图层的概念，应用图层创作。

6. 教学准备

多媒体网络教学系统、课件、画图、图片素材等。

7. 教学过程

教学环节	教师活动	学生活动	设计意图
课堂导入	【创设情境】 同学们，这里有一张顶着苹果的小黄人的图（图1），如果我们把它的苹果拿走，会发生什么呢？ 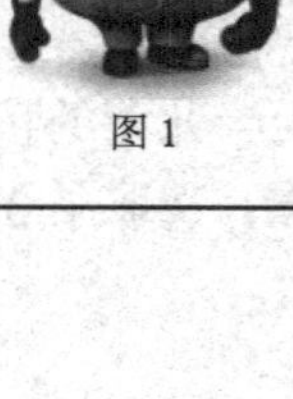 图1	学生思考并回答：脑袋缺了一块。	学生在以前学过的画图软件的思想引领下，会认为脑袋缺少部分，但实际却与他们所想相反，以此激发学生学习兴趣。

续表

教学环节	教师活动	学生活动	设计意图
课堂导入	【体会实践】 打开“挖苹果 1”“挖苹果 2”。 使用快速选择工具，自己试着完成挖走苹果的任务。 比较“挖苹果 1”“挖苹果 2”完成之后的不同之处。 “挖苹果 1”中的苹果脑袋缺了一块，而“挖苹果 2”中的苹果与小黄人均完好无损。 请学生仔细观察两个界面的图层面板（图 2、图 3）的区别？ 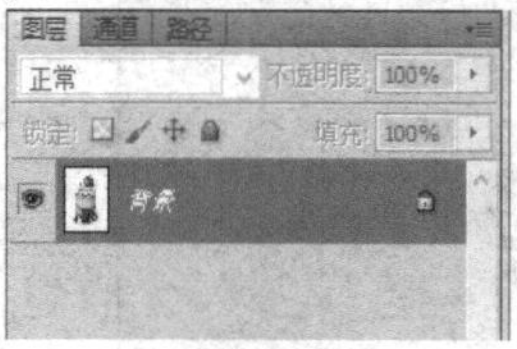 图 2 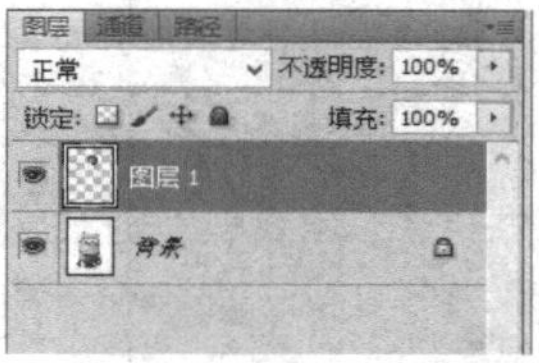 图 3 【引入课题】 初识图层。	学生自己试验。 学生观察。	
讲授新课	【道具演示】 1）打印在 1 张不透明的纸上的小黄人+苹果，想要将苹果拿掉，只能撕去苹果那部分（图 4）。 2）打印在不透明的纸上的小黄人与打印在透明纸上的苹果相重叠，想要将苹果拿掉，只需将透明纸拿走便可（图 5）。   图 4　图 5 【知识小结】 再来看 Photoshop 里图层这个区域，与教师刚才演示的其实是一个道理，“挖苹果 2”只是多加了一层透明的纸，而这层纸就叫做“图层”。 【知识讲解】 1）图层的新建：图层→新建→图层。 2）图层的重命名：双击图层名称（图 6）。 3）图层的复制：图层→复制图层。 4）图层的删除：图层→删除→图层。 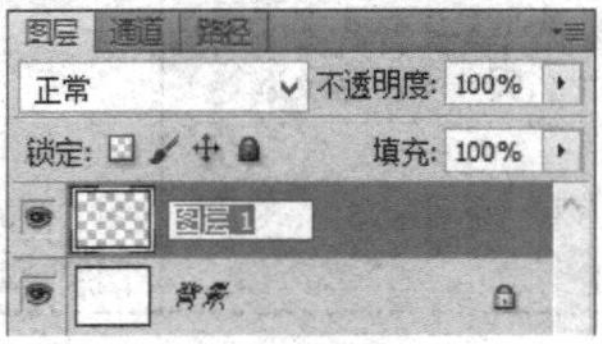 图 6	认真观察、理解。 熟悉一下图层的基本操作步骤。	由于图层的不可见性，所以初中生对图层概念和原理不易理解，所以采用实物辅助学生理解图层是什么。

续表

教学环节	教师活动	学生活动	设计意图
任务一	【拼图任务】 这里有3个动漫人物（图7～图9），他们都被分解成多个部分，现在要将这些部分移动到不同的图层里，并将他们组装好，请同学们至少完成一个组装任务。  图7  图8  图9	完成任务 学生利用快速选取工具，将每一部分选中，并复制到新的图层中；调整图层顺序，拼出实物图画。	熟悉图层的基本操作，了解图层之间的遮挡关系。 任务生动有趣，学生更容易消化所学知识。
任务二	【拓展任务】 上节课大家画了书上的小树，这节课请同学们利用刚才学到的图层，再画一幅画，内容围绕“春天来了”，要求至少有3个图层。 提问学生：如果你想画一幅画，步骤是什么呢？（由远及近等）以此来提示学生要使用图层。 下面我先简单介绍一下画笔的几个属性（图10～图13）：①形状动态；②散布；③颜色动态；④传递。	以“春天”为主题，利用图层绘画。	拓展任务使学生将已有知识与本节课所学的知识建立联系，完成创作，巩固知识。

续表

<table>
<tr><th>教学环节</th><th>教师活动</th><th>学生活动</th><th>设计意图</th></tr>
<tr><td>任务二</td><td>
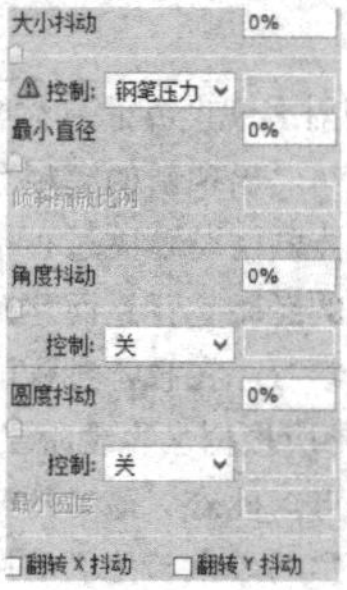

图 10
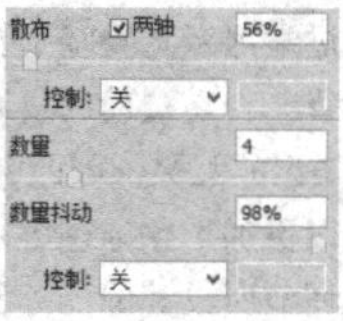

图 11
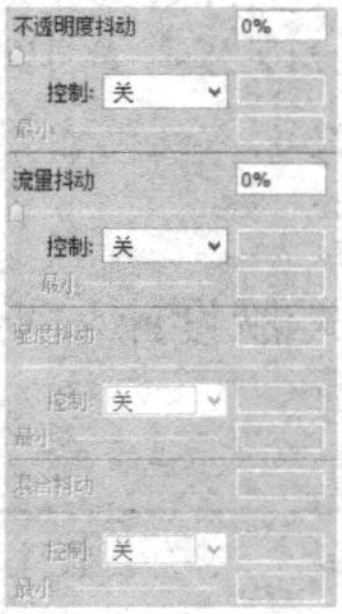

图 12
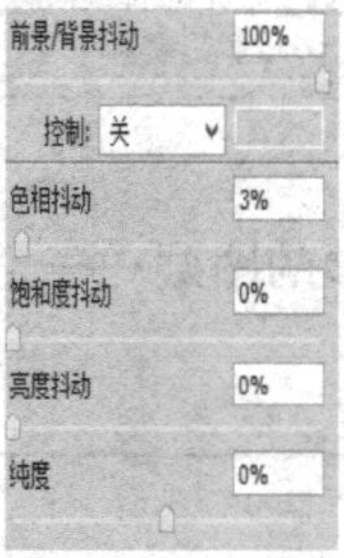

图 13
组内评比出谁画得比较好，并上传到教师机，让大家观看。
【学生作品】如图 14 所示。

图 14</td><td></td><td></td></tr>
<tr><td>课堂小结</td><td>各组同学来讲一讲：你是怎么认识图层的？
我们知道层的基本操作有：①新建层；②重命名层；③删除层；④复制、粘贴层；⑤移动层。
同学们通过学习，应深刻地体会到：图层是构成图像的一个一个的层，每个层都能单独进行编辑操作。
图层可以把图像中的一个部分独立出来，然后对其中的任何一部分进行处理，而且这些处理不会影响到别的部分，这就是图层的强大功能。</td><td>跟随教师回忆本节课所学知识。</td><td>巩固知识</td></tr>
</table>

教学评价

本课教学设计的特色有以下两个方面。

1）基于学生，以人为本。学生是教育的对象，也是教育活动中的主体，教师实施教学活动的目的是让学生学会知识。因此，在设计教案时，应把如何调动学生的学习积极性定为首要解决的问题。所以课例准备的素材都是围绕学生所喜爱的事物，这将激发他们的学习兴趣，让他们产生对学习的渴望。此外，学生有时会在课堂上提出很好的问题或者回答出精彩的答案，都应将其记录在教学反思中，以备在另一个平行班上课时讨论或更正，这可以让学生很有成就感。

续表

教学环节	教师活动	学生活动	设计意图
教学评价			
2）知识建构体现渐进过程。建构主义的知识观认为，知识只不过是人们对客观世界的一种解释、假设或假说，它不是问题的最终答案，它必将随着人们认识程度的深入，不断地变革、升华和改写，出现新的解释和假设。知识并不能绝对准确无误地概括世界的法则，提供对任何活动或问题解决都适用的方法。在具体的问题解决过程中，应针对具体问题的情境对原有知识进行再加工和再创造。真正的理解只能通过学习者自身基于自己的经验、背景而建构，这取决于特定情境下的学习活动过程，否则就不叫“理解”，而叫“死记硬背”，是被动的复制式学习。在教学过程的设计中，应依据实际情况安排好学生的认知过程，支持、帮助学生逐步地建构知识的意义。因此，教师应根据学生现阶段的认知，设计适当的任务，使学生逐步懂得知识点，并加以实物演示，使学生可以更加形象地理解知识点。此外，最后的拓展任务将本节课所学的知识应用到绘画中，再一次巩固了所讲知识。情境导入环节所设计的任务所产生的效果与他们的原有认知产生冲突，这使得学生很感兴趣，激励他们认真听讲，这也体现学生的心理特点；利用透明胶片做“小黄人”是因为这样他们能够轻而易举地理解图层这一概念；而且这两个任务难度都不大，不会打击他们的积极性。在拓展任务中，虽然本节课刚刚讲完图层，但有一半的学生并未学会使用图层的方法，而是依然把所有东西都画在一个图层上面。故可以在拓展任务时，让几名学生说说他们的绘画思路，引导大家利用图层作画。			

案例五：奇妙的图层——个性校牌设计

1. 案例背景

设计者	教案名称	学生	教材	课时
浦银海	奇妙的图层——个性校牌设计	七年级	浙江教育出版社《信息技术》	1

2. 教材分析

“奇妙的图层——个性校牌设计”这一课选自浙江教育出版社《信息技术》七年级下册第七课。本课主要介绍图层的含义和作用，重点讲解图层的基本操作、设置画布大小和复制图片的方法以及选择工具和移动工具的使用方法。

本课是在上节课初步认识 Photoshop 的基础上，使学生深入地认识 Photoshop，了解图层的基本操作。图层的应用是图像处理中的重要知识，对图层的了解和认识是学习 Photoshop 软件的一个重点，图层的存在方便了图像的修改与编辑，因而成为图像编辑中不可缺少的一部分，所以本课内容的学习也是为学好本单元后面的内容做了铺垫。

教材内容是围绕精彩的多媒体世界制作一个演示文稿的封面，但考虑到课堂主体七年级学生的兴趣爱好，特意对教材的选题进行了调整，重新整理设计了一个学生更感兴趣的主题“个性校牌的设计”，将本课中的知识点紧密地渗透到活动任务中，让学生在解决问题中主动探索学习，学习的趣味性更强，也更能激发学生的学习动机。

3. 学习者分析

通过课前与信息技术教师的交流，了解到该校学生的学习能力、学习氛围、学习习惯和信息技术基础运用能力普遍较好，他们有分层班级，考虑到学生程度可能有差异，因此教学设计中要关注学生的分层任务的设计。

七年级的学生经过上学期以及本册第一单元的学习，已经对 Windows 基本操作和画图软件有了一定的了解，另外学生在本单元第一课“图像处理起步”中已经认识了 Photoshop 软件，能简单制作一个 psd 文件，这都为本课的学习做了一定的知识铺垫。

基于七年级学生的好奇心较强，有一定的求知欲望，本课设计的教学主题贴近学生生活实际，容易激发学生兴趣。当然平时学生的课堂作业是通过 ftp 或电子教室形式上交，在课堂上普及展示交流评价环节较难落实，因此设计开发了学习网站，利用网站形式提交作品、交流评价，教师要做好引导，培养学生交流评价的能力。

4. 教学目标

（1）知识与技能

1）认识 Photoshop 中的图层并了解图层的作用。

2）会对图层进行隐藏/显示、删除、新建、重命名、移动、解锁等操作。

3）能使用选择工具和移动工具对图像进行操作。

（2）过程与方法

1）通过探究神秘礼物和实物展示，了解图层的基本操作和图层原理。

2）通过尝试校牌设计的过程，掌握对图层内容修改的方法，并能根据实际需求设置画布大小。

3）通过访问教学网站，浏览丰富的教学资源，提高课堂学习效率，同时养成主动学习的良好学习习惯。

（3）情感态度与价值观

1）通过校牌设计，养成自主探究学习的意识，享受任务完成过程中成功的喜悦。

2）通过校牌的设计、展示、交流环节，拓展锻炼人际交往的能力，提升自我的审美意识和评价能力。

3）通过校牌设计的操作，对 Photoshop 软件功能有更多的了解，增强探索求知欲。

5. 教学重难点

重点：掌握图层的基本操作（隐藏/显示、删除、新建、重命名、锁定/解锁），图片复制的运用和设置画布大小的方法。

难点：对图层含义的理解和合理设置图像画布的大小。

6. 教学准备

多媒体网络教室、极域电子教室、Photoshop 图像处理软件。

7. 教学过程

教学环节	教师活动	学生活动	设计意图
情景创设 激发兴趣	与学生打招呼，讲明教师准备了小礼物送给大家，问大家想不想要。 请大家打开“神秘礼物.psd”文件。比比哪位同学最快能发现老师来自哪个学校，名字叫什么。 教师巡视，注视举手学生，并请其回答。	答：想要。 打开“神秘礼物.psd”文件，从中探索有关教师的信息。 答：学校、学科、Logo、姓名等。 其他同学补充回答。	教师通过神秘礼物激发学生的学习兴趣，让学生在探索中认识教师，同时尝试图层的基本操作，为图层的学习做铺垫。

续表

教学环节	教师活动	学生活动	设计意图
师生互动揭秘图层	请学生向大家介绍发现信息的方法。 指出操作的区域称作“图层调板”，通过图层调板可对图层进行很多操作。 实物操作演示：利用透明胶片制作一幅笑脸图；让学生了解新建图层、图层数量的概念；每个图层有一个对象。 通过调整胶片顺序，了解移动图层的操作和作用。 演示用移动图层来显示姓名，了解图层重命名可方便我们编辑处理图像。 图层被称作 Photoshop 最有创意的功能，图层操作都是在图层调板上，如果图层调板不见了，可通过 F7 或菜单显示出来。 通过神秘礼物，学生在认识教师的同时也了解了图层的相关知识，请学生利用这奇妙的图层来为自己设计一张校牌。	操作演示并讲解“显示/隐藏”图层的方法，观看教师实物展示，理解图层的含义。 了解图层新建、图层数量和叠放次序等概念。 了解图层命名对图像编辑与处理的益处。 了解图层调板的作用与开启、关闭的操作。	学生示范演示获取教师信息的过程，不仅给学生展示的机会，还让更多的学生了解了图层的一些基本操作。 为了解决学生对图层概念理解困难的问题，尤其是图层的透明性、叠放次序等抽象概念，实物展示可以很好地解决学生理解的难点。
校牌设计探究实践	“素材.psd”已有部分内容，需要完善。展示学习网站中的任务要求，明确任务操作步骤。 提醒学生可参考教材上的操作，也可利用学习网站帮助栏目中的文字或视频教程；简单地介绍学习网站的功能、栏目，以及如何使用。 任务一：要求如下。 1）打开桌面上“素材.psd”文件。 2）调整画布大小为 500 像素*280 像素；定位栏设置为“靠上端居中”。 （提示：在“图像”菜单中选择“画布大小”，在“画布大小”对话框中，将画布大小设为宽度 500 像素、高度 280 像素，并在“定位”栏目中单击确定） 3）修改自己的名字和学号。 （提示：选中需要修改的图层，选择“文字工具 T”，然后单击需要修改的文字进行修改即可） 4）单击“存储”，保存文件。 教师巡视指导。 学生演示操作画布大小设置，姓名、学号修改的操作；提醒画布大小单位为像素。	听教师布置任务，明确任务目的。 了解学习网站的基本功能、栏目以及如何获取网站中的学习帮助。 探究实践——设计校牌。 （探究帮助：教材、网站、教师、同学等） 组内相互协作，完成快的学生指导完成慢的学生。 学生演示讲解，其他学生观察操作过程是否有问题，取长补短。	学习网站是为学生自主学习服务的，因借班上课，学生不熟悉学习网站，因此教师需要先对网站进行简单介绍，以方便学生利用网站获取更多知识与技能。 任务驱动与自主探究的教学方式让学生学会主动学习，同时在教学中鼓励学生之间的相互协作学习，促进学生之间的交流与合作。 学生演示操作，给自己上台锻炼和展示自己学习能力的机会。
完善校牌拓展提升	教师指导学生插入照片。 添加照片利用矩形选框工具选择照片或用全选快捷键选择，使用复制/粘贴命令，同时利用自由变换调整图片大小。 删除原有的“照片位置”图层，涉及解锁图层操作和删除图层操作。 演示作品保存上传过程，明确任务二。 任务二：要求如下。 1）基础任务：新建“照片”图层，为校牌添加自己的照片，完善校牌信息，并删除原有“照片位置”图层。 2）提高任务：修改校牌背景图，设置个性背景。 3）拓展任务：添加学校风景图片，美化校牌。 完成后将图片存储为“学号.jpg”，并通过学习网站提交。 教师巡视指导。屏幕播放视频文件、展示学生校牌作品。	在教师帮助下尝试演示操作插入个人照片。 其他学生观看师生演示，了解复制图片、调整大小、删除图层等方法。 了解作品上交步骤。 完成任务二要求完善校牌设计。 完成较快的学生可探究尝试提高和拓展任务。 操作较慢的学生根据实际选择部分内容完善自己的校牌。	通过教师引导学生演示的方式，将本课复制图像的知识点落实到位，因为图像的添加过程简单，但规范新建图层、命名图层等操作还需要不断地提醒学生，同时在操作中提醒学生使用快捷键方便操作。 考虑到学生之间的差异，在任务设置中可根据各自实际情况，有选择地完善自己的校牌。

续表

教学环节	教师活动	学生活动	设计意图
展示欣赏 交流评价	通过作品展示平台浏览其他学生的校牌作品，并发表意见或建议，同时挑选三张最满意的校牌进行点赞。 教师展示校牌，根据学生的评价和点赞，让学生谈谈校牌设计的体会或感想，适当提出校牌设计中需要改进的地方，如色彩搭配要协调；位置摆放要合理；图片与图片之间的过渡要自然等。	展示欣赏相互间的作品。 评价作品并点赞。 一起交流分享校牌设计中的创意和感想。	学习网站的作品展示交流平台使得学生之间的交流评价变得轻松，教师引导学生进行自评、互评，使学生在评价中提升自己。
课堂小结 知识巩固	教师的收获：不仅欣赏了美丽的校园环境，更熟悉了班中的同学。 提问：学生对本课学习的收获？ 总结：根据板书回顾本课学习的知识点，图层的含义、图层基本操作、画布大小设置、复制图片操作等。	学生谈本课的收获。 多位学生回答。 认真听教师总结。	学生总结，教师补充，回顾课堂教学内容，让学生再次巩固本课的知识点。

教学评价

本课教学设计体现了“学为中心”的教学思想，教师的角色转变为学习资料的提供者和学习过程的组织者，避免了枯燥的讲述，留给学生尽可能多的自主探索的操作时间。对本课教学的反思如下。

1. 任务驱动，学为中心

在课堂上让学生通过神秘礼物认识教师，探究尝试 Photoshop 中图层显示/隐藏的操作，然后引出图层的概念及基本操作，通过校牌的设计与完善活动，让学生围绕活动进行图层的操作等，在课堂教学设计中，以“探究校牌—设计校牌—完善校牌—展示校牌”为主线，每个任务环节之间相互联系。当学生通过校牌认识教师后，提出图层操作及图层的相关知识，而后又通过让教师认识每位学生，引出设计各自的校牌，从而就进入了设计校牌、完善校牌的环节，从校牌制作过程中了解图层的奥妙所在，理解本课重难点，最后在展示评价环节，教师认识了每位学生。

2. 关注细节，习惯培养

课堂细节决定课堂成败，可见课堂细节的重要性，在本课教学中，教师在学生进教室时下发了本课教学素材，其中包含了学生的照片，学生在浏览自己照片过程中，已对本课素材和活动有了较浓的兴趣，这样就避免了进教室无事可做，出现打游戏或上网做其他事情的情况，引导学生形成良好的学习习惯。在课堂教学范例或操作演示中，教师处处关注为图层重命名的习惯，每次都新建图层，为图层命名，这样的操作演示有意识地培养了学生良好的操作习惯，防止在今后的学习中出现图层较多、繁杂导致操作混乱的情况。同时演示也以学生的操作演示为主，教师在课中进行引导，给学生上台展示自我、锻炼自我的机会，同样在课后小结时，结合板书，让学生回顾本课的收获，再次呈现课堂学习内容，不仅加深了学生的印象，也为后续学习做了准备。

3. 网站平台，激发兴趣

学习平台不仅提供了本课教学目标、主要活动任务，还根据任务提供了相关图文帮助信息以及视频操作指导。对于操作性比较强的 Photoshop 软件的学习，视频操作帮助解决了部分学生操作程度薄弱引起的问题，他们可以在视频教学中培养自主学习能力，尤其是一些操作技巧。网络中有很多视频教程，学习本课的过程也是培养学生学会学习的过程。同时网站最有特色的作品展示评价栏目，不仅为本课作品展示交流提供了平台，也为课堂多元评价架起了桥梁。学生通过提交自己的作品，不仅可以展现个性校牌，还可以通过这种自我表现，激发他们对创作校牌的热情。在网站浏览欣赏作品以及对作品的自评、互评等环节，改变了以往课堂中无法实施的多元评价和过程性评价，在评价中提升了学生各方面的能力。

案例六：Photoshop——初识图层

1. 案例背景

设计者	教案名称	学生	教材	课时
姚莉	Photoshop——初识图层	七年级	中国地图出版社《信息技术》	1

2. 教材分析

本节教学内容选自中国地图出版社《信息技术》七年级上册第四单元　“缤纷的图像”

第二节。由于前面已对 Photoshop 的工作环境及其常用工具做了介绍，所以学生已有一些基础。本节课主要让学生理解图层的概念和意义，了解图层的特性，并掌握图层的选取、移动等操作，让学生学会两张或多张图像的合成方法，会使用“调整变化”修饰合成后的图像，了解 Photoshop 的滤镜功能。本课充分利用 Photoshop 的强大功能，激发学生的创作欲望，使学生展开丰富的想象，创作出有自己风格的作品，以此激发学生的创造、创新意识，培养其团结合作、互相学习的精神，为后面的学习打下基础。

3. 学习者分析

教学对象为七年级学生，虽然他们来自不同的小学，信息技术学习经历不同，信息素养和动手操作能力也不相同，但经过近一个学期的分组教学和自主探究式学习的历练，教师发现学生已经具备一定的小组协作学习能力和自学能力。

4. 教学目标

（1）知识与技能

1）本节开始初步接触用 Photoshop 制作图像，在制作过程中体验图层的作用，重点介绍图层的概念、特性及使用。

2）对所学知识和技巧进行灵活应用，实现创新制作作品。

（2）过程与方法

1）通过师生、生生互动的过程，让学生了解从解决问题的实际出发，应用 Photoshop 处理图像的基本方法。

2）通过自主探究式学习的过程，让学生掌握根据学习资源自主探索知识的方法。

（3）情感态度与价值观

1）通过小组协作学习，培养学生积极合作进取的品质。

2）通过作品的展示与评价，培养学生的语言表达能力、创造和创新能力。

5. 教学重难点

重点：掌握图层的概念和特性，学习图层的基本使用。

难点：对所学的知识和技巧进行灵活应用，实现创新。

6.教学准备

多媒体网络教室、Photoshop 图像处理软件。

7. 教学过程

教学环节	教师活动	学生活动	设计意图
导入：欣赏图像，明确目的	教师首先展示一组图片（图 1）。  图 1	认真观看图片，领略 Photoshop 图像合成的魅力。	本环节旨在让学生了解 Photoshop 制作图像的强大功能。同时通过图像的展示激发学生的学习兴趣，充分调动学生的学习积极性。

续表

教学环节	教师活动	学生活动	设计意图
导入：欣赏图像，明确目的	大家看到图片都很惊讶，其实这是老师小时候的一个梦想，总梦想着在未来世界能看到各种奇特的动物，今天我用图像把自己的梦展现给大家。你们知道这些图像是如何制作出来的吗？ 没错，这些图像是用Photoshop这一软件来制作的。 刚才老师展示了老师的梦想，同学们有什么梦想呢……大家说得都非常好，希望在不久的将来你们的梦想都能实现。 现如今随着人口的不断增长，我们的居住环境越来越拥挤，很多人都梦想着将来能搬到太空居住，这是一个不错的想法。但是你们知道吗，地球上71%的面积是海洋，虽然目前海洋并不适合人类居住，但如果在未来的某一天人类能够在海洋里生活，是不是也能解决环境拥挤的问题呢？今天，就让咱们一起畅想一下未来的海底世界。	积极思考，可利用哪些软件实现这一效果。 畅言自己的梦想。 与教师一同畅想未来的海底世界。	
新课讲授：图层的概念	大家看，如果我们能住在海洋里不仅能近距离地接触到各种海底生物，还能欣赏海底的美景，这是一件多么惬意的事情啊！ 大家有没有发现刚才老师展示的这幅海底图片的做图方式有些特殊，它是将一幅画分别画到了几张透明胶片上（图2～图5），透过这些透明胶片，我们可以看到胶片后面的内容，最终形成一幅完整的图画。 Photoshop就是利用这种方式进行图像制作的。 在Photoshop中我们把这些透明的胶片称为“图层”，图层就像含有文字或图形等元素的透明胶片，一张张按顺序叠放在一起，组合起来形成页面的最终效果（图6）。  图2  图3 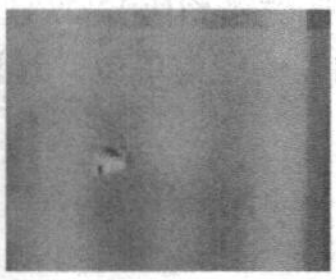 图4 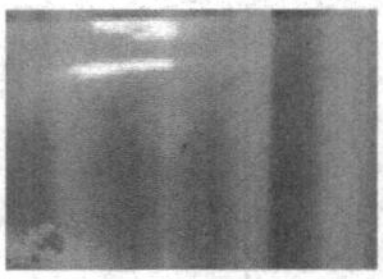 图5  图6 那么，如果让你们居住在海底，你们觉得未来的海底世界是什么样子呢？请同学们试想一下并完成任务一：制作你心目中的未来海底世界（添加2～3个图像即可）。可参照操作提示。 教师巡视指导。 很多同学都已完成了任务一，请先完成的同学为大家演示操作过程。	学生认真观看。 理解图像的做图方式。 认真观看幻灯片，理解图层的含义。 自我探究。完成任务一。 观看其他学生演示操作过程，加深印象。	通过实物举例，引出Photoshop中图层的概念。 与现实生活中的画图方式进行对比，让学生了解Photoshop的做图方式，这样较易于理解。 通过任务驱动，让学生完成自我探究的学习过程。 给学生充分展示的机会，锻炼学生的动手能力，增强自信心。
新课讲授：图层的特性	我们发现图像都粘贴到了背景图的中间（图7），我们需要将它移动，可有些图像还是移动不了，哪位同学能解决这个问题？  图7 说得非常好。	认真思考解决问题的方法，并积极作答。	以解决问题的形式示引出图层的特性，更加便于学生理解。

续表

教学环节	教师活动	学生活动	设计意图
新课讲授：图层的特性	因为每粘贴一次图像，图层面板就会自动地增加一层，也就是说不同的图像位于不同的图层上，所以要想移动某一图像，必须要先选择这个图像所在的层，然后再进行操作。反过来讲，当我们在某一图层上进行操作时，其他图层会受到影响吗？ 这就是使用图层制作图像的优势：当在一个图层上涂画时，不会影响到其他层中的图像，从而避免在纸上涂画时由于修改某一图像而破坏其他图像的情况，即只对当前图层中的对象起作用。	认真思考问题，积极作答。 理解图层的特性，只对当前层中的对象起作用。	学生了解图层的特性，只对当前层中的对象起作用。
新课讲授：图层的基本操作	除了刚才的那些操作，我们还可以进行图层的新建、删除以及拖动图层改变图层顺序等操作。 （教师演示） 希望同学们能掌握这些操作。	了解有关图层的其他操作并掌握。	让学生直观了解有关图层的操作，并学会图层的添加与删除、改变顺序等操作。
新课讲授：练习	下面请同学们欣赏老师心目中的未来海底世界——海底果树（图 8）。  图 8 老师平时喜欢吃水果，我希望在未来的海底不仅能吃到水果，还能吃到五颜六色、口味不同的水果，大家看是不是很漂亮、很诱人啊？老师告诉大家这种效果同样是利用 Photoshop 软件实现的。 任务二：下面就请同学们以小组为单位，讨论如何改变所添加图像的颜色并试着进行操作。 （可参照操作提示） 教师巡视指导。 老师看到很多同学都制作出了美丽的未来海底世界，大家用什么方法制作出来的？ 是用图像—调整—变化这一操作实现的。 下面咱们一起欣赏同学们的作品。 展示小组中的优秀学生作品（图 9）。 同学们做得都非常漂亮，内容也很丰富。  图 9	学生以小组为单位探究改变图像颜色的方法，并进行操作，最后保存到个人文件夹中。完成任务二。 学生相互点评，取长补短。	欣赏图像，明确目的。 了解 Photoshop 的强大功能，学会改变图像颜色的方法，同时培养学生的团结协作精神。 互相学习，交流提高。
新课讲授：拓展提高	请同学们再思考一个问题（幻灯片）。在这三幅图像（图 10～图 12）中，分别添加了不同的滤镜效果，请已经完成任务二的同学找出图中所添加的是哪种滤镜效果，并试着为你的未来海底世界也添加这种滤镜效果（图 10 波纹，图 11 马赛克，图 12 水彩画纸）。同时，请填写自我评价表。  图 10  图 11  图 12	从滤镜菜单中找出相应的滤镜效果，并参照操作提示为“未来海底世界”添加这种滤镜效果，并保存在个人文件夹中。	自主探究引起学生学习兴趣，同时为后面的学习做准备。

续表

教学环节	教师活动	学生活动	设计意图
课堂小结	老师看到有些同学还在考虑到底添加的是哪种滤镜，我会在后面的学习中为大家揭开这个谜底。 今天老师带着大家畅想了未来的海底世界，我发现很多同学还意犹未尽。下节课会继续我们的未来之旅。 下面我们来回顾一下今天所学的内容，今天我们了解了Photoshop的作图方式——利用图层进行图像制作。图层就像含有文字或图形等元素的透明胶片，一张张按顺序叠放在一起，组合起来形成页面的最终效果。 当我们在一个图层上涂画时，不会影响到其他层中的图像，从而避免了在纸上作画时由于修改某一图像而破坏其他图像的情况出现。也就是说它只对当前图层中的对象起作用。 除此以外同学们还学会了图像合成的方法及如何进行美化等操作。虽然我们学会了图像合成的方法，但也不能在未经他人允许的情况下恶意修改他人照片和图像，要注意对他人合法权益的保护，做一个有良好信息素养的中学生。最后请同学们下课后填写自我评价表，并发送到班级邮箱中。	与教师共同回忆本节所学内容，并注意对他人合法权益的保护，合理合法地运用学会的知识。	回顾本节课所学内容，可以加深巩固学生的记忆，强化知识点，为后面的学习打下良好基础。同时对学生进行保护他人合法权益，培养学生良好信息素养的德育教育。

教学评价
在本节课的教学中，教师起到了组织者、指导者和帮助者的作用，利用协作、展示等学习环境要素充分发挥学生的主动性和积极性，体现了针对全体学生的开放性和对不同学生的层次性，最终达到使学生有效地实现教育教学的目的。总结起来有如下几点。 1）图层的概念是很多学生原来没有接触过的，理解起来有一定困难，但通过实物教学，学生很直观地理解了什么是图层以及图层的运用，收效不错。 2）课上学生与教师互动积极，主动探究意识强，同时小组配合也较默契，由此发现在教学中充分调动学生的学习主动性，有利于教学目标的达成。本节课通过个人学习情况反馈，发现大部分学生能很好地完成教学任务。 3）本节课在讲授的过程中还存在一些不足。本节课教师讲解过多，有些问题可以先让学生探究，让学生发现问题再由教师讲解，这样可以让学生加深印象，如图层的添加、删除、移动等操作。除此之外，在任务的设置上如果选择学生更加感兴趣的主题，可能会达到更好的效果。 总之，本节课较好地完成了教学目标，达到了预期效果。

三、Flash 复习课

案例七：Flash 动画复习

1. 案例背景

设计者	教案名称	学生	教材	课时
秦晓兰	复习 Flash 动画制作	七年级	江苏科学技术出版社 《初中信息技术》	1

2. 教材分析

“动画制作”是江苏科学技术出版社《初中信息技术》七年级第 8 章的内容。本章的教学内容主要是利用 Flash 制作简单的动画，即动画补间动画和形状补间动画。

本节是 Flash 动画制作的复习课。通过复习，将学过的知识系统化、条理化。针对知识的重点、学习的难点、学生的薄弱点，解决平时教学中遗留下来的问题，同时发展思维、渗透学习方法。本课“Flash 动画复习”是学生建构完整的 Flash 动画知识结构体系必不可少的一个环节。

3. 学习者分析

本节课的学习对象是七年级的学生。通过前面的学习，学生已经知道动画的基本原理和 Flash 动画制作中的一些基本概念，会使用 Flash 制作简单的补间动画等。但由于平时教学中的知识点是逐个呈现的等原因，学生头脑中的知识点是零散的，知识结构是有漏洞的。这些都不利于问题的解决，综合应用的时候相应知识也无法自由提取。所以帮助学生将零散的知识点串联成完整的知识结构图，用知识结构图沟通知识的纵横联系，帮助学生形成良好的认知结构是本节复习课教学设计的首要任务。

其次，七年级的学生好奇心强、活泼好动，对新知识、新方法的求知欲比较强，但对复习旧知识往往容易表现冷淡、兴趣低迷。所以如何调动学生复习的兴趣、提高复习的效率成为本节复习课教学设计的重中之重。

4. 教学目标

（1）知识与技能

1）通过复习，学生进一步明确关键帧与普通帧的区别，能熟练插入关键帧。

2）通过复习，学生进一步明确图层的作用，能根据需求熟练地插入图层、删除图层等。

3）通过复习，学生进一步明确元件、形状与动画补间动画、形状补间动画的内在联系，并能使用元件或形状熟练创作正确的补间动画。

（2）过程与方法

1）通过对关键词的提取、分类，最终建构知识结构图，学习以分类的思想来寻找知识点之间的纵横联系，以形成良好的认知结构。

2）通过观察视频、分析源文件，学会“发现问题—分析问题—解决问题”的问题解决思维与方法。

（3）情感态度与价值观

1）通过“帮助王、李、赵三位同学修改作业”的任务设计，培养乐于助人的品质。

2）通过“发现问题—分析问题—解决问题”的学习过程，渗透解决问题的思维。

5. 教学重难点

重点：Flash 动画制作中“关键帧”“图层”“补间动画”等重要概念及相关操作、Flash 动画知识点间的纵横联系、Flash 动画知识结构图的建构。

难点：图层在补间动画中的使用场合及正确操作、动画补间动画与形状补间动画的差异及正确制作方法。

6. 教学准备

多媒体网络教学系统、课件等。

7. 教学过程

教学环节	教师活动	学生活动	设计意图
游戏激趣——梳理关键词	以一款青少年喜爱的综艺节目《汉字英雄》导入（图 1、图 2），组织全班学生参与"汉字英雄战"，即写出至少 6 个与 Flash 动画制作相关的词语（图 3）。以游戏的形式，建构轻松的课堂氛围，引导学生自主梳理 Flash 动画制作中的关键词。  图 1  图 2 随后，教师组织学生交流各自书写的关键词，互相补充、启发与联想。 教师总结：把同学们联想到的这些词语综合起来，就构成了本章的知识结构网，今天我们就通过对这些关键词的分类梳理来复习 Flash 动画制作（图 3）。  图 3	学生自主梳理 Flash 动画制作中的关键词。	本环节以游戏的形式激发学生的兴趣。学生在书写词语的过程中，自主回忆 Flash 动画制作中的重要内容，恢复、强化头脑里已经形成的暂时的神经联系，并将这些知识自主提取与再现。书写关键词，让学生一气呵成地将所有的旧知识提取出来，提高回忆的效率。学生独立书写自己罗列出来的关键词，比教师整理得印象更深刻。
精讲点拨——建构知识网	1. 第一次分类（重点复习：关键帧） 首先从图 4 中动态地取出与"基本概念——帧"相关的一类词语（如帧、关键帧、空白关键帧、普通帧、过渡帧等）进行组织整理（图 5），过渡到对第一个重要关键词——"关键帧"的复习（图 6）。 梳理前 梳理后  图 4  图 5  图 6 然后针对学生平时操作中经常犯的"关键帧"操作的错误，设计一个"找茬"活动，引导学生发现问题；师生共同分析问题，提出尝试解决的方案，并就这个方案放手让学生自主探究，最终解决问题；最后小结关键帧与普通帧的区别。具体设计如下。	学生自主探究，最终解决问题。	用操作录像呈现完整的操作过程，以"找茬"的情境引导学生仔细观察，既巧妙地回顾了 Flash 动画制作的重要操作——补间动画制作步骤，又发现了问题。学生自己或许也曾犯过类似的错误，因此"找茬"唤起了学生的回忆并加深了学生对补间动画制作步骤的记忆。再通过人性化的任务设置——帮助王同学改错，复习巩固了操作方法，完成了对知识的回顾。

续表

教学环节	教师活动	学生活动	设计意图
	（1）发现问题、分析问题 找茬。学生观察一段操作录像，用自己的语言描述：问题出在哪? [生]: 问题是——在补间动画的结束画面插入了普通帧。 （2）解决问题 任务一：修改“01 王同学.fla”动画中的错误，使其成为正确的补间动画。 （3）小结 关键帧可以放置内容；普通帧只是关键帧内容的延续；补间动画的首尾必须使用关键帧。		
精讲点拨——建构知识网	2. 第二次分类（重点复习：图层） 从图7剩余的关键词中动态地取出与“Flash8 的工作环境——窗口组成”相关的一类词语（如工具箱、图层、时间轴、舞台、属性面板、库等）进行组织整理（图8），过渡到对第二个重要关键词——“图层”的复习（图9）。 梳理前　　梳理后  图7  图8  图9 然后针对学生平时操作中经常犯的图层操作的错误，先分析，后改错，经历两次“发现问题—分析问题—解决问题”的过程，进一步明确图层操作要点。具体设计如下。 （1）“动”“静”分层 学生观看 Flash 动画效果，分析：完成这个补间动画，至少需要几个图层? [生]：至少 2 个图层。 学生查看错误的动画源文件，用自己的语言描述出错的原因。 [生]：蝴蝶和背景放到同一个图层里。 请一位学生演示修改动画的全过程，其余学生观察操作要点，获得“观察的经验”。 （2）不同“动”物分层 学生观看 Flash 动画效果，分析：完成这个补间动画，至少需要几个图层? [生]：至少 3 个图层。 学生查看错误的动画源文件，用自己的语言描述出错的原因。 [生]：蝴蝶和兔子放到同一个图层里。 （3）小结 “动”“静”分层，不同“动”物分层。	学生观看 Flash 动画效果。 学生观看 Flash 动画效果。 学生自主探究，完成任务二：修改“02 李同学.fla”动画中的错误，使其成为正确的补间动画，获得“做的经验”。	图层操作是 Flash 动画制作中的难点。对于“动”“静”分层，不同“动”物分层，学生往往知道原理，却常常在实际操作中忘记使用图层。而且，面对错误恍然大悟之后，往往又不知道如何修改。这时，设计的第一次关于“动”“静”分层的改错，让学生获得“观察的经验”，在此基础上设计第二次关于“不同‘动’物分层”的改错，让学生获得“做的经验”。“观察的经验”是为学生自主探究获得“做的经验”的铺垫，确保学生在自主探究中获得成功的体验。

续表

教学环节	教师活动	学生活动	设计意图
精讲点拨——建构知识网	3. 第三次分类（重点复习：补间动画） 从图10剩余的关键词中动态地取出与Flash动画技术相关的一类词语（如逐帧动画、补间动画、动画补间动画、形状补间动画、引导动画等）进行组织整理（图11），过渡到对第三个重要关键词——“补间动画”的复习（图12）。 梳理前　梳理后  图10  图11 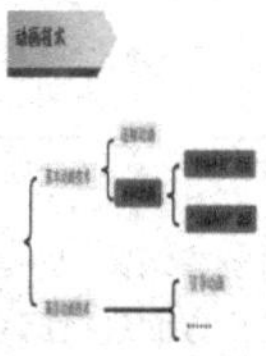 图12 然后，通过“找不同”（图13）和“连连看”（图14）回忆形状与元件的相关知识，再通过修改赵同学作业中的错误，经历“发现问题—分析问题—解决问题”的过程，进一步明确动画补间与形状补间动画的本质区别。具体设计如下： 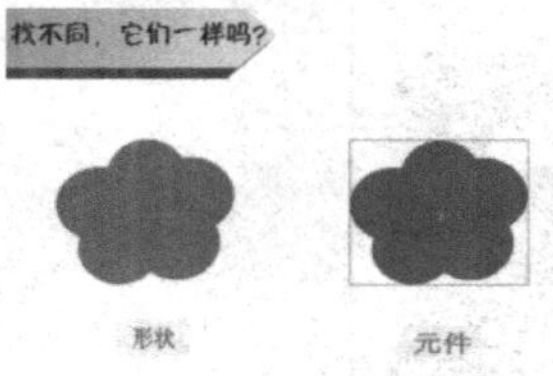 图13 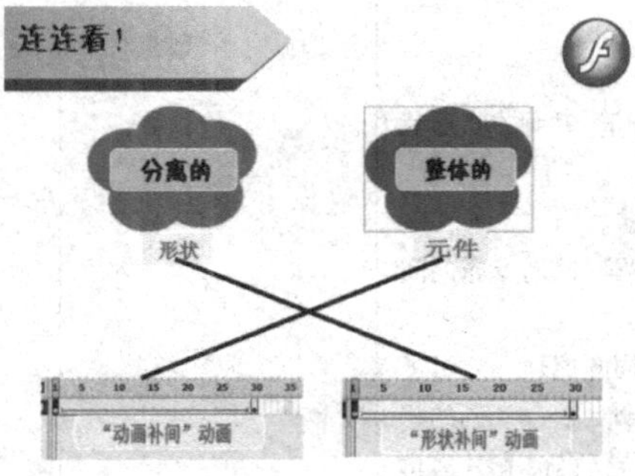 图14 （1）发现问题、分析问题 学生观察错误的动画效果及源文件，分析问题出在哪。 [生]：形状补间的首尾关键帧上使用了整体的元件。 （2）解决问题 任务三：修改“03 赵同学.fla”动画中的错误，使其成为正确的补间动画。 （3）小结 形状补间动画首尾关键帧上的对象是分离的，必须是形状。 动画补间动画首尾关键帧上的对象是整体的，可以是元件。		从任务一到任务二，再到任务三，三个任务的设计呈现了由简单到复杂的难度梯度，符合学生的认知规律。任务一只包含一个图层，错误仅是补间动画的结束状态未设置关键帧；任务二在任务一——“蝴蝶运动”的基础上先后加入了背景和兔子，涉及多个图层；任务三又在任务二——多个图层的基础上，深入探究具体区分动画补间动画与形状补间动画制作上的差异。

续表

教学环节	教师活动	学生活动	设计意图
课堂总结——完善与提高	通过 PPT 动画动态地重现关键词分类、建构知识结构图（图 15）的全过程，帮助学生回顾本堂课复习的过程以及重点复习的内容，起到知识内化的作用——此为总结学习的内容。 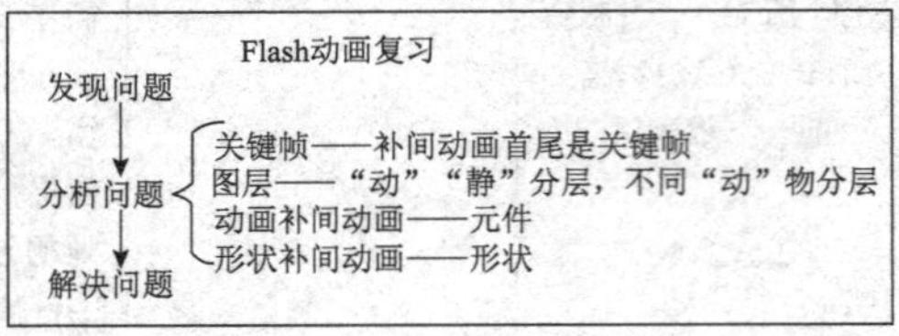 图 15 板书顺序，梳理动画制作出错时解错纠错的一般方法，即一旦发现问题，我们可以从以下三个方面进行问题分析：首先查看补间动画的首尾是否使用了关键帧；其次查看不同运动对象是否使用了不同的图层；最后查看首尾关键帧上的对象是否与动画补间动画或形状补间动画相对应。然后再对症下药，解决问题——此为总结学习的方法。		知识结构图形象地表示为“知识树”的形式，不仅很好地表现了关键词之间的内在联系，更形象地展示了知识结构的形成规律和形成过程。
评价拓展——看看你的本事	通过半成品创作，检测复习的成效。任务：打开“创作.fla”，创作正确的补间动画，并添加一句话表达你的主题。例如图 16。  （a）（b） 图 16 交流与点评。 1）学生是否能做出正确的“动画补间”动画或“形状补间”动画。 2）学生的作品是否有一个简单的主题。 3）对学生创作过程中动态生成的问题、临时暴露的问题再次强调。 教师总结：本节课我们通过对关键词的梳理，复习了 Flash 动画制作，重点辨析了图层、关键帧、补间动画的相关概念与操作。下节课，还将继续复习引导动画、影片剪辑等相关技术。 结束语：台上一分钟，台下十年功。Flash 动画制作出错并不可怕，经历出错的“发现问题—分析问题—解决问题”的过程，相信你一定可以收获成功。		本环节是对本节课所复习的 Flash 动画制作的基本知识和思想方法的运用，是对复习成效的评价与检测，也是培养学生 Flash 动画制作能力和思维的又一次升华。

教学评价

1. 实现“从厚到薄”与“从薄到厚”

关键词的梳理，将 Flash 知识实现“从厚到薄”的浓缩；重要关键词的展开复习，又将 Flash 知识实现“从薄到厚”的强化。如此，引领学生从更高的层次更新的角度进一步理解巩固已学过的知识，进而提升能力，发展思维。

2. 关注学生的主体体验

本节课致力于引导学生建构完整的 Flash 知识结构体系。在此过程中，教师不断地提供机会，并通过观察、对比、说出、写下、辨认、判断、动手操作、用自己的语言描述等一系列“学生可操作，教师可观察、可测量”的行为，去组织学生的活动，设计贴合学生兴趣、指向明确、有一定难度梯度的课堂任务，让学生的思维始终保持在最积极的状态。

续表

教学环节	教师活动	学生活动	设计意图
教学评价			

3. “知识树”的点睛之笔

著名金融专家丁大卫教授发现：“知识的结构、形成规律和过程与树的结构、生长规律和过程如出一辙。”那么，知识结构图以何种方式呈现能更好地帮助学生理清知识的纵横联系、加深记忆的印痕？是采用单调乏味的文字（图 17）？还是采用图文并茂的“知识树”（图 18）？实践证明，生动形象的“知识树”能加强对学生的视觉冲击，给学生留下深刻的印象。知识树的呈现是本堂课的点睛之笔。

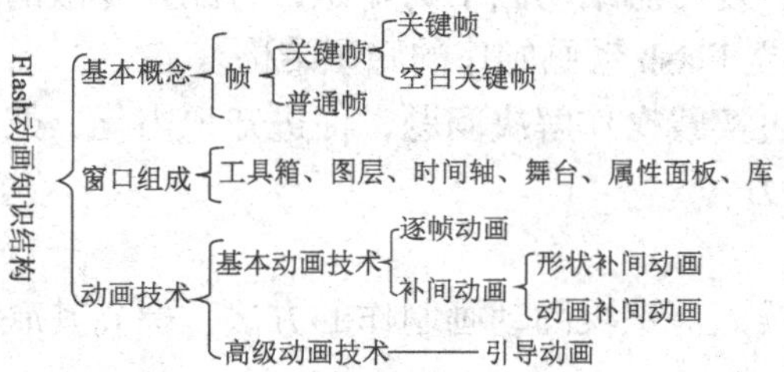

图 17

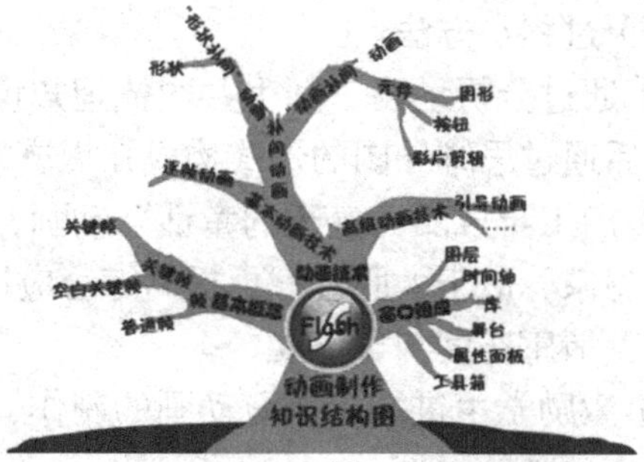

图 18

案例八：创作“春天的童话”——Flash 补间动画综合复习

1. 案例背景

设计者	教案名称	学生	教材	课时
张燕艳	创作“春天的童话”——Flash 补间动画综合复习	七年级	江苏科学技术出版社《信息技术》	1

2. 教材分析

本节课是江苏科学技术出版社《信息技术》七年级第八单元动画制作的复习课，课上提供的范例动画可以让学生进一步掌握补间动画制作的具体步骤和注意点，比较动画补间动画和形状补间动画的区别，激发学生对动画制作的兴趣，从而提高学生的信息素养。本课旨在复习与提升，将各知识点形成网络、查漏补缺、温故知新、提高能力，进一步巩固并灵活运用，从而大大增强复习的实效性。

3. 学习者分析

七年级的学生对第八单元动画制作的学习兴趣积极性很高，这一年龄段的学生好奇心强，喜欢钻研，富有创造力，所以课堂上需更善于把握和利用他们的这些特点。在第八单元前几节课的学习中，学生已掌握逐帧动画及补间动画的制作方法，初步了解影片剪辑和元件的应用。但各个知识点是相对独立的，学生对所学的知识欠缺系统的提炼、重组和内化。要将各种动画效果整合在一个动画中，需要学生对层、帧等操作的掌握更加有条理性。除此之外，每个学生的学习情况各异，复习课要让每个学生在掌握基础知识之余，都有提高的空间。

4. 教学目标

（1）知识与技能

1）复习巩固 Flash 动画中最基本的概念（图层、元件、帧），会对动画类型分类，并构建知识结构。

2）综合运用动画补间动画与形状补间动画，学生能够说出两者的异同点：制作方法与操作注意事项（如元件、分离等）。

3）理解各种补间动画的应用效果，能选择合适的制作方法制作出不同的动画效果。

（2）过程与方法

1）通过分析动画，师生共同梳理知识点，复习总结动画中的知识，将原来零散的知识点梳理后通过思维导图的形式构成知识链，建立 Flash 动画制作的知识结构。

2）加工半成品“春天的童话”动画，通过实践操作解决问题，促进知识内化，鼓励学生敢于想象、敢于大胆尝试，提高综合应用能力。

（3）情感态度与价值观

1）激励学生进一步复习动画的制作，由浅入深地巩固动画制作的方法，提高其欣赏动画和制作动画的水平。

2）加强知识的迁移训练，培养学生举一反三、触类旁通、运用所学知识解决问题的能力。

5. 教学重难点

重点：Flash 动画的知识结构构建，补间动画制作的一般步骤的掌握和灵活运用。

难点：能够根据设计需要，灵活运用各种知识创作出动画，领悟动画制作的实质。

6. 教学准备

教学广播系统、大屏幕投影仪、教学课件、帮助文件、彩色打印思维导图知识框架及其裁成的知识组块、半成品加工文件。

7. 教学过程

教学环节	教师活动	学生活动	设计意图
准备工作	教师发送“学生实践”文件夹（图 1）给学生。  图 1 课前时间：花几分钟时间阅读（图 2），回顾文档的属性、文档的保存与发布形式、图层的定义、帧的类型及动画的类型。 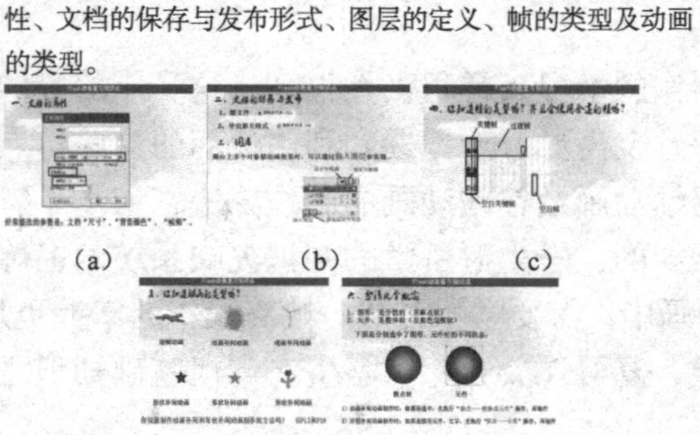 （a）　（b）　（c）　（d）　（e） 图 2	学生预习	课前预习很重要，学生先通过回忆再现操作要领，通过“复习帮助”的预习，与学生交流在自主复习中有哪些收获，遇到了哪些困难？采用了一些什么方法？交流汇集出一些知识点，引导学生针对这些知识点进行梳理。

续表

教学环节	教师活动	学生活动	设计意图
引入主题 目标指引	【过渡引入】前一阶段我们学习了动画的制作，初步领略了动画制作的乐趣。大家还记得课上所制作的这些动画吗？ 【教师通过幻灯片播放课上所制作的动画】如图3所示。  （a）豹子的奔跑（b）移动的太阳（c）旋转的风车（d）盛开的小花 图3 【引入主题】Flash动画复习。 【教师张贴板书】利用磁帖帖在白板上（下面同此方法） 【出示本课学习目标】		出示学习目标，让学生明确本节课的复习任务及所要达到的要求，这样才有利于学生探索发现，激起学生迫切学习的兴趣。
交流讨论 主动建构	【欣赏动画】教师播放动画“春天的童话”，并同步讲解：春天来了，小动物们、小花小草们都出来聚会了，大地开始热闹起来了。 【学生讨论】打开桌面上的“春天的童话欣赏.swf”文件（图4），讨论如下。  图4 1）你看到的动画中有哪些动态对象？ 2）任选一个动态对象说说看，它是哪一种动画类型？怎么来制作？ 【小组讨论　师生交流】 解决问题1 你看到的动画中有哪些动态对象？ 【教师追问】这些动态对象怎么放？ 【学生回答】要想让这些动态对象各自运动而互不干扰，我们就得把它们放在不同的图层上。 【师生共同总结梳理】①“动”“静”分层；②不同的“动”物分层。 【教师张贴板书】如图5所示。 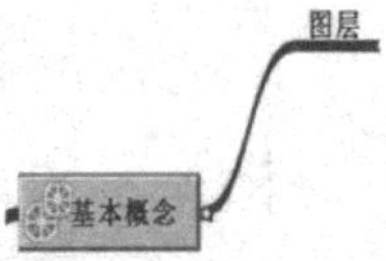 图5 【教师课堂调查】在制作动画时，有图层重命名习惯的同学请举手？ 【教师鼓励与表扬】表扬平时制作动画时有重命名图层习惯的学生。 【教师友情提醒】养成动画制作的好习惯——及时给图层命名。	【学生回答】蝴蝶、兔子、小花、风车。	强调图层的重要性，提醒学生新建图层及时命名，培养学生良好的信息素养。

续表

教学环节	教师活动	学生活动	设计意图
	解决问题 2 任选一个动态对象说说看，它是哪一种动画类型？ 【学生回答】 【教师板书并同步讲解】我们把动画补间动画和形状补间动画统称为补间动画。 【教师引导分析】这只蝴蝶的运动是什么动画类型呢？ 【幻灯片展示】出示在时间轴上的状态图，如图 6 所示。 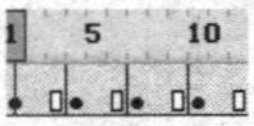 图 6 【教师张贴板书】如图 7 所示。 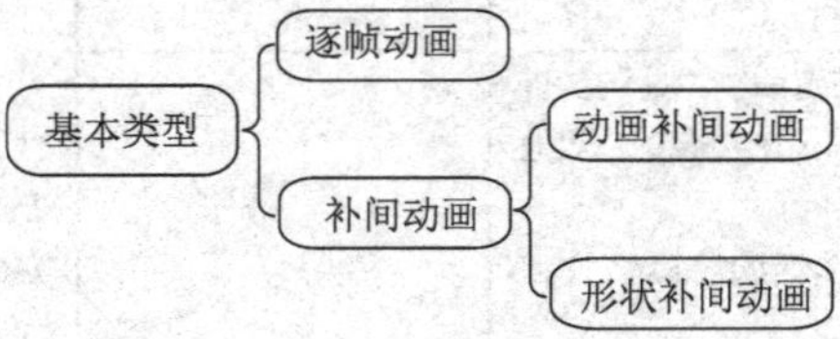 图 7	【由学生小结】Flash 动画分成两种类型：①逐帧动画；②补间动画。	板书归纳生成，充分发挥板书的功能，通过交流讨论将有代表性的关键词（知识点）逐一板书，通过思维导图从具体动画中归纳出相关类型，达到梳理相关知识体系的目标。
交流讨论 主动建构	解决问题 3　你们是怎么来制作补间动画的？ 动态生成一：如果学生说得出来，就让学生说（教师：这个“三步曲”总结得真不错。） 动态生成二：如果学生说不出来，教师就问：请大家说说你们是怎么来制作补间动画的？ （结合教材和幻灯片） 请同学们阅读教材，看看制作形状补间动画和动画补间动画的主要步骤， 让学生说说补间动画制作的一般方法（共同点）（图 8、图 9）（同步演示）。 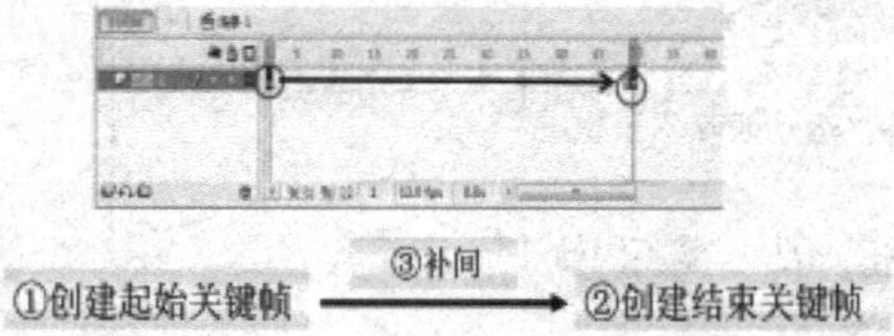 图 8 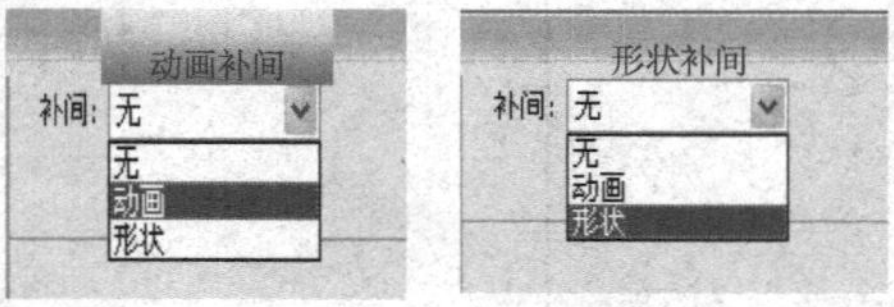 图 9	【学生交流】第一步是创建起始的关键帧，第二步创建结束的关键帧，并在任一关键帧处对对象进行改变，第三步是创建补间动画（动画或形状）。	教材是最好的教学资料，让学生带着问题去看书，自主探究，无形之中培养了学生的阅读能力与归纳能力。

续表

<table>
<tr><th>教学环节</th><th>教师活动</th><th>学生活动</th><th>设计意图</th></tr>
<tr><td></td><td>【教师设疑】从制作步骤来看都是三步，那动画补间动画和形状补间动画之间有什么区别呢？下面比比同学们的眼力，比一比，赛一赛，同桌互助，看看哪组找得又快又准。
【教师引导】请一位同学打开动画源文件“找一找.fla”，另一位同学打开“做一做.swf”，对动画补间动画和形状补间动画的区别进行讨论并得出最终答案，以小组为单位汇报讨论结果。
【教师提示】可以从时间轴的表现、舞台对象、完成的作用等方面找不同（表 1）。
表 1
<table><tr><th>区别之处</th><th>“动画补间”动画</th><th>“形状补间”动画</th></tr><tr><td>在时间轴上的表现</td><td></td><td></td></tr><tr><td>舞台对象</td><td></td><td></td></tr><tr><td>完成的作用（实现的动画效果）</td><td></td><td></td></tr></table>教师根据学生的操作情况适时引导，可设置如下问题：
1）看舞台上对象的状态（元件还是打散状）？
2）说到元件，怎么把对象转换为元件？让学生说说转换的方法。
3）在制作形状补间动画时如果遇到一些元件或文字（是成组对象），怎么办？
【幻灯片演示“动画补间动画 VS 形状补间动画”】</td><td>【学生张贴板书】由学生上台完成（图 10）。
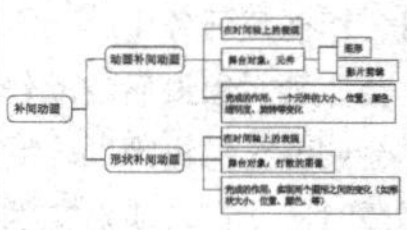
图 10</td><td>这个任务要求同桌协作来完成，一位同学打开动画源文件“找一找.fla”，另一位同学打开“做一做.swf”，对动画补间动画和形状补间动画的区别进行讨论并得出最终答案。教师引导学生对复习内容中相近的、容易混淆的知识进行比较，加以辨析，发现补间动画之间的异同关系，从而达到正确区分、牢固掌握知识的目的，帮助学生突破重点。</td></tr>
<tr><td>综合创作能力提升</td><td>【教师过渡语】土豆网有一句口号：“每个人都是生活的导演”，请同学们今天也来当一回导演，打开“创作.fla”，创作自己春天的童话动画吧！
【基础任务一】春天来了，小动物们跑呀、飞呀，开始聚会啦！
素材选择如图 11 所示。
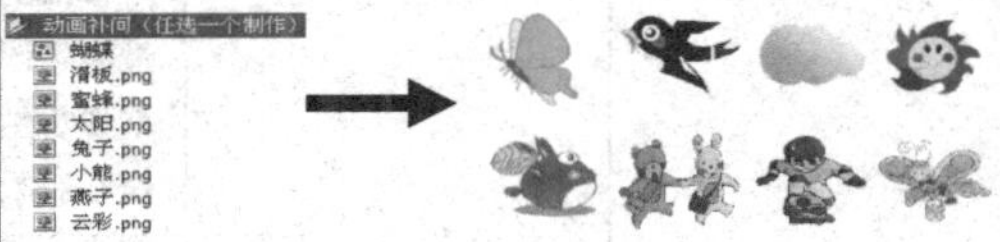

图 11
【基础任务二】动物之间的魔术变化秀开始了，请你快来实现吧（素材可以任选一组）（图 12）。
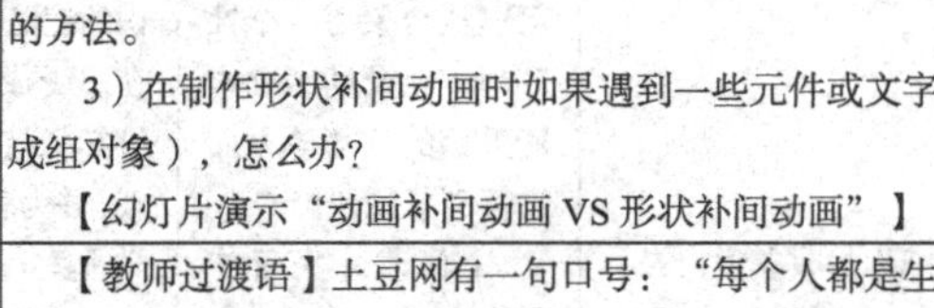

图 12
【拓展任务】为了使画面更加丰富些，请同学们发挥想象力选择喜欢的素材自己创作吧。
【教师友情提醒】如有困难，可以借助手上的帮助文件或寻求同伴的帮助。</td><td>【学生布置舞台】给舞台布置一个漂亮的背景。
【学生自主探究，教师在活动中给予指导，对于学生中普遍存在的问题，教师可以适时地进行集中讲解。
【学生演示作品】任务完成后让学生演示，教师负责组织学生点评或提出改进方法。</td><td>学生根据教师所提供的半成品加工文件，熟练掌握补间动画的制作方法，加强动画补间用元件、形状补间要分离的意识。让学生自主发挥并创新设计适合各层次学生的需求。每个层次的学生都能“跳一跳，够得到”，都能体验到成功的快乐，从而调动全体学生的学习积极性与参与性。
演示的目的是为学生提供展示的机会，提高学生的自信心，培养他们从小积极参与的竞争意识，增强学生的成就感。</td></tr>
</table>

续表

教学环节	教师活动	学生活动	设计意图
合作探究 共同提升	【教师设疑】如何让它们在舞台上表演得更加完美？例如对象出现次序的先后、画面短暂停留效果？ 【小组合作探究任务】 1）你会让某对象最后的动作在眼前停留一段时间吗？ 2）你会调整对象出现的先后次序吗？ 【教师适时适度讲解所对应的解决方法】 1）尾帧后留一段过渡帧。 2）首帧前留一段空白帧。 【教师张贴板书】如图 13 所示。 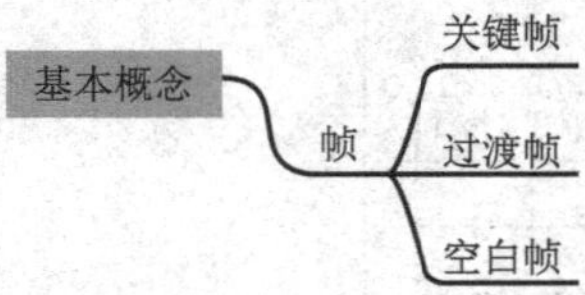 图 13	【学生合作探究，教师个别辅导】	通过自主探究和合作学习的形式进行学习，在操作中灵活掌握“帧”的使用方法，从而达到温故而知新的复习目的，帮助学生完善认知结构，既尊重了学生知识水平的差异，又让每个学生真正地参与到课堂中来，成为课堂的主人，使这节课更加丰富多彩。
作品展示 师生互评	【评价总结】教师与学生公开地、及时地互评，学生能够充分地表达自己的见解。点评学生作品时，教师善用激励性语言，对于学生做出好的作品或取得进步时及时地给予肯定、表扬，增强学生的勇气和自信心。 【归纳小结】 （1）学生谈收获 通过本节课，大家一定有所收获。把你的收获说出来，和同学们分享一下吧！ （2）教师归纳并提出期望 每个同学都是自己作品的导演，今天大家的表现非常出色，构建出了动画这章的知识结构，展示出了一个个美丽的春天的童话，在动画制作的世界里，我们要善于分析，敢于创新，大胆尝试，相信你们是最棒的！	【学生展示成果】 学生边展示边介绍自己作品的特色，可以从想象力、个性表现力以及动画方式所采用的技巧等方面进行简单的评价。 【修改、完善作品】 让学生继续调整自己的动画作品，使动画作品更加生动、吸引人。	做到了评价的开放性与民主性，促进了学生的发展，加深了学生对知识的记忆和理解，让学生在感受成功喜悦的同时继续保持敢于探究的勇气，并为后续内容的深入学习奠定了基础。 经过展示，学生发现了自己作品的不足，继续修改与完善自己的作品。 引导学生归纳总结本节课的学习内容，通过学生谈收获来点题，增强学生制作动画的自信心。教师用简单明了的语言对整个课堂教学的内容进行概括总结。

教学评价

1. 设计开放的活动方式，“以生为本”，提高学生参与兴趣，提高学生参与程度

在这节 Flash 补间动画复习课上，选择学生感兴趣的主题，创设“我来创作春天的童话”这个情境，设计开放性的、可选择的活动任务方式，使学生根据自己的喜好或实际情况去有选择地学习。这样的学习过程无疑比“推一下，动一动”的学习过程学生参与度更高。“以生为本”，努力使学生成为教学活动的主体，通过活动、探究，让学生主动去发现问题、获取知识并解决相关问题。

2. 以情境为支撑，以技术为核心，双线并进完成“忆→梳→构”，帮助学生建构知识系统

学生应用能力的提高需要一个从基本知识、基本技能到其应用之间的建构过程。本节课设有不同层次与梯度要求的问题让学生在问题解决过程中复习旧知旧能，优化知识结构，提高解决问题的能力。复习课把单独的知识或技能放在知识系统里、设计到任务中，通过亲身探究而获得的知识是学生自己主动建构起来的，是真正属于、永远属于学生的。

续表

教学环节	教师活动	学生活动	设计意图
教学评价			
3. 让不同水平的学生有所收获，扩大学生参与范围 为了让每位学生都感觉到自己是课堂的主人，在课堂上一般这样去做：①设置可扩展的任务，让每位学生都能“动”起来，有事做；②在巡视中观察每位学生的学习进度，教师对共性问题给予点拨，组长对个别问题帮忙解决；③鼓励学生表达他们的困惑，用以前的知识帮助他们产生联想，助其越过“瓶颈”；④帮助学生建立积极探讨的氛围，有问题可以随时提出并和同伴形成互助；⑤发现一些不太积极参与课堂活动的学生的独特做法，关注他们自己解决某个问题的过程，并让其在课堂上描述这些方法和过程，激发他们的参与意识。			

案例九：节日的问候——多媒体阶段 Flash 复习（二）

1. 案例背景

设计者	教案名称	学生	教材	课时
沈燕	节日的问候——多媒体阶段 Flash 复习（二）	高中二年级	浙江教育出版社《多媒体技术应用》	1

2. 教材分析

本节复习课基于学生掌握了帧、关键帧、逐帧动画、动画补间动画、形状补间动画的知识基础上，进行元件知识的复习与操作，并在操作中继续巩固理解帧、关键帧、逐帧动画、动画补间动画的知识与操作。所以教学目标努力做到承上启下，教学过程围绕制作圣诞贺卡展开，分三个板块设计，难度逐层递增。制作过程中给予学生充分发挥的空间，兼顾不同程度的学生。操作弱的学生能跟得上，操作强的学生也能充分展示。

板块式教学结构呈板块状而又组合丰富，灵活多姿，可以充分地融入教师设计教学的技艺、创新意识与审美意识，主要用于一节课的教学，使这节课布局完美、内容充实。板块式教学在重视文章整体内在逻辑的基础上，将教学环节整合为有连带关系的板块，实现了教学环节的优化整合，这比零敲碎击的小步牵引要优越得多。

“节日的问候”分三个板块，第一部分是背景图片的淡入，复习图形元件的设置与操作。同时还融入舞台大小或图片大小调整、对象位置的设置，插入帧延长动画播放时间等知识。第二部分是圣诞老人动画的制作，引入影片剪辑元件的重要性。同时还融入了逐帧动画知识的复习。第三部分是闪亮星星动画的制作，巩固淡入淡出、大小变化或旋转等动画补间动画的制作，并涉及简单的对象绘制等。

最后通过以上的操作，总结得出元件的作用及元件与实例的关系。

在整个创作过程中学生可根据自己的审美意识选择喜欢的素材进行创作，具体动画要求也比较灵活，可以充分发挥他们的创新意识。

3. 学习者分析

高中二年级学生已经学完 Flash 相关的所有知识与操作，进入多媒体第一轮复习，学生上节课已经复习了帧、关键帧、逐帧动画、动画补间动画、形状补间动画的知识点并进行了巩固操作。所以这节课进行元件的复习，由于时间限制，本节课只涉及图形元件和影片剪辑元件的复习和操作。

4. 教学目标

（1）知识与技能

1）能利用 Flash 实现图形元件对象的淡入、淡出效果。

2）理解影片剪辑在动画创作中的实用性，能在 Flash 创建影片、剪辑元件，并实现实例对象位置的移动。

（2）过程与方法

1）能创建图形元件并绘制简单对象，并学会在影片剪辑中套用，形成简单小动画应用到动画创作中。

2）通过圣诞贺卡的创作，能理解掌握元件在动画中的作用，并学会灵活利用各种元件创作各种动画效果。

3）同时在设计过程中，能根据自己的制作水平灵活选择查看关键提示和操作扩展。

（3）情感态度与价值观

能充分发挥自己的审美，让小小动画创意无限。

5. 教学重难点

重点：Flash 图形元件、影片剪辑元件的制作与应用。

难点：元件的嵌套、动画的审美与创意。

6. 教学准备

Flash8、圣诞主题的背景图片、gif 圣诞老人小动画、手工绘制星星雪花参考图。

7. 教学过程

教学环节	教师活动	学生活动
引入	教师：上节课我们已经复习了 Flash 的一些基础知识与操作，有帧与关键帧的区别与应用，以及逐帧动画、动画补间动画、形状补间动画的操作复习。今天这堂课我们继续复习 Flash 元件中的图形元件和影片剪辑元件的制作与应用。现在我们重点来欣赏“圣诞快乐 1.swf”或“圣诞快乐 2.swf”，分析该动画分几部分动画实现？具体是什么动画？具体运用哪些操作技巧？ 教师：本节课的学习目标是通过本节课圣诞贺卡的创作，理解掌握元件在动画中的作用，并学会灵活运用图形元件和影片剪辑元件创作各种动画效果。 展示本节课关键词：元件。 元件分为三类： 1）图形：一般是静态的对象。 2）影片剪辑：一般是一段小动画，可以重复循环播放。 3）按钮：用来感知用户鼠标的动作，用于交互性。	分三部分：第一部分是背景图片的淡入；第二部分是圣诞老人动画；第三部分是闪亮的星星动画。其中运用了逐帧动画、动画补间动画。
圣诞贺卡具体制作步骤	第一部分 背景图片的淡入（什么是淡入效果？图片由看不见到慢慢显现）。 1）导入一张你喜欢的背景图片到舞台上，并调整图片大小和位置，使它在舞台上显示。 自由创作：图片适应舞台大小，或舞台适应图片大小。 2）创建图片淡入的动画效果（可根据自己对动画播放快慢的要求，创建合适的动画帧数）。 思考：例如，我要图片显现快一点，可创建第 1～15 帧的淡入效果。我要图片显现慢一倍，可创建第 1～30 帧的淡入效果。	学生：独立操作，或在教师演示后独立操作，操作后主动举手示意。

续表

<table>
<tr><th>教学环节</th><th>教师活动</th><th>学生活动</th></tr>
<tr><td rowspan="3">圣诞贺卡具体制作步骤</td><td>关键提示：对象的淡入可通过对 Alpha（不透明度）参数的设置来实现。该参数只有元件才有，所以必须先把图片转化为元件。
具体方法：选中图片，右键选择转化为元件，选择图形元件，在属性面板的颜色选项中选择 Alpha，设置为 0%；在第 30 帧插入关键帧，设置 Alpha 为 100%；选中第 1～29 帧的任意一帧，在属性面板中选择动画补间。
3）延长图片的播放时间至 100 帧左右，测试影片（Ctrl+Enter 键），观看效果。
修改图层 1 名为“背景”，并保存源文件名为“圣诞贺卡.fla”至桌面上。
教师：展示任务要求，询问学生能否独立完成。如果学生认为有困难，先显示隐藏的关键提示，或教师进行演示操作并作讲解。如果困难不大，则让学生独立尝试操作。</td><td></td></tr>
<tr><td>第二部分
圣诞老人动画
4）新建一图层，重命名为“圣诞老人”，在图片完全显示时出现会动的圣诞老人，从舞台的外面移动到舞台的某一个位置。
思考：可以导入圣诞老人的动态图片到舞台上，但是无法实现圣诞老人位置的移动。怎样才能实现会动的圣诞老人同时进行位置的移动呢？
关键提示：创建影片剪辑元件，在影片剪辑元件的舞台中导入动态图片。影片剪辑元件可以创建一段小动画，再从库中应用到场景的舞台上，可以自行不断地重复播放。
常规方法：菜单栏—插入—新建元件名为“sdlr”，选择影片剪辑，在影片剪辑元件的舞台上导入你喜欢的圣诞老人动态图片，返回到场景的舞台，在“圣诞老人”图层的第 30 帧插入空白关键帧，选中库中名为“sdlr”的影片剪辑元件拖放到舞台的外面，在第 80 帧左右插入关键帧，使用选择工具把圣诞老人元件移动到舞台适当位置，并选中第 30～79 帧任意一帧，在属性面板中选择动画补间。
智能方法：把你喜欢的圣诞老人动态图片直接导入到库，库中同时会自动生成一个影片剪辑元件。接下来的操作跟上面的常规方法后半部分一样。
5）延长圣诞老人播放时间（100 帧左右），保存源文件，测试影片，观看效果。

教师：展示任务要求，先演示把动态的 gif 图像直接导入圣诞老人图层的帧上，形成逐帧动画，再向学生提问，可以直接导入圣诞老人的动态图片到圣诞老人图层的帧上，形成逐帧动画，接下来能否实现会动的圣诞老人同时进行位置的移动呢？ 尝试移动。
教师：那怎么实现呢？</td><td>学生：做成影片剪辑元件。</td></tr>
<tr><td>第三部分
闪亮的星星动画（即星星的淡入淡出和大小变化效果）
思考：淡入淡出效果可通过什么参数设置，该参数只有什么对象才有？
6）新建一图形元件，在图形元件的舞台上绘制一颗星星。星星的样式多样，
课堂老师只教最简单的画法。
提示：打开属性面板（图 1），选项中设置样式为“星形”，边数为 4，星形顶点大小为 0.2。</td><td>保存源文件，测试影片，观看效果。保存“圣诞贺卡.fla”源文件，课后必须上交。下节课继续“圣诞贺卡”的创作。</td></tr>
</table>

续表

<table>
<tr><th>教学环节</th><th>教师活动</th><th>学生活动</th></tr>
<tr><td>圣诞贺卡具体制作步骤</td><td>
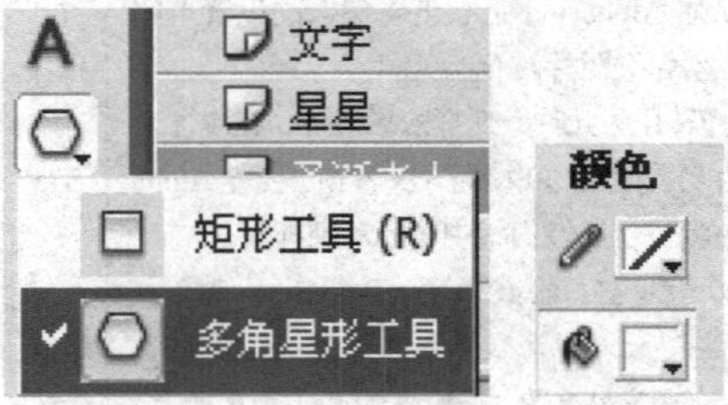

图 1

7）新建一影片剪辑元件，把库中的星星图形元件应用到影片剪辑元件舞台，并创建星星的淡入淡出和大小变化效果（图 2）。

提示：因星星闪动较快，所以帧数可以少一些，大致 10 帧淡入同时变大，10 帧淡出同时变小。

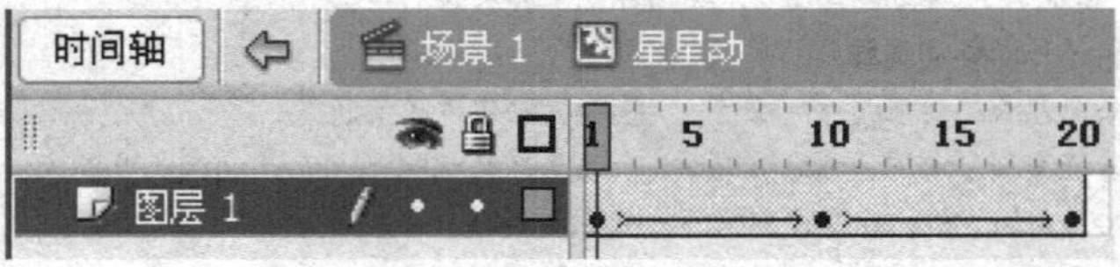

图 2

8）返回场景舞台，新建一图层名为“星星”，实现在背景图片完全显示时很多星星在舞台上闪亮的效果。

具体方法：新建一图层，重命名为“星星”，在第 30 帧插入空白关键帧，选中库中星星闪动影片剪辑元件拖放到舞台，并调整大小和颜色等效果。从库中再次拖出想要的星星个数，放置到不同的位置。元件可以重复使用。元件应用到舞台上称为实例。

教师：进入图形元件和影片剪辑元件的创建与嵌套，对学生来说是难点，容易在嵌套中混乱，所以教师需要展示任务要求，并进行分析和演示操作步骤。
</td><td>学生：根据教师的演示和解析独立完成操作。</td></tr>
<tr><td>能力提升</td><td>
重新编辑星星的图形元件和影片剪辑元件，测试影片，观看效果变化。

例如，星星小动画变成桌面上“星星动.swf”的效果。

思考：实例与元件的关系？

1）一个元件能生成多个实例。

2）当实例发生改变时元件不变。

3）当元件发生改变时实例全都改变。
</td><td></td></tr>
<tr><td>课堂总结</td><td>
教师提问：①元件的分类；②元件的作用。

教师在幻灯片上展示本课总结，让学生加深印象与理解。
</td><td>学生回答</td></tr>
</table>

四、图层蒙版

案例十：图层蒙版

1. 案例背景

设计者	教案名称	学生	教材	课时
王海艳	图层蒙版	八年级	北京出版社《信息技术》	1

2. 教材分析

本课内容参考2011年北京出版社出版的《信息技术》八年级第五章第六节“综合图像合成”。本课的教学内容有蒙版的功能和作用、添加蒙版的方法和蒙版的应用，本课是选取工具、橡皮工具、填充工具、文字工具、路径工具等的后续课。在Photoshop中，图层蒙版是图像处理中一个非常重要的组成部分，也是图像合成的重要工具之一。虽然大部分蒙版的使用可以用其他技巧和工具替代，但蒙版有其自身的优势，本节课要让学生在使用蒙版的过程中体会到蒙版的优势，在今后图像合成时，能够自主选择更加方便的工具和方法。

3. 学习者分析

本课教学对象为八年级学生，该阶段学生已经具备了一定的逻辑推理能力和抽象地表达事物本质特征的能力，所以本节课设计了海报设计活动，充分发挥学生抽象地表达事物本质特征的能力，同时也锻炼学生信息技术的表达能力。学生已经具备一定的观察分析能力，所以本节课通过教师演示，引导学生逐层观察分析认识图层蒙版，理解图层蒙版的作用及功能，学会添加图层蒙版的方法，并在模拟练习和创作过程中学会使用图层蒙版根据需求合成图像，体验图层蒙版的优势和作用。

前期知识水平：经过前面几节课的学习，已经学会了使用Photoshop确定选区、填充图像、擦除图像等基本方法，掌握了简单的图像合成技术以及图层的概念和基本操作。

4. 教学目标

（1）知识与技能

1）认识图层蒙版并理解图层蒙版的作用。

2）学会图层蒙版的添加方法，能够恰当地使用工具，编辑图层蒙版。

3）初步学会使用图层蒙版完成图像的合成。

（2）过程与方法

1）通过教师的演示，逐层地观察、分析、认识图层蒙版并理解感悟图层蒙版的作用，掌握图层蒙版的添加方法。

2）能够在“关注PM2.5（细颗粒物）”为主题的宣传海报的创作中，体会图层蒙版在图像合成中的优势和作用及其应用。

3）以海报的实例为引导，学会海报创作的思维方法和表现手法。

4）通过实例创作，体验如何应用技术去表达自己的创作思想。

（3）情感态度与价值观

1）体验图层蒙版在图像合成中的重要作用，感受新技术的力量，增强进一步学习的兴趣。

2）通过“关注 PM2.5”为主题的宣传海报的制作，进一步激发学生参与环境保护的意识；

3）体验如何应用技术表达自己的创作思想。

5. 教学重难点

重点：图层蒙版及图层蒙版的作用、图层蒙版的添加方法和合理应用。

难点：图层蒙版中黑、白、灰的作用，合成作品时灵活使用图层蒙版。

6. 教学准备

多媒体网络教学系统、课件等

7. 教学过程

教学环节	教师活动	学生活动	设计意图
作品分析	【提问】 1）听说过 PM2.5 吗？ 2）PM2.5 是最近人们非常关注的话题。提到 PM2.5，你的感受是什么？想做些什么？ 3）是不是很想号召身边的人和自己一起关注 PM2.5，减少大气污染，保护我们生存的环境呢？那我们通过什么方式号召呢？ 4）可能有些同学和老师想法一样，利用我们学习的 Photoshop 软件制作宣传海报，海报怎样设计呢？	学生回答 学生根据教师提出的问题思考。	通过社会热点问题，激发学生的兴趣，同时培养学生关注生活和环境。
引入课题	【讲解】 如图 1，提到 PM2.5，老师首先想到了“汽车”，由汽车又想到了其他的出行方式，如步行、自行车、公共汽车等，你想到了什么？ 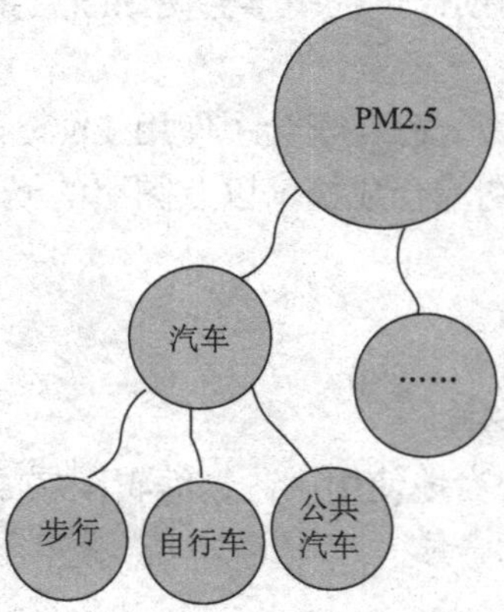 图 1	学生倾听	渗透海报设计方法。
作品分析	老师将想到的“汽车”和“步行”作为创作元素，展开联想，由以下三张图合成创作出这样一张海报（图 2），这张海报中最突出、最醒目的是一只阔步前行的脚，为了表达尽量选择步行的出行方式代替汽车的出行方式，利用了夸张对比的手法将汽车和脚做出渐变融合的效果。		

续表

教学环节	教师活动	学生活动	设计意图
引入课题	 图 2 【提问】如何实现脚与汽车融合的过渡效果呢? 根据学生说的过程，教师演示。 当学生提出使用橡皮擦工具时，教师打开“教师引入.psd”，用橡皮擦进行操作，操作过程中不可避免地出现多擦除后难以复原，而原图已被破坏的状况。 【小结：】用橡皮擦擦去部分图像的方法使两张图片完美地融合，有时候难以还原，原图也已经遭到了破坏，不便于根据需要反复修改。如果有一样工具，能在不破坏原图的情况下想显示图的哪一部分就显示哪一部分，想隐藏哪一部分就隐藏哪一部分，那该多好，今天我们就一起学习这样的工具——图层蒙版。	回答问题并交流。 在“汽车”图层使用橡皮擦工具进行擦拭，使用橡皮擦调整橡皮擦的“主直径”和“硬度值”，实现鞋与汽车的完美融合。	教师抓住时机，解决认知冲突，从而找到新的方法，引入新课。
分析实践 构建新知 分析实践	【活动一】教师演示初识新知 设问：什么是图层蒙版呢？它对当前图层起什么作用呢? 【教师演示】（将其他图层隐藏起来，便于观察） 1）演示添加图层蒙版的方法（为图层 3 添加图层蒙版）。 2）在图层蒙版上涂黑色、白色、灰色或其他颜色时，观察对当前图层上的图像的影响。 3）观察图像效果图与图层蒙版的灰度图像对比，总结图层蒙版中的黑、白、灰对当前图层图像的作用。 【小结】 黑色不显示当前图层内容；白色显示当前图层内容；灰色若隐若现当前图层内容。 思考：灰色的深浅影响图像的显示效果吗? 4）将其他图层都打开，继续观察分析图层蒙版的作用。 黑色不显示当前图层内容（呈现完全透明的效果），透出下一个图层的内容；白色显示当前图层内容（呈现不透明的效果），遮挡下一个图层的内容；灰色若隐若现当前图层内容（呈现半透明的效果），若隐若现下一个图层内容。 【小结】 蒙版是将不同灰度色值转化为不同的透明度，并作用到它所在的图层，使图层不同部位透明度产生相应的变化。黑色为完全透明，白色为完全不透明，灰色为半透明。 【活动二】案例模仿体验新知	观察、分析、总结出图层蒙版中黑、白、灰发挥的作用。 继续观察，深入分析。	培养提高学生观察、分析、解决问题的能力。 使学生认识图层蒙版及其作用。 明确图层蒙版及图层蒙版的作用。

续表

教学环节	教师活动	学生活动	设计意图
构建新知	启动 Photoshop，打开“绿色出行”文件，选中图层 3，为其添加图层蒙版，根据需要尝试在图层蒙版上绘制黑、白、灰度图像。完成海报的脚和汽车的完美融合。 【活动三】归纳总结巩固新知 （1）展示学生的做法 1）利用画笔工具在图层蒙版上绘制过渡自然的灰度图像。 2）利用渐变工具在图层蒙版上绘制过渡自然的灰度图像。 3）利用填充工具在图层蒙版上绘制灰度图像。 （2）解决练习中遇到的问题 提问：在练习过程中你遇到了什么问题? 【小结】 预设：学生可能在涂抹时选择了图层而不是蒙版。 作用于蒙版，如图 3。	利用图层蒙版完成图像的合成。 互相学习	通过模仿练习，学生学会根据需求添加图层蒙版和编辑图层蒙版，并体会图层蒙版在合成图像时发挥的作用和优势。
	 图 3	提出练习中遇到的问题。	通过展示拓展学生编辑图层蒙版的思路。
	作用于图层，如图 4。  图 4	学习解决问题的方法。	及时解决学生在学习中遇到的问题，能让学生更好更快地去完成后面的任务，同时学生的知识也会有积累。
	【测一测】 为图层 3 添加如下哪种图层蒙版，获得右下角图像效果（图 5、图 6）? 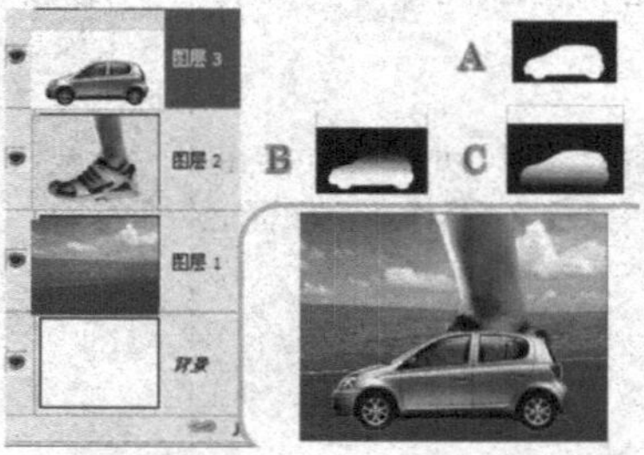 图 5	学生思考回答。	帮助学生巩固新知，提高学生灵活应用知识的能力。

续表

教学环节	教师活动	学生活动	设计意图
构建新知	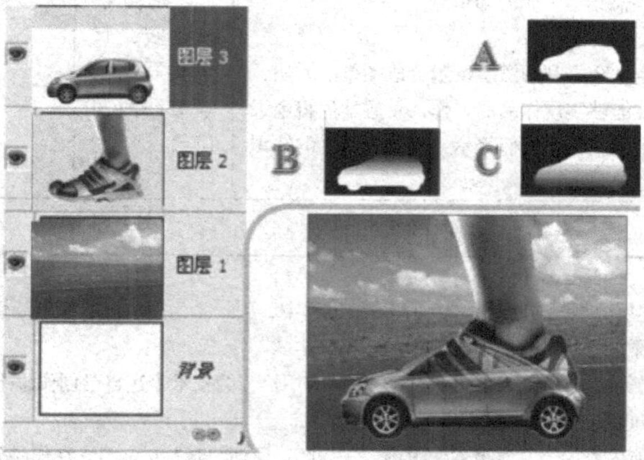 图 6 小结：图层蒙版可以用来抠图和实现图层间的融合。		
实例创作 应用新知	你想创作出什么样的宣传海报来号召大家减少大气污染，保护我们的生存环境呢？提到 PM2.5，你会想到什么呢？利用你想到的两三个内容作为创作元素，再利用恰当的海报表现手法进行创作，就能创作出吸引路人眼光并能传播特定信息的海报作品。 （展示各种海报表现手法） 【环节一】自我创作 利用老师提供的创作素材或自己搜索的素材，以“关注 PM2.5”为主题，自主创作一幅海报。 作业要求 1）作品尺寸为 42cm*57cm 或 57cm *84cm，分辨率为 72 像素/英寸。 2）作品至少有两个图层。 3）至少使用一次图层蒙版。 4）作品传递的信息符合主题，表现手法得当，有创意、有寓意、吸引人。 5）提交 psd 和 jpeg 两种格式的文件，以自己的姓名为文件名，提交到教师机。 【环节二】交流展示 请个别学生展示作品，其他作品课下欣赏交流。 1）请其他学生说说该作品的创意和寓意，然后做个简单的评价，还可以提出自己见解。 2）请作者说说自己海报的创意和寓意、作品的得意之处，以及创作过程中遇到的问题和有待解决的问题，与其他学生进行交流。	学生创作	提高学生的知识应用能力和创新能力。 提高学生相互学习、交流的能力，能够对他人的作品进行简单合理的评价。 让学生体验成功和收获的喜悦。

续表

教学环节	教师活动	学生活动	设计意图
课堂小结 梳理知识	1. 畅谈本节课的收获，总结本节课的知识点 2. 教师总结 通过本课的学习，学生学会了利用图层蒙版合成图像的方法，体验了图层蒙版的优势，并能够实现作品的创作，希望学生将今天设计的海报张贴出去或发到网上给予人们警示，利用所学会的知识技能为社会尽一份自己的力量。	学生畅谈收获，师生共同总结本节课的知识点。	构建知识体系。

教学评价
本课教学设计存在以下特点。 1）教师通过演示，引导学生观察、逐层分析探究新知。教师在演示过程中，引导学生逐层分析探索认识图层蒙版、明确图层蒙版的作用和功能、学会图层蒙版的添加方法及在图像合成中的应用。 2）通过生活化的实例创作，体验图层蒙版在图像合成中的应用，提高应用恰当的技术表达自己创作思想的能力。 3）在重视学生知识技能提高的同时，也重视学生思维创新能力的提升。 课程含有一明一暗两条主线，知识技能内容为明，海报创作思维方法为暗；所谓“暗”，是隐含在作品分析、制作过程中的，潜移默化地引导学生体会海报创作思维、方法。通过思维导图引导学生学会海报创作的思维和方法，通过海报表现手法的实例拓宽学生创作思路。创作中运用蒙版实现图像合成，用蒙版原理来表现作品最终表达的思想，这不仅提高了学生的技能，还提升了学生的创作能力。

案例十一：图层蒙版的应用

1. 案例背景

设计者	教案名称	学生	教材	课时
杜晓梅	图层蒙版的应用	高中一年级	中国地图出版社《多媒体技术应用》	1

2. 教材分析

本课是中国地图出版社《多媒体技术应用》高中一年级中第二单元“图形图像处理”中的第一节“图片梦工厂”中的内容，主要内容有蒙版的原理、添加蒙版的方法和蒙版的应用。本课是抠图工具(魔棒、快速选择）、橡皮工具、文字工具、填充工具等的后续课。在 Photoshop 中，图层蒙版是图像处理的精髓，也是图像合成的重要工具之一。蒙板有其自身的优点，本节课要让学生在使用蒙板的过程中体会到蒙板可以实现无缝合图的优势。在今后选择创作方案时，学生能自我选择更加方便的工具和方法。本节课既是对前面学习的提升，也为后续课程宣传海报的制作做了铺垫，起着承前启后的重要作用。授课内容来源于课本，又略有不同。学生在亲历规划作品、创作作品的活动过程中，体会根据主题需求选择适合的工具的重要性，逐步提升自己的信息素养。

3. 学习者分析

（1）从心理角度分析

在思维发展方面，高中一年级学生的抽象思维水平从经验型占主导向理论型占主导转变，期间抽象思维发展速度达到历史最高点。在学习动机方面，学生能够意识到学习对自身的重要性，学习的自觉性更加稳定。在学习态度方面，学生能够更加严肃地对待学习过程。在学习能力方面，学生可以更加主动独立地去探索学习方法，有了更高的抽象和概括能力。

他们对一些社会现象、问题持有一定的看法，但是不善于表达出来。

（2）从学科角度分析

经过前面几节课的学习，学生已经学会了抠图工具(魔棒、快速选择）、橡皮工具、文字工具、填充工具的使用方法，掌握了简单的图像合成技术以及图层的概念等知识。但是，在如何能够根据主题需求将蒙版技术与所学技术结合来创作作品方面缺乏经验。

4. 教学目标

（1）知识与技能

1）了解图层蒙版是什么。

2）理解图层蒙版的原理(黑色、白色和灰色在蒙版中所起的作用）。

3）能够正确地创建图层蒙版。

4）体会图层蒙版的作用（实现无缝合图）。

5）知道图层蒙版的实质（灰度图像）。

（2）过程与方法

1）亲历制作作品的过程，灵活地应用蒙版技术创作作品。

2）尝试彩色画笔在蒙版上涂抹，探究蒙版的实质。

（3）情感态度与价值观

亲历制作作品的过程，体验信息加工与表达的乐趣，激发学习兴趣和创作欲望。增强创新意识，逐步提升信息素养和审美情趣。

5. 教学重难点

重点：图层蒙版的原理（黑色、白色和灰色在蒙版中所起的作用）、正确地创建图层蒙版、图层蒙版的作用（实现无缝合图）、图层蒙版的实质（灰度图像）。

难点：充分理解黑色、白色和灰色在蒙版中所起的作用，在作品中灵活应用蒙版。

6. 教学准备

多媒体网络教室、教师演示文稿、作品制作素材、导学案。

7. 教学过程

教学环节	教师活动	学生活动	设计意图
创设情境 引入课题	【提问】 借助我们以前学过的知识，怎样实现图1的效果?	思考问题，发表见解。	利用已有的知识解决问题，引发认知冲突：使用橡皮擦可以达到效果，但是原图会被破坏。对海浪进行复制，如果变更鲨鱼位置，就要重新去复制海浪，非常烦琐。由此引出蒙版的使用。

续表

教学环节	教师活动	学生活动	设计意图
创设情境 引入课题	 图 1 是的，要使两张图片完美地融合确实还有一定的难度，擦去的部分有时候难以还原，原图也已经遭到了破坏。复制海浪的方法又略显复杂，今天我们学习一个新方法来解决这个问题，这就是图层蒙版。	1）使用橡皮擦工具进行擦拭。 2）将海浪部分复制下来，然后粘贴在鲨鱼上方的图层中。 3）调整背景图层和鲨鱼图层的顺序。	
创设问题情境，建构图层蒙版原理知识	[教师演示]如图 2 所示。 1）选中鲨鱼层，添加图层蒙版。 2）设置前景色为黑色，选择画笔工具，调整笔刷大小。 3）选中蒙版，进行涂抹。  图 2	1）蒙板上涂抹黑色隐藏了鲨鱼脖子部分。 2）蒙板上涂抹白色显示鲨鱼脖子部分。 3）蒙板上涂抹灰色透明显示鲨鱼脖子部分。	从现象到本质，引导学生逐步探究蒙版的原理，提升观察、总结的能力。
创设问题情境，探究蒙版的作用	[思考] 1）如果涂多了怎么办？ 用白色找回。 2）鲨鱼脖子部分的透明效果怎样实现？ 用灰色实现透明效果。 [总结] （1）原理 在图层蒙版上涂抹黑色将隐藏当前图层内容。 在图层蒙版上涂抹白色则会显示当前图层信息。 在图层蒙版上涂抹灰色则使当前图层处于不同程度透明状态。 （2）蒙版命令 删除蒙版。 启用蒙版。 停用蒙版。	聆听、做笔记。 聆听	巩固知识，加深印象。 了解蒙版的常用命令。 实践练习，学以致用。

续表

教学环节	教师活动	学生活动	设计意图
创设问题情境，探究蒙版的作用	下面，请同学们借助蒙版技术完成练习 1，实现人从画框中走出来的效果（图 3、图 4）。  图 3  图 4 [易错提醒] 1）你有没有选择正确的图层建立蒙版？ 隐藏哪部分就给哪部分加蒙版。 2）你选取的编辑对象是图层还是蒙版？ 选中蒙版，进行涂抹。 蒙版还有哪些神奇之处呢？我们可以借助蒙版打造很多神奇的特效（图 5）。 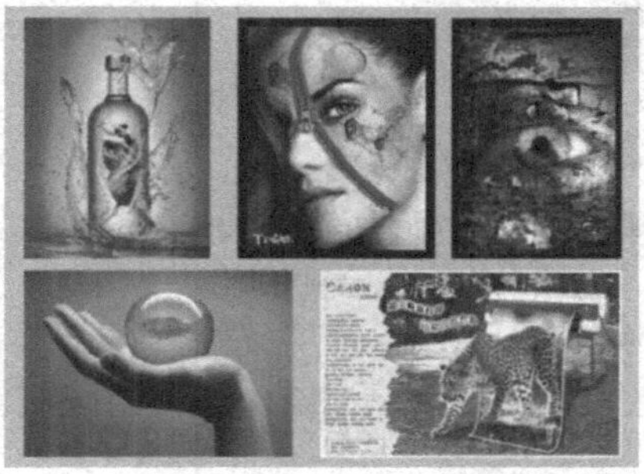 图 5 借助蒙版技术可以进行无缝合图，打造作品奇幻特效。下面，我们将借助蒙版让小鱼游进水晶球中。 [教师演示]如图 6 所示。 1）将“金鱼”图片移动到“手托水晶球”的背景图中，调整适当大小。 2）选中金鱼层，添加蒙版。 3）设置前景色为灰色，选择画笔工具，调整笔刷大小。 引导：小鱼进入水晶球中，应该既能看到鱼又能看到球，所以应该让小鱼图层完全隐藏、完全显示，还是透明显示？ 4）选中蒙版，进行涂抹。将颜色切换为黑色，去边。	借助蒙版技术实现人从画框中走出来的效果。 聆听教师讲解。 观看应用蒙版技术创作的 Photoshop 作品。 观看演示 思考	引导学生发现问题、解决问题。 激发学生的学习兴趣。 了解蒙版的作用——无缝合图。 分析需求，选择适合的方法。

续表

教学环节	教师活动	学生活动	设计意图
创设问题情境，探究蒙版的作用	 图 6		
学以致用创作作品	我们刚才在蒙版上用柔角笔刷实现两张图片无缝合图，其实蒙版还可以与其他形状笔刷、渐变工具结合，打造神奇的特效（图 7）。  图 7 下面，我们来做个练习。 打开“Photoshop 作品创作/第 4 课 图层蒙版的应用/练习 2_创意图画”文件夹，根据提供的素材，发挥你的想象，综合利用我们所学过的抠图、蒙版技术，创作一幅作品。 作业要求： 1）至少使用一次蒙版技术。 2）标注作品主题。 3）发挥创意，体现风格。 4）保存为 psd、jpeg 格式，上交到服务器。	明确任务	综合利用抠图、蒙版技术创作作品。
交流创意评价作品	展示两位学生的作品。 学生介绍作品创意，学生互评、教师点评。	展示作品 学生间互评，获得改进建议。	在展示、评价中寻找自信、提升自我。
学生实践 探究蒙版的实质 课堂小结提出期望	刚才我们在制作作品的过程中在蒙版上只尝试了黑、白、灰三种颜色，如果用彩色画笔进行涂抹会怎样呢？我们请一位同学演示一下，看看有什么变化？ [总结] 在蒙版中，即使选择了彩色，也会自动转变为不同程度的灰色，从而实现不同程度的透明效果。因此，我们得出结论：图层蒙版的实质是一个灰度图像。 [小结] 同学们，我们今天学习了图层蒙板，知道了图层蒙版的原理和作用，并利用蒙版技术创作了作品，蒙版是 Photoshop 中一项很重要的技术，为我们以后学习海报的制作奠定了基础，希望同学们掌握好这个技术。	观察彩色笔刷在蒙版上涂抹后的变化 聆听、做笔记。 聆听	实践得出结论：图层蒙版是灰度图像。 小结并提出期望。

续表

教学环节	教师活动	学生活动	设计意图
教学评价			

本课课题是“图层蒙版的应用”，该教学设计依据教材、课程标准要求，同时加以知识的拓展。

纵观整个教学过程，简单谈谈本节课设计的几处亮点。

1. 通过对护鲨海报制作的分析，引发学生的认知冲突，巧妙地导入课题。逐步建构图层蒙版的相关知识，提升学生的创新思维能力，符合高中学生的认知规律

1）由认知冲突引出课题。分析合成护鲨海报实例，启发学生借助已有知识经验解决问题，而当已有知识经验不能解决问题时，引出本节课的学习内容，巧妙地导入课题。

2）通过护鲨海报的制作，从现象到本质，逐步探究蒙版的原理，提升观察、总结的能力。

3）观察错误实例，发现问题、解决问题。

4）观看应用蒙版技术创作的 Photoshop 作品，激发兴趣，引出蒙版的作用——无缝合图。

5）学生示范，探究蒙版的实质。

2. 根据布鲁姆学习目标分类理论，结合本课的教学目标、教学内容，设计了如下问题链（图 8、图 9）

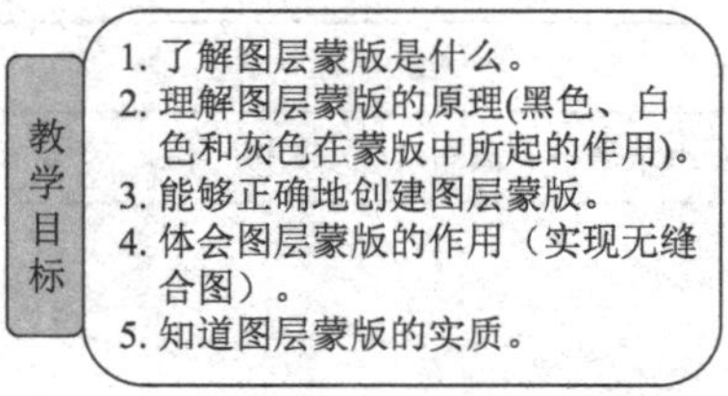

图 8

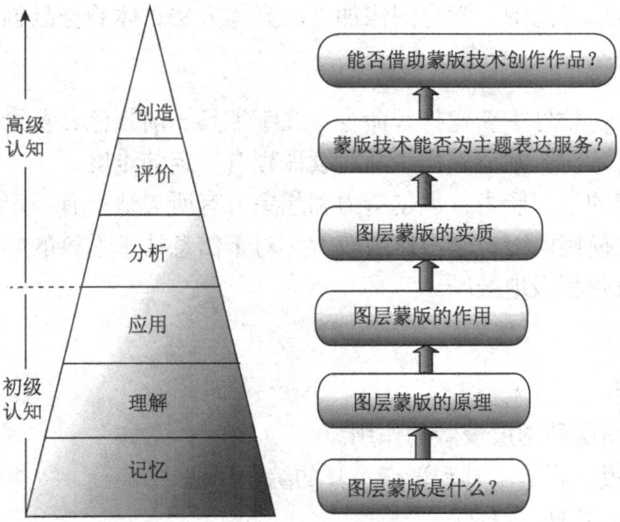

图 9

3. 根据信息技术课堂评价策略的空间与维度理论，结合本课具体内容确定了以下几个评价点

1）在导入环节，通过分析鲨鱼海报合成实例，以提问的评价方式引发学生的认知冲突，引出新知，目的是培养学生 21 世纪技能所要求的发散思维能力。

2）在学生实践第一个活动“画框中走出来的人”这一环节后，教师通过剖析错误实例，引导学生发现问题、解决问题，展示学生的理解情况，目的是培养学生 21 世纪技能所要求的解决问题能力。

3）在学生实践第二个活动“创意作品”这一环节，学生通过任务驱动，发挥想象创作作品，教师监控学生的创作过程，目的是培养学生 21 世纪技能所要求的创造力和创新能力。

4）展示作品环节中采用学生自评互评、教师点评相结合的评价方式，检查学生对本节课的理解程度和元认知状况，目的是培养学生 21 世纪技能所要求的交流和合作能力。

续表

教学环节	教师活动	学生活动	设计意图
教学评价			

5）在两个活动之后，通过学生示范，师生共同探究蒙版的实质，目的是培养学生 21 世纪技能所要求的探究学习能力。

4. 开放性的学生活动任务设计，提供丰富的素材和自主创作的空间，逐步提升学生求异思维、创造性思维

5. 营造了轻松、快乐的课堂氛围，学生兴趣浓郁，学习积极性高。尊重学生，欣赏学生，让学生在充满赞赏、表扬的氛围中学习知识

本课也存在令人遗憾的地方：时间的把握不够准确，超时了 3 分钟，应该在学生活动上灵活把握时间。总体而言，这节课基本上达到了预期的效果。

案例十二：一句话，一幅画——利用 Photoshop 软件合成图片

1. 案例背景

设计者	教案名称	学生	教材	课时
孙国林	一句话，一幅画——利用 Photoshop 软件合成图片	高中一年级	教育科学出版社《多媒体技术应用》	1

2. 教材分析

本节课是教育科学出版社《多媒体技术应用》高中一年级第二章第二节的内容，要求学生能够利用图像表达思想意图，学会图像加工的具体方法，体验作品创作过程。

3. 学习者分析

学生对 Photoshop 软件中新建打开命令、文字工具、前景色和背景色的调整，以及自由变换等命令有一定的认识，本节课作为其后续课程有一定的难度。

高中学生有一定的学习能力，但创造力和想象力有所欠缺；有一定的技术基础，但掌握不扎实，似懂非懂，模棱两可；学习压力较大，对于信息技术学科的学习态度不如语文、数数、英语等，需要教师积极地鼓励。

4. 教学目标

（1）知识与技能

1）使学生理解图层和图层蒙版的作用。

2）掌握图层蒙版、画笔工具和渐变工具的综合用法。

3）巧妙使用文字工具。

（2）过程与方法

1）通过教师讲解、实物演示和自学，学生能够掌握图层蒙版、渐变工具、画笔工具和文字工具的综合用法。

2）学生先欣赏作品并分析其特点，再模仿操作以理解图层蒙版的用法，继而能够运用各种工具进行设计和创作。

（3）情感态度与价值观

1）通过欣赏分析作品，学生感受到美。

2）通过设计和创作作品，学生体验创作的过程。

5. 教学重难点

重点：能够理解图层蒙版的作用，综合使用图层蒙版、画笔工具、渐变工具、文字工具进行作品设计。

难点：理解图层和图层蒙版的关系，理解图层蒙版的作用。

6. 教学准备

关于图层蒙版的导学资料和关于合成图片过程的视频教程、图片素材，以及完全透明的计算机屏幕贴膜、白色的塑料、黑色的纸。

7. 教学过程

<table>
<tr><th>教学环节</th><th>教师活动</th><th>学生活动</th><th>设计意图</th></tr>
<tr><td>新课导入
分享案例</td><td>一幅好图胜过千言万语，使用幻灯片和电子教室软件展示案例，并进行分析。
以下各图（图 1～图 3）的特点如下。
1）图文混排，文字处理巧妙。
2）融合了多个图片，直接用数码相机无法实现其功能。
3）表达一定的意境，广泛应用于生活的各个领域。

图 1

图 2

图 3</td><td>听讲观察</td><td>使学生感受优秀作品的特点，为自己的创作奠定基础，明白图像在生活中的作用。</td></tr>
<tr><td>新知讲授</td><td>1. 比较分析下面三幅作品（图 4～图 6），引出创作技巧

图 4

图 5

图 6</td><td>观察</td><td>学生体会图层蒙版的用法。教师通过比较使学生明白作品的设计方向。
初步掌握操作要领。</td></tr>
</table>

续表

教学环节	教师活动	学生活动	设计意图
新知讲授	第一张图：两个素材融合得很生硬。 第二张图：融合自然，但文字呆板。 第三张图：过渡自然，文字布局巧妙且醒目，主题鲜明，虚实结合得当。 2. 讲解创作方法引出软件及相应命令，重点讲解图层、图层蒙版的特点 使用自制教具——打印的图片，透明、半透明、黑色遮挡物，向学生讲解图层和图层蒙版。具体要点如下所示。 1）图层的上下顺序决定了显示前后的效果。 2）图层蒙版是在图层上添加的一层遮罩，有三类效果：完全显示、半透明、完全遮挡。 3）图层蒙版只对当前图层起作用，与其他图层无关。 3. 教师操作演示两张图片的合成，重点讲解图层蒙版、渐变工具、画笔工具和文字工具的用法。 展示下面的图片，使学生重点运用以下命令，并使用电子教室演示操作步骤（图 7）。 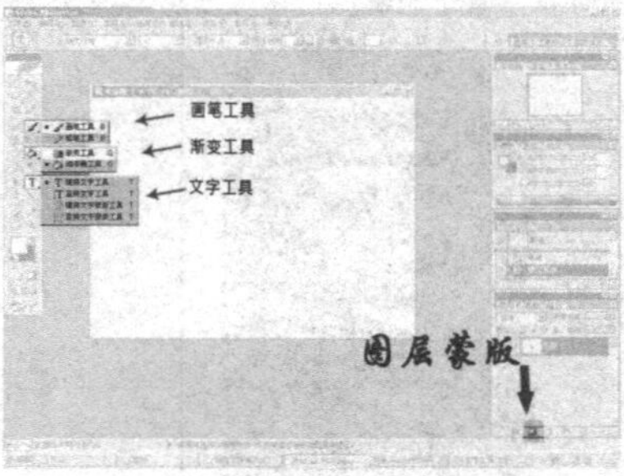 图 7 （1）“有备无患”（图 8） 打开软件，新建文档。将素材放置到新文件中并进行调整，需用到移动工具、“自由变换”命令，将图片调整到合适的位置。  图 8 （2）“蒙在鼓里”（图 9） 选中上面的图层，并添加图层蒙版，此时在画面上不会有任何变化，其原因是图层蒙版上的白色表示完全显示。如果图层蒙版上填充黑色，则图层上的内容完全隐藏。  图 9 （3）“风云突变”（图 10） 运用渐变工具进行整体调整。渐变工具中有 5 种模式，分别是线性、径向、对称、角度、菱形渐变，根据要表现的效果自由选择，还需要注意到前景色和背景色的颜色。  图 10		

续表

教学环节	教师活动	学生活动	设计意图
新知讲授	（4）“妙笔生花”（图11 用画笔工具解决细节问题。画笔的种类很多，在合成图片时多选择带有羽化效果的笔尖，根据实际效果需调整画笔直径。  图11 （5）“望文生义”（图12） 作品的“形”基本完成了，但没有“魂”，接下来用文字工具以突出主题。看似简单，实则变幻莫测。文字的位置、大小、色彩、虚实、特效……综合起来的变化就更多了。  图12		
快速体验	根据教师的演示讲解，学生初步掌握图层蒙版的技巧，并体验图片合成的操作流程。 若碰到问题，可查阅导学资料，可观看视频教程，也可咨询教师或其他学生。	模仿操作	初步体验图层蒙版。
小结演示，继续完善	4. 教师总结出现的问题 重点强调图层蒙版的用法，配合使用渐变工具和画笔工具。使用一个简单的案例进行讲解。 容易出现的问题： 1）在图层蒙版上使用渐变工具、画笔工具，而不是在图层上使用。 2）不理解图层蒙版上的白色、灰色和黑色的作用。 3）渐变工具的前景色和背景色设置出现问题。 4）没有新建文件，直接在原图上修改。 5）各种工具属性的设置出现问题。 5. 进一步总结制作步骤，提示学生查看导学资料。	听讲观察	强化学生的认识。
学生选择主题，进行创作	教师安排任务： 以下是古今中外的名言警句，请从中任选一句，然后用提供的素材将其包含的意蕴、氛围表达出来。 1）淡泊明志，宁静致远。 2）志存高远。 3）生命在于运动。 4）长风破浪会有时，直挂云帆济沧海。 5）自在飞花轻似梦，无边丝雨细如愁。 6）冠盖满京华，斯人独憔悴。 7）生活里没有书籍，就好像没有阳光；智慧里没有书籍，就好像鸟儿没有翅膀。 8）衣带渐宽终不悔，为伊消得人憔悴。 若以上没有你喜欢的，可以自命主题。 教师巡视教室，并针对出现的问题进行分析指正。进一步强调图层蒙版上白色、灰色和黑色的作用。 使用下面的案例进行讲解，或者直接在学生作品上加工，视情况而定。	操作、互助 听讲并观察思考自己作品中的不足。	案例多选自学生熟悉的名言警句，便于理解其含义，进行创作。 重点复习图层蒙版的特点，并激励学生精益求精，继续完善作品。

续表

教学环节	教师活动	学生活动	设计意图
学生选择主题，进行创作	原始素材如下（图 13、图 14）。  图 13  图 14 添加图层蒙版，使用渐变工具进行合成后的效果图如下（图 15）。  图 15 使用画笔工具进行细节处理，并调整文字的位置、大小、颜色等之后的效果图如下（图 16）。  图 16		
分享激励	展示已提交的作品（图 17～图 21）并提问：这些作品表达了什么意境？用到了哪些方法？作品中你最得意的有哪些方面？  图 17  图 18  图 19  图 20  图 21	回答问题、观察思考。	鼓励学生表达自己的创作理念，有助于学生自信心的提升。

续表

教学环节	教师活动	学生活动	设计意图
总结评价	在本节课中，我们使用Photoshop软件创作一幅作品，主要用到的是图层蒙版，它的特点是不会破坏原图，但能够控制图层的显示效果，只有黑、白、灰三种颜色。渐变工具可以实现整体控制，而画笔工具重在局部修饰。灵活调整文字的大小、颜色、位置等可以产生不一样的效果。 今天我们演示了两张图片的合成，那么运用同样的方法也可以对多张图片进行合成。希望大家回去尝试一下，将自己的照片做成一张明信片。	听讲	
教学评价			
1. 较为成功之处 通过课堂学习，学生基本明白了图层和图层蒙版的特点及其使用方法。尤其是在学生模仿环节，学生按照自学材料和教师演示，基本理解了在图层蒙版上使用渐变命令可以整体控制，使用画笔命令可以局部修饰。学生通过对文字的大小、颜色、字体样式和图层效果等设置，基本可以感受到其给作品带来的变化。道具较为简单，但能够把图层蒙版的含义表示清楚。 2. 需要改进的地方 对刚接触图层蒙版的学生来说，这节课的综合度高，难度稍大。学生能够完成基本任务，把自己的想法融入作品中，但细节上显得较为粗糙，因此优秀作品不多。与学生互动不够，课堂气氛显得沉闷。这与教师自身的语言表达欠缺有关，需要进一步提升。由于操作有难度，因此这节课仅限于两张图片的合成，可在下节课中延伸至多张图片的合成。			

思考题

1. 在回顾本章所学内容后，请阐述一下有哪些同课异构的形式？
2. 上述案例中，存在着四个待改善的教学设计，将它们找出来，并进行修改。
3. 选取你最得心应手的某一知识点，为它设计两种以上的教学设计。
4. 小组协作进行同课异构教学模式的实施。

参 考 文 献

包昊罡, 康佳, 李艳燕, 等. 2015. 基于设计的“协作-探究”教学模式创新与实践[J]. 现代远程教育研究, (6): 70-78.

查尔斯·M. 赖格卢斯. 2011. 教学设计的理论与模型[M]. 裴新宁等译. 北京: 教育科学出版社.

陈曦. 2010. 交互式电子白板的课堂应用研究[D]. 上海: 华东师范大学.

戴玉. 2011. 信息技术技能课的分类与教学方法的选择研究[D]. 南京: 南京师范大学.

高文. 2005a. 教学系统设计(ISD)研究的历史回顾——教学设计研究的昨天、今天与明天(之一)[J]. 中国电化教育, (01):17-22.

高文. 2005b. 试论教学设计研究的定位——教学设计研究的昨天、今天与明天(之二)[J]. 中国电化教育, (02):13-17.

高文. 2005c. 教学设计研究的未来——教学设计研究的昨天、今天与明天(之三)[J]. 中国电化教育, (03):24-28.

郭佳. 2014. 任务驱动教学法在高中信息技术教学中的实践研究[D]. 武汉: 华中师范大学.

郭绍青. 2006. 任务驱动教学法的内涵[J]. 中国电化教育, (7): 57-59.

郭伟秀. 基于 WebQuest 模式的教学案例《七巧板达人赛——初识 photoshop》[DB/OL]. http://www.doc88.com/p-9542608265122. html

何克抗, 曹晓明. 2008. 信息技术与课程整合的教学模式研究之五——“WebQuest”教学模式[J]. 现代教育技术, 18(11):5-12.

何克抗, 李文光. 2003. 教育技术学[M]. 北京: 北京师范大学出版社.

何克抗, 林君芬, 张文兰. 2002. 教学系统设计[M]. 北京: 北京师范大学出版社.

李秉德. 2001. 教学论[M]. 北京:人民教育出版社.

李纷桃. 2013. 初中信息技术教学中 WebQuest 学习法的应用[D]. 济南: 山东师范大学.

李丽莉. 2009. 基于问题的学习在地理教学中的应用研究[D]. 武汉: 华中师范大学.

李伟. 2013. 信息技术课程与教学论[M]. 北京: 科学出版社.

李艺. 2003. 信息技术教学方法: 继承与创新[M]. 北京: 高等教育出版社.

李艺. 2006. 信息技术教学研究与案例[M]. 北京:高等教育出版社.

李艺, 李冬梅. 2006. 信息技术教学研究与案例[M]. 北京: 高等教育出版社.

李忆凡, 盛群力. 2013a. 课堂教学设计基本程序新解——凯尔切尔曼“面向教师的教学设计模型”要义[J]. 课程教学研究, (04):22-28, 36.

李忆凡, 盛群力. 2013b. 传统教学设计与现代教学设计的衔接——“面向教师的教学设计模型”的整合运用[J]. 课程教学研究, (05):23-29.

理查德·E. 梅耶. 2016a. 多媒体学习[M]. 牛勇, 邱香译. 北京: 商务印书馆.

理查德·E. 梅耶. 2016b. 应用学习科学——心理学大师给教师的建议[M]. 盛群力, 丁旭, 钟丽佳译. 北京: 中国轻工业出版社.

刘焱锋. PGP 电子双板课堂教学平台[DB/OL]. http://blog. sina.com.cn/s/blog_8d889627010113dh. html

马华. 2008. 活动学习初探[D]. 扬州: 扬州大学.

满意. 2009. 任务驱动教学法在初中信息技术教学中的应用[D]. 济南: 山东师范大学.

彭吉象. 2007. 艺术学概论[M]. 北京:北京大学出版社.

秦积翠. 2007. 讲授法研究[D]. 兰州: 西北师范大学.

施良方. 1996. 课程理论——课程的基础、原理与问题[M]. 北京: 教育科学出版社.
苏霍姆林斯基. 1981. 给教师的建议[M]. 杜殿坤译. 北京: 教育科学出版社.
苏珊·A. 安布罗斯, 米歇尔·W. 布里奇斯, 米歇尔·迪皮埃特罗, 等. 2012. 聪明教学7原理·基于学习科学的教学策略[M]. 庞国维等译. 上海: 华东师范大学出版社.
汪俊芳. 2016. 应用交互式电子白板优化高中生物教学设计的研究[D]. 徐州: 江苏师范大学.
王才仁. 1996. 英语教学交际论[M]. 南宁: 广西教育出版社.
王宏建. 2001. 艺术概论[M]. 北京:文化艺术出版社.
王蕾红. 2013. 初中生物探究性学习活动设计中的问题与案例研究[D]. 上海:上海师范大学.
王馨, 郭丽文. 2011. 信息技术环境下教学设计基础[M]. 北京: 清华大学出版社.
乌美娜. 1994. 教学设计[M]. 北京: 高等教育出版社.
谢幼如, 柯清超, 尹睿. 2016. 教学设计原理与方法[M]. 北京: 高等教育出版社.
谢作如. 2015. 如何建设中小学的创客空间[J]. 当代教育家, (11):15-17.
徐肇杰. 2008. 任务驱动教学法与项目教学法之比较[J]. 教育与职业, (11): 36-37.
雅斯贝尔斯. 1991. 什么是教育[M]. 邹进译. 北京: 生活·读书·新知三联书店.
杨开城. 2010. 教学设计: 一种技术学的视角[M]. 北京: 电子工业出版社.
叶澜. 2003. 新编教育学教程[M]. 上海: 华东师范大学出版社.
叶澜, 丁证霖. 2006. 新编教育学教程[M]. 上海: 华东师范大学出版社.
余文森. 2009. 有效教学十讲[M]. 上海: 华东师范大学出版社.
约翰·D. 布兰思特, 安·L. 布朗, 罗德尼·R. 科金, 等. 2013. 人是如何学习的——大脑、心理、经验及学校[M]. 程可拉, 孙亚玲, 王旭卿译. 上海: 华东师范大学出版社.
张桂洪. 2011. 杜威的"从做中学"对不同教育主体的启示[J]. 新课程(教育学术), (08): 37-38.
张华. 2014. 课程与教学论[M]. 上海: 上海教育出版社.
张爽, 王小根, 赵康健. 2016. 创客教育视域下中小学机器人教学模型构建[J]. 中国教育信息化, (12):19-22.
周久桃. 2007. 基于问题的学习研究[D]. 上海: 上海师范大学.
周延波, 耿春华. 2012. 教学方法与技能[M]. 西安:西安交通大学出版社.
祝智庭, 李文昊. 2008. 新编信息技术教学论[M]. 上海: 华东师范大学出版社.
R. A. 瑞泽, J. V. 邓普西. 2008. 教学设计和技术的趋势与问题[M]. 上海: 华东师范大学出版社.
R. M. 加涅. L. J. 布里格斯, W. W. 韦杰.1999. 教学设计原理[M]. 皮连生, 庞国维等译. 上海: 华东师范大学出版社.
Alison A. Carr- Chellman. 2011. Instructional Design For Teachers[M]. New York: Routledge.
Jonassen DH. 1996. Computers in the Classroom: Mindtools for Critical Thinking[M]. Englewood Cliffs, NJ: Prentice-Hall, Inc.
Kemp J, Kemp J E, Ross S M.1994. Designing Effective Instruction: Applications of Instructional Design[M]. New York: Merrill Publishing Company.
Merrill M D, Drake L,Lacy M J,et al. 1996. Reclaiming instructional design[J]. Educational Technology, 36 (5): 5-7.
National Research Council. 1996. The National Science Education Standards. Washington DC:National Academy Press. p. 23.
Patten J V.1989. What is instructional design[A]. In Johnson K A, Foa L K. Instructional Design: New Alternatives for effective education and training. New York: Macmillan.
Sweller J, Chandler P.1994.Why some material is difficult to learn[J]. Cognition and Instruction, 12, 185-233.